普通高等教育物流类专业系列教材

物流信息技术与信息系统

主 编 初良勇

副主编 胡美丽 邢大宁 陈智辉

机械工业出版社

本书立足于物流专业本科教学特点和实际从业需要，系统阐述了物流信息技术及物流信息系统的基本理论、系统体系、技术支撑、开发流程和综合应用。主要内容包括：现代物流与物流信息化、物流信息管理、物流信息系统方面的基础知识；对物流信息系统起主要支撑作用的信息技术原理及其在物流领域中的具体应用，如条码技术、射频识别技术、地理信息系统、全球定位系统、电子数据交换技术、物联网及云计算技术、"互联网+"、大数据技术、人工智能技术及区块链技术；物流信息系统的开发流程，包括物流信息系统分析、物流信息系统设计和物流信息系统的开发组织等；第三方物流信息系统管理软件的业务流程、功能模块以及软件实训流程。

本书既可以作为高等院校物流管理、物流工程、电子商务、信息管理与信息系统等专业的教材，也可以作为物流领域从业人员、计算机系统应用者、物流管理者的参考书。

图书在版编目（CIP）数据

物流信息技术与信息系统/初良勇主编.—北京：机械工业出版社，2020.10（2024.11重印）

普通高等教育物流类专业系列教材

ISBN 978-7-111-67000-1

Ⅰ.①物… Ⅱ.①初… Ⅲ.①物流-信息技术-高等学校-教材②物流-管理信息系统-高等学校-教材 Ⅳ.①F253.9②F252-39

中国版本图书馆 CIP 数据核字（2020）第 239951 号

机械工业出版社（北京市百万庄大街 22 号　邮政编码 100037）
策划编辑：易　敏　责任编辑：易　敏　刘鑫佳
责任校对：赵　燕　封面设计：鞠　杨
责任印制：单爱军
北京虎彩文化传播有限公司印刷
2024 年 11 月第 1 版第 8 次印刷
185mm×260mm・17.5 印张・456 千字
标准书号：ISBN 978-7-111-67000-1
定价：48.00 元

电话服务　　　　　　　　　网络服务
客服电话：010-88361066　　机 工 官 网：www.cmpbook.com
　　　　　010-88379833　　机 工 官 博：weibo.com/cmp1952
　　　　　010-68326294　　金 书 网：www.golden-book.com
封底无防伪标均为盗版　　　机工教育服务网：www.cmpedu.com

前言

随着我国对外开放程度日益提高,经济转向高质量发展,现代物流产业对于促进国民经济发展、提升企业效益的基础性作用越来越凸显。多年来,我国各级政府部门和市场意识敏锐的企业不断把现代化的物流管理理念与经营模式、先进的物流技术与装备引入国家、地区经济建设和企业的经营管理之中,同时强调加强物流行业自主创新能力,不断提高综合竞争能力。

现代物流的发展离不开信息技术和信息系统的支持,提升物流服务水平(包括提高物流效率、降低物流成本)与信息技术、信息系统的开发和利用密切相关。可以说,现在及未来,物流信息系统都是物流企业高效运作的支撑平台之一。在实践中,要求物流企业的经营管理者能够准确把握与利用物流信息,物流信息化建设就此成为现阶段物流行业发展的重点和核心环节,因此物流信息系统的开发与建设显得尤为重要。

基于上述背景,为了满足物流企业信息化管理相关课程的教学需要,本书编者以理论联系实际为指导思想,密切跟踪物流信息技术的发展趋势,结合课程组多年教学经验,以综合物流信息系统为主线编写了本书。本书从物流信息管理理论、物流信息技术、物流信息系统开发等方面对物流信息技术与信息系统进行了全面的介绍,力争做到既强调信息管理与信息系统的原理、方法与技术的科学性、系统性和先进性,又注重其操作性和实用性,以适应物流相关专业本科生、研究生及相关从业人员学习与工作的需要。

本书由初良勇担任主编,负责全书框架结构设计及最后定稿。胡美丽、邢大宁、陈智辉担任副主编,参加编写的还有许小卫、屠丹、李淑娟、孙小清。全书共16章,其中第1章、第2章、第3章由初良勇编写;第4章、第5章、第6章由胡美丽编写;第7章、第16章由陈智辉编写;第8章由邢大宁、孙小清编写;第9章由许小卫、初良勇编写;第10章由屠丹、胡美丽编写;第11章由初良勇、李淑娟编写;第12章、第13章、第14章、第15章由邢大宁编写。

在本书的编写过程中,我们得到了机械工业出版社的大力支持和帮助,同时参考和借鉴了许多国内外的文献资料、研究成果以及相关案例,在此向有关作者和单位表示诚挚的谢意。

由于编者水平有限,书中难免存在不足之处,恳请广大读者和各界专家批评指正。

编 者

目 录

前言

第1章 现代物流与物流信息化 ... 1
本章学习目标 ... 1
1.1 现代物流概述 ... 1
1.2 信息技术对物流管理的冲击 ... 4
1.3 物流管理信息化 ... 7
1.4 物流信息化应用实例 ... 10
复习思考题 ... 11

第2章 物流信息管理基础 ... 12
本章学习目标 ... 12
2.1 数据与信息 ... 12
2.2 信息管理与管理信息系统 ... 17
2.3 物流信息 ... 19
2.4 物流信息管理 ... 22
复习思考题 ... 26

第3章 物流信息系统体系 ... 27
本章学习目标 ... 27
3.1 物流信息系统的发展历程 ... 27
3.2 物流信息系统概述 ... 28
3.3 物流决策支持系统 ... 37
3.4 物流专家系统 ... 44
复习思考题 ... 47

第4章 数据自动采集技术 ... 48
本章学习目标 ... 48
4.1 条码技术 ... 48
4.2 条码的应用实例 ... 68
4.3 射频识别技术 ... 69
4.4 射频识别技术应用实例 ... 73
复习思考题 ... 75

第5章 空间数据管理技术 ... 76
本章学习目标 ... 76
5.1 地理信息系统 ... 76
5.2 全球定位系统 ... 82
5.3 基于GPS/GIS的物流信息系统应用实例 ... 86
复习思考题 ... 88

目录

第 6 章 电子数据交换 …… 89
本章学习目标 …… 89
6.1 EDI 概述 …… 89
6.2 EDI 系统的结构与工作过程 …… 93
6.3 EDI 单证 …… 97
6.4 EDI 技术的应用实例 …… 100
复习思考题 …… 102

第 7 章 物联网技术与云计算技术 …… 103
本章学习目标 …… 103
7.1 物联网技术概述 …… 103
7.2 物联网的关键技术 …… 105
7.3 云计算 …… 116
7.4 物联网及云计算技术应用 …… 118
复习思考题 …… 121

第 8 章 "互联网 +" 物流平台模式及发展趋势 …… 122
本章学习目标 …… 122
8.1 "互联网 +" 物流平台的概念与内涵 …… 122
8.2 "互联网 +" 物流平台的服务模式 …… 126
8.3 "互联网 +" 物流市场的典型应用及发展趋势 …… 132
复习思考题 …… 138

第 9 章 人工智能技术及其在现代物流中的应用 …… 139
本章学习目标 …… 139
9.1 人工智能概述 …… 139
9.2 人工智能在物流领域中的应用 …… 143
9.3 人工智能技术的发展 …… 150
复习思考题 …… 153

第 10 章 大数据技术及其在物流供应链管理中的应用 …… 154
本章学习目标 …… 154
10.1 大数据概述 …… 154
10.2 大数据的分类 …… 155
10.3 大数据的处理 …… 157
10.4 大数据的应用 …… 160
10.5 大数据在物流供应链管理中应用的问题 …… 163
10.6 大数据应用案例 …… 164
复习思考题 …… 166

第 11 章 区块链技术及其在物流供应链中的应用 …… 167
本章学习目标 …… 167
11.1 区块链概述 …… 167
11.2 区块链对供应链的升级创新 …… 170
11.3 区块链技术推广中的障碍 …… 176
复习思考题 …… 178

第12章 物流信息系统开发方法与系统规划 …… 179
- 本章学习目标 …… 179
- 12.1 物流信息系统开发方法 …… 179
- 12.2 物流信息系统开发方式 …… 191
- 12.3 物流信息系统规划 …… 193
- 复习思考题 …… 200

第13章 物流信息系统分析 …… 201
- 本章学习目标 …… 201
- 13.1 系统分析概述 …… 201
- 13.2 物流信息系统的详细调查 …… 201
- 13.3 物流组织 …… 202
- 13.4 物流信息系统业务流程分析 …… 205
- 13.5 物流信息系统数据流程分析 …… 207
- 13.6 新信息系统逻辑模型的建立 …… 214
- 13.7 系统分析报告 …… 215
- 复习思考题 …… 217

第14章 物流信息系统设计 …… 218
- 本章学习目标 …… 218
- 14.1 系统设计概述 …… 218
- 14.2 物流信息系统总体结构设计 …… 219
- 14.3 物流信息系统代码设计 …… 233
- 14.4 物流信息系统数据库设计 …… 235
- 14.5 输入输出设计 …… 241
- 14.6 物流信息系统功能模块处理过程设计 …… 243
- 14.7 物流信息系统设计报告 …… 247
- 复习思考题 …… 248

第15章 物流信息系统实施 …… 249
- 本章学习目标 …… 249
- 15.1 物流信息系统的程序设计与系统测试 …… 249
- 15.2 物流信息系统转换 …… 253
- 15.3 物流信息系统的运行管理与系统维护 …… 254
- 15.4 物流信息系统评价 …… 257
- 复习思考题 …… 259

第16章 物流信息系统实训——现代物流综合信息系统 …… 260
- 本章学习目标 …… 260
- 16.1 第三方物流软件管理体系概述 …… 260
- 16.2 第三方物流管理软件业务流程分析 …… 263
- 16.3 功能模块分析 …… 265
- 16.4 软件实训流程 …… 266
- 复习思考题 …… 272

参考文献 …… 273

第1章 现代物流与物流信息化

本章学习目标

了解现代物流的内涵及特征，从信息化的角度把握现代物流与传统物流的区别；掌握信息技术的含义及物流系统中的主要信息技术，理解物流信息技术的发展给现代物流管理带来的冲击；理解物流管理信息化的任务，掌握我国物流管理信息化中存在的主要问题及发展策略；能够结合具体的企业案例进行物流信息化作用的分析。

1.1 现代物流概述

现代物流是指具有现代特征的物流，它与现代社会大生产紧密联系在一起，体现了现代企业经营和社会经济发展的需要。现代物流是相对于传统物流而言的，是在传统物流的基础上，引入高科技手段（如通过计算机进行信息联网等），并对物流信息进行科学管理，从而加快物流速度，提高准确率，减少库存，降低成本，延伸并扩大传统物流服务的功能。

1.1.1 现代物流的内涵

对于现代物流的内涵可以从以下几个方面来理解：

(1) 现代物流突出系统要素集成的思想。现代物流要求物流要素快速整合和集成，形成供应链，并实施供应链管理。物流要素（或称物流资源）包括铁路运输、公路运输、内河及海上运输、邮政运输、管道运输及仓储业、流通加工业、包装业、物流信息业等。把物流要素按供应链的要求整合成有机的系统，并实行供应链管理，能够以最快的速度和最低的成本把所有的物流要素，包括国内和国际的要素加以集成。如美国联邦快递对其拥有的4.2万辆货车、643架飞机的物流要素进行供应链整合，每天可处理包裹320万件，为全球210个国家与地区提供服务，并能够把需要运送的货物以最便宜、最廉价的方式运到目的地。对于没有货车、飞机等物流要素的第三方物流企业，也可以通过市场整合物流要素，从而降低物流成本，提高物流效率。

(2) 现代物流强调信息技术的广泛应用。信息网络技术是现代物流的生命线。网络化、信息化、全球化是现代物流业的基本特征。正是有了信息网络技术、因特网、局域网、电子数据交换系统等信息网络技术的发展与广泛应用，才有了现代物流；物流业亦才能得以步入网络化、信息化、全球化的轨道。

实践证明，信息网络技术是现代物流的生命线。现代物流正是依靠基于各种通信方式上的移动通信手段、全球卫星定位系统（GPS）、地理信息系统（GIS）、计算机网络技术、自动化仓库管理技术、智能标签技术、条码及射频技术和信息交换技术等多种信息技术，才把整个物流网络系统乃至整条供应链有机地联系在一起。

（3）第三方物流是现代物流的显著标志。第三方物流的出现是现代物流的一个标志。作为现代物流最典型的模式，第三方物流具有整合、运输、装卸搬运、仓储、配送、流通加工、包装、物流信息传递等基本功能。在此基础上，还发展了货运代理、客户服务、物流系统设计功能等。其中，物流信息传递、客户服务和物流系统设计功能是衡量第三方物流服务能力的重要标志，也是第三方物流企业自身核心竞争力的重要内容。第三方物流的优势集中表现在专业优势、信息优势、规模优势、管理优势和服务优势等方面。

1.1.2 现代物流的特征

传统物流包括流通业、仓储业、交通运输业和邮政业。随着社会的发展，尤其是近年来新经济赋予物流领域的新知识、新技术、新的管理思想和新的管理方法等，使传统物流迅速发展为现代物流。现代物流的特征可以理解为物流的现代化特征，主要体现在以下几个方面：

（1）物流要素系统化。物流不是运输、保管等活动的简单叠加，而是通过彼此的内在联系，在共同的目的下形成的一个系统，构成系统的功能要素之间存在着相互作用的关系。在考虑物流最优化的时候，必须从系统的角度出发，通过物流功能的最佳组合实现物流整体的最优化目标。局部的最优化并不代表物流系统整体的最优化。

（2）物流作业自动化。物流作业自动化是指物流作业过程中的设备、设施的自动化，包括包装、装卸、分拣、运输、识别等作业过程，例如自动识别系统、自动检测系统、自动分拣系统、自动存取系统、自动跟踪系统等。物流作业自动化可方便物流信息的实时采集与追踪，提高整个物流系统的管理和监控水平等。

（3）物流管理智能化。随着科学技术的发展与应用，物流管理由手工作业到半自动化、自动化，直至智能化，这是一个渐进的发展过程。从这个意义上说，智能化是自动化的继续和提升，因此可以说，自动化过程中包含更多的机械化成分，而智能化过程中包含更多的电子化成分，如集成电路、计算机硬件和软件等。

智能化能在更大范围和更高层次上实现物流管理的自动化。智能化不仅能用于作业，而且能用于管理，如库存管理系统、成本核算系统等。智能化不仅可以代替人的体力，而且可以在一定程度上代替人的脑力。因此与自动化相比，智能化能更大程度地减少人的脑力和体力劳动。

（4）物流体系标准化。在物流管理发展过程中，从企业物流管理到社会物流管理都在不断地制定和采用新的标准。从物流的社会角度来看，物流标准可分为企业物流标准、社会物流标准（物流行业标准、物流国家标准、物流国际标准）；从物流的技术角度来看，物流标准可分为物流产品标准（物流装备、设备标准）、物流技术标准（条码标准、EDI 即电子数据交换标准）、物流管理标准（ISO 9000、ISO 14000 等）。

（5）物流手段现代化。在现代物流活动中，运输手段的大型化、高速化、专用化，装卸搬运机械的自动化，包装单元化，仓库立体化、自动化以及信息处理和传输计算机化、电子化、网络化等为开展现代物流提供了物质保证。

（6）物流信息电子化。现代信息技术、通信技术以及网络技术，已广泛用于物流信息的处理和传输过程。物流各环节之间，物流部门与其他相关部门之间，不同企业之间的物流信息交换、传递和处理，可以突破空间和时间的限制，保持物流与信息流的高度统一和对信息的实时处理。

（7）物流服务社会化。在现代物流时代，物流业已得到充分的发展，企业物流需求通过社会化物流服务满足的比重在不断提高，第三方物流将成为现代物流的主体，物流产业在国民经济中的作用越来越大。

（8）物流节点网络化。随着生产和流通空间范围的扩大，为了保证产品高效率的分销和材料供应，现代物流需要完善、健全的物流网络体系，网络上点与点之间的物流活动要保持系统性、一致性，从而保证整个物流网络有最优的库存总水平及库存分布，将主干线上的运输与支线末端的配送有效结合起来，形成快速、灵活的供应通道。

（9）物流运作可视化。物流可视化结合 GIS、GPS、无线通信技术、计算机仿真技术，为物流运作过程如运输调度、仓储管理和生产过程控制等提供了一个可视化的管理平台。随着现代物流技术、特别是电子信息技术和光电技术的发展和应用，无论是用户还是供应商，都不再为看不到货运情况而烦恼。用户在办公室就可以看见货物的存储、运输状况，并以文字、数字、图形、图片、图像等信息形式，看见反映货物的物流、商流、资金流和信息流的各种情况，物流管理不再是经济的"黑暗地带"，供应链管理也不再是"看不见的手"。例如，库存可视化，可通过多重定位提供当前库存的实时资料，用户可以用获得的信息来控制和管理库存。货运可视化，可以提供网站访问，以便获取货运的具体情况，包括发货人、运货人、收货人、货物的详细信息以及基于事件的状态或区域更新的信息等。

（10）物流系统信息化。信息在实现物流系统化、物流作业一体化方面发挥着重要作用。现代物流通过信息将各项物流活动功能有机地结合在一起，通过对信息的实时把握，控制物流系统按照预定的目标运行。准确地把握信息，如库存信息、需求信息等，可以减少非效率、非增值的物流活动，提高物流效率和物流服务的可靠性。

（11）物流反应快速化。在现代物流信息系统、作业系统和物流网络的支持下，对满足客户多样化、个性化、小批量、多品种、高频次的需求，物流适应需求的反应速度在加快，可以实现"今日订货，明日交货；上午订货，下午交货"的理想物流，快速反应是当今物流的重要特征。同时，物流企业及时配送、快速补充订货、迅速调整库存结构的能力正在加强。

（12）物流功能集成化。现代物流从传统的仓储、运输延伸到采购、生产、分销等诸多环节，通过集成，可以优化物流管理，降低运营成本，提高物品价值。另外，由于科学技术的发展和其在物流领域的广泛运用，在提高物流管理水平的同时，大量高新技术的采用，使企业也面临着各种技术高度集成的问题。

（13）物流经营国际化。在国际经济技术合作过程中，产生了货物和商品的转移，从而带动了国际运输和国际物流的产生和发展。物流国际化主要表现为两个方面的内容：一是其他领域的国际化产生了对国际物流的需求，即国际化物流；二是物流本身的国际化，它主要表现为国际物流贸易、国际物流合作、国际物流投资和国际物流交流。

1.1.3　现代物流与传统物流的区别

现代物流与传统物流的根本区别在于：现代物流强调系统整体优化，即以现代信息技术为基础，对物流系统内运输、包装、装卸搬运、流通加工、配送、存储等各子系统间进行优化整合，因此出现如供应链一体化管理、核心业务管理的协调、强调全程物流等；现代物流一定有完善的物流信息系统和信息网络的支持，其决策、运作过程与管理都离不开信息系统的支撑；现代物流具有先进的物流科学技术。现代物流与传统物流的比较如表1-1所示。

表 1-1 现代物流与传统物流的比较

比较项目	传统物流	现代物流
物流功能	物流功能独立 运输、仓储、货运代理企业等物流各环节各自为政	物流功能有效整合 充分、高效整合各种物流功能要素
物流服务	只是提供简单的位移 短期合约居多 标准化的服务	提供额外增值性服务 长期战略合作伙伴 客户定制的服务
物流信息	人工控制 有限的 EDI 或无 EDI 无实时跟踪系统	信息管理 广泛的 EDI 数据传送 实时信息系统
物流管理	有限的现代化管理或无现代化管理 分散多头管理	系统化管理 信息化管理 全面质量管理

【小案例】 运输企业向现代物流企业转型

运输企业向现代物流企业转型过程中常见的几种模式如下：

(1) 进化型。广州宝供物流企业集团原来从事传统的铁路货物运输代理，在市场竞争日益加剧下，逐渐转型为供应链物流企业。在进行业务转型的过程中，企业并没有事先确定物流服务发展的方向，而是根据市场的需求不断改进物流服务项目，逐步形成现代物流中的核心竞争力，确定企业的战略服务定位，该模式称为进化型转型模式。

(2) 转基因型。北京双臣一城快运有限公司定位于快速物流服务，企业首先确立了战略目标和明确的战略定位，制定了明确的战略方案，并在战略执行中按照预定的目标逐步推进。这种模式称为转基因型转型模式，比较适用于刚成立的企业。

(3) 嫁接型。中国远洋物流有限公司原来主营传统海洋运输，慢慢向国际物流服务转型。该公司在转型过程中，在传统海运业务的基础上开拓了物流增值服务，使它成为能够提供一体化物流服务的现代物流企业。这种模式称为嫁接型转型模式。它适用于目前具有一定规模并具有一定竞争优势且与公司长期战略相一致的运输企业。

(4) 再生型。日本大和运输公司由传统的道路运输转向快递物流服务，在此转型过程中其原来的道路运输业务服务流程、服务对象发生了很大变化，该公司按照新的要求重组了物流服务项目，并成为新的物流服务提供商，该模式称为再生型转型模式。这种模式适用于目前具有一定规模，但运输服务的项目没有竞争优势或者前景很暗淡的企业。

(资料来源：根据中国物流网的资料整理完成。)

1.2 信息技术对物流管理的冲击

1.2.1 信息技术概述

信息技术（Information Technology，IT）泛指能拓展人的信息处理能力的技术。从目前来看，信息技术主要包括传感技术、计算机技术、通信技术和控制技术等，它替代或辅助人们完成了对信息的检测、识别、变换、存储、传递、计算、提取、控制和利用。

传感技术扩展了人的感觉器官能力，主要完成对信息的识别、搜集等。例如在企业物资

第 1 章　现代物流与物流信息化

管理中，物资入库时，将入库的物资搬到磅秤上、保管员抄磅秤数、之后将数据输入计算机中已经成为历史；现在有了汽车磅，当装载入库物资的汽车上了汽车磅后，入库数量被一次性采集并输入计算机，既提高了数据的准确性、及时性，又减轻了工人的劳动强度。

计算机技术以高速的计算能力以及"海量"的存储能力扩展了人的大脑能力，包括计算、记忆能力，完成信息的加工、存储、检索、分析等。计算机的这些特点，使以前难以解决甚至无法解决的问题得以解决。如在库存信息处理方面，对时常需要的库存数据、图表，计算机能够很快给出结果，从而改进及时补充库存、调整库存商品种类、减少冗余库存、合理安排运输路线和装运量、节约资源等方面的工作。

通信技术则扩展了人类神经系统传递信息的能力，实现信息的快速、准确传递。过去人们传递信息主要依靠口头、书信、电话、电报等方式。目前，国际互联网数据传输量很大的光纤主干网，其传输率可高达 2 500MB，相当于每秒传送 110 000 页文本的信息量。以资金周转为例，在我国使用传统方法进行资金流通结算，国内一般需要一个星期，国际一般需要半个月左右，实现网络化后，国内国际的资金流通结算均可在 24h 内完成。

信息技术发展和应用的一个重要标志是国际互联网（Internet）的形成、发展和应用。它能使各地互联的计算机充分共享资源（硬件、软件和数据），其商业化应用为拓展人的信息处理能力创造了一个世界范围内的虚拟空间。在企业内部，通过局域网的建设，企业的人、财、物资源及产、供、销等各部门之间都可以实现信息共享。这样可以降低企业内部沟通的时间和成本，使决策者能做出相对于全盘的统筹规划。在外部环境中，网络技术把整个世界都展现在人们眼前，对整个企业工作流程进行全程动态实时跟踪，随时掌握最新的业务情况、所需的物资产品信息、客户情况、对手动态、行业动态、最新的政策法规及其他各方面的信息。这使整个企业运营快速高效、信息全面详尽，增强了企业对突发事件的反应能力。

1.2.2　物流信息系统中的信息技术

根据物流的功能以及特点划分，物流信息技术主要包括条码及射频识别技术、计算机网络技术、多媒体技术、地理信息技术、全球卫星定位技术、自动化仓库管理技术、智能标签技术、电子数据交换技术、数据库技术、数据仓库技术、数据挖掘技术、Web 技术等。在这些信息技术的支撑下，形成了以移动通信、资源管理、监控调度管理、自动化仓储管理、业务管理、客户服务管理、财务处理等多种业务集成的一体化现代物流信息系统。

在我国物流运作中，已经开始广泛使用信息技术。如北京杰合伟业软件技术有限公司的城市物流配送管理系统，这是一款专门针对物流活动特点设计的产品。它综合运用了商业智能、地理信息系统、全球定位系统以及配送优化调度技术、动态监控技术、智能交通技术、仓储优化配置技术，实现对物流配送过程数据全面的管理和分析挖掘，优化配送运作流程和配送体系结构，实现了客户资源管理、配送调度优化、配送作业监控、库存及财务管理、企业绩效管理等多项功能。

1. 条码技术

条形码技术亦称条码技术，是 20 世纪在计算机应用中产生和发展起来的一种自动识别技术，是集条码理论、光电技术、计算机技术、通信技术、条码印制技术于一体的综合性技术。

条码技术是物流自动跟踪的有力工具，被广泛应用。条码技术具有制作简单、信息收集速度快、准确率高、信息量大、成本低和条码设备方便易用等优点，所以从生产到销售的流通转移过程中，条码技术起到了准确识别物品信息和快速跟踪物品历程的重要作用，是整个物流信息管理工作的基础。条码技术在物流的数据采集、快速响应、运输的应用方面极大地促进了物流业的发展。

2. 多媒体技术

多媒体技术通常被解释为通过计算机将文字、图像、声音和影视集成为一个具有人机交互功能和可编程环境的技术,其中图像泛指图形、图像、动画、视频等,声音包括语音、音乐、音响效果等。目前,多媒体技术在各个领域发挥着引人注目的作用。

多媒体技术主要涉及图像处理、声音处理、超文本处理、多媒体数据库、多媒体通信等。

3. 地理信息系统

地理信息系统(Geography Information System,GIS)是人类在生产实践活动中,为描述和处理相关地理信息而逐渐产生的软件系统。它以计算机为工具,对具有地理特征的空间数据进行处理,能以一个空间信息为主线,将其他各种与其有关的空间位置信息结合起来。它的诞生改变了传统的数据处理方式,使信息处理由数值领域步入空间领域。GIS用途十分广泛,如交通、能源、农林、水利、测绘、地矿、环境、航空、国土资源综合利用等方面。

4. 全球定位系统

全球定位系统(Global Positioning System,GPS)的原始思维理念是将参考的定位坐标系搬到天际上去,可在任何时候、任何地方提供全球范围内的三维位置、三维速度和时间信息服务。使用GPS,可以利用卫星对物流及车辆运行情况进行实时监控,可以实现物流调度的即时接单和即时排单,以及车辆动态实时调度管理。同时,客户经授权后也可以通过互联网随时监控运送自己货物车辆的具体位置。如果货物运输需要临时改变线路,也可以随时指挥调动,大大降低货物的空载率,做到资源的最佳配置。

5. 电子数据交换

电子数据交换(Electronic Data Interchange,EDI)是按照协议的标准结构格式,将标准的经济信息,通过电子数据通信网络,在商业伙伴的计算机系统之间进行交换和自动处理。

EDI的基础是信息,这些信息可以由人工输入计算机,但更好的方法是通过扫描条码获取数据,这样速度更快、准确性更高。物流技术中的条码包含了物流过程中所需的多种信息,与EDI相结合,方能确保物流信息的及时可得性。

6. 数据管理技术

数据库技术将信息系统中大量的数据按一定的模型组织起来,提供存储、维护、检索数据的功能,使信息系统可方便、及时、准确地从数据库中获得所需的信息,并以此作为行为和决策的依据。现代物流信息量大且复杂,如果没有数据库技术的有效支持,物流信息系统将根本无法运作,更不用说为企业提供信息分析和决策帮助。

7. 数据仓库技术

数据仓库技术(Data Warehousing,DW)是一个面向主题的、集成化的、稳定的、包含历史数据的数据集合,用于支持经营管理中的决策制定过程。与数据库相比,数据仓库中的信息是经过系统加工、汇总和整理的全局信息,而不是简单的原始信息;同时系统记录的是企业从过去某一时点到目前的各个阶段的实时动态信息,而不仅是关于企业当时或某一时点的静态信息。因此,数据仓库的根本任务是将信息加以整理归纳,并及时提供给相应的管理决策人员,支持决策过程,对企业的发展历程和未来趋势做出定量分析和预测。

8. 数据挖掘技术

信息技术的迅速发展,使数据资源日益丰富。但是,"数据丰富而知识贫乏"的问题至今还很严重,因此数据挖掘(Data Mining,DM)随之产生。DM是一个从大型数据库浩瀚的数据中,抽取隐含的、从前未知的、潜在有用的信息或关系的过程。

第1章 现代物流与物流信息化

1.2.3 物流信息技术对传统物流管理的冲击

计算机、光纤通信、软件工程、信息网络、人工智能等物流信息技术,正在成为决定物流业发展的基本因素。依靠传统理念管理物流企业已经不适应当今巨变的时代要求。物流信息技术对于传统型物流管理的冲击和影响是深刻而巨大的。

1. 对企业生产管理的冲击

物流信息技术将使物流管理系统发生根本性的变革。首先,物流信息技术配合自动化技术使物流作业过程自动化;其次,由于物流信息技术引起的管理组织结构的变化,会使物流管理的设计、组织、计划、控制也相应发生变化;再次,物流管理的方式越来越趋向智能化;最后,由物流信息技术带来的通畅信息将使高层管理的控制能力大大增强。

2. 对物流企业决策管理的冲击

物流信息技术为企业带来了丰富的信息资源,使得企业高层管理者在进行决策时有了更加可靠的依据。管理人员运用物流信息技术可以更为容易、方便、快捷地进行企业的战略决策和经营决策。

3. 对物流企业管理手段的冲击

物流信息技术使管理手段现代化。随着物流信息技术的发展,计算机和网络正在成为企业管理的战略手段。其功能不仅仅是提高管理效率,而且还将通过管理的科学化和民主化,全面增强管理功能。运用物流信息技术,企业管理人员及员工可以在任何地点、任何时间使用专用的信息处理器对信息进行处理加工,从而达到对信息资源及时、准确、充分的利用。

4. 对物流企业管理组织结构的冲击

纵横交错的信息网络改变了信息传递的方式,使其由阶层(等级)型变为水平(自由)型。与信息传递方式紧密相依存的管理组织结构也因此发生改变。原来起上传下达的这一重要作用的中层组织被削弱或逐渐消失。高层决策者可以与基层执行者直接联系,基层执行者也可根据实际情况及时进行决策。分工细化的传统管理组织已不适应发展的需要,把相互关联的管理组织加以整合已成了大势所趋。

5. 对传统物流企业业务运作方式的冲击

网络技术的迅猛发展,尤其是互联网的出现极大地影响着物流企业的业务运作方式。网上物流信息的发布、查询,信息的迅速交换,对客户而言可以更方便、直接地了解自己货物的状况。

6. 对物流企业财务管理和人力资源管理的冲击

物流信息技术使得企业的财务管理工作变得越来越重要,但与此同时,财务管理工作却越来越轻松。财务管理人员将从繁琐的财务工作中解放出来,参与物流企业的生产经营管理。而高层领导能更方便、更容易地获取财务信息,从而做出正确的决策。物流信息技术还使得企业对于人力资源的吸收和开发、测试、录用、培训、奖励等都变得更容易,而且费用也大大降低。对于任何一个迈入新世纪、走进新经济时代的企业而言,冲击是客观事实,影响无法避免,摆在物流企业面前的是别无选择的挑战。因此,唯有变革与改造,才能适应当今信息化的社会。

1.3 物流管理信息化

近年来,我国的国民经济信息化系统工程建设取得了长足的进展,信息化建设已经全面铺开，而信息技术的革命同样也给物流领域发生深刻变革提供了可能。

1.3.1 物流管理信息化的任务

信息化是当今现代化的标志和关键。物流管理在很大程度上是对信息的处理，管理组织中存在的大量岗位却只是发挥着信息的收集、挑选、重组和转发的"中转站"作用。如果这些工作由正规信息系统来承担，将会更快、更准、更全面。物流管理人员和决策人员如何利用物流信息技术，充分发挥物流管理理论的作用，已经成为物流企业所面临的一个重要问题。

物流信息化不仅包括物资采购、销售、存储、运输、流通加工等物流活动的信息管理和信息传送，还包括了对物流过程中的各种决策活动，如采购计划、销售计划、供应商选择、客户分析等提供决策支持，并充分利用计算机的强大功能，汇总和分析物流数据，进而做出更好的进、销、存决策。能够充分利用企业资源，增加对企业的内部挖潜和外部利用，从而大大降低流通成本，提高服务质量，增强企业的竞争优势。

物流管理信息化的任务就是要根据企业当前物流过程和可预见的发展，根据信息采集、处理、存储和流通的要求，选购和构筑由信息设备、通信网络、数据库和支持软件等组成的环境，充分利用物流企业系统内部、外部的物流数据资源，促进物流信息的数字化、网络化、市场化，改进现存的物流管理，选取、分析和发现新的机会，做出更好的物流决策。

1.3.2 物流管理信息化中存在的问题

在我国的企业管理中，人事管理和财务管理的信息化都已普及，许多企业的企业信息化工作的第一步就是实现人事管理和财务管理的计算机管理。虽然有许多物流企业都实现了对于物流管理的一些主要环节如仓库管理、销售管理等的计算机管理，但是真正实现物流信息化的企业却极少。这主要是由于以下几个原因造成的：

首先，企业对物流管理信息化虽然有迫切的需求，但是在实现过程中，由于对物流管理信息化所需的财力、人才的认识不足或者企业经营环境的变化，不能保证对信息化工作的投入，物流管理信息化的工作往往半途而废或草草收兵。

其次，在实现物流管理信息化的初期，需要管理人员辅助完成大量的工作，花费精力去熟悉新的工作系统，有时新系统还会触及某些人的既得利益，使得一些管理人员产生抵触情绪，不愿协助信息技术人员开发新系统，甚至不愿意使用已经实现了的物流信息系统。

再次，实现物流管理信息化的工作人员往往是科研院所或计算机软件公司的工作人员，缺乏对物流管理的感性认识，如果企业人员不予配合，就很难实现一个令企业管理人员满意的系统。

最后，开展物流管理信息化工作可能需要花费几年的时间，由于计算机技术的飞速发展，往往会导致前期开发的系统所使用的平台和后期开发的系统所使用的平台不一致。如何使已经开发成功的部分物流管理信息系统和不同平台的新物流管理信息系统部分进行集成，是企业在发展、扩大物流管理信息化范围的过程中存在的一个问题。

事实上，建立物流管理信息系统对企业信息化来说不仅是必需的，而且是可行的。新的管理技术、工程技术和信息技术的出现，又改变了传统的物流过程，为物流信息化提供了条件。而物流信息化所带来的经济效益更使得加强企业物流管理信息化工作成为企业管理现代化的重要内容。实现物流信息化，改进物流管理工作，将会给企业带来极大的效益。国内外许多企业在物流管理中都实现了信息化，利用现代信息技术对物流业务中的物流信息进行加工、存储、汇总、传送、反馈，大大加快了物流信息的处理速度，减少了流通环节，降低了流通费用，提高了经济效益。

1.3.3 物流管理信息化的建设对策

当前我国的物流信息化工作还存在方方面面的困难和问题，如果企业能够尽量做好以下几个方面的工作，将会对企业的物流信息化工作起到积极的作用。

1. 领导重视，业务人员支持

对如何搞好物流信息化，企业领导和信息部门的负责人面临着诸多的压力、冲击、挑战和机遇。毫无疑问，领导和业务人员的支持是物流信息化建设的保证。企业应该充分认识到企业物流信息化建设是企业技术进步的一个极其重要的组成部分，两者相互促进、互为依托。物流信息化建设是一项系统工程，涉及面广，不仅要投入大量人力和物力，还涉及企业的组织机构、管理体制、工作方法和工作基础等一系列重大问题。从某种意义上讲，物流信息化建设就是对企业的人、财、物资源及产、供、销环节在信息处理、工作方式、管理机制和人们的思想、观念和习惯等方面进行一次大的创新和变革。为了真正发挥技术的优越性，就必须对组织机构、管理制度进行合理的、有计划的调整，建立能够真正支撑信息化发展的技术、生产、物流体系。企业应用计算机与其说是技术问题，不如说是管理问题更恰当，即人们通常所说的"三分技术，七分管理"。每一个信息化建设项目的实施都蕴含着管理的创新。通过信息化建设可以不断提高管理水平和人员素质，提高企业的竞争力，在市场竞争中获取更大的利润和成功。企业物流信息化建设涉及硬件、软件、物流管理等方方面面的问题，应该以与企业生产实际需求和发展目标相适应为依据，制定物流信息化建设的规划。

2. 重视开发企业物流的信息资源

企业物流信息资源开发是物流信息化建设的核心任务。开发物流信息资源既是物流信息化的出发点，又是物流信息化的归宿。落实物流信息资源的开发，就要保证物流信息的标准化、规范化。许多企业的物流信息化工作没有解决好运作层和运作管理层的信息采集问题，以至于系统缺乏信息源，因而大大影响整个企业信息资源的开发、利用。信息资源的建设、积累和更新是一个长期复杂的渐进过程，只有在科学管理的基础之上，才能获得准确、合理和充足的数据。

在物流过程中，存在着大量的物流信息及其相关信息，如现有库存量、供应商信息、市场需求等。物流管理不仅仅是对物流过程的处理，还体现着有关物流数据的处理，反映系统的历史和当前状态。企业在日常活动中收集了包括订货单、存货单、应付账、交易条款、客户情况等在内的大量数据资料和报表，同时还有大量的外部信息，这些物流信息资源是企业最重要的资源之一。物流信息的建设可以减少库存，减少积压资金；采取正确的供应链，加速资金周转，保证合理的运营周期；有效控制成本，降低开销，提高利润。更重要的是依赖有效的信息系统，企业能够得到尽可能完整的决策数据，对市场变化的响应更快速，企业资源的分配更加合理、有效。

3. 建立企业物流信息系统和决策支持系统及数据仓库

建立企业物流信息系统是企业物流科学管理的基础。而如何设计一个优秀的、能够充分体现现代化物流管理思想的物流管理信息系统也就成了企业管理过程中的一件大事。物流管理信息系统是企业信息系统的一个组成部分，在处理物流信息的同时，应该注意营造综合数据环境。在此状态下，物流过程的所有技术数据和事务数据，对所有参与单位都具有高度可视性和可存取性。物流信息的可视化简化了物流系统的设计、建立和维护，增加了管理者对物流信息的理解，并加快了信息传递到部门和决策者手中的速度。生产型企业应重点搞好生产过程的物流信息化，建立从计划、采购到销售管理的集成化的信息系统；物流型企业应重点搞好业务处理过程的信息化，既要开发企业各部门信息共享的内部集成化的信息系统，也要实现企业与业务伙伴或与客户间的信息自动交换。

建立相应的物流决策支持系统及数据仓库，是物流管理信息化的另一个重要内容。在物流管理信息系统的基础之上，根据库存模型、预测模型等管理决策模型，采用运筹学、人工智能等技术，解决半结构化和非结构化问题，实现物流决策支持系统，采集、利用好宏观信息、生产流通及价格信息等，提高企业的市场快速反应能力，提高企业决策的科学性和准确性。数据仓库是面向主题的、集成的、稳定的、不同时间的数据集合，用以支持经营管理中的决策制定过程。它提供集成化和历史化的数据，并使最终用户可以直接从数据仓库中提取信息来进行各种决策分析。数据仓库及其相关技术可以大大提高物流决策过程的效率，改进企业数据分析的质量和灵活性，改善服务质量，增强企业物流决策的可靠性。

4. 加强物流信息的网络化

将现代通信技术与计算机数据处理技术相连接形成网络信息系统，是当今信息化发展的一个重要趋势。它可以最大限度地发挥信息化的综合优势，加强企业内部的信息交流，也避免了人工信息传递时的时间延误、人工浪费和不准确性。在网络化的环境下，孤立的物流信息系统并不能产生太大的效益，实现物流信息的网络化是必然的趋势。

1.4 物流信息化应用实例

1.4.1 宝供物流信息化建设

信息化是物流系统的灵魂，更是现代物流发展的关键。广东宝供储运公司从1994年年底成立至今，其客户从最初宝洁公司一家发展到现在的数十家，其中多数是实力强大的跨国公司。现已改名为宝供物流企业集团有限公司（以下简称宝供），藏在这个非凡业绩背后的是宝供贯穿始终的信息化建设。

宝供从广州的一个铁路货运站开始，最初的业务是仓储和运输。凭借灵活的经营方式和优质的服务，1994年它迎来了一个对自己未来事业产生深远影响的客户——宝洁公司。由于双方的合作很成功，很快宝洁公司就要求宝供在全国为其做物流服务。宝洁提出了更高的标准，它要求宝供在各个地方的分支机构都必须提供统一的服务质量，宝洁公司可以随时了解自己的分销和库存的情况以及每一张订单的状态，通过这些数据，宝洁公司可以做下一步的销售预测和调拨。宝供发现现有的信息水平无法对整个公司的业务运作和质量进行监控。于是在1997年，宝供决定做物流信息系统。当时宝供对系统的要求只有两个：

（1）把宝供所有的分支机构连接起来，使当地的每一张订单、每一个委托作业数据都能很快地汇集到总部，总部每天可以了解全国范围内的业务运作状况。

（2）把信息搜集起来，然后反馈给各地的客户，使客户了解其库存动态和订单状态。

从1997年开始，宝供开创性地建设了国内物流行业首家基于互联网的物流信息管理系统。之后公司以业务为导向，于2004年又建成了宝供第三方物流信息集成平台，有效集成全面订单管理、仓储管理、运输管理和财务管理模块，实现了物流、信息流和资金流的一体化管理。公司通过EDI等技术，实现了与客户信息系统的有效信息交换与共享，处于国内领先水平。现在，宝供已建成了一套完整的基于Intranet/Extranet的物流信息系统和物流ERP管理系统。该系统集浏览器、服务器、数据库服务器于一体，对公司所有业务进行全程动态实时跟踪。客户可随时掌握每一单存储、承运的业务运作的状态，并能方便地进行查询、自动生成报表、准确进行数据分析。现在，宝供的主要业务操作几乎全由分公司完成，总公司只负责监控，客户与公司通过网络实现资源共享。宝供的业务范围因而从最初的仓储、运输发展到提供物流全过程的"门对门"一体化服务，再到现在成立物流运作研究中心，为客户提供最优化物流运作模式设计即供应链物流第三方服务。

（资料来源：根据南开物流网的资料整理完成。）

1.4.2 海尔物流信息化革命

海尔集团在连续16年保持80%的增长速度之后，近年来又悄然进行着一场重大的管理革命。那就是在对企业进行全方位流程再造的基础之上，建立了具有国际水平的自动化、智能化的现代物流体系，使企业的运营效益发生了奇迹般的变化，资金周转达到一年15次，实现了零库存、零运营成本和与客户的零距离，突破了构筑现代企业核心竞争力的瓶颈。

在物流信息系统的支持下，海尔物流通过三个JIT（Just In Time）实现同步流程。海尔集团100%的采购订单从网上下达，使采购周期由原来的平均10天降为3天。海尔集团能将所有与供应商相关的物流管理业务信息，如采购计划、采购订单、库存信息、供应商供货清单、配额以及采购价格和计划交货时间通过信息系统发布给供应商，使供应商足不出户就能全面了解和制定与自己相关的物流管理信息（如根据采购计划备货，根据采购订单送货等）。在这种条件下，实现原材料采购的寄售模式也成为可能。通过这个模式将备货转化为供应商库存，减少库存积压资金。货物入库后，物流部门可根据次日的生产计划，利用企业资源计划系统（ERP）进行配料，同时根据看板管理，4h送料到工位，在生产部门各种订单完成生产之后，接下来的任务就是要将满足客户的各类个性化的产品送到客户手中。

目前，海尔在中心城市实现8h配送到位，区域内24h、全国4天以内到位。这样一个产品从设计到最终用户，海尔在最有效地利用整个供应链的条件下，以最低成本、最快速度满足了客户的个性化需求。

（资料来源：蔡淑琴，物流信息系统，2005。）

复习思考题

1. 简析现代物流的内涵与特征。
2. 物流系统中应用的信息技术主要有哪些？
3. 物流信息技术的发展给现代物流管理带来哪些影响？
4. 论述我国物流管理信息化存在的主要问题及发展策略。
5. 结合宝供的物流信息化案例，分析物流信息系统对宝供的业务发展起到了哪些积极的作用。
6. 结合海尔集团的案例，分析以下问题：
（1）什么是海尔的三个JIT？
（2）海尔是如何通过信息化达到企业物流一体化的？

第 2 章 物流信息管理基础

本章学习目标

> 理解数据与信息的基本含义,掌握信息的基本属性和分类,掌握数据和信息的关系;了解信息管理的含义,掌握管理信息系统的含义;理解物流信息的概念、特点和分类,掌握物流信息的作用;掌握物流信息管理的含义与物流信息处理的过程和要求。

2.1 数据与信息

2.1.1 数据

数据是人们用来反映客观事物而记录下来的可以鉴别的符号,是客观事物的基本表达。例如,一个物流仓储中心的面积为 30 000m^2,高 15m,这里的"30 000""15"就是数据,反映了一个特定仓库的面积和高度。在理解数据的内涵时,一定要注意数据是一种可鉴别的符号。

随着计算机多媒体技术的发展,计算机可处理的数据种类也越来越多,这也使得信息技术的应用越来越广。到目前为止,计算机可以处理的数据种类如图 2-1 所示。数值型数据是指可以参加数值计算的数据,而不可计算的数据则均为非数值型数据。由于对数据的处理方式不同,因此数据还有其他分类方法。

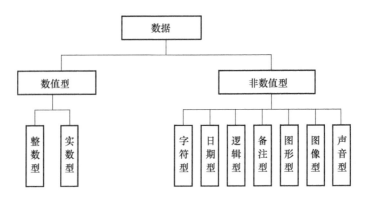

图 2-1 计算机可以处理的数据种类

随着 GPS/GIS 等技术的推广应用,数据已经拓展到空间领域,因此数据还可以分为空间数据和非空间数据。空间数据描述地物所在的位置,这种位置可以根据大地参照系定义,如经纬度坐标;也可以定义为地物间的相对位置关系,如空间上的相邻、包含等。

2.1.2 信息

信息是管理信息系统最重要的成分。有些人对管理信息系统有些错误的理解，把它看成是计算机系统，过多地强调其技术面。殊不知管理信息系统最重要的成分应当是信息。管理信息系统能起多大作用，能对管理做出多大贡献，首先要取决于有没有足够的和高质量的信息，而能否得到高质量的信息又取决于工作人员对信息的认识。

1. 信息的定义

在人们的日常生活中，"信息"一词已被滥用，数据和信息经常是不进行区分的。但在管理信息系统的概念中，信息和数据是不同的。管理信息的概念至少包括：信息具有"新鲜"和使人"震惊"的感觉；信息可以减少不确定性；信息能改变决策期望收益的概率；信息可以坚定或校正未来的估计等。

信息系统中常用的信息可以定义为：信息是经过加工后的数据，它对接收者的行为能产生影响，它对接收者的决策具有价值。根据这个定义，举例来说，行驶汽车的里程表上的数据不是信息，只有使司机做了加速或减速决策的那个数据才是信息。

信息的广义定义至今没有定论。有人说信息是消息，有人说信息是知识，有人说信息是运动状态的反映，当然也有人说信息是经过加工后的数据。信息是不是物质、信息有无价值也存在争论。总之，信息是一个社会概念，是人类共享一切知识、学问以及客观现象加工提炼出来的各种消息的总和。

2. 信息的属性

（1）事实性。信息最早的概念是"关于客观事物的可通信的知识"。通信是把信息用于事实。事实是信息的中心价值。不符合事实的信息不仅没有价值，而且可能价值为负，既害别人也害自己。所以事实是信息的第一和基本的性质。破坏信息的事实性的情况在管理中普遍存在，有的谎报产量，有的谎报利润和成本，有的造假账，这些都会给管理决策带来错误。例如，某电视机厂把生产黑白电视机的一些零件费用摊到彩色电视机上，造成各种产品均有盈利的假象。结果上级领导做出让该厂多生产黑白电视机的决策，最终使该厂陷入被动。事实性是在信息收集时最应当注意的性质。维护信息的事实性，也就是维护信息的真实性、准确性、精确性和客观性等，从而达到信息的可信性。尤其作为生产信息的信息源单位或信息服务单位，这个问题尤为重要。

（2）等级性。管理是分等级的，不同级的管理要求有不同的信息，因而信息也是分等级的。管理一般分为高、中、低三层，信息对应地分为战略级、策略级和执行级。不同级的信息其性质不相同。战略级信息是关系到企业长远发展和全局的信息，如企业长远规划 5~10 年的信息，企业并、转产的信息等。策略级信息是关系到企业运营管理的信息，如月度计划、产品质量和产量情况以及成本信息等。执行级信息是关系到企业业务运作的信息、如职工考勤信息、领料信息等。

从来源上来说，战略级信息多来自外部；执行级信息多来自内部；而策略级信息则有内有外。

从信息的寿命上来说，可以看出战略级信息寿命较长，例如，关于企业五年规划的信息至少要保存五年。执行级信息则寿命较短，例如，关于考勤的详细信息，每月发完工资以后，信息就不再有保存的价值。而策略级信息则处于中间状态。

从保密程度上来看，显然战略级信息的要求最高。企业的战略对策是企业的生命线，如果泄露出去，有时不仅使企业赚不到钱，而且可能使企业垮台。对再友好的单位，战略级信息也是不可泄露的。例如，生产低油耗汽车在石油危机中获得巨大收益的日本丰田汽车公司在以后石油危机缓解情况下的战略，是绝对不会告诉他人的。策略级信息的保密程度要低一些，但也不会轻易泄露，可以有偿转让，或者推迟一段时间泄露。执行级的信息很零散，很难从中提取出有价值的信息，因而保密程度要求不高。

从加工方法上来说，执行级信息的加工方法最固定，会计每月计算工资的方法、仓库发料的手续，都是固定的。策略级信息次之。战略级信息则最不固定，有时靠人预测，有时用计算机模型计算，所得信息均只能作为决策者的参考，如何用还要由决策者的水平决定。

从使用的频率上来看，执行级信息的使用频率最高。例如，一种质量检查的标准，每天都要用它去衡量加工的产品是否合格。策略级信息则次之。战略级信息的使用频率最低，例如五年规划的信息可能每年只使用一次。

从信息的精度上来说，执行级信息的精度最高。每天会计的结账，要求分毫不差。策略级信息次之。战略级信息的要求最低，有时一个长期预测有 60%～70% 的精度已很令人满意了，过高地要求战略级信息的精度往往会带来假象。

（3）可压缩性。信息可以进行浓缩、集中、概括以及综合，而不至于丢失信息的本质，很像物质中的液化气和压缩饼干。例如，人们可以把很多的实验数据组成一个经验公式，把长串的程序压缩成框图，把许多现场运行的经验编成手册。当然，在压缩的过程中会丢失一些信息，但丢失的应当是无用的或不重要的信息。

压缩在实际生活或工作中是很有必要的。因为人们可能没有能力收集一个事物的全部信息，也没有能力和必要存储越来越多的信息，只有正确地舍弃信息，才能正确地使用信息。

（4）扩散性。信息总是力图冲破保密的非自然约束，通过各种渠道和手段向四面八方传播。信息的浓度越大，信息源和接收者之间的梯度就越大，信息的扩散力度就越大。越离奇的消息、越耸人听闻的新闻传播得越快，扩散的面也就越大，有句古话"没有不透风的墙"，正是说明了信息的扩散性。

信息的扩散存在两面性，一方面它有利于知识的传播，所以要有意识地通过各类学校和各种宣传机构，加快信息的扩散；另一方面它可能造成信息的贬值，不利于保密，可能危害国家和企业的利益，不利于保护信息所有者的积极性。例如，软件盗版不利于软件发展。因此，要人为地筑起信息的壁垒，制定各种法律，如保密法、专利法、出版法等，以保护信息的势态。在信息系统中如果没有很好的保密、保安手段，就不能保护用户使用信息系统的积极性，就可能导致信息系统的失败。

（5）传输性。信息是可以传输的，它可以利用电话、电报进行国际、国内通信，也可以通过光缆、卫星传遍全球。其传输的形式也越来越完善，包括数字、文字、图形和图像、声音等。它的传输既快又经济，远远优于物质的运输。因而应当尽可能用信息的传输代替物质的传输，利用信息流减少物流。信息的传输性加快了资源的交流，加快了社会的变化。

（6）分享性。按信息的固有性质来说，信息只能共享，不能交换。例如，我告诉你一个消息，我并没有失去什么，这则消息的记忆并没有从我的脑子里抹去。相反，物质的交换就是零和的，你的所得，必为我之所失，我给你一支笔，我就失去一支笔，你就得到一支笔，所得与所失之和为零。信息的分享没有直接的损失，但是却可能造成间接的损失。如果我告诉你生产某种药品的药方，你也去生产这种药品，就造成与我的竞争，将会影响我的销路。信息分享的非零和性造成信息分享的复杂性。有时我告诉你消息，我不失你得；有时你得我也得；有时你得我失；有时我不失你也不得。

信息的分享性有利于信息成为企业的一种资源。严格说只有达到企业信息的共享，信息才能真正成为企业的资源，然后企业才能很好地利用信息进行计划与控制，从而有利于企业目标的实现。

（7）增值性。用于某种目的的信息，其价值可能随着时间的推移而耗尽，但对于另一种目的可能又显示出其用途。例如天气预报的信息，预报期一过就对指导生产不再产生作用；但对于和各年同期天气比较，总结变化规律，验证模型却是有用的。信息的增值在量变的基础上可能产生质变，在积累的基础上可能产生飞跃。曾有一位学者把每天全国报纸上刊登的新厂投产的消息收集起来进行提炼和分析，时间一久就能对全国工业有所估计。原来不保密的信息变成保密的了，原来不重要的信息变成重要的了，信息增值性和再生性，使人们能将信息变废为宝，在信息废品中提炼有用的信息。

（8）不对称性。由于人们的认知程度受其文化水平、实践经验、获得途径等因素的限制，造成了对事物认识的不对称性，从同一事物中获取的信息就不尽相同，从而形成了信息的不对称性。

3. 信息的分类

为了加强对信息的管理，便于对信息的处理和传输，必须对信息加以分类。信息的分类可从不同的角度，按不同的方法进行。

（1）按信息的来源划分。具体如下：

1）内部信息。这是企业经营、管理过程中从企业内部得到的一类信息，也往往用于管理及具体业务工作中。

2）外部信息。外部信息来自于企业的外部环境。这一类信息往往参与企业的高层决策。

（2）按信息的稳定程度划分。具体如下：

1）固定信息。它也称为静态信息，是指在一定时间内相对稳定不变，可供各项管理工作重复使用的信息，是编制计划、组织生产的依据，如定额标准、规章制度、计划指标体系、合同文件、设备档案、历史性资料等。固定信息有助于企业建立相应的固定信息文件，确定必要的数据结构体系，建立数据库，避免不必要的数据存储冗余，是企业重要的基础信息。

2）流动信息。它也称为动态信息，是指随着生产经营活动而不断更新的一类信息，这类信息能反映某一时刻生产经营的实际情况以及实际进程和存在的问题。流动信息具有明显的时效性。

（3）按信息的性质划分（或按管理职能分）。具体如下：

1）生产信息。它是指在生产过程中产生的信息，如生产进度、材料消耗、设备使用情况、计划指标等。

2）技术信息。它是指技术部门提供的信息，如图样、技术文件等。

3）经济信息。它是指反映企业的经济状况、经营状况、资金使用情况的信息。

4）人事信息。它是指反映企业的人事编制、员工状况的信息，如人事档案、人员动态等。

（4）从管理层次上划分。具体如下：

1）高层管理信息。高层管理是企业的最高领导所做的工作，其主要任务是根据对企业内、外的全面情况的分析，制定长远目标及战略。这种管理工作需要大量的企业内、外部的信息，包括当前的及历史的信息，并且要求对这些信息进行比较复杂的加工处理，以帮助预测和决策，以对模型的评价、求解等。

2）中层管理信息。中层管理的任务是根据高层管理确定的目标，具体安排系统所拥有的各种资源，制订出资源分配计划及进度表，组织基层单位来完成计划。它所要求的信息大多是系统内部的中短期决策信息,如制订年度生产计划、财务计划、中小项目合同以及编制企业内部标准等所需的信息。

3) 基层管理信息。基层管理的主要任务是按照中层管理制订的计划,具体组织人力、物力去完成计划。基层管理信息主要来自企业基层及其具体业务部门,涉及的往往是业务工作或技术工作。例如,对航运企业来说,基层生产管理部门还必须经常和外部(货主、港口、代理等)产生联系,大量的业务信息来自于企业外部,如报货信息、船舶在港作业动态等。这类信息比较具体、清晰,结构性、可预测性和时间性都很强,发生频率和精确度也高。

信息还可以从时间、使用频率、精确程度、流向、用途等方面去加以分类。在进行具体分类时,可根据企业的实际情况及对信息处理的不同要求选择分类方法。

2.1.3 数据和信息的关系

通常,在企业信息系统中数据和信息这两个名词可以同用、互换。但是实际上数据和信息是有差别的,必须正确区分。

1. 信息是加工后的数据

信息是一种经过选摘、分析、综合后的数据,它使用户更清楚地了解正在发生的事。如果说数据是原材料,信息就是加工后得到的产品。有时,对使用者来说,数据是一些难懂的符号,而信息则是易懂且有意义的符号。

2. 数据和信息是相对的

数据和信息的相对性表现在一些数据对某些人来说是信息,而对另外一些人来说则可能只是数据。例如,在物流企业物品管理中,领料单对仓库保管员来说是信息,因为他能从领料单上知道要发什么材料、发多少、发给谁;而对物流主管人员来说,领料单只是数据,因为从一张领料单中,他无法知道本月某种材料消耗了多少,并不能掌握企业本月的材料入库、消耗以及库存情况。因此不同的人由于其工作内容的不同,其所需的信息也是不同的。用户需要的是信息,作为信息的提供者应该为用户提供信息,而不是数据。企业财务主管需要的是企业财务统计报表信息,企业物流主管需要的是物流综合报表信息,而企业总裁需要的则是企业综合分析报表信息。

3. 信息是观念上的

信息是加工了的数据,它揭示数据内在的含义,是观念上的。因此,采用什么模型和方法、多长的信息间隔时间来加工数据,以获得信息,是受人对客观事物变化规律的认识制约的,是由人确定的。例如,在改革开放以前,我国企业一直采用工业总产值、净产值作为企业重要的统计指标,现在又增加了工业增加值统计指标。1998年年底,我国财政部对企业提出了编制现金流量表的要求。与财务状况变动表相比,现金流量表将盈利水平反映成现金性收益,它是评价企业盈利质量的关键因素;它能够提供现金流量信息,特别是净现金流入量,成为评判企业支付股息能力的最终依据,是评价企业偿债能力的重要指标;它能披露企业投资活动和筹资活动的现金流量,对于评价企业的投资与筹资活动、制定合理的投资与信贷决策、评估企业对未来现金流量具有重要的意义。这种信息就是基于我国企业改革工作实践提出的,是我国财政部门对评价企业的生产和经营活动好坏的一种新的认识。我国各种统计报表的内容、计算方法等还会发生变化,这也是因为信息是观念上的缘故。由于信息是一种观念,因此它不可能一成不变,尤其是对企业各层的管理者和决策者来说,信息的易变性更大。

2.2 信息管理与管理信息系统

2.2.1 信息管理

信息管理是人类为了有效地开发和利用信息资源，以现代信息技术为手段，对信息资源进行计划、组织、领导和控制的社会活动。简单地说，信息管理就是人对信息资源和信息活动的管理。

对于上述定义，要注意从以下几个方面去理解：

1. 信息管理的对象是信息资源和信息活动

（1）信息资源。它是信息生产者、信息、信息技术的有机体。信息管理的根本目的是控制信息的流向，实现信息的效用与价值。但是，信息并不都是资源，要使其成为资源并实现其效用和价值，就必须借助人的智力和信息技术等手段。因此，人是控制信息资源、协调信息活动的主体，而信息的收集、存储、传递、处理和利用等活动过程都离不开信息技术的支持。没有信息技术强有力的作用，要实现有效的信息管理是不可能的。由于信息活动本质上是为了生产、传递和利用信息资源，因此信息资源是信息活动的对象与结果之一。信息生产者、信息、信息技术三个要素形成一个有机整体——信息资源，是构成任何一个信息系统的基本要素，也是信息管理的研究对象之一。

（2）信息活动。它是指人类社会围绕信息资源的形成、传递和利用而开展的管理活动与服务活动。信息资源的形成阶段以信息的产生、记录、收集、传递、存储、处理等活动为特征，目的是形成可以利用的信息资源。信息资源的开发利用阶段以信息资源的传递、检索、分析、选择、吸收、评价、利用等活动为特征，目的是实现信息资源的价值，达到信息管理的目的。如果单纯地对信息资源进行管理而忽略与信息资源紧密联系的信息活动，信息管理的研究对象将是不全面的。

2. 信息管理是管理活动的一种

管理活动的基本职能是计划、组织、领导、控制，这也是信息管理活动的基本职能，只不过信息管理的基本职能更具有针对性。

3. 信息管理是一种社会规模的活动

信息管理反映了信息管理活动的普遍性和社会性，是广泛涉及社会个体、群体以及国家的信息获取、控制和利用的活动。

2.2.2 管理信息系统

管理信息系统同其他任何学科一样，都有一个不断发展和完善的过程。1970年，美国人瓦尔特·肯尼万给它下了一个定义："以书面或口头的形式，在合适的时间向经理、职员以及外界人员提供过去的、现在的、预测未来的有关企业内部及其环境的信息，以帮助他们进行决策。"很明显，这个定义是出自管理角度的，它没有强调一定要用计算机，没有强调应用模型，而是强调了用信息支持决策，所有这些均显示了这个定义的初始性。

1985年，管理信息系统的创始人，明尼苏达大学卡尔森管理学院的著名教授高登·戴维斯才给出管理信息系统的一个较完整的定义："它是一个利用计算机硬件和软件，利用各类分析、计划、控制和决策模型以及数据库的用户—机器系统。它能提供信息，支持企业或组织的运行、管理和决策功能。"这个定义说明了管理信息系统的目标、功能和组成，而且反映了管理信息系统当时已达到的水平。它说明了管理信息系统的目标是在高、中、低三个层次，即决策层、管理层和运行层上支持管理活动。

管理信息系统一词在中国出现于20世纪70年代末至80年代初，根据中国的特点，许多从事管理信息系统工作最早的学者给管理信息系统也下了一个定义，登载于《中国企业管理百科全书》上。该定义为管理信息系统是"一个由人、计算机等组成的能进行信息的收集、传递、存储、加工、维护和使用的系统。管理信息系统能实测企业的各种运行情况；利用过去的数据预测未来；从企业全局出发辅助企业进行决策；利用信息控制企业的行为；帮助企业实现其规划目标"。《管理现代化》一书中的定义为："管理信息系统是一个由人、机械（计算机等）组成的系统，它从全局出发辅助企业进行决策，它利用过去的数据预测未来，它实测企业的各种功能情况，它利用信息控制企业行为，以期达到企业的长远目标。"这个定义避免了一些人认为的管理信息系统就是计算机应用的误区，再次强调了管理信息系统的功能和性质，强调了计算机只是管理信息系统的一种工具。对于一个企业来说没有计算机也有管理信息系统，管理信息系统是任何企业都不能没有的系统。所以，对于企业来说管理信息系统只有优劣之分，不存在有无的问题。

这样，我们可以重新描述一下管理信息系统的定义。管理信息系统是一个以人为主导，利用计算机硬件、软件、网络通信设备以及其他办公设备，进行信息的收集、传输、加工、存储、更新和维护，以企业战略竞优、提高效益和效率为目的，支持企业高层决策、中层控制、基层运作的集成化的人机系统。

这个定义也说明管理信息系统绝不仅仅是一个技术系统，而是把人包括在内的人机系统，因而它是一个管理系统，是一个社会系统。管理信息系统的概念图如图2-2所示。

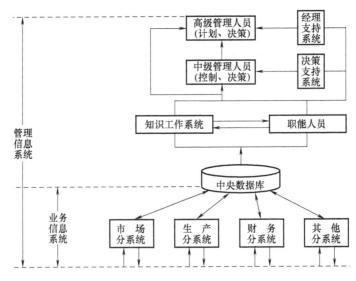

图2-2 管理信息系统的概念图

对于管理信息系统的含义可以从以下几个方面来理解：

（1）就其功能来说，管理信息系统是组织理论、会计学、统计学、数学模型及经济学的混合物，这些方面都同时展示在先进的计算机硬件和软件系统中。这个领域的中心问题是扩展视野，综合政府部门和民间组织的决策，这些组织必须控制其内部活动和由该组织的规模与复杂程度所决定的种种功能要求。

第 2 章 物流信息管理基础

(2) 一个管理信息系统能够提供过去、现在和将来预期信息的一种有条理的方法，这些信息涉及内部业务和外部情报。它按适当的时间间隔提供格式相同的信息，支持一个组织的计划、控制和操作功能，以便辅助决策的制定。

(3) 管理信息系统是一个具有高度复杂性、多元性和综合性的人机系统，它全面使用现代计算机技术、网络通信技术、数据库技术，以及管理科学、运筹学、统计学、模型论和各种最优化技术，为经营管理和决策服务。

(4) 管理信息系统是一个由人、计算机等组成的，能进行信息收集、传递、存储、加工、维护和使用的系统。管理信息系统能实测企业的各种运行情况，利用过去的数据预测未来，从全局出发辅助企业进行决策，利用信息控制企业的行为，帮助企业实现其规划目标。

(5) 管理信息系统是为决策科学化提供应用技术和基本工具，为管理决策服务的信息系统。

(6) 管理信息系统不仅把信息系统看作一个能对管理者提供帮助的基于计算机的人机系统，而且把它看作一个社会技术系统，将信息系统放在组织与社会这个大背景中去考察，并把考察的重点从科学理论转向社会实践，从技术方法转向使用这些技术的组织与人，从系统本身转向系统与组织、环境的交互作用。

2.3 物流信息

2.3.1 物流信息的概念

物流信息可以从广义和狭义两个方面来理解。从狭义范围来看，物流信息是指与物流活动有关的信息。在物流活动的管理与决策中，如订单的处理和管理、运输工具的选择、运输线路的确定、每次运送批量的确定、仓库库存的管理、客户管理等，都需要详细而准确的物流信息的支撑。可见物流信息对订单管理、运输管理、库存管理、仓库管理等物流活动具有支持和保证作用。

从广义范围来看，物流信息不仅包括与物流活动有关的信息，还包括与其他流通活动有关的信息，如市场信息（消费者需求信息、竞争者信息、交通通信等基础设施信息等）、商品交易信息（销售和购买信息、订货与接受订货信息、发出货款及收到货款信息等）等。

在现代经营管理活动中，物流信息与商品交易信息、市场信息相互交叉、融合。因此，广义的物流信息不仅能起到连接生产者，经过批发商和零售商，最后到消费者的整个供应链的作用，还在应用现代信息技术的基础上，加快了信息的传递速度，能大幅度提高整个供应链的效率。

2.3.2 物流信息的特点

与其他信息相比较，物流信息的特殊性表现在以下几方面：
(1) 物流信息量大、分布广，信息的产生、加工、传播和应用在时间、空间上不一致，方式也不同。
(2) 物流信息动态性、实时性强，信息价值衰减速度快，因而对信息管理的及时性和灵活性提出了较高的要求。
(3) 物流信息种类多，不仅物流系统内部各个环节有不同种类的信息，而且由于物流系统与其他系统（如生产系统、供应系统）密切相关，因而还必须搜集物流系统外的有关信息。

这使得物流信息的搜集、分类、筛选、统计、研究等工作的难度增加了。

（4）物流信息趋于标准化。现在，企业间的物流信息一般采用 EDI 标准，企业内部物流信息也拥有各自的数据标准。随着 XML 技术的成熟，企业物流信息系统内外部信息标准可以统一起来，这使得企业物流信息系统的开发简化了，功能也更强大。

2.3.3 物流信息的分类

物流信息有不同的分类方法，弄清其不同的分类方法，对搞好企业物流管理、实现其价值具有重要作用。

1. 按信息载体的类型分类

在企业中，物流信息载体通常分为单据（凭证）、台账、报表、计划、文件等多种类型。

物流单据（凭证）发生在企业的操作层，一般记载物流工作实际发生的情况。根据单据的制订者不同划分，单据可分为企业内部和外部的单据，凡是由企业外部制定和开出的单据属于外部单据，而由企业自身制定和开出的单据则属于内部单据，例如，货物采购时由供应厂商开出的发票是外部单据，企业为客户开出的销售发票则为内部单据。

物流单据按照一定的要求（如时间次序、某种分类等）积累则形成物流台账，例如，物资管理工作中的商品明细台账就是按物资类别，将某种物资的入库、出库按时间次序记载的流水账。

物流报表是按照一定的统计要求，将一定周期内的物流单据或者物流台账进行计算、汇总、排序、分类汇总等形成的信息载体，其作用是通过对一定时期内生产经营的统计，检查生产经营情况，发现存在的问题，为制定相关决策提供信息依据。

物流计划对于企业物流管理来说是一种非常重要的信息，它是企业物流管理决策的具体体现。从管理职能上来说，企业有不同计划，如需求计划、采购计划、项目预算计划、财务计划等，企业的领导靠它向下传达下一个计划期企业生产经营的意图，用以统一指挥各部门的行动，而企业的下级则通过报表反映计划的实际实施情况。

物流文件一般分为企业内部和外部文件，外部文件的制定者是企业的外部单位、组织，而内部文件又可分为企业级的、企业各部门的。物流文件多为非数值型数据。

2. 按作用分类

按作用分类，物流信息分为语法信息、语义信息和语用信息三类。语法信息描述事物的状态，语义信息说明事物运动状态的含义，而语用信息则说明决策者的价值和效用。

在企业管理中，管理者利用事物的语用信息判断该事物对企业的利害关系，决定对事物所持的态度，根据语法信息和语义信息确定对付该事物以及相关事物的具体策略。

在日常业务工作中，搜集的是语法信息，管理层、决策层需要的是语义信息和语用信息。例如，在物流管理的研究中，物流中物资代码、客户订货数量、订货日期、运输方式等是物流管理的语法信息，配送中心的库存量、采购部门的采购量是物流管理的语义信息，而市场份额、产品需求、物流成本等是物流管理的语用信息，依据这些信息，企业管理决策者就可以确定相应的物流战略。

3. 按管理层次分类

按管理层次划分，物流信息分为操作管理信息、知识管理信息、战术管理信息和战略管理信息。

操作管理信息产生于操作管理层，反映和控制企业的日常生产和经营工作，它是管理信息中的最底层，是信息源，来自于企业的基层，如每天的产品质量指标、客户订货合同、供应厂商原材料信息等。这类信息通常具有量大且发生频率高等特点。

知识管理信息是知识管理部门相关人员对企业自己的知识进行搜集分类、存储和查询,并进行知识分析得到的信息,如专家决策知识、物流企业相关业务知识、工人的技术和经验形成的知识信息等。这类信息一般隐藏在企业内部,需要挖掘和提炼。知识管理信息贯穿企业的各个部门、各个层次。

战术管理信息是部门负责人做出关系局部和中期决策所涉及的信息,如月销售计划完成情况、单位产品的制造成本、库存费用、市场商情信息等。这类信息一般来自于企业所属各部门。

战略管理信息是企业高层管理决策者制定企业年经营目标、企业战略决策所需要的信息,如企业全年经营业绩综合报表、消费者收入动向和市场动态、国家有关政策法规等。这类信息一部分来自于企业内部,多为报表类型;另一部分来自于企业外部,且数据量较少、不确定性程度高、内容较抽象。

4. 按信息来源分类

按信息来源的不同,物流信息分为内部信息和外部信息。

外部信息是在物流活动以外发生,但提供给物流活动使用的信息,包括物流知识层信息、物流战术层信息、物流战略层信息。具体表现为供货人信息、客户信息、订货合同信息、交通运输信息、市场信息、政策信息,还有来自企业内部运作、财务等部门与物流有关的信息,如消费者收入动向和市场动态、国家有关政策法规、国家各种统计资料等均为企业外部信息。企业全年生产经营指标完成情况、生产计划完成情况等为企业内部信息。一般外部信息与内部信息相比,其不确定程度高、信息搜集困难,不可控制。物流企业经常遇到不确定的信息,导致物流企业的经营成本上升,计划赶不上变化,无法很好地安排采购、运输。在市场竞争趋于白热化的今天,谁能更快、更及时、更全面地掌握用户信息,谁就能更好地占有市场。

5. 按稳定程度分类

按信息的稳定程度分类,物流信息分为静态信息和动态信息,如国家的政策法规、物流运送周期、供应商信息等是静态信息,国际国内市场物流报价信息、物资配送情况、销售情况等为动态信息。大多数企业外部信息的稳定程度较低。

静态信息是相对的,随着企业生产经营的变化、管理水平和职工技能的提高、技术的进步等,静态信息也会发生变化,只是其更新频率较低而已。例如,企业要定期地修改物流运送周期,增加供应商信息等。因此对于静态信息的数据处理关键是信息的利用,动态信息的处理关键是信息的搜集、存储、加工等。

6. 按物流活动分类

按物流活动划分,物流信息一般由物流系统内信息和物流系统外信息两部分组成。物流系统内信息包括物料流转信息、物流操作层信息,具体为运输信息、存储信息、物流加工信息、配送信息、定价信息等;物流系统外信息主要包括客户物品运输、配送信息,社会可用运输资源信息,交通和地理信息等。按照这类方法分析物流信息,其优势在于它是按信息产生源头划分的,易保证信息的搜集以及信息的正确性,但是要注意易产生"信息孤岛",使不同活动共享信息不易。

7. 按数据反映与几何空间位置的相关性分类

按数据反映与几何空间位置的相关性分类,物流信息分为空间信息和非空间信息。空间信息描述了物流资源的几何空间位置,一般存储在空间数据库中,非空间信息目前较多存储在关系型数据库中。

2.3.4 物流信息的作用

现代物流信息在物流活动中起着神经系统的作用，可以说是"牵一发而动全身"，具有对物流活动的计划、协调、控制功能。

现代物流信息的作用主要是通过以下几个方面来实现的：

1. 支持市场交易活动

交易活动主要记录订单和接货内容、安排存储任务、选择作业程序、制定价格和查询相关内容等。物流信息的交易作用就是记录物流活动的基本内容，其主要特征是程序化、规范化和交互式，强调整个信息系统的效率性和集成性。

2. 支持业务控制

物流服务的水平和资源利用的管理需要有信息的反馈并作相关的控制，要通过建立完善的考核指标体系来对作业计划和绩效进行评价和鉴别。这里强调了信息作为控制工作和加强控制力度的工具的作用。

3. 支持工作协调

在物流运作中，物流系统各环节、各子系统加强信息的集成与流通，有利于提高工作的质量与效率，减小劳动强度。

4. 支持战略决策

物流信息有助于提高物流企业的管理和决策水平。物流管理通过加强供应链中各活动和实体间的信息交流与协调，使其中的物流和资金流保持畅通，实现供需平衡。物流管理中通常有如下一些基本决策问题：

（1）位置决策。位置决策即物流管理中的设施定位，包括物流设施、库存点和货源等，在考虑需求和环境条件的基础上，通过优化进行决策。

（2）生产决策。生产决策主要根据物流的流动路径，合理安排各生产成员间的物流分配。良好的决策可以在各成员间实现良好的负荷均衡，使物流保持畅通。

（3）库存决策。库存决策主要关心库存的方式、数量和管理方法，是降低物流成本的重要依据。

（4）运输配送决策。运输配送决策包括运输配送方式、批量、路径以及运输设备的装载能力等。通过运用科学的分析工具，可以对物流活动中产生的各类信息进行科学的分析，从而获得更多富有价值的信息。通过物流系统各节点间的信息共享，能够有效地缩短订货提前期，降低库存水平，提高搬运和运输效率，减少递送时间，提高订货和发货精度，及时高效地响应客户提出的各种问题，从而极大地提高顾客满意度和企业形象，提高物流系统的竞争力。

2.4 物流信息管理

2.4.1 物流信息管理的含义

物流信息管理是信息管理的一个分支，是信息管理在物流领域的应用。从物流信息的作用中可以看出，对物流信息进行有效管理非常重要。物流信息管理就是收集、整理、存储、传播和利用物流信息的过程，也就是将物流信息从分散到集中，从无序到有序，从产生、传播到利用的过程；同时，物流信息管理对物流信息活动涉及的各种要素，包括人员、技术、工具等进行管理，以实现资源的合理配置。

物流信息管理是人类为了有效地开发和利用物流信息资源，以现代信息技术为手段，对物流信息资源进行计划、组织、领导和控制的社会活动。具体可以从如下几个方面来理解：

1. 物流信息管理的主体

物流信息管理的主体一般是与物流信息系统相关的管理人员，也可能是一般的物流信息操作控制人员。其中，涉及"物流信息管理师"这一概念。物流信息管理师是一种资格认证，其职业定义为从事物流业务操作、管理，承担物流信息技术应用和物流信息系统开发、建设、维护、管理，以及物流信息资源开发利用工作的相关人员。根据现代物流行业对从业人员的岗位技能要求判断，物流信息操作及管理技能是物流职业技能中的核心技能。物流信息管理师必须具备物流信息系统的操作、管理以及规划和设计等能力。

2. 物流信息管理的对象

与信息管理的对象一样，物流信息管理的对象包括物流信息资源和物流信息活动。物流信息资源主要是指直接产生于物流活动（如运输、保管、包装、装卸、流通、加工等）的信息和与其他流通活动有关的信息（如商品交易信息、市场信息等）。而物流信息活动是指物流信息管理主体进行物流信息收集、传递、存储、加工、维护和使用的过程。

3. 物流信息管理的手段

信息管理离不开现代信息技术，企业应同时利用管理科学、运筹学、统计学、模型论和各种最优化技术来实现对信息的管理以辅助决策。物流信息管理除具有一般信息管理的要求外，还通过物流信息系统的查询、统计、数据的实时跟踪和控制来管理、协同物流管理工作。

4. 物流信息管理的目的

人们开发和利用物流信息资源，以现代信息技术为手段，对物流信息资源进行计划、组织、领导和控制，最终为物流相关管理提供计划、控制、评估等辅助决策服务。

2.4.2 物流系统功能信息

根据企业性质的不同，物流信息的具体内容也不尽相同。但物流活动的决策和对物流活动的协调与控制的管理，都需要详细、准确、直接的物流信息。物流信息的内容总是与企业物流各个系统对物流信息的需求相一致，各个物流子系统有各自的信息内容，这些信息之间既有联系又有不同。

1. 运输功能的信息

运输连接着物流的各节点，影响着物流的许多构成因素，而物流费用又直接受到供货厂商、仓库和客户之间的地理分布的影响。不同的运输方式有着不同的特点，但不论哪种运输方式，对其及时、准确、经济和安全的要求都是一致的。运输业务中主要的基础信息的载体是各种单证，各种运输单证为运输决策提供了信息。执行每一次运输活动都需要一些单证，其中最主要的单证类型有提单、运单和运费清单等。单证中主要的物流信息包括名称、数量、包装、相关物理属性、搬运要求等。运输信息包括发货时间、发货地点、运输距离、到货时间、到货地点、运输方式、运输工具、运输费用、运输人员、接受方、运输损耗等。例如，提单是购买运输服务所使用的基本单证，它对所装运的商品和数量起到了收据和证明文件的作用，同时也是对货物唯一真实的受领人、交接方式、交货地点以及货物（类别、包装、数量等）进行精确描述的信息。运单是托运人向承运人办理的托运手续，它包括托运物品、托运人和承运人及装卸地点等信息。运费清单是承运人收取其所提供的运输服务费用的一种凭证，它包括运费的款项、金额和付费方式等信息。

物流信息技术与信息系统

运输信息处理系统要在充分分析运输距离、运输环节、运输工具、运输时间、运输费用这"五要素"信息的基础上，制订出合理的实施方案，减少或避免空驶、对流运输、迂回运输、重复运输、倒流运输、过远运输、运力选择不当、运输方式选择不当等。要克服不合理运输，通常还需要掌握其他相关的信息，如各地交通信息、地理信息、货源信息、社会运力信息、在途物品信息、各种额外费用信息等。

2. 存储功能的信息

实现物流存储功能的场所主要是仓库。存储业务的基本信息分为描述仓库和描述库存物品的信息两种。描述仓库的基本信息包括仓库的地点、类型、面积、保管方式、储位信息等；描述库存物品的基本信息包括存放地点、物品名称、结构、重量、形状、包装类别、数量、存储要求、入库时间、适用装卸方式等；其他信息还包括物品需求信息、供应商信息等。

为了充分利用仓库资源和提高服务水平，需要完成具体的信息分析，如入出库频率、物品需求预测、安全库存、订货周期、订货批量、占用资金，以及主被动的各种形态的储备、超储、积压等，以便使存储进一步合理化。

3. 配送功能的信息

从物流上来讲，配送几乎包括了所有的物流功能要素，是物流的一个缩影或在某个小范围内物流全部活动的体现。一般的配送集装卸、包装、保管、运输于一身，通过这一系列活动完成将货物送达的目的。特殊的配送还要以加工活动为支撑，其包括的方面更广。但是，配送的主体活动与一般物流却有所不同，一般物流是运输及保管，而配送则是运输及分拣配货。分拣配货是配送的独特要求，也是配送中特有的活动，以送货为目的的运输则是最后实现配送的主要手段。

配送功能的设置，可采取物流中心集中库存、共同配货等形式，帮助客户或服务对象实现零库存，依靠物流中心的及时配送，而无须保持自己的库存或只需要保持少量的安全储备，减少物流成本的投入。对于不同类型的配送中心，由于其服务对象、配送技术和配送目的的不同，形成的配送形式和运作方式也不同，从而使得该项业务所需要的基本信息和决策信息的重点也不同。备货的基本信息包括货源供应信息与筹集情况（订货或购货、进货信息）及有关的质量检查、结算、交接等信息，需要进行的信息分析主要有备货成本、备货规模、供应商信息等，决策的问题主要包括备货规模、物资来源、配送方式、配送路线等。

配送加工、分拣及配货根据客户的要求进行，包括品种、数量、包装、运送方式等。配装是在单个客户配送数量不能达到车辆的有效载运负荷时，将不同客户的货物集中进行配送。配装时，需要充分考虑如何进行有利的搭配装载，以充分利用运能、运力，提高送货效率及降低送货成本。配送运输属于运输中的末端运输、支线运输，具有配送客户多、距离较短、线路较复杂、规模较小、额度较高等特点，一般使用汽车作为运输工具。因此，需要辅助的决策问题主要有选择最佳运输路线、配装和路线有效搭配等，它需要有关运输方面的信息支持。送达服务是配送业务的最终环节，能保证圆满地实现配送物品的移交（包括卸货地点、卸货方式），有效、方便地处理相关手续并完成结算。

4. 物流加工功能的信息

物流加工对物流起着补充、完善、提高和增强的作用。物流加工功能的主要作用表现在：适应多样化的客户需求，进行方便客户的初级加工；提高原材料利用率；提高加工效率及设备利用率；充分发挥各种运输手段的最高效率。实现物流加工合理化主要应考虑配送、配套、合理运输、合理商流、节约等几个方面的因素。再加上需要加工设备、加工人员等资源，所以物流加工业务需要的主要信息有加工要求、加工时间、加工能力、加工流程和加工成本等，相关的辅助决策信息有加工方式、加工周期和加工报价。

2.4.3 物流数据处理过程

数据处理是指按照应用的需要，采用一定的方法与手段对数据进行搜集、存储、加工、传输和输出这样一个过程的总称。应用的需要是进行数据处理的依据，输出是数据处理的归宿，数据处理采用的方法和手段不同，其输出效率和效果是不同的。

1. 数据搜集

搜集数据是数据处理的第一步，它的正确性直接影响到数据处理，决定着数据处理结果的质量，是做好后期一切工作的基础和依据。

数据的搜集通常包括数据的识别、整理、表达和录入。目前信息搜集有多种方法，如通过互联网、数据库和光盘等。通过互联网可获取正式和非正式的政治、经济和社会等信息，但应注意其真伪性的识别、判断。我国目前已有 1 000 多种成规模的数据库，其中经济贸易类数据库、交通信息类数据库等对物流企业的帮助比较大。

2. 数据存储

数据的存储就是将录入的数据存储在系统中，以供长期使用。它需要确定数据存储的介质（硬盘、软盘等）、存储方式（数据文件方式、数据库方式）、存储时间、存储内容、存储地方等。实际工作中应特别注意数据存储的安全性和可靠性。

3. 数据加工

数据加工是根据信息需求者的工作特点和需要，为获得信息而对存储数据进行选择、计算、排序等相关操作的过程，需要利用经济学、管理科学、运筹学、统计学等不同学科中相关的模型与方法，是一项综合性很强的工作。

4. 数据传输

数据传输是指采用一定的方法和手段，将数据从一处传输到另一处，从而实现信息共享和交换。在数据传输过程中，确保传输数据的正确、安全、速度是关键。

5. 数据输出

数据输出是指按照需要，将信息提供给用户。在计算机应用中，表格、文字、图形、声音等形式的数据可以采用显示、打印、播放等多种方式进行输出。随着多媒体技术的发展，数据输出的形式将更加丰富和直观。

2.4.4 物流信息管理的要求

在物流信息系统中，人们对物流信息管理的要求主要表现在以下几方面：

（1）可得性。数据随时随地的可得性，可减少业务和计划上的不确定性。

（2）精确性。数据处理的结果必须精确反映当前状况和定期活动，以衡量用户订货和存货水平，以减少不确定性，并减少存货需要量。

（3）及时性。数据处理的及时性要求在要求的时间内，完成数据的录入、加工、存储、传输或输出，这关系到信息是否能在有效的时间内得到充分的利用以及被利用的程度。

（4）准确性。不同的客户对数据处理的准确度要求不同，若数据处理的准确性不能满足客户的要求，那么利用再先进的技术都是浪费。例如，在企业中，会计的账目处理要求分毫不差，但企业项目则允许以万元为单位来衡量。

（5）适用性与灵活性。由于信息与数据的相对性，数据的输出内容要根据客户的需求来定，客户要求获得的是信息，而不是数据。信息是观念上的，这导致客户所需要的信息，从种类、格式、计算方法等不同的方面来看有着不同的内容，所以完成数据处理的系统应具有较强的信息加工处理和提供信息的能力。

（6）预警性。由于物流企业需要与大量的上游、下游单位进行协调，因此物流中的数据处理必须以异常情况为基础，突出问题，发现机会，使企业的决策者、管理者能把他们的精力集中在最需要引起注意的问题上或者能在需要提供最佳机会时改善服务或降低服务成本。

（7）安全性。数据处理的安全性是指在数据处理的过程中，数据或信息不会被丢失、篡改、破坏、窃取。数据处理的不安全将给信息掌握者带来难以估算的损失。例如，企业内部重要销售信息的失密，将导致企业失去部分市场，甚至全部的竞争优势。因为尽管信息具有非零和共享的特点，但企业掌握市场需求的信息不对称，关键信息的泄露将削弱企业的核心竞争力，使之处于极为不利的地位。此外，数据处理还应包括备份和易恢复，即可靠性。

（8）经济性。数据处理需要付出一定的代价，在数据的搜集、存储、加工、传输到输出的每一个环节，都需要一定的人、财、物（如相关人员、计算机设备、网络、资金等）进行全面支撑。随着科技的迅猛发展，需要处理的数据将越来越多，涉及面也更为广泛。因此，数据处理应该是在满足前面七项要求的前提下，尽量减少各种投资和费用，以提高数据处理的效率和经济效益。

复习思考题

1. 什么是数据？什么是信息？
2. 信息的属性有哪些？
3. 什么是管理信息系统？如何理解管理信息系统？
4. 物流信息有何特点和作用？
5. 物流数据处理的要求有哪些？

第3章 物流信息系统体系

本章学习目标

了解物流信息系统的发展历程和不同发展阶段的特点；掌握物流信息系统的定义和功能，理解物流信息系统的作用，掌握物流信息系统的组成要素、特点、分类和要求，了解物流信息系统的计算模式；理解决策支持系统的基本概念、基本结构与特点，掌握物流决策支持系统的功能和结构；理解专家系统的结构，掌握物流专家系统的类型。

3.1 物流信息系统的发展历程

到目前为止，计算机在企业管理中的应用已经经历了单项数据处理、综合数据处理和系统数据处理三个阶段，现已进入辅助决策阶段。同样，物流信息系统也经历了相同的发展历程。

在20世纪50年代以前，物流被认为是后勤工作而常被忽视。那时，物流的一般说法是指"物"从供应点到接收点的流动，而现代物流则更重视在"物"的流动过程中的计划与控制，以及在"物"的流动过程中对仓储、搬运、装卸、分拣、加工、包装、归类、运输、配送、接收等作业流程的统筹运作，并进行系统化的优化管理。

在过去信息传递不畅的情况下，要想统筹运作，进行物流系统优化管理，对营运全过程实施监控和控制是很困难的。在以计算机技术为核心的信息技术以及定量技术被广泛使用以前，即使有良好的物流理念，也难以实现真正的现代物流管理与运作，物流的各功能被分割成了仓储、运输、搬运等环节，无法有效整合。计算机的商业应用逐渐改变了这种状况。

1. 单项数据处理阶段

单项数据处理阶段又称电子数据处理阶段（20世纪50年代中期至60年代中期）。这个时期的计算机硬件和软件都比较落后。在硬件方面，以磁介质作为存储器的磁盘、磁带技术刚刚萌芽，外存容量很小；在软件方面，还没有操作系统，数据由人工管理。由于外存容量小，数据必须和程序一起输入，而计算机并不能长期保存数据。在处理方式上，受计算机外部设备、软件、通信技术的限制，主要采取批处理方式，用户只能轮流去机房递交作业。在这个时期，基于计算机的数据处理主要是计算机代替人工对局部数据量大、操作简单的业务进行处理，如工资结算、单项汇总等，其特点是集中式处理、数据不能共享和单机的数据处理。因此，计算机的应用和定量化技术主要集中在改善特定的物流功能的表现上，如订货处理、预测、存货控制、运输等，是单项的数据处理。此时的物资资源配置技术也只限于传统的、以经济订货批量为代表的"订货点技术"。

2. 综合数据处理阶段

综合数据处理阶段也称为事务处理阶段（20世纪60年代中期至70年代初期）。在这个时期，出现了具有高速存取和容量较大的外存储器。大容量的外存储器促使操作系统的产生和文件管理功能的完善。这时，数据被组织成数据文件存储在磁盘、磁鼓上，由操作系统完成程序和数据的管理，简化了人工数据的管理，实现了数据与程序的分离。这大大促进了物流管理子系统的建立，人们可应用计算机制订生产计划，并研究多环节生产过程中各个环节的物资供应计划问题，如企业的物资管理、仓储管理、制订投产计划和采购计划等。该阶段应用的特点为实时处理、数据能局部共享、系统采用主从式体系结构。相应的物资资源配置技术为 20 世纪 60 年代产生的物料需求计划和准时技术。

3. 系统数据处理阶段

系统数据处理阶段也是系统处理阶段（20 世纪 70 年代初期至 90 年代初期）。当时，统计学、运筹学、管理科学和计算机科学结合在一起，形成了以决策制定为基础的现代管理理念，并出现了大/超大规模集成电路、极大容量的存储器、网络技术、数据库技术，计算机性能和价格遵循摩尔定律发展，计算机的应用更加普及。20 世纪 80 年代，条码技术、电子扫描和传输技术的产生和使用为改善物流的管理提供了技术支持，提高了物流信息的及时可得性。到 20 世纪 90 年代初期，信息技术有了更快的发展，其性价比大幅度提高，计算机多媒体技术（如图像、声音、文字、图形等）的发展使物流信息系统处理各种类型的数据成为可能，以互联网为代表的多种通信方式提供了易用、低成本的数据传输方法，卫星通信提高了物流的实时跟踪能力。信息技术应用于整个企业的物流管理，在企业内部运行的管理信息系统，可以辅助企业进行计划、生产、经营、销售等。该阶段应用的主要特点是实时处理、数据在全企业内部自动共享。

4. 辅助决策阶段

辅助决策阶段是指 20 世纪 90 年代初期至今。20 世纪 80 年代末期至 90 年代初期，由于信息技术本身出现巨大的进步，如超大容量的存储器（以 GB 为单位衡量存储容量）出现，互联网技术由军事应用拓展到商业应用，通信技术由单一的电信转换为数据通信。在数据管理方面，产生了数据仓库，应用数学、人工智能等研究成果应用于数据挖掘，提出了知识管理这一概念。这一切的进步，使计算机辅助管理由系统数据处理阶段进入辅助决策阶段。现在，信息技术不仅应用于企业内部，也应用于企业外部，产生了电子商务和网上营销等新的经营模式。企业开始在内部使用互联网技术，构建企业内部网（Intranet），在企业间构建企业外部网（Extranet），企业的计算机辅助管理更注重提供辅助决策所需的信息以及辅助决策的过程，系统采用多种体系结构。这时的应用具有实时处理、信息能在企业内外乃至全球共享等特点。

3.2 物流信息系统概述

3.2.1 物流信息系统的定义

物流信息系统是通过对物流相关信息的加工处理来达到对物流、资金流的有效控制和管理，并为企业提供信息分析和决策支持的人机系统。物流系统内部是通过信息进行沟通衔接的，资源的调度也是通过信息共享来实现的，组织物流活动必须以信息为基础。

物流信息系统是企业信息系统中的一类，是企业按照现代管理的思想、理念，以信息技术为支撑所开发的信息系统。物流信息系统充分利用数据、信息、知识等资源，实施、控制并支持物流业务，实现物流信息共享，以提高物流业务的效率，提高决策的科学性，其最终目的是提高企业的核心竞争力。

3.2.2 物流信息系统的功能

物流信息系统是把各种物流活动与某个一体化的过程联结在一起的通道,第三方物流一体化过程建立在四个层次上:基础信息、管理控制、决策分析以及制订战略计划。

第一个层次为基础信息。基础信息系统是指物流信息系统接受客户指令或接受交易指令的系统,对第三方物流公司来说,其基础信息系统需要与客户的信息系统集成,并与客户共享物流信息,从而获得物流运作的基础信息。这一系统是第三方物流信息系统启动物流活动的最基本的层次,它从客户系统获取订货内容、安排存货任务、选择作业程序、装货、搬运、开票及进行订单查询与处理等。

基础信息系统的特征是:格式规格化、通信交互化、交易批量化、作业逐日化、信息标准化。基础信息系统既要方便地与客户的信息系统集成和通信,又要有较强的安全保密措施。

第二个层次为管理控制。管理控制系统要求把主要精力集中在功能衡量报告上。功能衡量对于提高物流服务水平和资源利用等管理信息的反馈来说是必要的。因此,管理控制以可估价的、策略的、中期的焦点问题为特征,涉及评价过去的功能和鉴别各种可选择的方案。

普通的功能衡量包括财务成本分析、客户服务评价、作业衡量、质量指标等。功能衡量对第三方物流服务是非常重要的,一般客户都希望通过第三方物流服务,能对物流系统做综合性分析,提供更多的物流信息与客户共享,客户可以利用这些信息与自身的信息系统集成,为企业决策提供市场及物流信息。

第三方物流系统是否能够在物流系统运作中随时鉴别出异常情况也是很重要的。有超前活力的物流系统还应该有能力根据预测的需求与预期的入库数量预测未来存货短缺的情况。某些管理控制的衡量方法,如成本,有非常明确的定义;而有些衡量方法,如客户服务,则缺乏明确的定义,需要采用一些分析方法建立评价指标。

第三个层次为决策分析,这一层次的信息系统把主要精力集中在决策应用上,以协助管理人员鉴别、评估和比较物流战略或策略上的可选方案。典型分析包括车辆日常工作计划、存货管理、设施选址以及作业比较和成本效益评价。对于决策分析,物流信息系统必须包括数据维护、建模和分析。与管理控制不同的是决策分析的主要精力集中在评估未来策略的可选方案上,因此需要相对的零散模块和灵活性,以便在较广的范围内选择。

第四个层次是制订战略计划,这一层次的信息系统把主要精力集中在信息支持上,以期开发和提炼物流战略,这也是决策分析的延伸。物流信息系统制定战略层次,必须把较低层次数据结合进范围很广的交易计划中,以便于评估各种战略的概率和损益的决策模型。

3.2.3 物流信息系统的作用

1. 实现物流功能的整合

物流系统是由运输、存储、包装、装卸、搬运、加工、配送等多个作业环节构成的,这些环节相互联系,形成物流系统整体。在物流信息系统实施之前,即使企业从观念上考虑了系统整体优化,但由于信息管理手段落后,信息传递速度慢、准确性差,而且缺乏共享性,使得各功能之间衔接不协调甚至脱节。运输规模与库存成本之间的矛盾、配送成本与客户服务水平之间的矛盾、中转运输与装卸搬运之间的矛盾等,都是现代物流系统经常需要平衡的问题。解决这些矛盾,需要利用现代信息技术对上述物流环节进行功能整合,联合运输、共同配送、延迟物流、加工—配送一体化等都是物流功能整合的有效形式。

2. 整合、优化企业流程

物流企业的发展离不开业务流程的整合与优化，物流信息系统为物流企业流程优化奠定了坚实的基础，也为企业经济效益、管理水平的提升和核心竞争力的提升带来了实质性的效果。

例如，"TCL销售公司物流一体化信息平台"是一个以流程整合优化为鲜明特点的成功案例。在此案例中提出的以流程、信息和关键业绩指标（Key Performance Indication，KPI）为三条主线的建模方法，成功地解决了订单、补货、预测、计划等一系列流程的设计问题，并体现了系统整合优化的要求，是一个具有创新的实践。在实施过程中，把实施信息系统与流程改造、管理体制改革、营销物流网络重组紧密地结合起来，分步进行，比较好地解决了大型物流信息系统中数据管理的集中与分散的矛盾，最终达到了降低库存总量、提高服务水平的目标。

3. 使物流链各环节之间协调运行

物流信息系统使物流各环节上的成员能实现信息的实时共享，实现供应链全局库存信息、订单信息和运输状态等信息的共享和可见，以降低供应链中需求订单信息畸变现象的出现频率。在这种物流信息实时反应的网络条件下，物流各环节成员能够相互支持，互相配合，以适应竞争激烈的市场环境。

例如，中海集团物流有限公司（以下简称中海物流）在1995年注册成立时，还只是一家传统的仓储企业，其业务也仅仅是将仓库租出去、收取租金等简单的物流业务。此时物流信息系统对公司的业务并没有决定性的影响。1996年，公司尝试着向配送业务转型，在最初接触的几家客户中，客户最为关心的并不是仓库和运输车辆的数量，而是要了解其物流信息系统，关心的是能否及时了解整个物流业务过程，能否将所提供的信息与客户自身的信息系统实现对接。在早期，国外公司选中中海物流的重要原因之一就是中海物流有仓库管理信息系统。可以说，有无信息系统是能否实现公司从传统物流向现代物流成功转型的关键之一。从另外一个角度来说，中海物流在提供实行准时制（Just In Time，JIT）配送业务过程中所涉及的料件已达上万种，没有信息系统的支撑，仅凭人工管理是根本无法实现的。因此，实施物流信息系统是中海物流业务发展的需要，是中海物流发展的必然选择。

4. 改善物流系统的时空效应

时间效应和空间效应是物流系统的两个主要功能。时间效应是指通过商品库存消除商品生产与消耗在时间上的矛盾，使生产与消耗在时间上达到一致；空间效应是指通过运输、配送等活动消除商品生产与消耗在空间位置上的矛盾，达到生产与消耗位置空间上的一致。企业物流信息系统之间通过快速、准确地传递和共享物流信息，使生产厂商和物流服务提供商能随时掌握商品需求者的需求状况，生产厂商以准时制生产，物流服务提供商实行准时制配送，将生产地和流通过程中的库存减少到最低限度，提供商与生产厂商或消费者之间的距离被拉近，甚至达到"零库存"或"零距离"，由此降低物流费用。

3.2.4 物流信息系统的组成要素

物流信息系统的基本组成要素有硬件、软件、数据库与数据仓库、人员、物流管理思想等。

1. 硬件

硬件包括计算机、必要的通信设施和安全设施等，如计算机主机、外存、打印机、服务器、通信电缆和通信设施。它们是物流信息系统的物理设备、硬件资源，是实现物流信息系

第 3 章　物流信息系统体系

统的基础，构成了系统运行的硬件平台。物流信息系统的物理结构如图 3-1 所示。

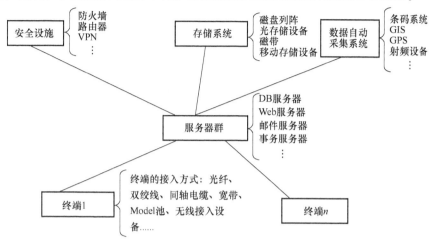

图 3-1　物流信息系统的物理结构

2. 软件

软件包括系统软件和应用软件两大类。其中，系统软件主要用于系统的管理、维护、控制及程序的装入和编译等工作；而应用软件则是指挥计算机进行信息处理的程序或文件，包括功能完备的数据库系统、实时的信息收集和处理系统、实时的信息检索系统、报告生成系统、经营预测及规划系统、经营检测及审计系统、资源调配系统等。

3. 数据库与数据仓库

数据库技术将多个用户、多个应用所涉及的数据，按一定数据模型进行组织、存储、使用、控制和维护管理，数据的独立性高，冗余度小，共享性好，能进行数据完整性、安全性、一致性控制。数据库系统面向一般管理层的事务性处理。

数据仓库是面向主题的、集成的、稳定的、不同时间的数据集合，用以支持经营管理中的决策制定过程。基于主题而组织的数据便于面向主题分析决策，它所具有的集成性、稳定性及时间特征使其成为分析型数据，其作用在于为决策层提供决策支持。

数据仓库系统也是一个管理信息系统，它由三部分组成：数据仓库、数据仓库管理系统和数据仓库工具。

4. 人员

人员包括系统分析人员、系统涉及人员、系统实施和操作人员以及系统维护人员、系统管理人员、数据准备人员与各层次管理机构的决策者等。

5. 物流管理思想

物流管理思想是构建物流信息系统的灵魂和精髓，也是物流信息系统的价值所在。

3.2.5　物流信息系统的特点

1. 管理性和服务性

物流信息系统的目的是辅助物流企业的管理者进行物流运作的管理和决策，提供与此相关的信息支持。因此，物流信息系统必须同物流企业的管理体制、管理方法、管理风格相结合，遵循管理与决策行为理论的一般规律。为了适应管理物流活动的需要，物流信息系统必须具备处理大量物流数据和信息的能力、各种分析物流数据的分析方法，拥有各种数学和管理工程模型。

2. 适应性和易用性

根据系统的一般理论，一个系统必须适应环境的变化，尽可能地做到当环境发生变化时，系统能够不需要经过太大的变化就能适应新的环境。这主要体现了系统的适应性，便于人们根据外界环境的变化对系统进行相应的修改。一般认为，模块式系统结构相对易于修改。因此，物流信息系统也要具有对环境的适应性。当然，适应性强就意味着系统变动小，对系统用户来说自然方便可靠。

3. 集成化和模块化

集成化是指物流信息系统将相互连接的各个物流环节联结在一起，为物流企业进行集成化的信息处理工作提供平台。物流信息系统各个子系统的设计将遵循统一的标准和规范，便于系统内部实行信息共享。模块化系统设计的一个基本方法就是将一个大系统根据功能的不同，分成相互独立的若干子系统。各个子系统分别遵循统一的标准进行功能模块的开发，最后再按照一定的规范进行集成。

4. 网络化和智能化

随着互联网技术的迅速发展，在物流信息系统的设计过程中也广泛地应用了网络化技术。通过互联网将分散在不同地理位置的物流分支机构、供应商、客户等联结起来，形成了一个信息传递与共享的信息网络，便于各方实时了解各地业务的运作情况，提高了物流活动的运作效率。智能化是物流信息系统的发展方向，例如，物流决策支持系统中的知识子系统通过智能化处理在决策过程中所需要的物流知识、专家决策知识和经验知识等，为管理者提供决策支持服务。

3.2.6　物流信息系统的分类

由于供应链上不同的环节、部门所面对的物流的功能都不尽相同，所以在设计物流信息系统时要根据企业在供应链中所处的位置来设计系统的功能。

按照供应链的走势，可以将物流信息系统大致分成以下四类：

1. 面向制造企业的物流管理信息系统

制造企业位于供应链的起点或中间节点，制造企业的物流管理一方面是为了顺利进行生产，对原材料、物料、日常耗用品等的采购时间、路线、存储和对产成品的销售时间、存储及送至用户的路线等进行计划、管理、控制的外部物流系统；另一方面是对采购来的物资在生产过程中的包装、搬运、存储等进行设计、计划、管理等的内部物流系统。制造企业根据企业的销售情况确定生产计划后，就必须对需要的物资制订采购计划以配合生产进度，同时储备一定数量的产成品以供销售。当企业的生产管理系统将生产计划、采购计划、销售计划制订出来后转入物流系统，物流系统将采购计划、销售计划分解，设计成物流计划，然后对物流计划进行执行、监督，直至生产、销售完成，这样的过程循环不已、交替出现、相互重叠。

2. 面向零售商、中间商、供应商的物流管理信息系统

零售商、中间商、供应商本身不生产商品，但它为客户提供商品、为制造商提供销售渠道，是客户与制造商的中介。专业零售商为人们提供统一类型的商品，综合性的零售商如超市、百货商店则为人们提供不同种类的商品，这样的企业的经营有商品种类多、生产地点分散、消费者群体极其分散的特点。面向零售商、中间商、供应商的物流管理信息系统是对不同商品的进、销、存进行管理的系统。

3. 面向第三方物流企业的物流管理信息系统

第三方物流企业是本身不拥有货物，而为其外部客户的物流作业提供管理、控制和专业化作业服务的企业。在供应链活动中，第三方物流企业提供配送、运输、仓储等物流活动。第三方物流企业必须准确、及时、高效地捕捉各种信息，并进行处理，这样才能科学地指导现代物流的高效运转。

4. 面向供应链中某一环节的企业的物流管理信息系统

这种管理信息系统主要是面向供应链中如轮船公司、拖车公司、仓储公司等的系统，与第三方物流企业不同的是，这种管理信息系统只提供供应链上的某一项服务，面向这些公司的管理信息系统又分为基于仓储物流管理信息的系统、基于海运的系统、基于汽车运输的系统、基于铁路运输的系统等。

3.2.7 物流信息系统的要求

1. 开放性

为实现物流企业管理的一体化和资源的共享，物流管理信息系统应具备可与企业内部其他系统如财务、人事等管理系统相连接的性能，且系统不仅要在企业内部实现数据的整合和顺畅流通，还应具备与企业外部供应链的各个环节进行数据交换的能力，实现各方面的紧密连接。尤其我国加入 WTO 后，系统还需考虑未来与国际通行的标准接轨的需要。目前国际上在运输领域已推行一系列 EDI 标准，我国交通部也制定推广了一部分 EDI 标准，物流系统应具备可与这些标准接入的开放性。

2. 可扩展性、灵活性

物流信息系统应具备随着企业发展而发展的能力。在建设物流信息系统时，应充分考虑企业未来的管理及业务发展的需求，以便在原有的系统基础上建立更高层次的管理模块。现在整个社会经济发展非常快，企业的管理及业务的变化也很快，这就要求系统能跟着企业的变革而变革。如物流企业进行了流程再造，采用了新的流程，原先的系统不能适应新的流程了，企业还需再进行投资，重新对新的流程进行管理信息系统的建设，这样就会造成资源的极大浪费。因此需要在建设物流管理信息系统时考虑系统的灵活性。

3. 安全性

广域网的建立、因特网的接入，使物流企业触角延伸更远、数据更集中，但安全性的问题也随之而来。在系统开发的初期，这个问题往往被人们所忽略，但随着系统开发的深入，特别是网上支付的实现、电子单证的使用，安全性更成为物流管理信息系统的首要问题。

(1) 内部的安全性问题。资料的输入、修改、查询等功能应根据实际需要赋予不同部门的人员适当的权限，如果资料被没有权限的人看到或修改容易造成企业商业机密的泄露或数据的不稳定。例如，公司的客户资料被内部非业务员的其他员工看到并泄露给企业的竞争对手，或者运费等费用被别有用心的员工篡改，都会给企业造成极大的损失。这一点可通过对不同的用户授予不同的权限、设置操作人员进入系统的密码、对操作人员的操作进行记录等方法来加以控制。

(2) 外部安全性问题。系统在接入因特网后，将面临遭受病毒、黑客或未经授权的非法用户等攻击而导致系统瘫痪的威胁，也可能遭受外来的非法用户的入侵并窃取企业的机密，甚至数据在打包通信时在通信链路上遭截获等，因此系统应具备足够的安全性以防止这些外来的侵入。这一点可通过对数据通信链路进行加密、监听，设置因特网与广域网之间的防火墙等措施实现。

4. 协同性

（1）与客户的协同。系统应可以与客户的企业资源规划（ERP）系统或库存管理系统实现连接。系统可定期给客户发送各种物流信息，如库存信息、船期信息、催款提示等。

（2）与内部各部门之间的协同。例如，业务人员可将客户、货物的数据输入系统，并实时制作发票、报表，财务人员可根据业务人员输入的数据进行记账、控制等处理。

（3）与供应链上其他环节的协同。例如，第三方物流应与轮船公司、拖车公司、仓储公司、铁路公司、公路公司等企业通过网络实现信息传输。

（4）与社会各部门的协同。即通过网络与银行、海关、税务机关等实现信息的即时传输。与银行联网，可以实现网上支付和网上结算，还可查询企业的资金信息；与海关联网，可实现网上报关、报税。

5. 动态性

系统反映的数据应是动态的，可随着物流的变化而变化，能实时地反映货物流的各种状况，支持客户、企业员工等用户的在线动态查询。这就需要企业内部与外部数据通信及时、顺畅。

6. 快速反应

系统应能对用户、客户的在线查询、修改、输入等操作做出快速和及时的反应。在市场信息万变的今天，企业需要跟上市场的变化才可在激烈的市场竞争中生存。物流管理信息系统是物流企业的数字神经系统，系统的每一神经元渗入到供应链的每一末梢，每一末梢受到的刺激都能引起系统的快速、适当的反应。

7. 信息的集成性

物流过程涉及的环节多且分布广，信息随着物流在供应链上的流动而流动，信息在地理上往往具有分散性、范围广、量大等特点，信息的管理应高度集成，同样的信息应只需一次输入，以实现资源共享、减少重复操作、减少差错的目的。目前大型的关系数据仓库通过建立数据之间的关联可帮助实现这一点。

8. 支持远程处理

物流过程往往包括的范围广，涉及不同的部门并跨越不同的地区。在网络时代，企业间、企业同客户间的物理距离都将变成鼠标距离。物流管理信息系统应支持远程的业务查询、输入、人机对话等事务处理。

9. 检测、预警、纠错能力

为保证数据的准确性和稳定性，系统应在每个模块中设置一些检测小模块，对输入的数据进行检测，以把一些无效的数据排斥在外。例如，集装箱箱号在编制时有一定的编码规则（如前四位是字母，最后一位是检测码等），在输入集装箱箱号时，系统可根据这些规则设置检测模块，提醒并避免操作人员输入错误信息。又如，许多公司的提单号不允许重复，系统可在操作人员输入重复提单号时发出警示并锁定进一步的操作。

3.2.8　物流信息系统的计算模式

物流信息系统的组成要素分为硬件和软件，而其中数据库管理系统、数据库、应用软件是其重要的组成部分。物流信息系统的计算模式用来描述它们在平台上的分布以及在数据处理中它们之间的关联关系。物流信息系统的计算模式主要有以下四种：

第 3 章 物流信息系统体系

1. 主从模式

在主从结构中一般包括一台主机（Host）和多台哑终端，其中，哑终端功能较弱，无任何处理能力，仅作为系统的输入输出设备，主机负荷较重，而数据库和数据库管理系统、数据的处理则全部在主机上完成，主从结构如图 3-2 所示。

用户通过终端使用计算机，每个用户都好像是在独自享用计算机的资源，但是实际上，主机是在分时轮流地为每个终端用户服务。早期开发的管理信息系统通常采用的就是这种结构，这种结构虽有序、维护简单，但不灵活。

2. 文件服务器计算模式

文件服务器结构一般包括一台服务器和若干台工作站（见图 3-3）。在这种结构中，应用软件、数据库管理系统驻留在各工作站上，而数据库驻留在服务器上，这时的服务器称为文件服务器。

常用的数据库管理系统是网络型 Foxpro 以及和应用相关的所有 DBF 文件。在应用系统运行时，当输入数据、工作站接收数据后，将其存储在服务器中的相关 DBF 中；需要数据库中的数据时，将相关 DBF 中的数据由服务器传送到工作站，然后由工作站中的应用程序完成相关处理，处理后的数据送回服务器保存，或在工作站上显示处理结果。

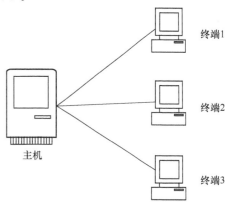

图 3-2 主从结构

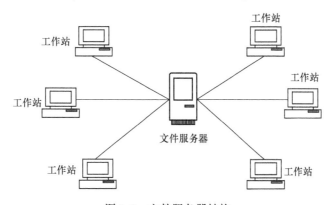

图 3-3 文件服务器结构

由于数据库管理系统驻留在各工作站上，因此采用这种结构的系统难以实现数据的并发控制，而且网络中的数据流量很大，各个工作站也需要配置相当大的硬盘。

3. 客户机/服务器模式

客户机/服务器（Client/Server，C/S）结构也是由服务器和若干台工作站组成的，但是应用程序驻留在客户端，数据库和数据库管理系统驻留在服务器上，这时的工作站称为客户机，服务器称为数据库服务器（见图 3-4）。C/S 结构将数据库处理过程分为两部分：一部分（前端）由客户机处理，承担数据录入、屏幕菜单显示、请求数据的形成等任务；另一部分（后端）由数据库服务器处理，用于响应客户机的请求、承担数据密集型的处理任务、返回处理结果。在这种结构中，服务器不仅担负数据的存储和管理工作，还具有计算能力，能够完成一定的数据加工任务。

物流信息技术与信息系统

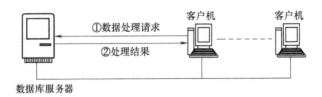

图 3-4　C/S 结构

C/S 结构与主从结构相比较，保存了结构有序的优点，并且灵活；与文件服务器结构相比较，网络中的数据流量较少，客户端的硬件配置可以低些，服务器具有很高的配置，包括大容量的存储器和高处理速度的主机。C/S 计算模式是一种较为成熟且应用较广泛的计算模式。

C/S 计算模式的主要缺点是在采用 C/S 结构的信息系统中，每一个客户机都必须安装并正确配置相应的客户端驱动程序，这样应用程序（也必须安装在客户机上）才能访问数据库。由于应用程序被分布在各个客户机上，因此使得系统的维护困难且容易造成不一致性。

4. 浏览器/Web 服务器/数据库服务器模式

在互联网上使用的是浏览器/Web 服务器/数据库服务器计算模式（Browser/Web/Database，又称为 B/S 模式、B/W/D 模式）。B/W/D 结构如图 3-5 所示。

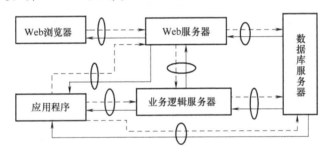

图 3-5　B/W/D 结构

注：虚线为服务请求，实线为服务响应，圆圈表示一对服务与请求

B/W/D 模式的原理如下：

（1）Web 浏览器以超文本（Hyper Text Markup Language，HTML）形式向 Web 服务器提出访问请求。

（2）Web 服务器根据 Web 浏览器端发来的浏览请求，查找相应的网页，当查找到的网页中有对数据库服务器的服务请求时，激活对应的公共网关接口（Common Gate Interface，CGI）程序，CGI 程序将 HTML 转化为 SQL 语言文本（或其他形式），同时将这个请求递交给数据库服务器。

（3）数据库服务器得到请求后，验证其合法性，并将合法请求所产生的数据回复转给 CGI 程序以完成服务请求，最后传给 Web 服务器。

（4）CGI 程序将结果集转化为 HTML 的形式，并由 Web 服务器最后形成网页，将形成的网页传给 Web 浏览器端的客户。

随着互联网应用的推广，现在常见用于信息查询的有浏览器/数据库服务器计算模式。该计算模式利用互联网的 Web 技术，为用户提供统一界面。目前，一般企业内部网、企业外部网、全球信息发布系统以及电子商务系统均采用 B/S 模式。

3.3 物流决策支持系统

3.3.1 决策

1. 决策的定义

所谓决策,就是为了确定未来某个行动目标,根据自己的经验,在拥有一定信息的基础上,借助于科学的方法和工具,对决策问题的诸因素进行分析、计算和评价,并从两个以上的可行方案中,选择一个最优方案的分析判断过程。可见,决策不是一个瞬间可以做出决定的过程,而是为了解决某个问题,经过收集信息、确定目标、拟订方案、分析评价及选择方案等阶段的完整的活动过程。

科学的决策需要许多科学的综合,要借助于许多数学分析方法和先进的工具。决策要求进行科学的预测,根据预测的数据和有关的统计资料,借助数学方法,采用计算机作为工具,进行计算、分析,得出定量的参数。把定性分析和定量分析结合起来,充分运用决策者的经验和智慧,进行分析、比较和判断,从若干个方案中选择最优的方案。

2. 决策的过程

科学的决策过程要遵循科学的程序,将决策过程分成若干阶段,明确各个阶段的任务,并按照一定的顺序和客观规律有计划、有步骤地进行。一个完整的决策过程可分为提出问题、收集信息、确定目标、拟订方案、分析评价及选择方案六个阶段。科学决策是一个动态的过程,需要在各个阶段之间多次往返循环,才能达到较为理想的决策效果。因此,有些学者认为,决策的执行和检查也属于决策的过程,是决策的最后一个基本步骤。这也是有道理的,因为决策的目的在于执行,而执行又可以反过来检查决策的正确与否。可以将决策的过程用图3-6来描述,"决策—执行—再决策—再执行"是贯穿整个决策过程的。下面介绍各阶段的任务。

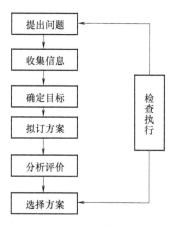

图 3-6 决策的过程

(1) 提出问题。决策的目标是根据决策者想要解决的问题来确定的,所以,决策过程从提出问题开始。例如,某物流企业业务量逐年增长,而利润却逐年下降,这就是一个问题。决策的过程就是从发现这个问题开始,最终要解决这个问题。在这个阶段,必须把需要解决的问题的症结及其产生的原因分析清楚。

(2) 收集信息。问题的解决依赖于一定的信息量,信息的获取可以是多方面、多渠道的。收集的信息越多、越全面、越准确、越及时,对于科学决策越有利。计算机和网络的发展为信息收集提供了便利,因此现代化技术是决策的一把利器。

(3) 确定目标。在一定的环境和条件下,根据预测分析所希望达到的结果,称为决策目标。目标的确定需要采用调查研究和预测这两种科学方法的结合。决策目标可以是一个,也可以是多个。

(4) 拟订方案。拟订方案就是根据决策目标拟订多种可能的方案,以供选择。这个阶段主要会用到智囊技术。

(5) 分析评价。分析评价是对前一阶段拟订的方案建立数学模型,并进行求解比较。这个阶段主要运用决策技术和可行性分析方法，如树形决策、矩阵决策、统计决策、模糊决策等。

（6）选择方案。方案的选择是决策者的行为，决策者根据自己的经验、智慧和才能，对所拟订的方案权衡利弊，然后选择其一。这个阶段体现了决策者的胆略和见识。

（7）检查执行。在决策实施过程中，由于某些未考虑到的因素，或者是客观条件发生了变化，都会导致结果远离决策目标。这就需要在决策执行过程中进行跟踪检查，及时进行统计分析和加强反馈工作。

3. 决策问题的分类

根据决策问题的性质及在分析、设计和选择等决策过程中对决策问题分析和描述的正确程度，决策可分为结构化决策、非结构化决策和半结构化决策。

结构化决策是一种具有严格定义的决策程序的问题，确切地讲，结构化决策是一种可将所有决策过程的输入、输出和内部程序加以确定的决策。

非结构化决策的输入、输出或内部程序都是不确定的，因此很难甚至无法对其进行认真的研究。但计算机仍可帮助决策人员做出非结构化决策，只不过是以不同的方式做出，同时将更多的过程留给决策者。

半结构化决策是指在某些过程中是结构化的但又不完全是结构化的决策，一般只有部分给定的处理过程和清晰结果，发生在知识管理层和战术管理层。

3.3.2 决策支持系统的概念

20世纪70年代，计算机技术在企业管理领域的应用重点逐渐转移到了信息处理和决策支持上，由管理信息系统发展为决策支持系统（DSS）。

管理信息系统是将管理科学与计算机数据处理相结合而发展起来的，它使计算机的应用由数据处理领域扩展到业务管理领域，使计算机应用面向社会和家庭。运筹学和系统工程利用计算机技术后，形成了模型辅助决策系统。由于采用的模型主要是数据模型，所以它辅助决策的能力主要表现在定量分析上。DSS则是把管理信息系统和模型辅助决策系统结合起来，将管理信息系统的数据处理与模型的定量分析融为一体而形成的，提高了辅助决策的能力。

DSS离不开管理信息系统和运筹学，管理信息系统的重点在于对大量数据进行处理，运筹学的重点在于运用模型辅助决策。随着新技术和管理的纵深发展，所需解决的问题越来越复杂，所涉及的模型也越来越多。在DSS出现之前，多模型辅助决策问题是靠人来实现模型间的联合和协调的。为了实现由计算机自动组织和协调多模型的运行以及数据库中大量数据的高效存取和处理，达到更高层次的辅助决策能力，DSS应运而生。它把众多的模型有效地组织和存储起来，增加了模型库和模型库管理系统，通过人机交互功能，将模型库和数据库进行有机结合，既有模型算法计算又有数据处理功能。

人们对DSS的认识不完全相同，所以至今没有一个公认的定义。下面给出一些专家、学者对DSS的定义：

Little（1970）将DSS定义为：支持管理者进行决策、数据处理、判断和应用模型的一组过程。该定义隐含的假设是DSS是基于计算机的系统，能为用户提供服务，以扩展用户求解问题的能力。

Bonczek等人（1980）将DSS定义为：由三个相互联系的部件组成的基于计算机的系统。这三个部件是：语言系统，它提供用户与DSS其他部件相互通信的机制；知识系统，存储在

DSS 中的有关问题领域的知识;问题处理系统,连接其他两个部件,并包含决策所需要的一个或多个一般问题处理功能。该定义有助于理解 DSS 和专家系统的结构以及两种系统之间的关系。

孟波教授对 DSS 的定义是:"决策支持系统是一个交互式的、灵活的和自适应的基于计算机的系统,它综合应用数据、信息、知识和模型,并结合决策人的判断,支持决策过程的各阶段,支持决策者进行半结构化和非结构化决策问题的分析求解。"

综合以上多种定义,本书认为,DSS 是以管理科学、运筹学、控制论和行为科学为基础,以计算机技术、仿真技术和信息技术为手段,面对半结构化或非结构化的决策问题,以人机交互方式辅助支持中高层决策者的决策活动的、具有智能作用的人机网络系统。它能为决策者提供决策所需要的数据、信息和背景材料,帮助明确决策目标和进行问题的识别,建立修改决策模型,提供各种备选方案,并对各种方案进行评价和选优,反复通过人机对话进行分析、比较和判断,为正确决策提供有益帮助。

DSS 只能对决策者起到辅助支持的作用,而不能代替决策者的全部工作和最终判断。决策者的主观能动性总是占主导地位的,因此,DSS 的设计和建立应当努力创造一个良好的决策环境和决策支持工具,以辅助决策者的工作,充分发挥决策者的智慧和创造性,尽可能使决策科学、正确。

3.3.3 决策支持系统的基本结构与特点

1. DSS 的基本结构

随着计算机技术的飞速发展及开发实践经验的不断丰富,对 DSS 结构的研究亦不断取得进展,先后出现了两库(数据库、模型库)、三库(数据库、模型库、知识库)、四库(数据库、模型库、知识库、方法库)和五库(数据库、模型库、知识库、方法库、文本库)的结构框架。

这里主要介绍 DSS 的基本结构模式——两库结构,即基于数据库和模型库的 DDM 模式。

DDM 模式中,DSS 由数据库和数据库管理系统、模型库和模型库管理系统以及对话生成系统组成。图 3-7 是 DSS 模式的结构图。

其各部分的组成和功能分别是:

(1) 数据库系统。数据库系统(Data Base System)包括数据库和数据库管理系统。它是开发 DSS 的基本部件,是支撑其他子系统的基础,是建立 DSS 的先决条件。数据库存储和管理决策所需的内部数据(如订货数据、库存数据、销售数据、财务数据等),也可以组织外部数据(如政策法规、经济统计数据、市场行情、同行动向及科技信息等)。数据库管理系统(Data Base Management System,DBMS)提供对数据库中数据的各种操作,如查询、修改、删除、数据字典的维护等。数据析取模块负责分析、提取和合理组织各类数据,建立生成程序,构造新的数据。图 3-8 说明了数据库系统的结构。

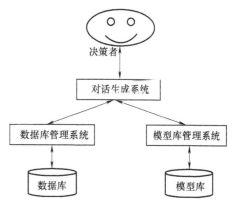

图 3-7 DSS 模式的结构图

随着 DSS 对数据的需求越来越大,传统数据库所能存储的数据量及数据类型已远不能满足决策分析的需要。因此,功能更强大、存储容量更大、分析能力更强的数据仓库就应运而生了，出现了基于数据仓库的 DSS。

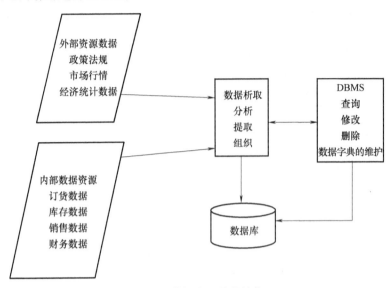

图 3-8　数据库系统的结构

（2）模型库系统。模型库系统（Model Base System）作为决策者在完成决策过程中的有力分析工具，主要是对决策的拟订方案和选择方案活动的支持。支持活动包括目标识别和问题的表述、分析、规划、建议、提出备选方案和推论，以及对备选方案进行比较、评价、优化和模拟实验等。模型库系统（其结构如图 3-9 所示）包括模型库及其管理系统。它的作用是为决策者提供强大的分析问题的能力。正是由于模型的引入，才推动了从管理信息系统发展到 DSS，模型库系统是 DSS 的核心，是 DSS 中最复杂、最难实现的部分。DSS 用户依靠模型库中的模型进行决策，因此 DSS 是由"模型"驱动的。

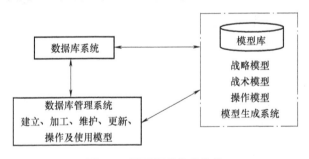

图 3-9　模型库系统的结构

模型库包括战略模型、战术模型、操作模型及模型生成系统等，另外还包括模型库的附属数据库。这些模型都是能让各种决策问题共享或专门用于某特定决策问题的基本模型或元模型，利用元模型可以构造出任意形式且无穷多的模型，以解决任何所能表述的问题。

模型库管理系统（Model Base Management System，MBMS）的主要功能是对模型的利用和维护。模型的利用包括决策问题的定义和概念模型化，即从模型库中选择恰当的元模型来构造具体问题的决策支持模型及运行模型。模型的维护包括模型之间的联结、模型的修改与增删等。

模型库系统是在与 DSS 其他部件的交互过程中起作用的。模型库系统和数据库系统有着

第3章 物流信息系统体系

密切的关系。数据库系统提供各种模型所需的数据，实现模型输入、输出和中间结果存取自动化，从而形成数据库系统与模型库系统的集成和通信机制。

（3）对话生成系统。DSS 的许多功能是通过对话生成系统由用户和系统之间相互作用产生出来的。对话生成系统的功能包括：在用户和系统之间提供通信联系，处理不同类型的对话方式；提供系统与输入、输出设备的多种接口；协调数据库系统与模型库系统之间的联系；为用户提供多种输入设备以获取信息。对话生成系统的逻辑结构如图3-10所示，它由输入解释模块、输入处理模块、输出处理模块、图表生成模块及控制器等五个部分组成。各部分功能如下：

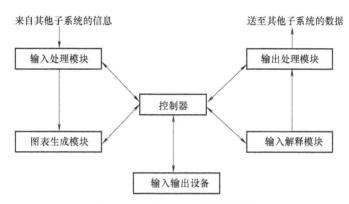

图 3-10 对话生成系统的逻辑结构

- 控制器实现对话过程的全部控制任务，并且有一定的编辑功能。
- 输入解释模块实现对输入信息的分析。
- 输入处理模块根据输入解释模块对输入信息的分析结果，启动 DSS 有关子系统执行相应的操作。
- 输出处理模块接收其他子系统的输出响应信息。
- 图表生成模块具有生成有关图表的功能。

很显然，对话生成系统是最重要的组成部件，它在用户、模型库、数据库之间起着传递、转换命令和数据的重要作用。一个良好的对话接口，能方便用户使用整个 DSS，是 DSS 的一个窗口。

2. DSS 的特点

DSS 的主要特点有：

（1）以模型、模型管理为主，实现定量处理。DSS 是一种模型驱动系统，模型是动态的，即根据决策的不同层次、不同阶段、周围环境和用户要求等动态确定的，模型库系统是 DSS 的核心。

（2）系统运行不仅需要企业外部、内部的原始数据，还需要按照决策问题的要求加工后的数据，因此不仅需要数据库的支持，还需要数据仓库的支持；不仅需要单一的数据，还需要多方的数据。

（3）对用户来说，系统只是支持，而不是替代，即系统能为用户提供多个备选方案，并按照设定评价指标集对方案进行评价，但是最终方案的选择却是由用户来决定。

（4）DSS 能够支持"半结构化"和"非结构化"的决策问题，但系统支持能力具有一定的有限性。

3.3.4 物流决策问题的种类

根据物流业务的特点及业务流程分析,物流运输、存储、加工、配送等环节都存在着大量的决策问题,主要有:①运输中的决策包括选择较合理的运输方式和路线、具体物品的运输物流计划。②存储中的决策包括确定物品出库规则、最低库存量、安全库存量、最高库存量、订货策略等。③物流加工中的决策主要有加工方式、加工周期、加工报价等。④配送中的决策主要是如何按用户的需求,在充分利用资源的前提下,确定备货规模、物资来源、配送方式、配送路线等。

根据决策问题的结构化程度,物流决策包括结构化物流决策、非结构化物流决策和半结构化物流决策。

(1) 结构化物流决策,如仓储管理中根据订单及库存情况决定出货数量、时间、顺序,出库货物位置和分拣、卸货、混装方式等;根据货物种类、数量、体积决定存储、取货位置及编号。

(2) 非结构化物流决策,如物流企业在市场竞争中如何确定其发展战略和如何开拓市场。这些非结构化决策所需的信息不仅包括本企业的物流运作状况及优劣势,还需要根据国民经济发展状况、宏观政策、法律法规、竞争对手状况和所采用的策略进行各种方案的综合效果评价。诸多要考虑的因素之间不存在确定的逻辑和数量关系,判断的标准不能由具体的模型制定,决策在很大程度上依靠决策者的经验和价值取向来决定。

(3) 半结构化决策。半结构化物流决策一般发生在战术管理层。例如,物流企业配送中心编制月度采购计划决策的过程,就是只根据本月末预计的商品库存、商品销售量、用户需求(包括合同和市场需求预测),来确定下月计划采购的商品品种、数量和日期,其在编制中用到的部分信息(如市场需求预测、本月末预计的商品库存等)准确度较差,同时在生产过程中也存在着相当多的不确定因素,因此编制的计划结果只有部分是比较确定的。还有物流运输中的装车问题、路径问题也属于半结构化决策问题。

3.3.5 基于数据仓库的物流决策支持系统

物流决策支持系统的作用主要是对物流数据进行统计分析、经济适应性分析、物流业务发展趋势预测等,为政府部门制定战略规划和决策提供历史数据及分析数据。物流决策功能包含了检索、分析、预测与评价、战略规划等,分别从四个不同层次进行综合分析和定量描述,从而促进决策的制定。

(1) 直接为决策者提供信息的检索、查询。信息查询是决策支持最基本的功能,以检索数据仓库中现存的信息或简单加工后产生的信息为主,以文字、表格、图形、声音等形式显示出来,满足企业和用户的查询需求。例如,提供了业务操作的实时常见问题解答(FAQ)功能,以减少业务出错率,缩短物流链动作时间。实时 FAQ 通过网络实时提交业务问题,系统自动检索或提交给在线专家,并以最快的速度反馈解决方案,大大提高了实际业务操作中的工作效率。另外,实时 FAQ 能自动更新知识库,将新的问题及解决方案、操作经验等非结构数据进行保存,使其他操作员在碰到相同问题时可以立即得到帮助。假如一位运输人员在途中遇到堵车,那么他可以通过实时 FAQ 找到可选的运输路线,从而保证运输业务的正常进行,避免延误。

(2) 针对决策问题进行数据分析。这个层次上的决策支持要高于数据的检索和查询,能够根据用户的需求,采取合适的算法和模型,利用数据仓库中存储的信息、知识库中存储的

第3章 物流信息系统体系

知识进行加工、分析，产生相关的分析报告，帮助物流企业经营管理者对企业的运行状况进行分析、评估。在数据仓库的基础上，从不同维度、不同层次对历史数据进行数据切片、切换、旋转、抽取等操作，并进行关联分析、聚类分析、主成分分析等，还可以参照数据挖掘技术，利用统计分析系统（Statistics Analysis System，SAS）中所提供的统计分析方法，找出数据间所隐藏的模型、趋势及关系，发现物流波动的规律，为企业决策者采取相应的策略提供信息支持。例如，决策者可以根据历史物流数据，分析出物流企业在某种产品上占有绝对优势，这为该企业以后的发展提供了有利的决策依据。

（3）对决策方案进行预测与评价。决策方案评价支持是运用系统资源（包括数据库、模型库、知识库、方法库）等，根据决策者给出的问题描述，生成问题的备选方案集，按照一定的评价指标和决策者偏好，对备选方案集进行评价、排序，并将评价结果提交给决策者。例如，从历史数据中提取样本，对物流企业将来发展下属企业是否可行提出预测结果，并对预测结果进行检验和修正。物流企业在运作过程中，可能碰到许多决策问题。物流决策支持系统应该具备及时发现这些问题、给出对这些问题的描述的能力，并且帮助管理者或决策者对问题进行识别、分析。这个层次上的决策支持，可以采用异常情况预警、设置安全范围等办法，通过对某个指标或一系列指标的检测，在问题没有产生影响时，及时提醒企业决策者。对物流企业来说，及时发现市场变化、物流战略、客户关系、网络结构、业务流程、作业管理中已经存在的或潜在的问题，并明确指出问题的所在环节，是优化物流系统、提高物流企业生存和竞争能力的关键。例如，在仓储管理中，某种物品由于长期积压导致库存成本超限，物流决策支持系统应该给出预警提示。若发现在外的运输工具可能发生了意外，通过 GPS 能够找到运输工具所在的位置，物流决策支持系统则能够发送信息给相关人员。

（4）支持战略规划的制定。战略规划制定这个层次上的支持是在前面三个层次的基础上，采用多个模型的综合，选择合理的模型参数，拟订规划方案，在样本数据的参照下对方案进行评价与修正。战略规划支持这个层次充分利用了专家知识和决策者的经验，这实际上是一个人机交互的过程。

以上介绍的是基于数据仓库的物流决策支持的四个层次，物流决策支持系统的结构如图 3-11 所示。这四个层次的支持程度越来越高，实现难度越来越大。从物流功能的角度看，系统提供运输路线优化、运输工具自动调度、仓储库存优化、配送中心选址分析、市场预测分析和效益分析等方面的决策支持，物流决策支持系统功能如图 3-12 所示。

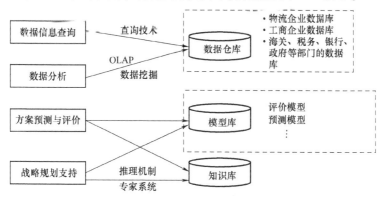

图 3-11 基于数据仓库的物流决策支持系统的结构

物流信息技术与信息系统

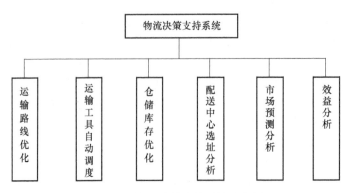

图 3-12 物流决策支持系统功能图

3.4 物流专家系统

智能化是物流系统自动化和信息化的高层应用，是物流作业过程的运筹和决策。物流专家系统是智能化应用的技术。

在物流企业的运作和决策过程中，专家对于企业来说是一类非常重要的人力资源，他们之所以重要，主要原因是他们具有旁人不具备的个人知识，而将一个人培养成为一个专家需要很长的实践时间。随着市场交易量越来越大，交易频率越来越高，市场自身变化越来越快，物流企业的覆盖面越来越广，管理信息系统存储的数据量越来越大，企业专家将比过去面临更多的事件，企业成功更依赖于员工个体的知识和决策，而人才流动是企业难以处理的问题，物流企业将如何面对这些问题？专家系统作为人工智能学科的一个分支，以其特有的问题处理能力，成为企业基于信息技术解决这类问题的另一种方案。

3.4.1 专家系统的结构

专家系统的基本组成要素为知识库（KB）、推理机、知识库管理系统、解释器、人机接口、专家接口等，各要素相互关联，专家系统结构如图 3-13 所示。

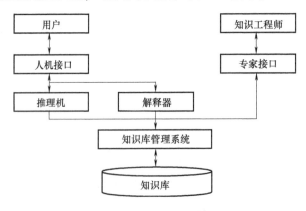

图 3-13 专家系统结构

1. 知识库

知识库采取一定的结构，存储领域专家的知识。专家系统求解问题的水平在很大意义上取决于系统知识库所存储的知识及其水平，因此，获取相关领域人类专家所拥有的丰富知识并充分、有效、合理地加以利用，是物流专家系统研究开发中的重要课题。

通常，知识包括问题求解的领域知识和指导求解推理的元知识。领域知识主要是指与领域相关的知识规则，说明如何处理和问题相关的数据以获得问题的解，这是系统能达到专家水平的重要原因。领域知识又分成基本知识和原则知识，其中基本知识就是按专家的原意或原话直接表达出来即可供推理机应用的知识；原则知识是专家求解问题的原则、思路、诀窍等的集合，它直接表达出来，因此是不能供推理机应用的。在表达知识时，要表达出基本知识，即使对于原则知识，也要转化为用基本知识来表达，这样才能供推理机使用。元知识则是指控制知识，它是关于领域的知识，主要是做出领域知识的结论，或者对某个恰当的领域规则集做出选择，或者确定领域规则子集之间的部分次序。

2. 知识库管理系统

知识库管理系统的作用如同数据库管理系统，主要完成对知识资源的管理，主要有知识库的知识获取、建立、修改、检索、重组等，其中知识表达和获取是知识库管理的难点，也是专家系统的难点。

3. 推理机

推理机是在知识库中搜索用以确认有关具体决策所适用的规则。常用的推理机制有正向、反向或双向推理等。例如，运输经理试图做出有关汽车承运人的决策，推理机就需确定为公路运输开发确定的相关的规则和次序，用于对其做出评估。

正向推理又称为"数据驱动"，就是从数据出发，根据知识库中存储的专家知识，找到与数据相匹配的知识，得出相关的结论。例如，在选择运输的承运人的决策中，经验丰富的运输经理会设计关键的数据项目和使用指南，往往需要在实施前进行分析，回答一系列的"如果……那么……"的问题。再如，新的运输收费标准实施前，需要对可能产生的问题进行分析。正向推理一般适合计划、规划等决策方案的分析。

反向推理又称为"目标驱动"，就是从结论出发，根据知识库中存储的专家知识，查找能引起结论的知识，所找到的知识的数据部分，即为引起结论的相关原因。例如，企业经营情况不好，其原因是什么，就可以利用反向推理。反向推理一般适合分析问题产生的原因。

4. 解释器

当专家系统给出了处理的结果后，决策者需要知道"为什么"，或者需要知道系统求解问题的过程，这样的任务就由解释器来完成。解释器可以回答类似"How""Why"一类的问题。

5. 人机接口

人机接口包括用户接口和专家接口。用户接口对用户的询问进行"理解"，将用户输入的信息及有关数据转化为推理机可接受的信息；向用户输出推理的结论或答案，并根据用户需要对推理过程进行解释，给出结论可信度。

6. 专家接口

专家接口是知识工程师与系统的接口，用于搜集、整理专家知识，修正知识库。

3.4.2 物流专家系统的定义和特点

1. 定义

专家系统是利用人类领域专家的经验、方法来解决问题的计算机软件。在可比的情况下，专家系统求解问题的水平应达到或接近专家水平。

专家系统采用符号推理技术，处理符号知识，利用启发式知识降低搜索复杂性，提供良

物流信息技术与信息系统

好的解释和吸收新知识的能力。专家系统在知识表达、知识获取、处理大型复杂问题等方面有独特的能力。它利用专家知识，采取定性方法，辅助求解非结构化的决策问题。

在物流的自动化进程中，为了提高物流自动化的质量，物流智能化已成为物流发展的一个趋势。物流作业中涉及大量的运筹和决策，需要大量的知识才能够得到解决。

2. 特点

物流专家系统的主要特点包括：

（1）特定物流问题的知识处理。物流专家系统往往是针对某一类非结构化的决策问题而开发的，不同种类的决策问题需要不同专家的知识，处理不同问题的物流专家系统，其知识库中存储的知识会不一样，因此其应用范围是有限的。

（2）定性分析为主，辅以定量分析。由于非结构化决策问题的特点，物流专家系统是以定性分析为主的问题处理方式，依赖的是人类专家的经验，其知识库中存储的知识一般以符号形式表示。

（3）自我学习功能。物流专家系统不仅是能运用知识求解问题，更重要的是具有人类专家的自我学习功能。一方面，系统应该通过使用从中发现新的知识；另一方面还应该产生适应环境变化的新知识，可通过新知识的加入修改旧知识。

（4）数据驱动，而不是控制指令驱动。物流专家系统内部的操作以搜索、匹配为主，而不是以计算见长，因此系统是数据驱动，即在知识库中搜索、匹配满足当前数据的知识，从而激活新的知识，进而达到解决问题的目的。

3.4.3 物流专家系统的类型

按照所求解问题的性质，大致可把物流专家系统分为下列几种类型：

1. 解释型物流专家系统

解释型物流专家系统的任务是通过对已知信息和数据的分析与解释，确定它们的含义，进而阐明这些数据的实际含义。解释型物流专家系统具有下列特点：

（1）系统处理的数据量大，而且往往是不准确的、有错误的或不完全的。

（2）系统能够从不完全的信息中得出解释，并能对数据做出某些假设。

（3）系统的推理过程可能很长、很复杂，因此要求系统具有解释自身的推理过程的能力。

2. 预测型物流专家系统

预测型物流专家系统的任务是通过对过去和现在已知状态的分析，推断未来可能发生的情况。预测型物流专家系统具有下列特点：

（1）系统处理的数据随时间的变化而变化，而且可能是不准确和不完全的。

（2）系统需要有适应时间变化的动态模型，能够从不完全和不准确的信息中得出预报，并达到快速响应的要求。

3. 诊断型物流专家系统

诊断型物流专家系统的任务是根据观察情况（数据）来推断某个对象机能失常的原因。诊断型物流专家系统具有下列特点：

（1）能够了解被诊断对象或客体各组成部分的特性以及它们之间的联系。

（2）能够区分一种现象及其所掩盖的另一种现象。

（3）能够向用户提出测量的数据，并从不确切的信息中得出尽可能正确的诊断。

第 3 章 物流信息系统体系

4. 设计型物流专家系统

设计型物流专家系统的任务是根据设计要求,求出满足设计问题约束的目标配置。设计型物流专家系统具有下列特点:

(1) 善于从多方面的约束中得到符合要求的设计结果。
(2) 系统需要检索较大的可能解的空间。
(3) 善于分析各种子问题,并处理好子问题之间的相互作用。
(4) 能够试验性地构造出可能设计,并易于对所得设计方案进行修改。
(5) 能够使用已被证明是正确的设计来解释当前的新设计。

5. 规划型物流专家系统

规划型物流专家系统的任务在于寻找出某个能够达到约定目标的动作序列或步骤,根据给定的目标,拟订行动计划。规划型物流专家系统具有下列特点:

(1) 所要规划的目标可能是动态的或静态的,因而需要对未来运作做出预测。
(2) 所涉及的问题可能很复杂,因而要求系统能抓住重点,处理好各子目标之间的关系和不确定的数据信息,并通过试验性运作得出可行的规划。

6. 监督型物流专家系统

监督型物流专家系统的任务在于对系统、对象或过程的行为进行不断观察,并把观察到的行为与其应当具有的行为进行比较,以发现异常情况,发出警报。监督型物流专家系统具有下列特点:

(1) 系统应具有快速反应能力,在造成事故之前及时发出警报。
(2) 系统发出的警报要有很高的准确性。
(3) 系统能够随时间和条件的变化而动态地处理其输入的信息。

7. 控制型物流专家系统

控制型物流专家系统的任务是自适应地管理一个受控对象或客体的全面行为,使之满足预期要求。控制型物流专家系统具有下列特点:

(1) 解释当前情况,预测未来可能发生的情况。
(2) 诊断可能出现的问题及其原因。
(3) 修正计划,并控制计划的执行。

复习思考题

1. 物流信息系统的发展经历哪几个阶段?
2. 什么是物流信息系统?
3. 物流信息系统有什么作用?
4. 简述物流信息系统的组成要素。
5. 物流信息系统的计算模式包括哪些?
6. 简述决策支持系统的结构与特点。
7. 图示基于数据仓库的物流决策支持系统结构。
8. 图示专家系统的基本结构。
9. 物流专家系统有哪些类型?

第4章　数据自动采集技术

本章学习目标

> 掌握条码的分类、UPC码及EAN码的构成及特点、条码码制选择的相关因素、条码阅读器的分类及在选择时需考虑的基本因素、条码在物流领域的应用及效果、射频识别技术的概念及分类；理解条码的基本术语及符号结构、条码自动识别系统的组成、射频识别系统的组成；了解条码早期的发展及现代的应用、条码的相关标准、射频技术的功能以及射频识别技术的基本原理。

4.1 条码技术

4.1.1 条码技术概述

条码技术是20世纪中叶发展并广泛应用的集光、机、电和计算机技术为一体的高新技术，它解决了计算机应用中数据采集的"瓶颈"，实现了信息快速、准确的获取与传递，为实现物流和信息流的同步提供了必要的技术手段。

条码技术最早出现于20世纪40年代，随着条码技术的不断发展，涌现出满足不同行业需要的多种码制，条码技术的应用范围也在不断扩大。目前，条码技术作为一种关键的信息标识和信息采集技术，已经广泛地应用在全球各个行业中，成为各国、各企业信息化建设中的一个重要部分。在全球范围内，已有100多个国家采用条码技术实施商业POS结算，上百万家企业在制造业、商业、现代物流业等多个领域采用了条码技术。

1. 条码技术的基本术语

条码：由一组宽度不同、反射率不同的条和空按一定编码规则排列组成的图形符号，用以表示一定的字符、数字及符号组成的信息。

条：条码中反射率比较低的部分。

空：条码中反射率比较高的部分。

位空：条码符号中位于两个相邻的条码字符之间，且不代表任何信息的空。

码制：条码符号的类型，每种类型的条码符号都是由符合特定编码规则的条和空组合而成的。每种码制都具有固定的编码容量和所规定的条码字符集。

字符集：某种码制的条码符号可以表示的字母、数字和符号的集合。

连续性和非连续性：连续性是指每个条码字符之间不存在间隔；非连续性是指每个条码字符之间存在间隔。

定长条码和非定长条码：定长条码是指字符个数固定的条码；非定长条码是指字符个数不固定的条码。

双向条码：左右两端都可以作为扫描起点的条码。

自校验条码：条码字符本身具有校验功能的条码。

2. 条码符号的结构

一个完整的条码符号由两侧静区、起始字符、数据字符、校验字符（可选）和终止字符组成，如图 4-1 所示。

静区：又叫空白区，是指条码左右两端外侧与空的反射率相同的限定区域。

起始字符：位于条码起始位置的若干条和空。

数据字符：由条码字符组成，用于表示一定的原始数据信息。

校验字符：表示校验码的字符条码。

终止字符：位于条码终止位置的若干条与空，它的特殊条、空结构用于识别一个条码符号的结束。

图 4-1　条码（一维）

3. 条码技术的优点

（1）可靠性强。条码的读取准确率远远超过人工记录，首读率可达 100%，译码错误率为百万分之一左右。

（2）识别效率高。条码的读取速度很快，可达到每秒 40 个字符。

（3）制作使用成本低。印制条码标签的费用很低，若在包装上直接印制条码，几乎不增加任何费用。

（4）易于制作。条码的编写很简单，制作也仅需要印刷即可，被称为"可印刷的计算机语言"。

（5）易于操作。条码识别设备的构造简单，使用方便。

（6）灵活实用。条码符号可以手工键盘输入，也可以和有关设备组成识别系统，实现自动化识别，还可以和其他控制设备联系起来，实现整个系统的自动化管理。

4.1.2　条码的分类

按照不同的分类标准，可以将现有条码分成多种类型。目前，条码的分类主要依据条码的编码结构和条码的性质。例如，按长度来划分，可分为定长和非定长条码；按排列的方式划分，可分为连续型和非连续型条码；按校验的方式划分，可分为自校验和非自校验型条码等。

根据条码表示信息的维度，可将条码分为一维条码和二维条码。一维条码是通常人们所说的传统条码，是指在一维方向上表示信息的条码符号。根据编码结构的不同，一维条码又包括 EAN-13 码、EAN-8 码、UPC-A 码、UPC-E 码、128 码、39 码、库德巴码、交叉 25 码等。

下面进一步详细介绍不同码制的一维条码。

1. UPC 码

UPC 码是美国统一代码委员会（Uniform Code Council，UCC）制定的商品条码。1973 年，美国率先在国内的商业系统中应用 UPC 码，之后加拿大也在商业系统中采用 UPC 码。UPC 码是一种定长的连续型数字式码制，其字符集为数字 0~9。UPC 码有五种版本，常用的商品条码为 UPC-A 码和 UPC-E 码。UPC-A 码如图 4-2 所示。

UPC-A 码供人识读的代码有 12 位，其代码结构由六位厂

图 4-2　UPC-A 码

商识别代码（包括系统字符一位）、五位商品项目代码和一位校验码组成。

在特定条件下，12 位的 UPC-A 码可以被表示为一种缩短形式的条码符号即 UPC-E 码（如图 4-3 所示）。它由八位数字组成，是将系统字符为"0"的 UPC-A 码进行消零压缩所得，代码压缩方法如表 4-1 所示。其中，$X_8 \sim X_2$ 为商品项目识别代码；X_8 为系统字符，取值为 0；X_1 为校验码，校验码为消零压缩前 UPC-A 码的校验码。

图 4-3　UPC-E 码

表 4-1　UPC-A 码转换为 UPC-E 码的代码压缩方法

UPC-A 商品条码的代码			UPC-E 商品条码的代码	
厂商识别代码		商品项目代码	校验码	商品项目识别代码	校验码
X_{12} 系统字符	$X_{11}X_{10}X_9X_8X_7$	$X_6X_5X_4X_3X_2$			
0	$X_{11}X_{10}000$	$00X_4X_3X_2$	X_1	$0X_{11}X_{10}X_4X_3X_2X_9$	X_1
	$X_{11}X_{10}100$				
	$X_{11}X_{10}200$				
	$X_{11}X_{10}300$	$000X_3X_2$		$0X_{11}X_{10}X_9X_3X_2 3$	
	...				
	$X_{11}X_{10}900$				
	$X_{11}X_{10}X_9 10$	$0000X_2$		$0X_{11}X_{10}X_9X_8X_2 4$	
	...				
	$X_{11}X_{10}X_9 90$				
	无零结尾 ($X_7 \neq 0$)	00005		$0X_{11}X_{10}X_9X_8X_7X_2$	
		...			
		00009			

2. EAN 码

1977 年欧洲经济共同体各国按照 UPC 码的标准，制定了欧洲物品编码——EAN 码，与 UPC 码兼容，两者具有相同的符号体系。EAN 码的字符编号结构与 UPC 码相同，也是长度固定的、连续型的数字式码制，其字符集是数字 0~9。EAN 码有两种类型，即标准版（EAN-13 码）和缩短版（EAN-8 码）。

图 4-4 所示的是 EAN-13 码。其前两位（或三位）数为前缀码，表示此产品生产的国家或地区，接下来的五位数（或四位数）为厂商识别代码，代表制造商；再接下来的五位数为商品项目代码，用以确认此产品的特征、属性等；最后一位是校验码，由前面的 12 位数字计算得出，用于校验代码的正确性。前缀码是国际 EAN 组织标识各会员组织的代码，例如，中国内地为 690~695，中国台湾为 471，中国香港为 489，中国澳门为 958。厂商代码是 EAN 编码组织在 EAN 分配的前缀码的基础上分配给厂商的代码，商品项目代码由厂商自行编码。

图 4-4　EAN-13 码实例图

根据《商品条码管理办法》，商品条码印刷面积超过商品包装表面面积或者标签可印刷面积四分之一的，系统成员可以申请使用缩短版商品条码。EAN-8 码适用于包装面积或印刷面积不足以印刷标准码的商品,由八位数字组成。前两位数代表此产品的生产国家或地区,接下来的五位数为商品项目代码,最后一位为校验字符。

例题 计算692345060154X的校验码(见表4-2)

表4-2 EAN-13码的校验位计算表

数据字符位置编号	13	12	11	10	9	8	7	6	5	4	3	2	1
数据字符值	6	9	2	3	4	5	0	6	0	1	5	4	X
偶数号位置字符		9		3		5		6		1		4	
奇数号位置字符	6		2		4		0		0		5		X

① 代码左右数字包括校验码自右向左编号(校验码的位置序号为1)。
② 将所有偶数位置上的数值相加,即4+1+6+5+3+9=28。
③ 第②步结果乘以3,即28×3=84。
④ 从序号3开始,将所有序号为奇数位置上的数值相加,即5+0+0+4+2+6=17。
⑤ 将第③步、第④步结果相加,得84+17=101。
⑥ 用一个大于第⑤步结果的10的最小整数倍的数减去第⑤步结果,差即为校验码,即110-101=9。

EAN-8码的校验字符值计算方法与EAN-13码类似,在此不再赘述。

3. 25码

25码是一种只有条表示信息的非连续型条码。每一个条码字符由规则排列的五个条组成,其中有两个条为宽单元。25码的字符集为数字0~9。

空不表示信息,只用来分割条。宽单元用二进制的"1"表示,窄单元用二进制的"0"表示,起始符用二进制"110"表示,终止符用二进制"101"表示,如图4-5所示。

图4-5 25码示意图

25码主要用于各种类型文件的处理及仓库的分类管理、标识胶卷包装及机票的连续号等。

4. 交叉25码

交叉25码是一种条、空均表示信息的连续型、非定长、具有自校验功能的双向条码。其字符集为数字字符0~9。

交叉25码有两种单元宽度,每一个条码字符由五个单元组成,其中包括两个宽单元,三个窄单元;从左到右,奇数位置用条表示,偶数位置用空表示,如图4-6所示。

交叉25码主要用于运输、仓储、工业生产线、图书信息等领域的自动识别管理。

5. 39码

39码是一种条、空均表示信息的非连续型、非定长、具有自校验功能的双向条码。它是第一个字母数字式码制,其字符集为0~9、A~Z、-、。、space、/、+、%、$ 共计43个。

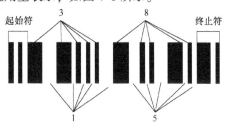

图4-6 交叉25码示意图

39 码的每一个条码字符由九个单元组成（包括五个条单元和四个空单元），其中三个单元是宽单元，其余是窄单元，如图 4-7 所示。

39 码主要在运输、仓储、工业生产线、图书信息、医疗卫生等领域应用。

图 4-7　39 码示意图

6. 库德巴码

库德巴码（Codabar）是一种条、空均表示信息的非连续型、非定长、具有自校验功能的双向条码。字符集为 0～9、A～D、-、:、/、。、+、$ 共 20 个，其中 A～D 仅用于起始字符和终止字符。

库德巴码的每一个字符由七个单元组成（包括四个条单元和三个空单元），其中两个或三个是宽单元，其余是窄单元，如图 4-8 所示。

图 4-8　库德巴码示意图

库德巴码主要应用于医疗卫生、图书馆、邮政快件、血库等领域。

7. 128 码

128 码为非定长、连续型、自校验字母数字式码制。因为其可以表示从 ASCII0 到 ASCII127 共计 128 个 ASCII 字符，所以称为 128 码。它是由国际物品编码协会（EAN International）、美国统一代码委员会（UCC）和自动识别制造商协会（AIM）共同设计完成的。

与其他一维条码相比，128 码较为复杂，支持的字元也相对较多，又有不同的编码方式以供交互运用，因此其应用弹性也较大。通用的商品条码与储运单元条码都不携带商品的相关信息，而 128 码能更多地标识贸易单元中需表示的信息，如生产日期、有效日期、运输包装序号、重量、尺寸、体积、送出地址等。128 码示意图如图 4-9 所示。

图 4-9　128 码示意图

4.1.3　GS1 系统

全球第一商务标准化组织（GS1）是公认的负责研发推广条码技术的国际组织，致力于推广"全球商务语言——EAN·UCC 系统"。

GS1 系统也被称为"全球统一标识系统"。该系统是对以贸易项目、物流单元、位置、资产、服务关系等进行编码为核心的集条码、射频等自动数据采集、电子数据交换、全球产品分类、全球数据同步、产品电子代码（EPC）等系统为一体的、服务于物流供应链的开放性标准体系，已被广泛应用于全球商业流通、物流供应链管理以及电子商务过程中。

第4章 数据自动采集技术

GS1 由国际物品编码协会和美国统一代码委员会合并而成。EAN 成立于 1977 年,是基于比利时法律规定建立的一个非营利性质的国际组织,总部设在比利时首都布鲁塞尔。UCC 是北美地区 EAN 的对应机构。

EAN 的前身是欧洲物品编码协会,主要负责除北美以外的 EAN·UCC 系统的统一管理及推广工作,其会员遍及 100 多个国家和地区,全世界已有约百万家企业通过各国或地区的编码组织加入到 EAN·UCC 系统中来。EAN 自建立以来,始终致力于建立全球跨行业的产品、运输单元、资产、位置和服务的标识体系和通信标准体系。其目标是向物流参与方和系统用户提供增值服务,提高整个供应链的效率,加快实现包括全方位跟踪在内的电子商务进程。

从 20 世纪 90 年代起,为了使北美的标识系统尽快纳入 EAN·UCC 系统,EAN 加强了与 UCC 的合作,达成了联盟,以共同开发、管理 EAN·UCC 系统。2004 年年初,EAN 与 UCC 正式合并,并更名为 GS1。EAN·UCC 系统更名为 GS1 系统。

GS1 系统在我国称为 ANCC 全球统一标识系统,简称 ANCC 系统,是中国物品编码中心(Article Numbering Center of China,ANCC)根据 GS1 技术规范,再结合我国国情而研究制定并负责在我国推广应用的一套全球统一的产品与服务标识系统。

1. 定量贸易项目编码

贸易项目是指一项产品或服务可以在供应链的任意一点进行标价、订购或开具发票,以便与贸易伙伴进行交易。贸易项目按照其流通领域可以分为零售贸易项目和非零售贸易项目。按照其生产形式,可以分为定量贸易项目和变量贸易项目。零售贸易项目是指在零售端通过 POS 扫描结算的商品。不通过 POS 扫描结算的商品为非零售贸易项目。定量贸易项目是以统一预先确定的形式(类型、尺寸、质量、成分、样式等),可以在供应链的任意节点进行销售的贸易项目。变量贸易项目是指在供应链节点上出售、订购或生产产品,其度量方式可以连续改变的贸易项目。

为了在流通中对商品进行自动识别或信息采集,GS1 系统对商品采用全球贸易项目代码进行编码。全球贸易项目代码通常根据产品的具体包装情况,选用一种 GS1 商品条码对其进行标识。

(1) 定量贸易项目编码结构。下面介绍 EAN/UCC-14、EAN/UCC-13、UCC-12 和 EAN/UCC-8 编码结构。贸易项目编码结构如表 4-3 所示。

表 4-3 贸易项目编码结构表

	指示符	内含贸易项目的 EAN/UCC 标识代码(不含校验码)	校验码
EAN/UCC-14 编码结构	N_1	$N_2 N_3 N_4 N_5 N_6 N_7\ N_8\ N_9\ N_{10}\ N_{11}\ N_{12}\ N_{13}$	N_{14}
EAN/UCC-13 编码结构		厂商识别代码 → ← 项目代码	校验码
		$N_1\ N_2\ N_3\ N_4\ N_5\ N_6\ N_7\ N_8\ N_9\ N_{10}\ N_{11}\ N_{12}$	N_{13}
UCC-12 编码结构		厂商识别代码 → ← 项目代码	校验码
		$N_1\ N_2\ N_3\ N_4\ N_5\ N_6\ N_7\ N_8\ N_9\ N_{10}\ N_{11}$	N_{12}
EAN/UCC-8 编码结构		EAN/UCC-8 前缀码 → ← 项目代码	校验码
		$N_1\ N_2\ N_3\ N_4\ N_5\ N_6\ N_7$	N_8

其中指示符只在 EAN/UCC-14 中使用。指示符的赋值区间为 1~9，其中 1~8 用于定量贸易项目；9 用于变量贸易项目。

对于零售商品，必须选用 EAN/UCC-13 编码结构、EAN/UCC-8 编码结构和 UCC-12 编码结构中的一种。EAN/UCC-14 编码结构主要用于非零售环节，可以看成由上述三种编码结构转换而来，即由包装物内的零售商品的编码转换而来。

1) EAN/UCC-13 编码结构。EAN/UCC-13 码由 13 位数字组成。在我国，EAN/UCC-13 码分三种结构，每种结构都由三部分组成，具体如表 4-4 所示。

表 4-4　EAN/UCC-13 编码结构表

结构类型	厂商识别代码	商品项目代码	校验码
结构一	$X_{13}X_{12}X_{11}X_{10}X_9X_8X_7$	$X_6X_5X_4X_3X_2$	X_1
结构二	$X_{13}X_{12}X_{11}X_{10}X_9X_8X_7X_6$	$X_5X_4X_3X_2$	X_1
结构三	$X_{13}X_{12}X_{11}X_{10}X_9X_8X_7X_6X_5$	$X_4X_3X_2$	X_1

其前缀码由 2~3 位数字组成，是 GS1 分配给国家（或地区）编码组织的代码。前缀码由 GS1 统一分配和管理，GS1 已分配的前缀码如表 4-5 所示。需要指出的是，前缀码并不代表产品的原产地，而只能说明分配和管理有关厂商识别代码的编码组织是哪个地区的。

表 4-5　GS1 已分配的前缀码

前缀码	编码组织所在国家（或地区）/应用领域	前缀码	编码组织所在国家（或地区）/应用领域
000~019 030~039 060~139	美国	471	中国台湾
020~029 040~049 200~299	店内码	474	爱沙尼亚
050~059	优惠券	475	拉脱维亚
300~379	法国	476	阿塞拜疆
380	保加利亚	477	立陶宛
383	斯洛文尼亚	478	乌兹别克斯坦
385	克罗地亚	479	斯里兰卡
387	波黑	480	菲律宾
400~440	德国	481	白俄罗斯
450~459 490~499	日本	482	乌克兰
460~469	俄罗斯	484	摩尔多瓦
470	吉尔吉斯斯坦	485	亚美尼亚

第4章 数据自动采集技术

(续)

前缀码	编码组织所在国家 (或地区)/应用领域	前缀码	编码组织所在国家 (或地区)/应用领域
486	格鲁吉亚	627	科威特
487	哈萨克斯坦	628	沙特阿拉伯
489	中国香港	629	阿拉伯联合酋长国
500~509	英国	640~649	芬兰
520	希腊	690~695	中国
528	黎巴嫩	700~709	挪威
529	塞浦路斯	729	以色列
530	阿尔巴尼亚	730~739	瑞典
531	马其顿	740	危地马拉
535	马耳他	741	萨尔瓦多
539	爱尔兰	742	洪都拉斯
540~549	比利时和卢森堡	743	尼加拉瓜
560	葡萄牙	744	哥斯达黎加
569	冰岛	745	巴拿马
570~579	丹麦	746	多米尼加
590	波兰	750	墨西哥
594	罗马尼亚	754~755	加拿大
599	匈牙利	759	委内瑞拉
600、601	南非	760~769	瑞士
603	加纳	770	哥伦比亚
608	巴林	773	乌拉圭
609	毛里求斯	775	秘鲁
611	摩洛哥	777	玻利维亚
613	阿尔及利亚	779	阿根廷
616	肯尼亚	780	智利
618	科特迪瓦	784	巴拉圭
619	突尼斯	786	厄瓜多尔
621	叙利亚	789~790	巴西
622	埃及	800~839	意大利
624	利比亚	840~849	西班牙
625	约旦	850	古巴
626	伊朗	858	斯洛伐克

(续)

前缀码	编码组织所在国家 (或地区) /应用领域	前缀码	编码组织所在国家 (或地区) /应用领域
859	捷克	899	印度尼西亚
865	蒙古	900~919	奥地利
867	朝鲜	930~939	澳大利亚
869	土耳其	940~949	新西兰
870~879	荷兰	955	马来西亚
880	韩国	958	中国澳门
884	柬埔寨	977	连续出版物
885	泰国	978、979	图书
888	新加坡	980	应收票据
890	印度	981、982	普通流通券
893	越南	990~999	优惠券

厂商识别代码由 7~9 位数字组成,在我国由中国物品编码中心统一分配、注册、管理。因此,中国物品编码中心有责任确保每个厂商识别代码在全球范围内的唯一性。

根据《商品条码管理办法》,具有营业执照的厂商可以申请注册厂商识别代码。任何厂商不得盗用其他厂商的厂商识别代码,不得共享和转让,更不得伪造代码。当厂商生产的商品品种很多,超过了"商品项目代码"的编码容量时,允许厂商申请注册一个以上的厂商识别代码。但只有在商品项目代码全部用完时,才可再次申请。

商品项目代码由厂商负责编制。在使用同一厂商识别代码的前提下,厂商必须确保每个商品项目代码的唯一性。由三位数字组成的商品项目代码有 000~999,共有 1 000 个编码容量,可标识 1 000 种商品;由四位数字组成的商品项目代码可标识 10 000 种商品;由五位数字组成的商品项目代码可标识 100 000 种商品。

校验码用来校验 $X_{13}~X_2$ 的编码正确性,厂商在对商品项目编码时,不必计算校验码的值。该值由制作条码原版胶片或直接打印条码符号的设备自动生成。

2) EAN/UCC-8 编码结构。EAN/UCC-8 码是用于标识小型商品的。它由八位数字组成,其结构如表 4-6 所示。

表 4-6 EAN/UCC-8 编码结构

商品项目识别代码	校 验 码
$X_8X_7X_6X_5X_4X_3X_2$	X_1

其商品项目识别代码由七位数字组成,其中,$X_8X_7X_6$ 为前缀码,前缀码与校验码含义同 EAN/UCC-13 码。计算校验码时只需在 EAN/UCC-8 码前添加五个"0",然后按照 EAN/UCC-13 码中的校验位计算即可。

商品项目识别代码由国家(或地区)编码组织统一分配、管理,在我国由中国物品编码中心负责分配和管理。凡需使用 EAN/UCC-8 码的厂商需向中国物品编码中心提供使用 EAN/

第4章 数据自动采集技术

UCC-8 码产品的外包装或标签设计样张，编码中心依据《商品条码管理办法》的相关规定，确认厂商可以使用 EAN/UCC-8 码标识产品后，由编码中心统一逐个分配。编码中心有责任确保该标识条码在全球范围内的唯一性，厂商不得自行分配。

3）UCC-12 编码结构。UCC-12 码可以用 UPC-A 码和 UPC-E 码的符号表示。在通常情况下，不选用 UPC 码，只有当产品出口到北美地区并且客户是指定的时，才可以申请使用 UPC 码。我国厂商如需申请 UPC 码，需经中国物品编码中心统一办理。

UPC-A 码的厂商识别代码是 GS1 的成员组织——美国统一代码委员会 UCC 分配给厂商的代码，UCC 起初只分配六位定长的厂商识别代码，后来为了充分利用代码的容量，于 2000 年开始，根据厂商对未来产品种类的预测，分配 6~10 位可变长度的厂商识别代码。以系统字符 "2"~"5" 开头的厂商识别代码用于特定领域："2" "4" "5" 用于内部管理的商品；"0" "6" "7" 用于一般商品，通常为六位定长；目前以 "8" 开头的用于非定长的厂商识别代码的分配。UPC-A 码厂商识别代码的应用规则如表 4-7 所示。

表 4-7 UPC-A 码厂商识别代码的应用规则

系统字符	应用范围	系统字符	应用范围
0、6、7	一般商品	4	零售商店内码
2	商品变量单元	5	优惠券
3	药品及医疗用品	1、8、9	保留

以 000、100、200 结尾的 UCC-12 码转换为 UPC-E 码，可标识 1 000 种商品项目；以 300~900 结尾的，可标识 100 种商品项目；以 10~90 结尾的，可标识 10 种商品项目；以 5~9 结尾的，可标识五种商品。可见，转换为 UPC-E 码的 UCC-12 代码可用于给商品编码的容量非常有限。因此，厂商识别代码第一位为 "0" 的厂商，必须谨慎地管理其有限的编码资源。只有以 "0" 打头的厂商识别代码的厂商，确有实际需要，才能使用 UPC-E 码。

（2）编码原则。编码原则包括：

① 唯一性原则。唯一性原则是商品编码的基本原则，是指同一商品项目的商品应分配相同的商品代码，不同商品项目的商品必须分配不同的商品代码。基本特征相同的商品应视为同一商品项目。商品的基本特征项是划分商品所属类别的关键因素，包括商品名称、商标、种类、规格、数量、包装类型等；不同行业的商品，其基本特征往往不尽相同；同一行业，不同的单个企业，可根据自身的管理需求，设置不同的基本特征项。

② 稳定性原则。稳定性原则是指商品代码一经分配，只要商品的基本特征没有发生变化，就应保持不变。同一商品项目，无论是长期连续生产还是间断式生产，都必须采用相同的商品代码。即使该商品项目停止生产，其商品代码至少在四年内不能用于其他商品项目上。

③ 无含义性原则。无含义性原则是指商品代码中的每一位数字不表示任何与商品有关的特定信息。有含义的编码，通常会导致编码容量的损失。厂商在编制商品项目代码时，最好使用无含义的流水号。

实际中选择哪种编码方式取决于贸易项目是否为零售单元、厂商所采用的编码方案、产品的销售渠道及其要求。编码方式的选择方案如图 4-10 所示。

选择何种编码结构取决于贸易项目的特征和客户的应用范围。GS1 系统的一个主要应用是标识零售贸易项目，这些贸易项目用 EAN/UCC-13 码（销售到北美地区的用 UCC-12 码）来标识。如果是小型贸易项目，就使用 EAN/UCC-8 码（或消零压缩了的 UCC-12 码）。

物流信息技术与信息系统

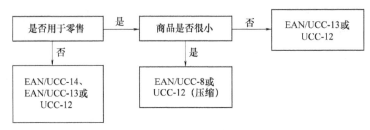

图 4-10 编码方式的选择方案

定量贸易项目的代码标识有两种方案：一是分配一个特有的 EAN/UCC-13、UCC-12 或 EAN/UCC-8 码，主要用于零售；二是分配 EAN/UCC-14 码，是该贸易项目的 EAN/UCC-13 码前再加上指示符，主要用于物流。EAN/UCC-14 码不能用于零售。

2. 变量贸易项目代码

变量贸易项目是指出售、订购或生产的产品的量是可改变的，如水果、蔬菜、肉类、布料等项目。

变量贸易项目的标识是 EAN/UCC-14 编码结构的一个特殊应用，与定量贸易项目的标识的区别在于 N_1 只能为数字9，表示此项目为一个变化量度的贸易项目。而定量贸易项目 EAN/UCC-14 标识代码中的 N_1 可以为 1~8 的任何数字。此外，为完成项目标识，可变信息必须与变量贸易项目的标识同时出现。

（1）零售变量贸易项目。有些商品，如新鲜蔬菜、水果、粮食、鱼、肉、熟食等散装商品，在销售过程中都是以随机重量销售的，每位客户购买这些商品的重量、价格可能都不同。这些没有包装的商品，自然也就无法预先在商品外包装上印刷商品条码。散装商品对于方便客户采购、扩大市场的经营领域、提高商场的销售额都起到重要作用。而这些商品的销售信息都要输入商场计算机管理信息系统，于是就需要使用店内码。店内码是为了完善商业自动化管理系统而设计的只能在商店内部使用的条码标识，是对规则包装商品上所使用商品条码的一个重要补充。

（2）非零售变量贸易项目。非零售变量贸易项目是用指示符为"9"的 EAN/UCC-14 标识，为完成一个贸易项目的标识，必须要有贸易项目量的信息。

表 4-8 是一个可用条码符号表示的完整标识代码，该代码表示的量以千克为单位。

表 4-8 一个可用条码符号表示的完整标识代码

AI	GTIN	AI	计 量
0 1	9 $N_1 N_2 N_3 N_4 N_5 N_6 N_7 N_8 N_9 N_{10} N_{11} N_{12}$ C	310X	$M_1 M_2 M_3 M_4 M_5 M_6$

非零售变量贸易最好把标识代码和计量信息用一个 EAN/UCC-128 条码符号表示，以 AI01 表示 GTIN，AI3100 到 AI3169 或 AI8001 标识计量信息。计量信息用六位数字标识，计量的单位由 AI 定义，小数点的位置由 AI 的最后一个数字（X）表示。例如，AI 的末尾数是"0"，表示计量值没有小数位；末位数是"2"，表示计量值末两位是小数位。例如，(3103) 005250 表示 5.25kg。图 4-11 是一个用 EAN/UCC-128 码制表示的非零售变量贸易项目条码。

3. 物流单元编码

物流单元是以运输和/或存储为目的的货物单元。例如，一箱有不同颜色和大小的 12 件裙子和 20 件夹克的组合包装；一个 40 箱饮料的托盘（每箱 12 盒装）都可作为一个物流单元。系列货运包装箱代码（SSCC）是为物流单元提供唯一标识的代码。SSCC 用 GS1 系统

EAN/UCC-128 条码符号表示，在发货通知、交货通知和运输报文中公布。通过扫描识读物流单元上表示 SSCC 的 EAN/UCC-128 条码符号，建立商品流动与相关信息间的链接，能逐一跟踪和自动记录物流单元的实际流动，同时也可广泛用于运输行程安排、自动收货等。

图 4-11　EAN/UCC-128 码制表示的非零售贸易项目条码

（1）SSCC 编码结构。SSCC 编码结构如表 4-9 所示。

表 4-9　SSCC 编码结构

AI	GTIN			
	扩展位	厂商识别代码系列代码		扩展位
0 0	N_1	$N_2 N_3 N_4 N_5 N_6 N_7 N_8 N_9 N_{10} N_{11} N_{12} N_{13} N_{14} N_{15} N_{16} N_{17}$		N_1

扩展位：用于增加 SSCC 系列代码的容量，由厂商分配。

厂商识别代码：由中国物品编码中心负责分配给客户，客户通常是组合物流单元的厂商。SSCC 在世界范围内是唯一的，但并不表示物流单元内贸易项目的起始点。

系列代码：是由取得厂商识别代码的厂商分配的一个系列号，用于组成 N_2 到 N_{17} 字符串。系列代码一般为流水号。

不管物流单元本身是否标准，所包含的贸易项目是否相同，SSCC 都可标识所有的物流单元。厂商如果希望在 SSCC 数据中区分不同的生产厂（或生产车间），可以通过分配每个生产厂（或生产车间）SSCC 区段来实现。

（2）物流标签。如果贸易伙伴（包括承运商和第三方）都能扫描识读表示 SSCC 的 EAN/UCC-128 条码符号，交换含有物流单元全部信息的 EDI 报文，并且读取时能够在线得到相关文件以获取这些描述信息，那么除了 SSCC 外，就不需要标识其他信息了。但是，目前所有这些条件都还难以满足。因此，除了表示 SSCC 的 EAN/UCC-128 条码符号外，少许属性信息还需以条码符号的形式表示在物流单元上，即需要制作物流标签。

物流标签上表示的信息有两种基本的形式：由文本和图形组成的供人识读的信息和为自动数据采集设计的机读信息。作为机读符号的条码是传输结构化数据的可靠而有效的方法，允许在供应链中的任何节点获得基础信息。表示信息的两种方法能够将一定的含义添加于同一标签上。

物流标签的版面划分为三个区段：供应商区段、客户区段和承运商区段。当获得相关信息时，每个标签区段可在供应链上的不同节点使用。此外，为方便人、机分别处理，每个标签区段中的条码与文本信息都是分开的。一个标签区段是信息的一个合理分组。这些信息一般在特定时间才知道。

1）供应商区段。供应商区段所包含的信息一般是供应商在包装时知晓的。SSCC 在此作为物流单元的标识，如果过去使用 GTIN，那么在此和 SSCC 一起使用。

对供应商、客户和承运商都有用的信息，如生产日期、包装日期、有效期、保质期、批号、系列号等，皆可采用 EAN/UCC-128 条码符号表示。

2）客户区段。客户区段所包含的信息，如到货地、购货订单代码、客户特定运输路线和装卸信息等，通常是在订购时和供应商处理订单时知晓的。

3）承运商区段。承运商区段所包含的信息，如到货地邮政编码、托运代码、承运商特定运输路线、装卸信息等，通常是在装货时知晓的。

最基本的标签是仅用 EAN/UCC-128 条码符号表示 SSCC，如图 4-12 所示。

对所有 EAN·UCC 物流标签来说，SSCC 是唯一的必备要素。如果需要增加其他信息，则应符合《EAN·UCC 通用规范》的相关规定。

4. 全球参与方位置编码

EAN·UCC 全球参与方位置编码（Global Location Number, GLN）即位置码，是用来标识作为一个法律实体的机构或组织的代码，还可用来标识物理位置或企业内的功能实体，它的应用是有效实施 EDI 的前提。

图 4-12 SSCC 示例

位置码采用 EAN·UCC-13 编码结构，使用 GLN 的厂商必须将其所有的位置码及其相对应的相关信息告知其贸易伙伴。

GLN 的使用有两种方式：一种是在 EDI 报文中用来标识所有相关的物理位置；另一种是与应用标识符一起用条码符号进行表示，采用 UCC/EAN-128 码制。位置码应用标识符如表 4-10 所示。

表 4-10 位置码应用标识符

位置码应用标识符	表 示 形 式	含 义
410	410 + 位置码	将货物运往位置码表示的某一物理位置
411	411 + 位置码	开发票或账单给位置码表示的某一实体
412	412 + 位置码	从位置码表示的某一实体处订货
413	413 + 位置码	将货物运往某处再运往位置码表示的某一物理位置
414	414 + 位置码	某一物理位置
415	415 + 位置码	从位置码表示的某一实体处开发票

例如，4106929000123455 表示将货物运到或交给位置码为 6929000123455 的某一实体，410 为相关的应用标识符。

5. 特殊应用编码

（1）EAN 系统的图书编码。为了实现图书销售自动扫描结算，实施现代化的管理手段，有必要给每一本书分配一个统一的代码，为图书的流通和管理提供通用的语言。为此，GS1 与国际标准书号（International Standard Book Number, ISBN）中心达成了一致协议，把图书作为特殊的商品，将 EAN 前缀码 978 作为国际标准书号系统的前缀码，并将 ISBN 书号条码化。

按照 GS1 的规定，EAN 图书代码可以用两种不同的代码结构来表示：一种是把图书视为一般商品，然后按 EAN 商品编码方法进行编码；另一种是利用图书本身的 ISBN，将 978 作为

第 4 章　数据自动采集技术

图书商品的前缀进行编码。

将图书按一般商品进行编码，其代码结构如表4-11所示。

表 4-11　图书按一般商品进行编码的代码结构

国 别 代 码	图 书 代 码（遵照 GS1 编码规则）	校 验 字 符
$P_1P_2P_3$	$X_1X_2X_3X_4X_5X_6X_7X_8X_9$	C

$P_1 \sim P_3$：前缀码，是国际编码组织分配给各国编码组织的国别代码。

$X_1 \sim X_9$：图书代码。图书代码的具体结构由各国编码组织根据本国的特点自行定义。例如，厂商代码+书名代码，或出版社代码+书名代码，或出版社代码+价格代码。

C：校验字符，计算方法与 EAN 代码的校验字符计算方法相同。

直接采用图书的 ISBN 号，其代码结构如表4-12所示。

表 4-12　图书按 ISBN 进行编码的代码结构

前 缀 码	图 书 项 目 代 码	校 验 字 符
978	$X_1X_2X_3X_4X_5X_6X_7X_8X_9$	C

978：GS1 分配给国家 ISBN 系统专用的前缀码，用以标识图书。979 为 EAN 留给 ISBN 系统的备用前缀码。

$X_1 \sim X_9$：图书项目代码，直接采用图书的 ISBN 号（不含其校验码）。

C：校验字符，图书代码的校验码，计算方法与 EAN 代码相同。

根据 GS1 的规定，各国编码组织有权根据自己的国情在图书编码的两种方案中做出自己的选择。由于我国已加入了国际 ISBN 组织，并且全国的图书已采用ISBN书号，而且 ISBN 书号完全可以满足 EAN 物品标识的需要。因此，我国选择第二种方案标识我国的图书出版物，并且在全国图书上推广普及条码标志。

（2）EAN 系统的期刊编码。按照 GS1 的规定，期刊可以有两种不同的编码方式：一种方式是将期刊作为普通商品进行编码，编码方法按照标准的 EAN-13 码的编码方式进行，这种方法可以起到商品标识的作用，但体现不出期刊的特点；另一种方法是按照国际标准期刊号（International Standard Serials Number，ISSN）体系进行编码。ISSN 是由国际标准期刊号中心统一控制，在世界范围内广泛采用的期刊代码体系。GS1 与国际标准期刊号中心签署了协议，并将 EAN 前缀码 977 分配给国际标准期刊系统，供期刊标识专用。

ISSN 在国际上已经得到了广泛的应用，我国也已加入国际 ISSN 组织，并成立了我国的 ISSN 中心，负责我国管理和推广 ISSN 代码。目前，在我国，ISSN 代码尚未普及，因此，我国究竟采用哪种编码方式来标识期刊出版物尚待进一步探讨，但期刊标识的条码化是大势所趋。期刊的 ISSN 编码方法如下：

直接采用 ISSN 对期刊进行编码，其代码结构如表4-13所示。

表 4-13　ISSN 代码结构

前 缀 码	ISSN 号（不含其校验码）	备 用 码	EAN-13 条码校验字符	期刊系列号（补充代码）
977	$X_1 \sim X_7$	Q_1Q_2	C	S_1S_2

977：GS1 分配给 ISSN 系统的专用前缀码。

物流信息技术与信息系统

$X_1 \sim X_7$：国际标准期刊号，不含其校验码。

Q_1Q_2：备用码，当 $X_1 \sim X_7$ 不能清楚地标识期刊时，可以利用备用码 Q_1Q_2 来辅助区分出版物，日刊或一周发行几次的期刊，可以利用 Q_1Q_2 分配不同的代码。

S_1S_2：仅用于表示一周以上出版一次的期刊的系列号（即周或月份的序数）。表 4-14 是期刊系列号 S_1S_2 的代码构成。

表 4-14　期刊系列号 S_1S_2 的代码构成

期刊种类	S_1S_2
周刊	用出版周的序数表示（01～53）
旬刊	用出版旬的序数表示（01～36）
双周刊	用出版周的序数表示（02，04，…，52 或 01，03，…，53）
半月刊	用出版半月的序数表示（01～24）
月刊	用出版月份的序数表示（01～12）
双月刊	用出版月份的序数表示（01～12）
季刊	用出版月份的序数表示（01～12）
半年刊	用出版月份的序数表示（01～12）
年刊	用出版月份的序数表示（01～12）
特刊	99～01

在图 4-13 中，"1671-6663" 是国家标准期刊号，"977" 是国际期刊统一代码，"02" 表示 2002 年，"4" 是校验码，"09" 是附加码，表示该刊是第 9 期。

图 4-13　期刊条码的应用

6. 应用标识符

应用标识符（Application Identifier, AI）是标识编码应用含义和格式的字符。其作用是指明跟随在标识符后面的数据或编码的含义和格式。应用标识符由两位或两位以上的数字组成，后面的数据部分由一组字符组成，其具体位数及字符由以下方法表示：

a：字母字符。

n：数字字符。

an：字母、数字字符。

i：表示字符个数。

ai：定长，表示 i 个字母字符。

ni：定长，表示 i 个数字字符。

ani：定长，表示 i 个字母、数字字符。

a..i：表示最多 i 个字母字符。

n..i：表示最多 i 个数字字符。

an..i：表示最多 i 个字母、数字字符。

第 4 章 数据自动采集技术

部分条码应用标识符的含义如表 4-15 所示。

表 4-15 部分条码应用标识符的含义

应用标识符	含　义	格　式
00	系列货运包装箱代码 SSCC-18	n2 + n18
01	货运包装箱代码 SSCC-14	n2 + n14
10	批号或组号	n2 + an..20
11①	生产日期（年月日）	n2 + n6
13①	包装日期（年月日）	n2 + n6
15①	保质期（年月日）	n2 + n6
17①	有效期（年月日）	n2 + n6
30	数量	n2 + n..8
400	客户购货订单号码	n3 + an..30
410	以 EAN-13 码表示的交货地点的位置码	n3 + n13

① 当只表示年和月，不表示具体日时，日以"00"代替。

应用标识符的使用受确定的规则支配。企业不能想当然地从应用标识符中随意挑选，必须遵循《EAN·UCC 通用规范》中详尽阐述的基本规则。图 4-14 是一个用 EAN/UCC-128 条码符号表示应用标识符的图例。

图 4-14　表示 GTIN、生产日期、批号的一个 EAN/UCC-128 条码符号

4.1.4　二维条码

1. 二维条码的发展

随着条码应用领域的不断扩展，传统一维条码的局限性也日趋明显。首先，使用一维条码，必须通过连接数据库的方式提取信息才能确定条码所表达的信息含义。因此，在没有数据库或者不方便联网的地方，一维条码的使用就受到了限制。其次，一维条码表达的信息只能为字母和数字，而不能表达汉字和图像，在一些需要应用汉字的场合，一维条码无法很好地满足要求。另外，在某些场合下，大信息容量的一维条码通常受到标签尺寸的限制，给产品的包装和印刷带来不便。

二维条码的诞生有效地解决了在一维条码的使用中碰到的难题，它能够在横向和纵向两个方位上同时表达信息，不仅能在很小的面积内表达大量的信息，而且能够表达汉字和存储图像。二维条码是用某种特定的几何图形按一定规律在平面（二维方向）上分布的条、空相间的图形来记录数据符号信息，它具有条码技术的共性，即每种码制有其特定的字符集，每个字符占有一定的宽度，具有一定的校验功能等。

二维条码简单地说就是将一维条码存储信息的方式在二维空间上扩展，从而存储更多的信息，即从一维条码对物品的"标识"转为二维条码对物品的"描述"。

国外对二维条码技术的研究始于20世纪80年代末。在二维条码符号标识技术研究方面，已研制出多种码制，常见的有PDF417码、QR码、49码、Code One等。这些二维条码的密度都比传统的一维条码有了较大的提高，如PDF417码的信息密度是一维条码39码的20多倍。目前二维条码技术在国防、公共安全、交通运输、医疗保健、工业、商业、金融、海关及政府管理等领域得到广泛应用。

2007年，具有中国自主知识产权的二维条码——汉信码正式发布并推广。

2. 二维条码分类

目前，根据实现的原理、结构形状的差异，二维条码分为堆积式（或行排式）二维条码和棋盘式（或矩阵式）二维条码两大类型。

（1）堆积式（或行排式）二维条码。堆积式二维条码的编码原理建立在一维条码的基础之上，按需要堆积成两行或多行。它在编码设计、校验原理、识读方式等方面继承了一维条码的特点，识读设备和条码印刷与一维条码技术兼容。但由于行数的增加，行的鉴定、译码算法与软件不完全同于一维条码。有代表性的堆积式二维条码有PDF417码、49码、16K码等。

PDF417码是一种堆叠式二维条码，目前应用最为广泛。PDF417码是由美国SYMBOL公司发明的，PDF（Portable Data File）的意思是"便携数据文件"。组成条码的每一个条码字符由四个条和四个空共17个模块构成，故称为PDF417码。PDF417码如图4-15所示。

（2）棋盘式（或矩阵式）二维条码。矩阵式二维条码以矩阵的形式组成。在矩阵相应元素的位置上，用点（方点、圆点或其他形状）的出现表示二进制"1"，点的不出现表示二进制的"0"，点的排列组合确定了矩阵码所代表的意义。矩阵码是建立在计算机图像处理技术、组合编码原理等基础上的

图4-15　PDF417码

一种新型图形符号自动识读处理码制。代表性的矩阵码有Data Matrix码，QR码，Maxi Code码，龙贝码，矽感GM、CM二维条码等。

矩阵式二维条码带有更高的信息密度，可以作为包装箱的信息表达符号，在电子半导体工业中，将Data Matrix码用于标识小型的零部件。

QR码是一种矩阵码，于1994年由日本Denso-Wave公司发明，为目前日本最流行的二维条码。QR码比普通条码可存储更多资料，亦无须像普通条码般在扫描时需直线对准扫描器，具有识读速度快、数据密度大、占用空间小的优势，在我国电子支付领域被广泛应用。

图4-16、图4-17和图4-18中的二维码均表示信息"logistics information system"。

图4-16　Data Matrix码　　　图4-17　QR码　　　图4-18　Maxi Code码

第4章 数据自动采集技术

3. 二维条码的特点

（1）高密度编码，信息容量大。二维条码可容纳多达 1 850 个大写字母，或 2 710 个数字，或 1 108 个字节，或 500 多个汉字，比普通条码信息容量约高几十倍。

（2）编码范围广。二维条码可以把图片、声音、文字、签名、指纹等以数字化的信息进行编码，用条码表示出来，可以表示多种语言文字，还可表示图像数据。

（3）容错能力强，具有纠错功能。该特点使得二维条码在因穿孔、污损等引起局部损坏时，照样可以正确得到识读，损毁面积达 50% 时仍可恢复信息。

（4）译码可靠性高。二维条码比普通条码译码错误率要低得多，误码率不超过千万分之一。

（5）可引入加密措施，保密性、防伪性好。

（6）条码符号形状、尺寸大小比例可变。

二维条码与一维条码的比较如表 4-16 所示。

表 4-16　二维条码与一维条码的比较

项目 条码类型	信息密度与 信息容量	错误校验及 纠错能力	垂直方向是 否携带信息	用　途	对数据库和通 信网络的依赖
一维条码	信息密度低， 信息容量较小	可通过校验字 符进行错误校验， 没有纠错能力	不携带信息	对物品 的标识	多数应用场合依赖数 据库及通信网络
二维条码	信息密度高， 信息容量大	具有错误校验 和纠错能力，可 根据需求设置不 同的纠错级别	携带信息	对物品 的描述	可不依赖数据库及通 信网络而单独应用

4.1.5　物流条码识读技术

1. 条码识读的基本工作原理

条码识读的基本工作原理为：由光源发出的光线经过光学系统照射到条码符号上面，被反射回来的光经过光学系统成像在光电转换器上，使之产生电信号。信号经过电路被放大后产生一模拟电压，它与照射到条码符号上被反射回来的光成正比，再经过滤波、整形，形成与模拟信号对应的方波信号，经译码器解释为计算机可以直接接受的数字信号。

2. 条码自动识别系统的组成

条码自动识别系统一般由条码自动识别设备、系统软件、应用软件等组成。条码自动识别设备包括扫描器、译码器、计算机和打印设备以及显示器。条码自动识别软件一般包括扫描器输出信号的测量、条码码制及扫描方向的识别、逻辑值的判断以及阅读器与计算机之间的数据通信等几部分。

3. 条码阅读器的分类

条码阅读器是用于读取条码所包含的信息的设备。其种类繁多，但大体上可分为两大类，即在线式阅读器和便携式阅读器。在线式阅读器一般直接由交流电源供电，在阅读器与计算机或通信装置之间由电缆连接传输数据。便携式阅读器则配有数据存储器，通常由电池供电，当搜集数据后，先把数据存储起来，然后转储于主机。便携式阅读器适用于脱机使用的场合，广泛应用于仓库管理、商品盘点以及多种野外作业中。下面简单介绍几种常见的条码识读设备。

(1) 光笔扫描器。光笔扫描器是一种轻便的条码读入装置。在光笔内部有扫描光束发生器及反射光接收器。目前，在市场上出售的这类扫描器有很多种，它们主要在发光的波长、光学系统结构、电子电力结构、分辨率、操作方式等方面存在不同。光笔类条码扫描器不论采用何种工作方式，在使用上都存在一个共同点，即阅读信息时，要求扫描器与待识读的条码接触或离开一个极短的距离（一般 0.2~1mm 左右）。

(2) 手持式扫描器。手持式扫描器内一般装有控制扫描光束的自动扫描设备，它所使用的光源有激光和可见光 LED，阅读时不需要与条码符号接触，不会损伤条码标签。其扫描头与条码标签的距离短的在 0~20mm 范围内，而长的可达 500mm 左右。其优点是扫描速度快，扫描光点均匀。

(3) 台式扫描器。台式扫描器适合于不便使用手持式扫描方式阅读条码信息的场合。这种扫描器一般安装在物品运动的通道边，当贴有条码标签的待测物品进入扫描范围时，扫描器快速自动扫描获取相关信息，和物流信息系统一起管理物流活动。

(4) 激光扫描器。激光扫描器扫描光照强，可远距离扫描。其扫描景深长，扫描速度高，扫描速度可达 1 200 次/s。扫描器内部光学系统可由单束光变成十字光或米字光，从而保证被测条码从不同角度进入扫描范围时都可被识读。

(5) 卡式扫描器。卡式扫描器广泛应用于医院病案管理、身份验证、考勤和生产管理等领域。这种阅读器内部的机械结构能保证标有条码的卡式证件或文件在插入滑槽后自动沿轨道做直线运动，在卡片前进的过程中，扫描光点将条码信息读入。

(6) 便携式数据采集器。便携式数据采集器本身就是一台专用计算机，有的甚至就是一台通用微型计算机。这种阅读器本身具有对条码信号的译解能力。条码译解后，可直接存入机器内或机内磁带存储器的磁带中。这种阅读器可以与计算机主机分别安装在两个地点，通过线路连成网络，也可以脱机使用，利用电池供电。这种设备特别适用于流动性数据采集环境。搜集到的数据可以定时送到主机内存储。在有些场合，标有条码信息或代号的载体体积大，比较笨重，不适合搬运到同一数据采集中心处理，在这种情况下，使用便携式条码阅读器十分方便。

4. 条码阅读器的选择

(1) 适用范围。条码技术应用在不同的场合，应选择不同的条码阅读器。例如，开发条码仓储管理系统，往往需要在仓库内清点货物，相应地要求条码阅读器能方便携带，并能把清点的信息暂存下来，而不局限在计算机前用，此时选用便携式条码阅读器较为合适。在生产线上使用条码采集器时，一般需要在生产线的某些固定位置安装条码阅读器，而且对于生产的零部件来说使用条码阅读器也比较合适，如激光枪式、CCD 扫描器等。在会议管理系统和企业考勤系统中，可选用卡式或槽式条码阅读器，需要签到登记的人员将印有条码的证件插入阅读器槽内，阅读器便自动扫描并给出阅读成功信号，从而实现实时自动签到。当然，对于一些专用场合，还可以开发专用条码阅读器装置以满足需要。

(2) 译码范围。译码范围是选择条码阅读器的又一个重要指标。目前，不同企业生产的条码阅读器的译码范围有很大差别，有的阅读器可识别几种码制，有的阅读器则可识别十几种码制。开发某一条码应用系统需选择对应的码制，同时，在为该系统配置条码阅读器时，应要求阅读器具有正确地解译此码制符号的功能。例如，在商业领域中，往往采用 EAN/UPC 码，因此，开发商场管理系统时，选择的阅读器应能阅读 EAN/UPC 码。我国邮电系统目前使用的是矩阵 25 码，选择阅读器时，应保证阅读器能正确阅读该码制的符号。

第4章 数据自动采集技术

(3) 接口能力。条码技术的应用领域有很多，计算机的种类也有很多，开发应用系统时，一般是先确定硬件系统环境，而后选择适合该环境的条码阅读器；这就要求所选阅读器的接口方式应符合该环境的整体要求。通用条码阅读器的接口方式应有以下两种：

1) 串行通信。当使用中小型计算机系统，或者数据采集地点与计算机之间的距离较远时，一般采用这种通信方式。例如企业考勤管理系统，计算机一般不放在出入口处，而是放在办公室内，以便管理人员及时掌握考勤情况。

2) 键盘仿真。键盘仿真是通过计算机的键盘口将阅读器采集到的条码信息输送给计算机的一种接口方式，也是一种常用的方式。目前，IBM/PC 及其兼容机常用的有 XT、AT 等键盘方式。计算机终端的键盘口也有多种形式。因此，如果选择键盘仿真的接口方式，应注意应用系统中计算机的类型，同时注意所选阅读器是否能与计算机匹配。

(4) 对首读率等参数的要求。首读率是条码阅读器的一个综合性指标，它与条码符号印刷质量、译码器的设计和光电扫描器的性能均有一定关系。在某些应用领域可采用手持式条码阅读器由人工控制条码符号的重复扫描，这时对首读率的要求不太严格，它只是工作效率的量度。而在工业生产、自动化仓库等应用中，则要求有更高的首读率。条码符号载体在自动生产线或传送带上移动时，只有一次搜集数据的机会，如果首读率不达到100%，将会发生丢失数据的现象，造成严重的后果。因此，在这些应用领域中要选择高首读率的条码阅读器，如 CCD 扫描器等。

(5) 分辨率。为正确检测读入的最窄条符的宽度，在选择设备时，应根据具体应用中使用的条码密度来选取具有相应分辨率的阅读设备。使用中，如果所选设备的分辨率过高，则条符上的污点、脱墨等对系统的影响将更为严重。

(6) 扫描属性。扫描属性又可细分为扫描景深、扫描宽度、扫描速度、一次识别率和误码率等。

1) 扫描景深是指在确保可靠阅读的前提下，扫描头允许离开条码表面的最远距离与扫描器可以接近条码表面的最近距离之差，也就是条码扫描器的有效工作范围。有的条码扫描设备在技术指标中未给出扫描景深指标，而是给出扫描距离，即扫描头允许离开条码表面的最短距离。

2) 扫描宽度是指在给定扫描距离上扫描光束可以阅读的条码信息的物理长度值。

3) 扫描速度是指在扫描轨迹上的扫描频率。

4) 一次识别率表示的是首次扫描读入的标签数与扫描标签总数的比值。一次识别率这一测试指标只适用于手持式光笔扫描识别方式。如果采用激光扫描方式，光束对条码标签的扫描频率高达每秒钟数白次，则通过扫描获取的信号是重复的。

5) 误码率是反映一个机器可识别标签系统错误识别情况的极其重要的测试指标。误码率等于错误识别次数与识别总次数的比值。对于一个条码系统来说，误码率是比一次识别率低更为严重的问题。

(7) 条码符号长度。条码符号长度是选择阅读器时应考虑的一个因素。有些光电扫描器由于制造技术的影响，规定了最大扫描尺寸，如 CCD 扫描器、移动光束扫描器等均有此限制。在有些应用系统中，条码符号的长度是随机变化的，如图书的索引号、商品包装上条码符号长度等。在变长度的应用领域中，选择阅读器时应注意条码符号长度的影响。

(8) 阅读器的价格。阅读器由于功能不同，价格也不一致，因此在选择阅读器时，要注意产品的性能价格比，应以满足应用系统要求且价格较低作为选择原则。

(9) 特殊功能。需从几个入口处进入，将几台阅读器连接在一台计算机上，将各入口处阅读器采集到的信息传送给同一台计算机时，要求阅读器具有联网功能，以保证计算机准确接收信息并及时进行处理。当应用系统对条码阅读器有特殊要求时，应进行特殊选择。

另外，条码打印可以选用一般打印机或专用打印机。

4.2 条码的应用实例

矽感 CM 二维条码、GM 二维条码

2004 年 2 月 22 日至 28 日，一年一度的深圳市人民代表大会与政治协商会议如期举行。同往届不同的是，该届两会首次采用了基于中国矽感 CM 二维条码的展会身份信息系统。

每个代表在入场时将自己的出席证（见图 4-19）交给工作人员，工作人员将证件在仪器上轻轻一刷，在听见"嘀"的一声之后，计算机的屏幕上便显示出席证上的所有信息以及代表的身份头像。经过工作人员核对之后，就可以方便快捷地请代表进入会场。同时，后台的计算机将实时地对与会人员进行签到登记与信息统计。这为会议的组织者及时地提供了所有与会人员的信息与到达时间，为组织者更好地控制会场秩序、应对突发事件提供了第一手的资料。

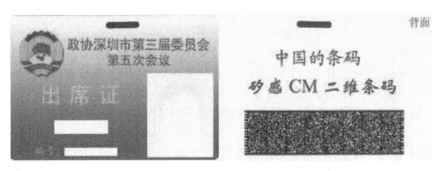

图 4-19　印有条码的出席证

与往届不一样的是，此次展会使用的是深圳矽感科技有限公司（以下简称矽感科技）独立研发的条码与展会登记系统（见图 4-20）。无论是二维条码的码制，还是二维条码的识读设备，整个系统从研发到生产都是由矽感科技独自完成的，是一个不折不扣的中国技术。

在以往的展会登记系统中，使用的是国外公司研发的 PDF417 条码及其识读设备，此系统的条码信息容量小、可靠性不高、设备昂贵，例如在条码中只能存放与会人员的文本信息，而在采用了矽感科技自主研发的具有国际先进水平的矽感 CM 二维条码之后，相同面积条码的存储容量增加了三倍。在条码中不仅存放了所有与会人员的身份信息，而且还存放了与会人员的彩色照片。因此在每次识读条码时，不仅可以通过计算机对人员签到进行实时登记，还可在屏幕上立刻显示本证件持有人的头

图 4-20　条码与展会登记系统

像，为两会的安全提供了完善的保证。同时，因为矽感科技研发的矽感 CM 二维条码中还包含了高强度纠错编码，所以即使在条码部分污损的情况下也可以正确还原信息，保证了识读的高可靠性。此外，识读设备中还使用了位于深圳石岩的矽感高科技产业园生产的高速影像传

第4章 数据自动采集技术

感器件，使得条码可以被高速、稳定地识别。再加上深圳市新码通科技有限公司研发的实时会议签到系统更使得实时采集与会人员的信息成为可能。

2006年5月25日，我国原信息产业部批准颁布紧密矩阵码（简称CM码）、网格矩阵码（简称GM码）两项二维条码码制电子行业标准，填补了我国自主知识产权二维条码标准的空白。

CM码（见图4-21）的设计目标就是为了在储容量和数据密度等特性上取得突破，同时降低系统软硬件成本，包括打印成本和识读设备成本等。绝大多数二维条码识读设备采用非接触式面阵CCD或者CMOS传感器获取图像，存在光照不均匀、光照强度太弱或者太强、透视畸变、目标偏移透镜视场、离焦、抖动等问题，这些问题的存在极大地限制了二维条码的存储容量。

图4-21 CM码

"CM"是"紧密矩阵"（Compact Matrix）的英文缩写。码图采用齿孔定位技术和图像分段技术，通过分析齿孔定位信息和分段信息可快速完成二维条码图像的识别和处理。大大减少了硬件设备进行图像处理的资源需求，从而使设备成本大幅降低。CM码具有大容量、高密度、高可靠性、可扩展性强、低成本等主要特性。

同时，CM码具有解读高密度条码信息、使用RS纠错算法以及具有非常灵活的可扩展性等特征。这些特征非常全面地支持了条码所具有的高密度、大容量、多纠错等级、存储容量大的优点。

GM码（Grid Matrix Code）（见图4-22）是一种正方形的二维码码制，该码制的码图由正方形宏模块组成，每个宏模块由6乘6个正方形单元模块组成。GM码可以编码存储一定量的数据并提供五个用户可选的纠错等级。该技术的全球领先性在于：在纠错等级允许的前提下，任何区域被污损都不影响识读；具有超强抗污损能力及纠错能力；超强抗形变能力；储存容量大，可对任何计算机数字信息进行编码。GM码的误码率小于百万分之一。

（资料来源：齐文忠、郭祥，金卡工程，2004.03。）

图4-22 GM码

4.3 射频识别技术

4.3.1 射频识别技术概述

1. 射频识别的概念

射频识别（Radio Frequency Identification，RFID）是指利用无线电波对记录媒体进行读写。射频识别的距离可达几十厘米至几米，且依据读写的方式，可以输入数千字节的信息，同时，还具有极高的保密性。

物流信息技术与信息系统

射频识别技术是 20 世纪 90 年代开始兴起的一种自动识别技术。与普遍应用的条码技术相比，射频识别技术具有可非接触识别、可识别高速运动物体、抗恶劣环境、保密性强、可同时识别多个识别对象等突出特点，因此，广泛应用于物料跟踪、车辆识别、生产过程控制等领域。

射频识别技术与条码技术的比较如表 4-17 所示。

表 4-17 射频识别技术与条码技术的比较

功能项目	射频技术	条码技术
读取数量	可同时读取多个标签的信息	只能一次读取一个标签信息
远距离读取	不需要光线就可以读取或更新	需要光线
信息容量	存储信息的容量大	容量小
读写能力	信息可以被反复覆盖	条码信息不可更新
读取方便性	标签形状随意，即使被覆盖也不影响读取信息	条码读取时需要可见并且清楚
坚固性	在严酷、恶劣、污染环境中仍可正确读取信息	条码被污染或表面破损后就无法读取信息
高速读取	可以高速移动读取	移动中读取有所限制

2. 射频识别系统的组成

射频识别系统通常由射频标签、阅读器和天线等几部分组成，其具体结构如图 4-23 所示。

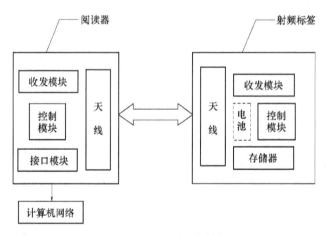

图 4-23 射频识别系统结构图

（1）射频标签（信号发射机）。射频标签是射频识别系统中存储可识别数据的电子装置。标签一般是带有线圈、天线、存储器与控制系统的低电集成电路。按照不同的分类标准，标签有许多不同的分类。

1）主动式标签与被动式标签。根据工作方式划分，射频标签有主动式、被动式和半被动式三种类型。含有电源，用自身的射频能量主动地发射数据给识读器的标签是主动式标签。由识读器发出的查询信号触发后进入通信状态的标签称为被动式标签。被动式标签通信能量从识读器发射的电磁波中获得，它既有不含电源的标签，也有含电源的标签。标签含有电源，但电源只为芯片运转提供能量的，称为半主动标签。

2）只读标签与可读可写标签。根据内部使用存储器类型的不同，射频标签可以分成只读

第 4 章　数据自动采集技术

标签与可读可写标签。只读标签内部只有只读存储器 ROM 和随机存储器 RAM。ROM 用于存储发射器操作系统说明和安全性要求较高的数据，它与内部的处理器或逻辑处理单元共同完成内部的操作控制功能，如响应延迟时间控制、数据流控制和电源开关控制等。另外，只读标签的 ROM 中还存储有标签的标识信息。这些信息可以在标签的制造过程中由制造商写入 ROM 中，也可以在标签开始使用时由使用者根据特定的应用目的写入特殊的编码信息。这种信息可以只简单地代表二进制中的"0"或者"1"，也可以像二维条码那样，包含复杂的、相当丰富的信息。但这种信息只能是一次写入，多次读出。只读标签中的 RAM 用于存储标签反应和数据传输过程中临时产生的数据。另外，只读标签中除了 ROM 和 RAM 外，一般还有缓冲存储器，用于暂时存储调制后等待天线发送的信息。

可读可写标签内部的存储器除了 ROM、RAM 和缓冲存储器之外，还有非活动可编程记忆存储器。这种存储器除了具有存储数据功能外，还具有在适当的条件下允许多次写入数据的功能。非活动可编程记忆存储器有许多种，EEPROM（电可擦除可编程只读存储器）是比较常见的一种，这种存储器在加电的情况下，可以实现对原有数据的擦除以及数据的重新写入。

3) 标识标签与便携式数据文件。根据标签中存储器数据存储能力的不同，可以把标签分成仅用于标识目的的标识标签与便携式数据文件两种。对于标识标签来说，一个数字或者多个数字字母字符串存储在标签中，这个存储内容是进入信息管理系统中数据库的钥匙（KEY）。条码技术中标准码制的号码，如 EAN/UPC 码、混合编码，或者标签使用者按照特别的方法编的号码，都可以存储在标识标签中。标识标签中存储的只是标识号码，用于对特定的标识项目，如人、物、地点进行标识，关于被标识项目详细、特定的信息，只能在与系统相连接的数据库中进行查找。

便携式数据文件就是说标签中存储的数据非常大，足可以看作是一个数据文件。这种标签一般都是用户可编程的，标签中除了存储标识码外，还存储了大量的被标识项目其他的相关信息，如包装说明、工艺过程说明等。在实际应用中，关于被标识项目的所有信息都是存储在标签中的，读标签就可以得到关于被标识项目的所有信息，而无须连接到数据库进行信息读取。另外，随着标签存储能力的提高，还可以提供组织数据的能力，在读标签的过程中，可以根据特定的应用目的控制数据的读出，实现在不同情况下读出的数据部分不同。

(2) 阅读器（信号接收机）。阅读器是将标签中的信息读出，或将标签所需要存储的信息写入标签的装置。根据支持的标签类型不同与完成的功能不同，阅读器的复杂程度是显著不同的。阅读器基本的功能就是提供与标签进行数据传输的途径。另外，阅读器还提供相当复杂的信号状态控制、奇偶错误校验与更正功能等。标签中除了存储需要传输的信息外，还必须含有一定的附加信息，如错误校验信息等。识别数据信息和附加信息按照一定的结构编制在一起，并按照特定的顺序向外发送。阅读器通过接收到的附加信息来控制数据流的发送。一旦到达阅读器的信息被正确地接收和译解后，阅读器便通过特定的算法决定是否需要发射器将发送的信号重发一次，或者使发射器停止发信号，这就是"命令响应协议"。使用这种协议，即便在很短的时间、很小的空间阅读多个标签，也可以有效地防止"欺骗问题"的产生。

(3) 天线。天线是为标签与阅读器之间传输数据的发射、接收装置。在实际应用中，除了系统功率外，天线的形状和相对位置也会影响数据的发射和接收，需要专业人员对系统的天线进行设计、安装。

3. 射频识别系统的工作原理

射频识别系统工作原理：阅读器通过发射天线发送一定频率的射频信号，在一个区域内发射能量形成电磁场，当电子标签进入这个区域时产生感应电流，电子标签获得能量被激活；

电子标签将自身编码等信息通过卡内置发送天线发送出去；系统接收天线接收到电子标签发送来的载波信号，经天线调节器传送到阅读器，阅读器对接收的信号进行解调和解码，并校验数据的准确性以达到识别的目的。

4.3.2 射频识别系统的应用类型

射频识别技术是以无线通信技术和存储器技术为核心，伴随着半导体、大规模集成电路技术的发展而逐步形成的，其应用过程涉及无线通信协议、发射功率、占用频率等多方因素，目前尚未形成在开放系统中应用的统一标准，因此，射频识别技术主要应用在一些闭环应用系统中。随着计算机网络技术、通信技术及其他高新技术的不断发展，射频识别技术的应用范围也在不断扩大，下面简略介绍射频识别技术的几个应用领域。

1. 交通运输管理

高速公路自动收费系统是射频识别技术最成功的应用之一，它充分体现了非接触识别的优势。在车辆高速通过收费站的同时自动完成缴费，解决交通瓶颈问题，避免拥堵，同时也防止了现金结算中贪污路费等问题。美国 Amtch 公司、瑞典 TagMaster 公司都开发了用于高速公路收费的成套系统。

一般来说对于公路收费系统，根据车辆的大小和形状的不同，需要大约 4m 的读写距离和很快的读写速度，也就要求系统的频率应该在 900MHz 和 2 500MHz 之间。射频卡一般在车的挡风玻璃后面。目前最现实的方案是将多车道的收费口分两个部分：自动收费口和人工收费口。天线架设在道路的上方。在距收费口约 50~100m 处，当车辆经过天线时，车上的射频卡被头顶上的天线接收到，判别车辆是否带有有效的射频卡。识读器指示灯指示车辆进入不同车道，人工收费口仍维持现有的操作方式，车辆进入自动收费口，过路费被自动从用户账户上扣除，且指示灯及蜂鸣器告诉司机收费是否完成，车辆不用停车就可通过，挡车器将拦下恶意闯入的车辆。

在城市交通方面，交通的状况日趋拥挤，解决交通问题不能只依赖于修路以及加强交通的指挥、控制、疏导，提高道路的利用率和深挖现有交通潜能也是非常重要的手段。而基于射频识别技术的实时交通督导和最佳路线电子地图对解决交通问题有很大的帮助。用射频识别技术实时跟踪车辆，通过交通控制中心的网络在各个路段向司机报告交通状况，指挥车辆绕开堵塞路段，并用电子地图实时显示交通状况。这样能够使得交通流量均匀，大大提高道路的利用率。射频识别技术还可用于车辆特权控制，例如，在信号灯处给警车、应急车辆、公共汽车等行驶特权；自动查处违章车辆，记录违章情况。另外，公共汽车站实时跟踪指示公共汽车到站时间及自动显示乘客信息，则给乘客提供很大的方便。用射频识别技术能使交通的指挥自动化、法制化，有助于改善交通状况。

2. 生产线的自动化及过程控制

射频识别技术用于生产线实现自动控制、监控质量、改进生产方式，从而提高生产率，如应用于汽车装配生产线等。国外许多著名轿车都可以按用户要求定制，也就是说从流水线开下来的每辆汽车都是不一样的，从上万种内部及外部选项中所决定的装配工艺是各式各样的，没有一个高度组织、复杂的控制系统很难完成这样复杂的任务。例如，德国宝马公司在汽车装配线上配有射频识别系统，以保证汽车在流水线各位置上毫不出错地装配完成。

在工业过程控制中，很多恶劣的、特殊的环境都采用了射频识别技术，如摩托罗拉、SGS-THOMSON 等集成电路制造商都采用、加入了射频识别技术的自动识别工序控制系统，满足了半导体生产对于超净环境的特殊要求，而条码技术等其他自动识别技术在如此苛刻的化学条件和超净环境下就无法工作了。

3. 物品跟踪与管理

很多物品运输需准确地知道货物的位置，如运钞车中的现金、危险品等，沿线安装的射频识别设备可跟踪运输的全过程，有些还结合 GPS 系统实施对物品的有效跟踪。射频识别技术用于商店，可防止贵重物品被盗，如电子物品监视系统。

电子物品监视（Electronic Article Surveillance，EAS）系统是一种设置在需要控制物品出入门口的射频识别技术。这种技术的典型应用场合是商店、图书馆、数据中心等，当未被授权的人从这些地方非法取走物品时，EAS 系统会发出警告。在应用 EAS 技术时，首先在物品上黏附 EAS 标签，当物品被正常购买或者合法移出时，在结算处通过一定的装置使 EAS 标签失活，物品就可以取走。物品经过装有 EAS 系统的门口时，EAS 装置能自动检测标签的活动性，发现活动性标签 EAS 系统会发出警告。EAS 技术的应用可以有效防止物品被盗，不管是大件的物品，还是很小的物品。应用 EAS 技术，物品不用再锁在玻璃橱柜里，可以让客户自由地观看、检查物品，这在自选日益流行的今天有着非常重要的现实意义。典型的 EAS 系统一般由三部分组成，即附着在物品上的电子标签，电子传感器；电子标签灭活装置，以便授权物品能正常出入；监视器，在出口形成一定区域的监视空间。

EAS 系统的工作原理是：在监视区，发射器以一定的频率向接收器发射信号。发射器与接收器一般安装在零售店、图书馆的出入口，形成一定的监视空间。当具有特殊特征的标签进入该区域时，会对发射器发出的信号产生干扰，这种干扰信号也会被接收器接收，再经过微处理器的分析判断，就会控制警报器的鸣响。

关于 EAS 技术最新的研究方向是标签的制作，人们正在讨论 EAS 标签能不能像条码一样，在产品的制作或包装过程中加进产品中，成为产品的一部分。

4. 仓储管理

射频识别系统还能用于智能仓库货物管理，射频识别技术完全有效地解决了仓库里与货物流动有关信息的管理，不但增加了一天内处理货物的件数，还监控着这些货物的一切信息。射频标签被贴在货物所通过的仓库大门边上，阅读器和天线都放在叉车上，每个货物都贴有条码，所有条码信息都被存储在仓库的中心计算机里，该货物的有关信息都能在计算机里查到。当货物被装走运往别地时，由另一阅读器识别并告知计算中心它被放在哪个拖车上。这样管理中心就可以实时地了解到已经生产了多少产品和发送了多少产品，并可自动识别货物，确定货物的位置。

4.4 射频识别技术应用实例

下面介绍射频识别技术在烟草行业出入库中的应用。

1. 行业背景

卷烟厂按垛出库及到货扫描系统为行业卷烟生产经营决策管理系统针对以垛为单位出/入库的企业提供了出厂扫描和商业到货扫描的特例方案。行业卷烟生产经营决策管理系统工程对于我国烟草行业的意义和影响重大，在系统实施完成后，主管部门将能够更加快速、清晰、透明地了解到全国各个烟厂的生产情况。此前，主管部门的信息获取主要是通过手工录入汇总的统计年报和快报等形式实现，在信息获取的及时性、准确性和监管力度等方面均存在一些不足。而在系统实施之后，烟草企业的进货、生产、销售全部透明，通过信息的不落地采集，主管部门能够实时掌握全国的生产经营信息，使全国的卷烟生产经营得到更加有效的宏观调控。行业卷烟生产经营决策管理系统要求对生产的每件烟打贴主管部门统一下发的条码，并进行扫码出库销售，但某卷烟厂此前的物流环节已经是件烟成垛运输（每箱 50 条烟为一件，30 件烟为一垛），如果在物流环节中将成垛的成烟拆散扫码后再堆垛，不但费时费力，而且时常会造成成品的损坏。因此，主管部门从跟踪世界先进的自动识别技术的角度出发，结合某卷烟厂的卷烟成品托盘物流周转的实际情况，提出了在成垛运输的托盘中采用射频标签的方法，通过条码与射频标签的结合，解决成垛卷烟的物流和信息流的交互与统一问题。

2. 采用的技术

项目实施的目标是采用射频识别技术，对成垛卷烟进行标识、存储成垛卷烟中的件烟条码信息，并利用射频识别的可读写功能，将条码与射频标签相结合，实现烟厂以垛为单位进行出厂扫描、卷烟流通企业以垛为单位进行商业到货扫描，简化了操作流程，提高了工作效率，减轻了工人的劳动强度。

3. 系统设计

针对某卷烟厂和某卷烟流通企业（以下简称"某市公司"）的实际情况，射频识别系统的设计有以下几个组成部分，如图 4-24 所示。

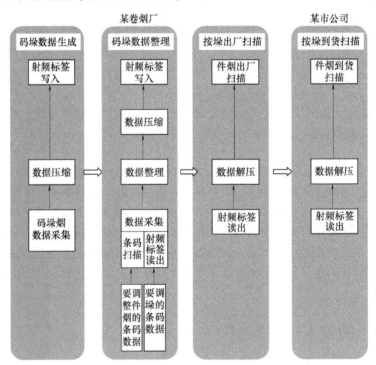

图 4-24　某烟草射频识别系统图

共四个组成部分：按垛出库、到货扫描系统包括码垛数据生成、射频标签写入环节；仓库件烟信息数据整理环节；按托盘出厂扫描环节和市公司到货扫描环节。

4. 系统的基本运作过程

（1）码垛数据生成。在码垛环节，通过固定式扫描器采集每一个垛对应的件烟条码信息，并把这些件烟条码数据组进行数据压缩后，通过射频标签读写设备将该压缩信息写入垛托盘上安装的射频标签中。

（2）码垛数据整理。在仓储环节，通过条码采集设备将要调整的件烟条码数据 A，通过

第4章 数据自动采集技术

移动式射频标签读写设备采集、调整垛托盘中存放的件烟条码数据 B，再将 B 进行数据解压形成垛条码数据组 C，根据 A 调整的功能（调增、调减、替换）与 C 进行比对调整，得到调整后的垛数据组 D，将 D 进行数据压缩得到 E，再通过移动式射频标签读写设备将 E 写入垛托盘上安装的射频标签中。

（3）按垛出厂扫描。在出厂时，利用射频标签读写设备读出垛托盘上射频标签存放的件烟条码数据，进行数据解压，最后实现与一打两扫出厂扫描系统的对接。

（4）按垛到货扫描。在商品到货时，利用射频标签读写设备读出垛托盘上射频标签存放的件烟条码数据，进行数据解压，最后实现与一打两扫商业到货扫描系统的对接。

5. 应用效果分析

采用射频识别技术可以满足现代物流中配送运转模式的要求，适用于大规模繁忙物流配送，能确保供应链的高质量数据交流，可为行业卷烟生产经营提供决策依据。采用射频识别技术将单件烟的 30 次扫描次数缩短至一次，而且减少了拆垛码垛的工作环节，缩短了时间，节省了劳动力，降低了成本，提高了物流的效率和数据的准确性。同时，将射频识别技术实际应用在生产、物流领域，实现产品从生产、仓储到销售的"一体化"管理，通过彻底实施"源头"追踪解决方案以及在供应链中完全体现其透明度的能力，有效遏制甚至杜绝体外循环，在烟草专卖管理上发挥出巨大的作用。

（资料来源：深圳市远望谷信息技术股份有限公司，中国自动识别技术，2006.01。）

复习思考题

1. 简述条码根据码制的不同划分出的类型。
2. 计算条码 690914200026X 的校验码数值。
3. 选择条码码制时需考虑哪些相关因素？
4. 选择条码阅读器时需考虑哪些基本因素？
5. 简述射频识别技术的定义及射频识别系统的应用类型。

第5章 空间数据管理技术

> **本章学习目标**
>
> 掌握 GIS 的产生、定义、分类和特征，GIS 在物流信息系统中的作用，GPS 的定义和特点，GPS 在物流信息系统中的作用；理解 GIS 的发展阶段、GIS 的组成和功能，GIS 与其他学科的关系、GPS 的发展历程、GPS 的工作原理。

5.1 地理信息系统

5.1.1 地理信息系统概述

1. GIS 的产生与发展

地理信息系统（GIS）萌芽于 20 世纪 60 年代初，是由加拿大的 Roger F. Tomlinson 和美国的 Duane F. Marble 在不同地方不同角度提出的。Roger 针对土地利用，在加拿大土地调查局建立了加拿大地理信息系统（CGIS）；Duane 则在美国西北大学研究大规模城市交通，并提出建立 GIS 软件系统的思想。

GIS 的发展依赖于计算机技术的发展，尤其是计算机图形学的发展。GIS 发展分为以下几个阶段：

20 世纪 60 年代为 GIS 开拓期，注重于空间数据的地学处理，如美国人口调查局建立 DIME 处理人口统计数据。

20 世纪 70 年代为 GIS 巩固发展期，注重于空间地理信息的管理。GIS 开始在商业和环境资源管理等领域应用。这个时期 GIS 系统的数据分析能力依然很弱。

20 世纪 80 年代为 GIS 技术大发展时期，注重于空间决策支持分析。GIS 的应用领域进一步扩大，从资源管理、环境规划到应急反应，从商业服务区域划分到政治选举分区等，涉及了许多的学科和领域。这个时期 GIS 发展最显著的特点是商业化实用系统进入市场。

20 世纪 90 年代为 GIS 推广、普及时期。软件进一步改进，二次开发简化，易学易用，便于集成，GIS 应用已渗透到地理空间信息处理的各个领域，并和非 GIS 应用相结合，如地籍、农业、水资源、林业、地质、环保、公用事业、基础设施、城市规划、治安、防灾、商务、社会研究、军事等领域。

进入 21 世纪，GIS 向大众化、专业化两个方向发展。

GIS 在我国也得到了很好的发展，主要应用包括以下几个方面：

（1）数字国土工程。我国国家级国土资源数据中心初具规模，初步形成了支撑国土资源管理的地政、矿政两大基础数据库管理体系和地学基础数据库体系。完成了土地基础数据库

第5章 空间数据管理技术

五个,包括国家级、省级和50万以上人口城市的土地利用规划、1999~2002年50万人口以上城市的全国土地利用遥感监测、建设项目用地等数据库。全国土地利用现状数据库建设进展顺利,已完成近700个市县的建库工作。完成了矿产资源与地质环境基础数据库五个,包括国家级和省级矿产资源规划、矿产资源储量、矿业权、全国7 000个大中型及部分小型矿产资源储量空间数据库。完成基础地学数据库24个,包括中小比例尺区域地质图(全国1:20万、全国1:250万、全国1:500万)、区域水文地质图系列、全国地质工作程度、矿产地、区域重力、地球化学、全国地质资料目录等数据库。图文地质资料数据库建设进展顺利,完成了8 000种重要图文地质资料的数字化。基础数据库的建立和信息资源的开发利用,为各级国土资源政务管理信息系统运行提供了有力的数据支撑。测绘部门经过多年努力已经为"数字中国"构建了一个基础的地理空间框架,通过各类信息的不断向上叠加,未来的"数字中国"将越来越丰富多彩。

(2) 数字化城市。"数字城市"(Digital City)是以计算机技术、多媒体技术和大规模存储技术为基础,以宽带网络为纽带,运用遥感、GPS、GIS、遥测、仿真—虚拟等技术,对城市进行多分辨率、多尺度、多时空和多种类的三维描述,即利用信息技术手段把城市的过去、现状和未来的全部内容在网络上进行数字化虚拟实现。

数字城市的建设内容包括:

1)城市设施的数字化。在统一的标准与规范基础上,实现设施的数字化,这些设施包括:城市基础设施——建筑设施、管线设施、环境设施;交通设施——地面交通设施、地下交通设施、空中交通设施;金融业——银行、保险、交易所;文教卫生——教育、科研、医疗卫生、博物馆、科技馆、运动场、体育馆、名胜古迹;安全保卫——消防、公安、环保;政府管理——各级政府、海关税务、户籍管理与房地产;城市规划与管理——背景数据(地质、地貌、气象、水文及自然灾害等)、城市监测、城市规划。

2)城市的网络化。电话网、有线电视网与互联网,三网实现互联互通;通过网络将分散的分布式数据库、信息系统连接起来,建立互操作平台;建立数据仓库与交换中心、数据处理平台、多种数据的融合与立体表达、仿真与虚拟技术的数据共享平台。

3)城市的智能化。城市的智能化主要包括:电子商务(网上贸易、虚拟商场、网上市场管理)、电子金融(网上银行、网上股市、网上期货、网上保险)、网上教育(虚拟教室、虚拟试验、虚拟图书馆)、网上医院(网上健康咨询、网上会诊、网上护理)、网上政务(网上会议)等。

数字城市的广泛应用,对城市的繁荣稳定及可持续发展都有着巨大的促进和推动作用,主要表现在以下方面:城市交通的智能管理与控制;城市资源的监测与可持续利用;城市灾害的防治;城市环境治理与保护;城市通信的建设与管理;城市人口、经济、环境的可持续发展决策的制定;城市生活的网络化和智能化等。

(3) GIS在公路运输中的应用。公路交通运输活动离不开特定的地理环境,GIS提供将地理环境信息可视化的功能,这极大地推动了公路交通运输活动,完善了其后勤保障能力。同时,将GIS中的空间分析功能恰当地应用到公路交通运输活动的各个环节中,为实现信息化条件下公路交通运输精确保障提供了重要的定量基础。GIS目前在公路运输领域的应用主要包括以下几个方面:

1)电子地图。由于采用空间数据和数据库挂接,地图由传统的静态记录变为信息丰富多样的动态电子地图,实现了数据的可视化。它使交通主管部门对公路等基础设施的管理变得直观、简单。例如,通过直接对地图实体进行查询,可以获得公路线路的空间位置和走向、技术标准、交通流量等多方位的信息。通过综合统计和分析各种交通数据以及采用丰富多样的图表显示，可以为决策提供科学快捷的支持。

2）公路网规划。由于应用GIS能够更好地考虑和评估公路对环境的影响，因此在公路路线的选择和初步设计中GIS将得到广泛应用。加拿大已经成功地应用GIS完成了在温哥华岛的一条127公里、四车道的公路通道选择和初步设计。在此项目中GIS很好地解决了项目涉及的环境分析、公路选址等问题，包括野生动物、森林、水、土壤、植被和土地利用等。

3）道路设计和养护。GIS为道路工程的计算机辅助设计（CAD）提供了强大的数字化地理平台。GIS还与路面管理系统、桥梁管理系统等公路养护管理系统相关联，借助先进的路面和桥梁检测设备和数据搜集手段，使道路养护管理更加科学合理，经济高效。例如，加拿大的亚伯达（Alberta）省建立了公路维护地理信息系统，该系统使用专用检测车辆，定期检测路面的平整度和损坏程度等；这些指标由车载全球定位仪（GPS）定位装置准确确定道路的位置，检测数据并传输到公路养护地理信息系统，养护模块自动生成路段养护报告。

4）运输企业运营管理。借助GIS的运行路径选择功能，运输企业可以对企业的运营线路进行优化，并根据专题地图的统计分析功能，分析客货流量的变化情况，制订行车计划。此外，还可以帮助运输管理部门对特种货物（如长大件货物、危险货物或贵重货物等）运输进行线路选择和监控。

（4）车辆监控。由GIS、GPS技术组成的车辆监控系统可分为三大功能模块，即车载终端模块、移动通信系统与监控中心。车载终端通过由GPS接收机接收的卫星信号运算出定位数据（经度、纬度、时间、速度、方向）和状态数据等，经过计算打包处理，将数据信息通过无线通信网络（GSM/GPRS）发回到中心信息网关，中心信息网关接收来自车载单元回传中心的定位及状态数据，并判断数据类型，将其中的GPS定位数据、状态数据、服务请求等根据中心服务系统的车辆所属单位派发给相应的监控客户端，监控客户端软件根据上传的各车辆GPS定位信号中的经纬度坐标，在GIS的支持下，利用电子地图匹配技术，在地图上实时显示车辆的位置、状态等信息，从而实现车辆的实时监控管理。

2. GIS与其他学科的关系

空间分析的理论学方法为GIS提供了有关空间分析的基本观点与方法，成为GIS的基础。而GIS的发展也为地理问题的解决提供了全新的技术手段，地学数据处理系统是以地学数据的搜集、存储、加工、集成、再生成等数据处理为目标，为GIS提供符合一定标准和格式数据的信息系统。

地图是记录地理信息的一种图形语言形式。GIS脱胎于地图，并成为地图信息的又一种新的载体形式，它具有存储、分析、显示等功能，尤其是计算机制图为地图的数字表示、操作和显示提供了成套方法，为GIS的图形输出设计提供了技术支持。同时，地图仍是目前GIS的重要数据来源之一。但两者间有着一定的差别：地图强调的是数据分析、符号化与显示，而GIS则注重于信息分析。GIS具有空间分析与模型分析功能，是一门空间信息科学。

数据库管理系统（DBMS）主要设计用于存储、管理和查询非空间数据，并具备一些基本的统计分析功能，它是现代GIS不可缺少的重要组成部分之一，它所具有的功能是GIS有关数据操作功能的重要组成部分。但是，一般DBMS在处理空间数据时缺乏空间分析能力。

计算机图形理论是现代GIS的技术理论之一，计算机图形学提供了图形处理、显示的软/硬件以及技术方法。人工智能的发展给GIS的技术进步也带来了积极的影响，虽然目前GIS还没有充分利用人工智能的各种技术，但它提供了智能化技术系统的设计技术与方法。

第 5 章 空间数据管理技术

计算机网络技术的发展则为 GIS 构件技术的形成提供了新的机遇，为地理系统发展成为社会信息基础设施的重要组成部分奠定了基础。

遥感作为空间数据采集手段，已成为 GIS 的主要信息源与数据更新途径。遥感图像处理系统包含若干复杂的解析函数，且有许多方法用于信息的增强与分类，但遥感系统本身的空间分析能力有限，且难与 DBMS 系统相连。另外，大地测量为 GIS 提供了精确定位的控制信息，尤其是 GPS 可快速、廉价地获取地表特征的数字位置信息。航空相片及其精确测量方法的应用使得摄影测量成为 GIS 主要的地形数据来源。遥感是 GIS 的主要数据源与更新手段，同时，GIS 的应用又进一步支持遥感信息的综合开发与利用。

5.1.2 地理信息及地理信息系统的定义与特征

1. 地理信息的定义与特征

地理信息是有关地理实体的性质、特征和运动状态的表征与一切有用的知识，它是对表达地理特征与地理现象之间关系的地理数据的解释说明。

地理数据是各种地理特征和现象之间关系的符号化表示，包括空间位置、属性特征和时域特征三部分。其中，空间位置数据描述地物所在位置，如经纬度坐标，也可以定义为地物间的相对位置关系；属性特征（简称属性）是属于一定地物、描述其特征的定性或定量指标；时域特征是指地理数据采集或地理现象发生的时刻/时段。

地理信息的特征主要有：

（1）空间定位。地理信息属于空间信息，其位置识别与数据是联系在一起的，例如可以用经纬坐标确定空间位置来指定一个区域。

（2）数据量大。地理信息既有空间特征，又有属性特征，并包括一个较长的发展时段，因此其数据量很大。

（3）载体多样性。地理信息的第一载体是地理实体的物质和能量本身，除此之外，还有描述地理实体的文字、数字、地图和影像等符号信息载体以及纸质、磁带、光盘等物理介质载体。

2. GIS 的定义与特征

（1）定义。GIS 可定义为由计算机系统、地理数据和用户组成的，通过对地理数据的集成、存储检索、操作和分析，生成并输入各种地理信息，从而为土地利用、资源管理、环境监测、交通运输、经济建设、城市规划以及政府各部门行政管理提供新的知识，为工程设计和规划、管理决策服务。

GIS 可简单定义为用于采集、模拟、处理、检索、分析和表达地理空间数据的计算机信息系统。它是有关空间数据管理和空间信息分析的计算机系统。

（2）特征。与一般的管理信息系统相比，GIS 具有以下特征：

1）GIS 使用了空间数据与非空间数据，并通过 DBMS 将两者联系在一起共同管理、分析和应用；而一般的管理信息系统只有非空间数据库的管理，即使存储了图形，也往往以文件等机械形式存储，不能进行有关空间数据的操作，如空间查询、检索、相邻分析等，不能进行复杂的空间分析。

2）GIS 强调空间分析，利用空间解析式模型来分析空间数据，GIS 的成功应用依赖于空间分析模型的研究与设计。

3）GIS 的成功应用不仅取决于技术体系，而且依靠一定的组织体系（包括实施组成、系统管理员、技术操作员、系统开发设计者等）。

（3）分类。按照不同的分类方式，GIS 有以下几种类型：

1）根据 GIS 的功能，GIS 可分为工具型和应用型两种。

工具型 GIS 常称为 GIS 工具、GIS 开发平台、GIS 外壳、GIS 基础软件等，没有具体的应用目标，通常为一组具有 GIS 功能的软件包，是建立应用型 GIS 的支撑软件，如 ARC/Info、MapInfo 等。工具型 GIS 是 GIS 研究和开发的核心内容。工具型 GIS 是一组具有图形图像数字化、数据管理、查询检索、分析运算和制图输出等 GIS 基本功能的软件包，通常能适应不同的硬件条件。其软件的功能强、性能稳定。只要在工具型 GIS 中加入地理空间数据，开发有关的应用模型和界面，就可成为一个应用型的 GIS。

应用型 GIS 具有具体的应用目标、一定的规模、特定的服务对象和特定的数据和用户。通常，应用型 GIS 是在工具型 GIS 的支持下建立起来的。在通用的 GIS 工具（GIS 基础软件）支持下建立应用型 GIS，可节省大量的软件开发费用，缩短系统的建立周期，提高系统的技术水平，使开发人员能把精力集中于应用模型 GIS 的开发，且有利于标准化的实行。

2）根据研究对象的性质和内容，GIS 可分为全国性的综合 GIS、区域性的 GIS、专题性 GIS。

全国性的综合 GIS 是以一个国家为其研究和分析对象的系统，如日本的"国土信息系统"、加拿大的"国家地理信息系统"等，都是按全国统一标准存储包括自然地理和社会经济要素的全面信息，为全国提供咨询服务。

区域性的 GIS 是以某个地区为其研究和分析对象的系统，如瑞典斯德哥尔摩地区信息系统。

专题性信息系统是以某个专业、问题或对象为主要内容的系统，也是发展最多、最为普遍的系统，如美国的地震分析系统、法国的地球物理信息系统等。

3）根据 GIS 的数据结构，可以把 GIS 分为矢量型 GIS、栅格型 GIS 和混合型 GIS。

当空间数据是由矢量数据结构表示，即用坐标值精确地表示点、线、面等地理实体时，这种 GIS 称为矢量型 GIS。

当空间数据是由栅格数据结构表示，即以规则的像元阵列来表示空间地物或现象的分布时，这种 GIS 称为栅格型 GIS。

混合型 GIS 是指矢量、栅格数据结构并存的 GIS。

5.1.3 地理信息系统的组成与功能

1. GIS 的组成

一个典型的 GIS 主要由五部分组成，即计算机硬件、软件、地理空间数据、人员和方法。

（1）硬件。GIS 的硬件是指操作 GIS 所需的一切计算机资源，包括计算机系统、网络系统、数据采集/输入系统、地图显示和打印输出系统。计算机系统是核心，用于数据和信息的处理、加工和分析；数据采集/输入系统包括 RS 遥感图像处理系统、GPS、数字化仪、解析测图仪、扫描仪、数字摄影测量系统等，用于地理数据和信息的采集与输入；地图显示和打印输出系统包括显示器、绘图仪、打印机、硬盘和光盘等；网络系统包括把以上三部分联网以及和其他网络联系起来的网络设备，便于信息共享。一个典型的 GIS 硬件系统除计算机外，还包括数字化仪、扫描仪、绘图仪、磁带机等外部设备。

（2）软件。软件是指 GIS 运行所必需的各种程序，提供存储、分析和显示地理信息的功能和工具。GIS 软件由计算机系统软件、地理信息系统工具或地理信息系统实用软件以及应用程序等内容组成。地理信息系统工具或地理信息系统实用软件用于完成空间数据的输入、存储、转换、输出及用户接口功能等。GIS应用程序是根据所处理对象的地理信息模型进行分析并编制的完成特定应用功能的程序，是GIS功能的扩充和延伸。

（3）地理空间数据。地理空间数据是一个GIS应用系统最基础的组成部分。地理空间数据是GIS的操作对象，是现实世界经过模型抽象的实质性内容。

一个GIS应用系统必须建立在准确合理的数据基础上。数据来源包括室内数字化和野外采集，以及对其他数据的转换。数据包括空间数据和属性数据，空间数据的表达可以采用栅格和矢量两种形式。空间数据表现了地理空间实体的位置、大小、形状、方向以及几何拓扑关系等。

（4）人员。人员是GIS中重要的构成要素，GIS不同于一幅地图，它是一个动态的地理模型，仅有系统硬件和数据还不能构成完整的GIS，需要人员进行系统的组织、管理、维护、更新、扩充、完善以及应用程序开发，并采用空间分析模型提取多种信息。因此，GIS应用的关键是掌握实施GIS来解决现实问题的人员。这些人员既包括从事设计、开发和维护GIS的技术专家，也包括那些使用GIS解决专业领域任务的领域专家。一个GIS的运行班子应由项目负责人、信息技术专家、应用专业领域技术专家、若干程序员和操作员组成。

（5）方法。这里的方法主要是指空间信息的综合分析方法，即应用模型。它是在对专业领域的具体对象与过程进行大量研究的基础上总结出的规律的表示。GIS应用就是利用这些模型对大量空间数据进行分析、综合来解决实际问题的，如基于GIS的矿产资源评价模型、灾害评价模型等。

2. GIS的功能

GIS技术在全球范围内得到迅速发展得益于其对地理空间信息强大的处理功能。GIS作为一个空间信息系统具有以下五项基本功能：

（1）数据的采集与输入。数据的采集与输入是指在数据处理系统中将系统外部的原始数据传输给系统内部，并将这些数据从外部格式（如地图数据、物化遥感数据、统计数据和文字报告等）转换成计算机系统便于处理的内部格式的过程。

（2）数据的编辑与更新。数据的编辑与更新是指在GIS的数据输入过程中，各种输入设备采集到的数据难免会产生一些差错，所以一般要求对GIS的空间数据进行编辑和完善，使数据具有一定的意义。

数据的编辑主要包括属性数据编辑和图形数据编辑。属性数据编辑主要与数据库管理结合在一起完成，图形数据编辑主要包括拓扑关系建立、图形编辑、图形整饰、图形变化、误差校正等功能。数据的更新是反映空间数据动态变化的，就是通过插入、修改、删除等一系列操作来实现用新的数据项或记录替换旧的相对应数据项或记录的过程。数据的更新可以满足动态分析的需要，也可以对自然现象的发生和发展做出合乎规律的预测和预报。

（3）数据的存储与管理。数据的存储即将数据以某种格式记录在计算机内部或外部存储介质上。目前，在GIS中对数据的存储管理主要是通过数据库管理系统来完成的，空间数据的管理，是将各种图形或图像信息以严密的逻辑结构存放在空间数据库中，属性数据一般直接利用商用关系数据库软件（如Oracle、SQL Server等）进行管理。

（4）空间查询与分析。空间查询与分析是GIS的核心，是GIS最重要的功能。其主要包括数据操作运算、数据查询检索与数据综合分析。数据查询检索即从数据文件、数据库中，查找和选取所需的数据。它是为了满足各种可能的查询条件而进行的系统内部数据操作，如数据格式转换、矢量数据叠合、栅格数据叠加等操作以及按一定模式关系进行的各种数据运算，包括算数运算、关系运算、逻辑运算、函数运算等。数据综合分析功能可以提高系统评价、管理和决策的能力,主要包括信息测量、属性分析、统计分析、二维模型分析、三维模型分析及多要素综合分析等。

(5) 可视化表达与输出。可视化表达与输出通常以人机交互方式来选择显示的对象,图形数据根据要素的信息量和密集程度,可选择放大或缩小显示。GIS 不仅可以输出全要素地图,还可以根据用户的需要,分层输出各种专题图、各类统计图、图表及数据等。

5.1.4 地理信息系统在物流中的应用

(1) 车辆路线模型:用于解决在一个起始点、多个终点的货物运输中如何降低物流作业费用,并保证服务质量的问题,包括决定使用多少车辆、每辆车的行驶路线等。

(2) 网络物流模型:用于解决寻求最有效的分配货物路径问题,也就是物流网点布局问题。例如,将货物从 N 个仓库运往到 M 个商店,每个商店都有固定的需求量,因此需要研究由哪个仓库提货送给哪个商店运输代价最小。

(3) 分配集合模型。可以根据各个要素的相似点把同一层上的所有或部分要素分为几个组,用以解决服务范围和销售市场范围的问题。例如,某一公司要设立 X 个分销点,要求这些分销点要覆盖某一地区,而且要使每一分销点的客户数目大致相同。

(4) 设施定位模型:用于研究一个或多个设施的位置。在物流系统中,仓库和运输线共同组成了物流网络,仓库处于网络的节点上,节点决定着路线。如何根据供求的实际需要并结合经济效益等原则,决定在既定区域内设立多少个仓库、每个仓库的位置、每个仓库的规模以及仓库之间的物流关系等。

5.2 全球定位系统

5.2.1 卫星导航系统概述

(1) 全球定位系统(Global Positioning System,GPS)。GPS 是 20 世纪 70 年代由美国陆海空三军联合研制的新一代空间卫星导航定位系统。其主要目的是为陆、海、空三大领域提供实时、全天候和全球性的导航服务,并用于情报收集、核爆监测和应急通信等一些军事目的。经过 20 余年的研究实验,耗资 300 亿美元,到 1994 年 3 月,全球覆盖率高达 98% 的 24 颗 GPS 卫星星座已布设完成。

该系统是以卫星为基础的无线电导航定位系统,具有全能性(陆地、海洋、航空和航天)、全球性、全天候、连续性和实时性的导航、定位和定时的功能,能为各类用户提供精密的三维坐标、速度和时间。考虑到保密的作用,美国国防部在所有的 GPS 接收机上都实施 SA 干扰,所以一般的 GPS 接收机的精度为 50~100m。

(2) GLONASS。俄罗斯 GLONASS 起步比 GPS 晚 9 年。苏联从 1982 年 10 月 12 日发射第一颗 GLONASS 卫星开始,于 1996 年完成了 24 颗卫星的布局。它们分布在高度为 19 100km 的三个轨道面上,保证在任何时刻,在地球任何地方都可以看到 5~10 颗卫星。该系统未对民用用户实施 SA 干扰,精度可以达到 24m。

(3) NAVSAT 系统。GPS 和 GLONASS 主要是为军事应用建立的卫星导航系统。欧洲空间局(ESA)正在筹建的 NAVSAT 导航卫星系统,则是一种民用卫星导航系统。NAVSAT 系统采用六颗地球同步卫星(GEO)和 12 颗高椭圆轨道卫星(HEO),六颗 GEO 卫星同处于一个轨道平面内。地面上任何一点任何时间至少可以见到四颗 NAVSAT 卫星星座。

（4）INMARSAT 系统。它由国际移动卫星组织（原名国际海事卫星组织，简称 INMARSAT）筹建。最初，该系统仅具有卫星通信能力，在其四颗 INMARSAT-2 型卫星于 1992 年全部投入全球覆盖、进行通信运营之后，相关组织便着手改进四颗 INMARSAT-3 型卫星的设计，即在其上加装卫星导航舱。这四颗新星在入轨之后，于 1996 年年初，在向全球提供通信服务的同时，已具备了导航定位能力。国际移动卫星组织成立于 1979 年，总部设在伦敦，目前有 79 个成员方，是提供全球卫星移动通信的政府间国际合作团体。成员方政府指定一企业实体作为该国的签字者，代表本成员方政府参与 INMARSAT 的商业活动。中国是 INMARSAT 的创始国之一，代表中国政府签字的实体是交通部北京船舶通信导航公司（MCN）。从体制上说，INMARSAT 是一个国际民间航运社团能够放心使用的卫星导航系统。

（5）GNSS。其全称为 Global Navigation Satellite System，中文译名为全球导航卫星系统。GNSS 包含了美国的 GPS、俄罗斯的 GLONASS、欧盟的 Galileo 系统、中国的北斗系统，全部建成后其可用的卫星数目达到 100 颗以上。

早在 20 世纪 90 年代中期开始，欧盟为了打破美国在卫星定位、导航、授时市场中的垄断地位，获取巨大的市场利益，增加欧洲人的就业机会，一直在致力于一个雄心勃勃的民用全球导航卫星系统（Global Navigation Satellite System）计划。该计划分两步实施：第一步是建立一个综合利用美国 GPS 和俄罗斯 GLONASS 的第一代全球导航卫星系统（当时称为 GNSS-1，即后来建成的 EGNOS）；第二步是建立一个完全独立于美国 GPS 和俄罗斯 GLONASS 之外的第二代全球导航卫星系统，即正在建设中的 Galileo 卫星导航定位系统。由此可见，GNSS 从问世起，就不是一个单一的星座系统，而是一个包括 GPS、GLONASS、Compass、Galileo 等在内的综合星座系统。

（6）北斗卫星导航系统（BeiDou Navigation Satellite System）。[①]北斗卫星导航系统（简称北斗系统）是中国着眼于国家安全和经济社会发展需要，自主建设运行的全球卫星导航系统，是为全球用户提供全天候、全天时、高精度的定位、导航和授时服务的国家重要时空基础设施。

20 世纪后期，中国开始探索适合国情的卫星导航系统发展道路；2000 年年底，建成北斗一号系统，向中国提供服务；2012 年年底，建成北斗二号系统，向亚太地区提供服务；2020 年，建成北斗三号系统，向全球提供服务；2035 年年前还将建设完善更加泛在、更加融合、更加智能的综合时空体系。

北斗系统由空间段、地面段和用户段三部分组成。

1）空间段：由若干地球静止轨道卫星、倾斜地球同步轨道卫星和中圆地球轨道卫星等组成。

2）地面段：包括主控站、时间同步/注入站和监测站等若干地面站，以及星间链路运行管理设施。

3）用户段：包括北斗兼容其他卫星导航系统的芯片、模块、天线等基础产品，以及终端产品、应用系统与应用服务等。

北斗三号系统具备导航定位和通信数传两大功能，可提供定位导航授时、全球短报文通信、区域短报文通信、国际搜救、星基增强、地基增强、精密单点定位共 7 类服务，是功能

[①] 资料来源：北斗卫星导航系统官方网站，http://www.beidou.gov.cn/。

强大的全球卫星导航系统。其性能指标先进,全球范围定位精度优于 10m,测速精度优于 0.2m/s,授时精度优于 20nm,服务可用性优于 99%,在亚太地区性能更优。

北斗系统已全面服务交通运输、公共安全、救灾减灾、农林牧渔、城市治理等行业,融入电力、金融、通信等国家核心基础设施建设。大部分智能手机均支持北斗功能,支持北斗地基增强高精度应用的手机已经上市。同时,北斗已是联合国认可的四大全球卫星导航系统之一,与美国、俄罗斯、欧盟的卫星导航系统的兼容与互操作及系统间合作持续深化,相继进入民航、海事、搜救卫星、移动通信等多个国际组织,多个支持北斗系统的国际标准已发布。目前,北斗相关产品已出口 120 余个国家和地区,向亿级以上用户提供服务,基于北斗的国土测绘、精准农业、数字施工、智慧港口等功能已在东盟、南亚、东欧、西亚、非洲成功应用。

5.2.2 全球定位系统的定义与特点

1. 定义

GPS 是利用卫星星座(通信卫星)、地面控制部分和信号接收机对对象进行动态定位的系统。GPS 能对静态、动态对象进行动态空间信息的获取,能够快速、精度均匀、不受天气和时间的限制反馈空间信息。

2. 特点

(1) 定位精度高。应用实践已经证明,GPS 相对定位精确度在 50km 以内可达 10^{-6},100~500km 可达 10^{-7},1 000km 可达 10^{-9}。

(2) 观测时间短。随着 GPS 的不断完善,软件的不断更新,目前 20km 以内相对静态定位仅需 15~20min;快速静态相对定位测量,当每个流动站与基准站相距在 15km 以内时,流动站观测时间只需 1~2min,然后可随时定位。每站观测只需几秒钟,实时定位速度快。目前 GPS 接收机的一次定位和测速工作在 1s 甚至更少的时间内便可完成。

(3) 执行操作简便。GPS 可以全天候工作,测量结果统一在 WGS84 坐标下,信息自动接收、存储,减少烦琐的中间处理环节。GPS 接收机体积越来越小,重量也越来越轻,使得用户的操作和使用非常简便。

(4) 功能多、应用广。GPS 不仅可用于测量、导航,还可用于测速、测时。测速的精度可达 0.1m/s,测时的精度可达几十毫微秒。随着相关技术的发展,GPS 应用领域还在不断扩大。

(5) 抗干扰性能好、保密性强。由于 GPS 采用了伪码扩频技术,因而 GPS 卫星所发送的信号具有良好的抗干扰性和保密性。

(6) 全球、全天候工作。GPS 可为各类用户连续地提供高精度的三维位置、三维速度和时间信息,不受天气的影响。

3. GPS 接收机的分类

(1) 按接收机的用途分类。接收机按用途可分为以下几种:

1) 导航型接收机。此类接收机主要用于运动载体的导航,它可以实时给出载体的位置和速度。这类接收机一般采用 C/A 码伪距测量,单点实时定位精度较低,一般为 ±25m,有 SA 影响时为 ±100m。这类接收机价格便宜,应用广泛。根据应用领域的不同,此类接收机还可以进一步分为:①车载型——用于车辆导航定位;②航海型——用于船舶导航定位;③航空型——用于飞机导航定位,由于飞机运行速度快,因此,在航空上用的接收机要求能适应高速运动;④星载型——用于卫星的导航定位,由于卫星的运动速度达 7km/s 以上,因此对接收机的要求更高。

2）测地型接收机。此类接收机主要用于精密大地测量和精密工程测量。这类仪器主要采用载波相位观测值进行相对定位，定位精度高。但其仪器结构复杂，价格较贵。

3）授时型接收机。此类接收机主要利用 GPS 卫星提供的高精度时间标准进行授时，常用于天文台及无线电通信中的时间同步。

（2）按载波频率分类。接收机按其载波频率不同可分为以下几种：

1）单频接收机。单频接收机只能接收 L_1 载波信号，测定载波相位观测值进行定位。由于不能有效消除电离层延迟的影响，单频接收机只适用于短基线（小于15km）的精密定位。

2）双频接收机。双频接收机可以同时按收 L_1、L_2 载波信号。利用双频对电离层延迟不一样，可以消除电离层对电磁波信号延迟的影响，因此双频接收机可用于长达几千公里的精密定位。

（3）按接收机通道数分类。GPS 接收机能同时接收多颗 GPS 卫星的信号，为了分离接收到的不同卫星信号，以实现对卫星信号的跟踪、处理和量测，具有这样功能的器件称为天线信号通道。根据接收机所具有的通道种类可分为：多通道接收机、序贯通道接收机、多路多用通道接收机。

5.2.3 全球定位系统的组成与工作原理

1. GPS 的组成

GPS 包括三部分：空间部分——GPS 卫星星座；地面控制部分——地面监控系统；用户设备部分——GPS 信号接收机。

（1）空间部分。GPS 的空间部分是由 24 颗工作卫星组成的，它位于距地表20～200km 的上空，均匀分布在六个轨道面上（每个轨道面四颗），轨道倾角为55°。这些 GPS 工作卫星共同组成了 GPS 卫星星座，其中 21 颗为可用于导航的卫星，三颗为活动的备用卫星。卫星的分布使得在全球任何地方、任何时间都可观测到四颗以上的卫星，并能保持良好定位解算精度的几何图像。这就提供了 GPS 在时间上连续的全球导航能力。每颗 GPS 工作卫星都可发出用于导航定位的信号。

（2）地面控制部分。对于导航定位来说，GPS 卫星是一动态已知点。卫星的位置是依据卫星发射的星历——描述卫星运动及其轨道的参数计算得出的。每颗 GPS 卫星所播发的星历，是由地面监控卫星提供的。卫星上的各种设备是否正常工作，以及卫星是否一直沿着预定的轨道运行，都要由地面设备进行监测和控制。地面监控系统的另一个重要作用是保持各卫星处于同一时间标准——GPS 时间系统，这就需要地面站监测各卫星的时间，计算出钟差。然后由地面注入站发给卫星，卫星再将导航电文发给用户设备。GPS 工作卫星的地面监控系统包括一个主控站、三个注入站和五个监测站。

（3）用户设备部分。用户设备部分即 GPS 信号接收机。其主要功能是能够捕获到按一定卫星截止角所选择的待测卫星，并跟踪这些卫星的运行。当接收机捕获到跟踪的卫星信号后，就可测量出接收天线至卫星的伪距离和距离的变化率，解调出卫星轨道参数等数据。根据这些数据，接收机中的微处理计算机就可按定位解算方法进行定位计算，得出用户所在地理位置的经纬度、高度、速度、时间等信息。

2. 工作原理

GPS 的工作原理简单地说来是几何与物理上的一些基本原理。首先假定卫星的位置为已知，且能准确测定点 A 至卫星之间的距离，那么 A 点一定是位于以卫星为中心、所测得距离为半径的圆球上。进一步，又测得点 A 至另一卫星的距离，则 A 点一定处在前后两个圆球相交的圆环上。此外，还可测得与第三个卫星的距离，就可以确定 A 点只能是在三个圆球相交的两个点上。根据一些地理知识，可以很容易排除其中一个不合理的位置，那么 A 点的位置就确定了。

5.2.4 全球定位系统在物流信息系统中的作用

1. 用于汽车自定位、跟踪调度、陆地救援

利用 GPS 和电子地图可以实时显示出车辆的实际位置，并可任意放大、缩小、还原、换图；可以随目标移动，使目标始终保持在屏幕上；还可实现多窗口、多车辆、多屏幕同时跟踪。利用该功能可对重要车辆和货物进行运输跟踪。

提供出行路线规划是汽车导航系统的一项重要的辅助功能，它包括自动线路规划和人工线路设计。自动线路规划由驾驶者确定起点和目的地，由计算机软件按要求自动设计出最佳的行驶路线，包括最快的路线、最简单的路线、通过高速公路路段次数最少的路线的计算。人工线路设计是由驾驶员根据自己的目的地设计起点、终点和途经点等，自动建立路线库。线路规划完毕后，显示器能够在电子地图上显示出设计路线，并同时显示汽车运行路径和运行方法。

2. 用于铁路运输管理

我国铁路部门开发的基于 GPS 的计算机管理信息系统，可以通过 GPS 和计算机网络实时收集全路列车、机车、车辆、集装箱及所运货物的动态信息，可实现列车、货物跟踪管理。只要知道货车的车种、车型、车号，就可以立即从近 10 万 km 铁路网上流动的几十万辆货车中找到该货车，还能得到这辆货车的位置信息以及所有车载货物的发货信息。

3. 用于内河及远洋船队最佳航程和安全航线的测定，航向的实时调度、监测，以及水上救援

在我国，GPS 最先应用于远洋运输船舶导航。三峡工程也已规划利用 GPS 来改善航运条件，提高航运能力。若国内船运物流公司能采用 GPS 技术，必然能提高效率，取得更好的效益。

5.3 基于 GPS/GIS 的物流信息系统应用实例

中货——顶着 GPS 上路

京石高速公路上，一辆大型集装箱冷藏运输车正在飞速行驶着。乍一看，与其他车辆似无二样，只不过车顶上多了一个直径 35cm、状如汉堡的"家伙"。驾驶室里，一个小型显示屏上正跳动着几行数据——这就是美国高通公司根据运输业的特点专门设计的车辆高度管理系统。

此时此刻，几百里之外的北京麦当劳总部非常想知道，这批正在运输过程中的冷藏仪器是否安全及到达目的地的确切时间。中远国际货运有限公司车队调度中心通过南方卫星通信服务有限公司设立的 SST 网络管理中心接收到从通信卫星上发来的信息，然后迅速将信息发到货主的电子邮件信箱中——货品非常安全，两小时后抵达目的地。此时，货主也通过互联网查询到货物的流向，货主放心了。

这是中远国际货运有限公司和广东南方卫星通信服务有限公司为大众现场示范的 GPS 卫星定位通信系统在交通运输业的成功运用。

中远国际货运公司目前已经在国内 29 个省、市、自治区建立了 300 多个业务网点，拥有

第 5 章 空间数据管理技术

独资和控股经营的集装箱中转站和货物堆场 34 个、总面积 140 多万 m²，各类货运车辆 1 460 辆，集装箱专用车 1 290 辆、2 367 个箱位，100t 以上的大型货物运输车辆占全国大件运输车辆总运力的 1/3，是我国最大的物流运输企业之一。可是有一个难题长期困扰企业，那就是总公司无法及时获得分布在全国各网点及行驶在全国各个角落的车辆的业务状态和性能信息，以便进行有效的监控和管理。而广大货主也希望通过某种渠道及时准确地了解货物的运行状态，为企业逐步走向"零库存"生产提供条件。

方方面面决定了在竞争日趋激烈的市场下，公路货物运输行业要想立于不败之地，提高自身运输管理和服务的科技含量日益重要，只有这样才能真正为客户提供安全、快捷、经济、周到的服务。

对交通运输业的信息化进程甚为关注的南方卫星通信服务有限公司从 1997 年开始致力于移动信息管理业务的市场探索和产品研究，引进美国高通公司的"全线通"OmniTRACS 移动信息管理系统。OmniTRACS 移动信息管理系统是美国高通公司利用其 CDMA 的专利技术开发的基于卫星的双向移动通信和自动跟踪系统，目前，已在世界 33 个国家、约 900 家运输公司、近 30 万辆车（船）上使用，提供数据传输、位置报告和移动信息管理服务。借助"全线通"OmniTRACS 系统，运输公司能够进一步提高车辆的运营效率，降低运输成本，为客户提供更好的服务。

为了共同的目标，中远国际货运有限公司与广东南方卫星通信服务有限公司走到一起。从 1998 年下半年开始，中远国际货运有限公司在国内同行当中率先租用该系统在自有车辆上进行了试运行。

在试用阶段中，该系统一系列优势一步步显现出来。首先，该系统不仅可以定时报告车辆所在的最新位置，调度中心还可随时主动地获得车辆的位置信息，并预计车辆的到达时间。改善了以前公司对车辆运输过程监控不够的问题，尤其在执行长途和特殊货物的运输任务时更显重要。其次，在了解车辆目前的状况和所处的地理位置后，调度中心可通过双向通信将运输要求、任务及时地发送给司机以实现"实时调度"，在某种程度上可提高单车的利用率，节省费用。再次，该系统通过连接地图上车辆所报的各位置点，大致地描绘出特定车辆完成某次任务的行进路线，在一定程度上约束了司机的不良行为，如故意绕行等，减少了因此而造成的车辆损耗及有关费用的支出，加强了车次管理。最后，通过双向通信，司机可将车、货相关的情况及时反馈至调度中心，方便客户在第一时间了解在途货物的状况，使其能够合理、有效地安排接、出货的时间和有关收货员的配备。目前，该系统已成功地应用到公司日常的运输作业中，公司如虎添翼，在运输技术上处于公认的领先地位，并先后高质量地完成了多次大型运输任务。

于是，中远国际货运有限公司决定向广东南方卫星通信服务有限公司购买"全线通"OmniTRACS 移动信息管理系统来装备车辆。该合同的签订将使中远国际货运有限公司成为中国首家大规模使用移动信息管理系统的大型运输公司，同时"全线通"OmniTRACS 移动信息管理系统在中国也正式开始进入商业化应用阶段。

中远国际货运有限公司的领导层对引进这一系统将大大提高中货公司的信息化进程充满了信心，他们说不久的将来运输企业将向现代物流企业过渡，各类运输车辆达到上万辆的规模，并将全部配备 GPS 运输管理系统，实现车辆即时化调度，为客户提供更加安全、快速的服务，让每个移动的车辆都成为客户可控的单位。

（资料来源：牛鱼龙，GPS 知识与应用，2005。）

物流信息技术与信息系统

复习思考题

1. 简述 GIS 的定义及分类。
2. GIS 在物流信息系统中有什么作用？
3. 简述 GPS 的定义及 GPS 接收机的分类。
4. 简述 GPS 的组成。
5. GPS 在物流信息系统中有什么作用？

第 6 章　电子数据交换

本章学习目标

掌握 EDI 的定义和特点、UN/EDIFACT 标准，EDI 系统的基本结构和工作过程；理解 EDI 标准的种类、EDI 单证的种类；了解 EDI 标准的发展阶段、基于因特网的 EDI。

6.1　EDI 概述

6.1.1　EDI 的概念

国际标准化组织（International Standards Organization，ISO）于 1994 年确认了电子数据交换（Electronic Data Interchange，EDI）的技术定义："根据商定的交易或电文数据的结构标准实施商业或行政交易从计算机到计算机的电子传输。"

EDI 的应用需具备下列条件：①使用 EDI 的是交易的两方，是企业之间的文件传递，而非同一组织内的不同部门。②交易双方传递的文件是特定的格式，采用的是报文标准，即联合国的 UN/EDIFACT 标准。③双方各有自己的计算机系统。④双方的计算机（或计算机系统）能发送、接收并处理符合约定标准的交易报文的数据信息。⑤双方计算机之间有网络通信系统，信息传输是通过该网络通信系统自动实现的。信息处理是由计算机自动进行的，无须人工干预。

EDI 具有以下特性：①数据的完整性、一致性、可靠性。②安全性、容错性，贸易伙伴之间数据不间断交换，但主数据库中数据与设备不受损坏。③扩充性，EDI 处理信息增加时，系统扩充方便。

由于 EDI VAN 服务安全可靠、贸易伙伴管理交易与确认仲裁技术成熟，因此在国际贸易、通关、交通运输、政府招标、公用事业中广泛应用。

6.1.2　EDI 的特点

EDI 具有如下特点：

（1）EDI 是企业之间传输商业文件数据的一种形式，EDI 传输的是企业间的报文，是企业间信息交流的一种方式。

（2）EDI 所传送的资料是业务资料，如发票、订单等，而不是一般性的通知。

（3）EDI 传输的报文是格式化的，是符合国际标准的，这是计算机能够自动处理报文的基本前提。

（4）EDI 使用的数据通信网络一般是增值网、专用网。

(5) EDI 与传真或电子邮件的区别是：传真与电子邮件，需要人工的阅读判断处理才能进入计算机系统（MIS）。人工将资料重复输入计算机系统中，既浪费人力资源，也容易发生错误，而 EDI 不需要再将有关资料人工重复地输入系统。

6.1.3 EDI 的标准及其发展简史

1. EDI 的标准

标准化的工作是实现 EDI 互通和互联的前提和基础。EDI 的标准包括 EDI 网络通信标准、EDI 处理标准、EDI 联系标准和 EDI 语义语法标准等。

EDI 网络通信标准是要解决 EDI 通信网络应该建立在何种通信网络协议之上，以保证各类 EDI 用户系统的互联。目前国际上主要采用 MHX（X.400）作为 EDI 通信网络协议，以解决 EDI 的支撑环境。

EDI 处理标准是要研究那些不同地域不同行业的各种 EDI 报文相互共有的"公共元素报文"的处理标准。它与数据库、管理信息系统（如 MRP II）等接口有关。

EDI 联系标准解决 EDI 用户所属的其他管理信息系统或数据库与 EDI 系统之间的接口。

EDI 语义语法标准（又称 EDI 报文标准）是要解决各种报文类型格式、数据元编码、字符集和语法规则以及报表生成应用程序设计语言等。EDI 语义语法标准是 EDI 技术的核心。

2. EDI 标准的发展简史

EDI 的标准化进程大致可以分为三个阶段：产业标准、国家标准和国际标准。

（1）产业标准阶段（1970~1980 年）。EDI 一产生，其标准的国际化就成为人们日益关注的焦点之一。早期的 EDI 使用的大都是各处的行业标准，不能进行跨行业 EDI 互联，严重影响了 EDI 的效益，阻碍了全球 EDI 的发展。例如，美国就存在汽车工业的 AIAG 标准（见图 6-1）、零售业的 UCS 标准、货栈和冷冻食品储存业的 WINS 标准等。日本有连锁店协会的 JCQ 行业标准、全国银行协会的 Aengin 标准和电子工业协会的 EIAT 标准等。

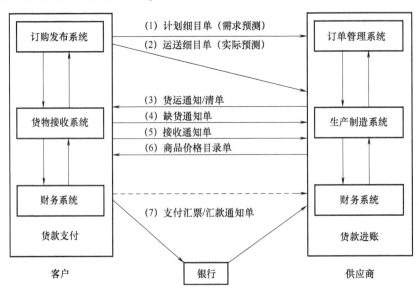

图 6-1 美国汽车工业行动组（AIAG）的 EDI 应用

（2）国家标准阶段（1980~1985 年）。产业标准成熟以后，为了推动各产业之间的信息交换,世界各国都在不遗余力地促进 EDI 标准的国际化,以求最大限度地发挥 EDI 的作用。

例如,由美国国家标准化协会(The American National Standards Institute,ANSI)授权 ASC X.12(The American National Standar Institute Charters Accredited Standards Committees)鉴定委员会于 1985 年制定 ANSI X.12 标准。

欧洲方面,联合国欧洲经济委员会(UN/ECE)下属第四工作组(WP.4)负责发展与制定 EDI 的标准格式,并在 20 世纪 80 年代早期提出了 TDI(The Trade Data Interchange)标准。

(3)国际标准阶段(1985 年至今)。欧洲、美国在两大标准制定以后,开始了广泛的接触与合作,并进行国际标准的研究。

联合国欧洲经济委员会第四工作组于 1986 年制定了《用于行政管理、商业和运输的电子数据互换》标准——EDIFACT(Electronic Data Interchange for Administration, Commerce and Transport)标准。

1987 年,ISO 正式通过《用于行政管理、商业和运输的 EDI 应用语法规则》,即 ISO 9735-87。

1991 年,欧洲汽车业、化工业、电子业和石油天然气业已全部采用 EDIFACT 标准。此外,建筑、保险等行业也宣布将放弃其行业标准,转而采用 EDIFACT 标准。北美则使用 ANSI X.12 标准,ANSI X.12 标准已遍及北美各行业,已有 100 多个数据交易集。亚太地区主要使用的是 EDIFACT 标准。美国已宣布从 1997 年起将 ANSI X.12 标准与 EDIFACT 标准合二为一。

3. 联合国 EDIFACT 标准化组织

联合国 EDIFACT(UN/EDIFACT)标准化组织架构如图 6-2 所示。

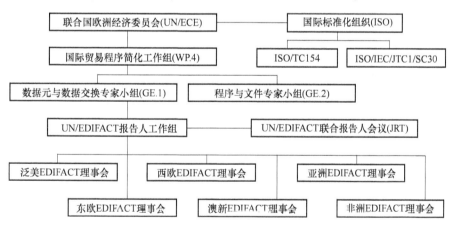

图 6-2 UN/EDIFACT 标准化组织架构

UN/EDIFACT 标准由两个国际组织着手建立开发,ISO 负责开发语法规则和数据与数据字典。联合国欧洲经济委员会负责开发报文标准。亚洲 EDIFACT 理事会的组织结构如图 6-3 所示。

中国 EDIFACT 委员会成立于 1991 年,并于同年正式加入亚洲 EDIFACT 理事会,成为亚洲 EDIFACT 理事会的正式成员。中国 EDIFACT 理事会的主要职责和任务是推动 EDI 在中国各个领域的应用,配合国家标准化行政主管部门宣传和推广 EDIFACT 标准,同时参加 UN/EDIFACT 标准化组织和亚洲 EDIFACT 理事会的活动。

中国 EDIFACT 委员会现有 16 个成员,并在委员会下设一个秘书处和六个技术组,这些工作组基本上是按照亚洲 EDIFACT 理事会下属的联合工作组的形式设置的。它们的工作任务主要是代表归口行业提出我国可以纳入到 UN/EDIFACT 标准中去的标准技术内容，同时对其他区域提出的 UN/EDIFACT 标准发表意见。

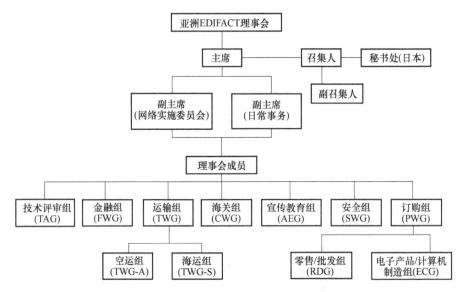

图 6-3　亚洲 EDIFACT 理事会的组织结构

4. UN/EDIFACT 标准简介

联合国贸易数据交换目录（UNTDID）包括：①EDIFACT 应用级语法规则（ISO9735）；②EDIFACT 应用级语法规则实施指南；③联合国标准报文简介（UNSM）；④EDIFACT 报文设计规则与指南；⑤EDIFACT 基本数据元目录（EDED）；⑥EDIFACT 数据段目录（EDSD）；⑦EDIFACT 代码目录（EDCL）；⑧EDIFACT 标准报文目录（EDMD）。

6.1.4　我国 EDI 的应用

我国自 1990 年引入 EDI 技术以来，EDI 的应用与推广得到了高度重视。经贸部先后召开了中文 EDI 标准研讨会和国际无纸贸易战略与技术研讨会，并把 EDI 列入"八五"重点应用项目。1991 年，国家科委、外经贸部、海关总署等部门共同组织成立了"中国促进 EDI 应用协调小组"，并以"中国 EDI 理事会（CEC）"的名义参加了亚洲 EDIFACT 理事会（ASEB），成为该组织的正式会员，有力地促进了 EDI 技术在我国的推广应用。

1992 年 5 月我国召开了"中国 EDI 发展战略与标准化"研讨会，决定建立国家 EDI 试验系统（海关总署、中国远洋运输集团公司的外运海运空运管理 EDI 系统），地区 EDI 试验系统（广东、山东、江苏、上海、福建）和行业 EDI 试验系统（山东抽纱企业集团公司的轻纺出口业务 EDI 系统、中国电子工业总公司 EDI 应用系统）。1995 年 1 月，我国海关完成了 EDI 海关系统的全部开发工作，制定了 EDI 海关系统所需的 15 个 EDIFACT 标准报文子集，开通了北京、天津、上海、广州等 EDI 海关系统。1996 年 2 月我国外经贸部成立了国际贸易 EDI 服务中心；同年 12 月 18 日，联合国贸易网络组织中国发展中心（CNTPDC）在北京成立；同年，北京海关与中国银行北京分行在我国首次开通 EDI 通关电子划款业务。

各省、市、自治区及中央部委也几乎都设立了专职能部门来负责协调 EDI 的应用推广工作。经过各级政府部门的努力推广，EDI 从应用最多进出口贸易行业逐渐扩展到了商检、税务、邮电、铁路、银行等领域,开始在我国逐步得到推广。EDI 技术不仅帮助贸易伙伴实现单证的流转,更强调将与贸易相关的各部门如海关、商检等,连接在一个 EDI 网络之内,保证企业信息、资金等顺畅流转。

6.1.5 应用 EDI 的作用

(1) 提高单证传递效率。据美国零售商联合会调查,使用 EDI 后,单证的平均处理时间从六天缩减为两天。

(2) 降低成本。应用 EDI 技术可大大减少纸质单据的使用,因此可以节约纸张费用;标准文件的传输减少了不必要的单据处理活动如打印、校对、邮寄、复写等;另外,消除了数据的重复键入、人工核对,减少了专职人员,从而减少了劳动力成本。

(3) 降低库存。对客户而言,应用 EDI 技术可缩短订货时间,从而降低安全库存量,最终实现零库存。对供应商来说,可动态地控制本企业产品的库存,在不增加总产量的情况下,可为更多的客户提供产品。

(4) 减少差错损失。应用 EDI 技术可降低差错率,减少贸易纠纷,避免不必要的损失。

(5) 改善企业形象。应用 EDI 技术是一个现代企业需要具备的重要条件,可以使供应商与客户建立长期的伙伴关系。

6.2 EDI 系统的结构与工作过程

6.2.1 EDI 系统的结构

数据标准、EDI 软件及硬件、通信网络是构成 EDI 系统的三要素。

1. 数据标准

EDI 标准是由各企业、各地区代表共同讨论、制定的电子数据交换共同标准,可以使各组织之间的不同文件格式,通过共同的标准,获得彼此之间文件交换的目的。

EDI 标准包括三要素,即标准报文、数据元素和数据段。

(1) 标准报文。一份报文可分成三个部分,即首部、详细情况和摘要部分。报文以 UNH 数据开始,以 UNT 数据段结束。一份企业格式的商业单据必须转换成一份 EDI 标准报文才能进行信息交换。

(2) 数据元素。数据元素可分为基本数据元素和复合数据元素。基本数据元素是基本信息单元,用于表示某些有特定含义的信息,相当于自然语言中的字。复合数据元素由一组基本数据元素组成,相当于自然语言中的词。

(3) 数据段。数据段是标准报文中的一个信息行,由逻辑相关的数据元素构成,这些数据元素在数据段中有相应的固定形式、定义和顺序。

EDIFACT 标准与自然语言的比较如图 6-4 所示。

2. EDI 软件及硬件

实现 EDI 需要配备相应的 EDI 软件和

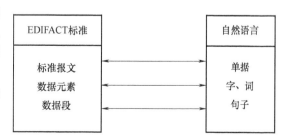

图 6-4 EDIFACT 标准与自然语言的比较

物流信息技术与信息系统

硬件。

当需要发送 EDI 报文时,必须用某些方法从企业的专有数据库中提取信息,并把它翻译成 EDI 的标准格式进行传输。EDI 软件具有将用户数据库系统中的信息译成 EDI 的标准格式,以供传输交换的功能。EDI 软件的构成如图 6-5 所示。

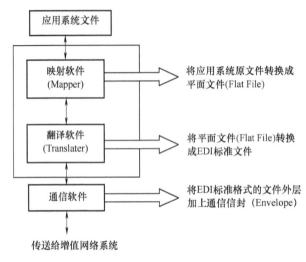

图 6-5 EDI 软件的构成

(1)映射软件(Mapper)。映射软件可以帮助用户将原有计算机系统的文件映射成翻译软件能够理解的平面文件(Flat File),或是将从翻译软件接收来的平面文件,转换成原计算机系统中的文件。一个平面文件通常由长度为 80 个字符的记录组成。数据在记录中占据固定的位置,这样翻译软件就能阅读数据并执行翻译功能。

(2)翻译软件(Translator)。翻译软件将平面文件翻译成 EDI 标准格式,或将接收到的 EDI 标准格式翻译成平面文件,再由通信软件进行传递。

(3)通信软件。将 EDI 标准格式的文件外层加上通信信封(Envelope),再送到 EDI 系统交换中心的邮箱(Mailbox)中,或在 EDI 系统交换中心内,将接收到的文件取回。

对方发送的 EDI 标准报文则产生逆向的过程。通信软件接收对方的传递,翻译软件对传递了的信息进行翻译,同时产生一个功能性回执,由通信软件发送给对方,告诉对方报文已经收到。

除此之外,EDI 软件还应具有保障系统和通信安全的功能,其保密级别和成本由商业应用系统的性质决定。安全的保障可通过凭口令进行存取控制、对贸易伙伴进行鉴别和数据签名、加密等方式实现。

EDI 所需的硬件设备主要包括计算机设备和通信网络设备。计算机设备可以是 PC、工作站、小型机、主机等;而通信网络设备可以是互联网、专网等,传输时若采用电话线路,还需要调制解调器。

3. 通信网络

EDI 通信网络是实现 EDI 的手段,主要包括商业伙伴的直接连接和间接连接。EDI 的通信方式如图 6-6 所示。

(1)直接连接 EDI。直接连接 EDI 要求网络上每个企业都运行自己的 EDI 翻译计算机,这些翻译计算机通过调制解调器以及拨号电话线或专线直接相连。直接连接 EDI 根据贸易伙伴的多少又分为点对点、一点对多点、多点对多点几种形式。早期的 EDI 通信一般都采用此方式，但也存在着一些问题，如若客户或供应商所处地区不同且交易量较大或对交易时间要求较高时，拨号连接的方法就比较麻烦。若企业需要同很多客户或供应商建立连接，专线连接的方法就非常昂贵。使用不同通信协议的商业伙伴也很难实现拨号连接和专线连接。

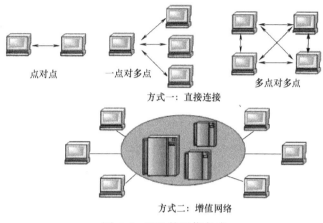

图 6-6　EDI 的通信方式

（2）使用增值网络间接连接。要使用增值网络（VAN）间接连接 EDI，需要安装同 VAN 兼容的 EDI 翻译软件。一般来说，VAN 会向用户提供这种软件。EDI 用户可用专线或电话线接入 VAN，然后把 EDI 格式的信息发给 VAN。VAN 记录该信息并把信息送到商业伙伴在 VAN 上的信箱里。商业伙伴可拨号进入 VAN 并从信箱里找到这些 EDI 格式的信息。这种方法之所以称为间接连接 EDI，是因为贸易伙伴之间通过 VAN 连接，而不是把各自的计算机直接连接起来传递信息。

增值数据业务（VADS）企业提供给 EDI 用户的服务主要是租用信箱及协议转换。信箱的引入，实现了 EDI 通信的异步性，提高了效率，降低了通信费用。另外，EDI 报文在 VAN 系统中传递也是异步的，即存储转发的。

VAN 提供存储转送、记忆保管、通信协议转换、格式转换、安全机制等功能。使用 VAN 服务可以明显提高效率，但 VAN 的缺点也是显见的，即费用较高。

虽然 EDI 取代了传统贸易单证和文件的手工处理，大大提高了单据处理效率，但是传统 EDI 使用费用很高，一般只有跨国公司和大型企业才会使用，因此限制了 EDI 的使用范围。

随着因特网逐渐普及，因其具有费用低廉、覆盖面更广、服务功能更好等优点，克服了传统 EDI 的不足，满足了中小企业对 EDI 的需求，所以基于因特网的 EDI 得到迅速发展。

因特网将 EDI 专网扩大到公网，能够降低接入成本并提供一个较为廉价的商业服务环境。XML（可扩展标记语言）逐渐成熟，为 Web 数据与 EDI 数据接口提供了较好的解决方法，尤其是结构化数据，它的定义方式为标识产品提供了方便，并在为特殊要求增加注释方面表现得尤其出色。此外，在因特网上进行商业数据交换的安全性要求，即保密性、完整性、不可抵赖性与身份认证的技术已经成熟，这为 Internet EDI 投入商业运作提供了条件。因此，EDI 中心在原有的软硬件通信平台的基础，增加了 WWW 三层结构，即浏览器、WWW 服务器、Web 数据库，组成综合电子商务平台，使得 EDI 单证在公网和专网上跨网传递。基于因特网的 EDI 的结构如图 6-7 所示。

物流信息技术与信息系统

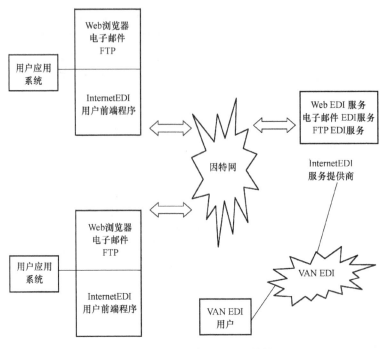

图 6-7　基于因特网的 EDI 结构

6.2.2　EDI 的工作过程

目前世界通用的 EDI 通信网络，是建立在 MHS 数据通信平台上的信箱系统，其通信机制是信箱间信息的存储和转发。具体实现方法是在数据通信网上加挂大容量信箱处理计算机，在计算机上建立信箱系统，通信双方需申请各自的信箱，其通信过程就是把文件传到对方的信箱中。文件交换由计算机自动完成，在发送文件时，用户只需进入自己的信息系统。EDI 的工作过程如图 6-8 所示。

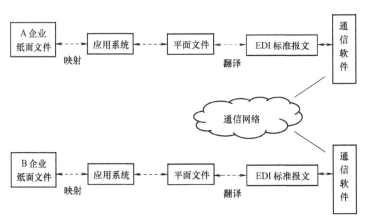

图 6-8　EDI 的工作过程

通信流程中各模块功能如下：

（1）映射（Mapping），生成 EDI 平面文件。EDI 平面文件（Flat File）是通过应用系统将用户的应用文件（如单证、票据）或数据库中的数据进行映射，从而形成的一种标准的中间文件。

（2）翻译（Translation），生成 EDI 标准格式文件。其功能是将平面文件通过翻译软件（Translation Software）生成 EDI 标准格式文件。

EDI 标准格式文件，就是所谓的 EDI 电子单证，或称电子票据。它是 EDI 用户之间进行贸易和业务往来的依据。EDI 标准格式文件是一种只有计算机才能阅读的 ASCII 文件。其过程为按照 EDI 数据交换标准的要求，将平面文件中的目录项，加上特定的分割符、控制符和其他信息，从而生成一种包括控制符、代码和单证信息在内的 ASCII 码文件。

（3）通信。这一步由计算机通信软件完成。用户通过通信网络，接入 EDI 信箱系统，将 EDI 电子单证投递到对方的信箱中。EDI 信息系统则自动完成投递和转接，并按照 X.400（或 X.435）通信协议的要求，为电子单证加上信封、信头、信尾、投送地址、安全要求以及其他辅助信息。

（4）EDI 文件的接收和处理。接收和处理过程是发送过程的逆过程。首先需要接收用户通过通信网络接入 EDI 信息系统，并打开自己的信息，将来函接收到自己的计算机中，经格式校验、翻译、映射还原成应用文件，最后对应用文件进行编辑、处理和回复。

在实际操作过程中，EDI 系统为用户提供的 EDI 应用软件包，包括了应用系统、映射、翻译、格式校验和通信连接等全部功能。用户可将其处理过程看成是一个"黑匣子"，完全不必关心里面的具体过程。

下面以 EDI 技术在商检中的应用为例说明 EDI 的工作过程，如图 6-9 所示。商检 EDI 审签系统早在 1995 年已在广东投入运行，提供商检原产地证的 EDI 申请和签发，是我国较早的一个 EDI 应用。外贸公司可通过 EDI 的方式与商检局进行产地证的电子单证传输，无须再为产地证的审核、签发来回往返商检局，这样既节约了时间和费用，同时也节约了纸张。而对于商检局来说，有了 EDI 单证审批系统，不仅减轻了商检局录入数据的负担，减少了手工录入的差错率，同时也方便对大量的各种单证进行统一管理。

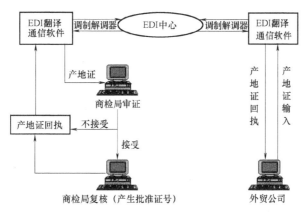

图 6-9　商检 EDI 审签系统数据流程图

6.3　EDI 单证

6.3.1　EDI 单证的种类

根据商务部和海关总署的统计，目前我国 90% 以上的国际贸易采用 EDI 方式，尤其是与

物流信息技术与信息系统

美国、欧盟、日本等的贸易全部都采用了该方式。在物流领域也有着大量单据的流转，如果没有统一的标准，工作效率会受到很大的限制。因此，为了提高计算机处理单证的能力，要求物流企业必须对单证进行标准化。物流领域涉及的主要单证如表 6-1 所示。

表 6-1 物流领域涉及的主要单证示例

编 号	单 证 名 称
1	合同（合同、售货确认书、购买确认书）
2	订单（有时就是合同，有时作为合同的附件，详细列明商品的规格、数量搭配等）
3	商业发票
4	银行发票
5	付款通知书
6	信用证
7	出口货物报关单
8	出口货物装箱单
9	海运提单
10	多式联运提单
11	航空运单
12	国际货物协运单
13	承运货物收据
14	海关发票
15	中华人民共和国出口许可证
16	中华人民共和国进口许可证
17	对美国出口的纺织品出口许可证/商业发票
18	对欧盟出口的纺织品出口许可证/商业发票
19	对加拿大出口的纺织品出口许可证/商业发票
20	产地证
21	装运通知

6.3.2 构造 EDI 单证的步骤

构造一个符合 EDIFACT 标准的报文即电子单证，应遵循以下步骤：

第一步，决定需要构造的具体报文中包括哪些数据段。这项工作可以通过查阅 EDIFACT 标准报文目录（UN/EDMD）来完成，该目录中列有各种符合 EDIFACT 标准的目录，并说明每个报文是由哪些数据段组成的。

第二步，建立这些数据段的结构。这项工作可以通过查阅数据段目录（UN/EDSD）来完成。

第三步，利用基本数据元目录（UN/EDED）和复合数据元目录（UN/EDCD）来确定各种数据段中的数据元以及这些数据元的特点。

第四步，查阅代码目录（UN/EDCL）来确定具体数据元中的值。

目前，这一系列工作可以由相应的软件来完成。

第6章 电子数据交换

6.3.3 EDI 单证实例

下面以一张出口商品检验申请单（见表6-2）为例，说明从纸面单证到EDI标准文件的转换过程。

表6-2 出口商品检验申请单

出口商品检验申请单							
报验日期	2007-11-4	报验地点	福建厦门	托收协议号	7346	联系人	张某
报验单位	厦门市××有限公司		单位地址	厦门市银江路		电话	0592-618141×
发货人	（中文）	厦门市××有限公司			装运日期	2007-11-15	
^	（译文）	Xiamen ×× CO.，LTD			装运口岸	厦门	
收货人		Cascade Corporation				包装种类	纸箱
商品名称规格	（中文）	抛光砖				报验数量	2842
^	（译文）	Poished porcelain tiles				报验重量（毛）	
HS编码	6907900000	商品出口总值USD		8491.75	报验重量（净）		
预约工作日期	2007-11-10	商品收购总值RMB		63368.84	输往国别或地区		埃塞俄比亚
货物存放地点	厦门	卫生注册/许可证			检验依据		GB/T 4100—2006
特殊要求：					标记及号码：		
					N/M		
申请证书种类		报验商品					
名称	HS编码	商品名称	报验件数	单位	报验重量（毛）	报验重量（净）	单位
装船前检验证书	6907900000	抛光砖	2842	平方米			
随附单据 || 随附单据编号						
备注						
发送方邮箱名	ectc_sender			接受方邮箱名	ectc_receiver		

纸面单证经过映射后生成EDI平面文件，如表6-3所示。

表6-3 生成的平面文件

EVPHD	ectc_sender			ectc_receiver	
CIHDR				福建厦门	2007-11-4
SNDER	厦门市××有限公司				
SNADR	厦门市银江路				
CTACM	张某			0592-618141×	7346
RECVR	福建厦门				
CZZNA	厦门市××有限公司				

(续)

CZYNA	Xiamen ×× CO., LTD				
CNZNA			Cascade Corporation		
PAYER					
DMSIF					
DOCCZ	装船前检验证书			GB/T 4100—2006	
SPISP					
LOCDM	埃塞俄比亚	厦门	厦门	2007-11-15	
SHMRK	N/M				
GIDMO	2842	纸箱		63368.84	2007-11-15
MERCH		抛光砖			
MERSH	Polished Porcelain tiles				
HSCOD	6907900000			2803	平方米
PRODU			2803	厦门	

EDI 平面文件通过翻译软件生成 EDI 标准文件，如下所示：

UNB + UNOA:0 + ectc_sender + ectc_receiver + 20071104:0816 + 374 ++ APINCE'UNH + 374 + APINCE:0:97A:IB'BGM + 855:::APINCE + 福建厦门 + 9'DTM + 150:20071104:102'NAD + MS +++ 厦门市 ×× 有限公司 + 厦门市集美区银江路 'CAT + MS + :张某 'COM + 0592-6181415:TE'REF + AEK:'NAD + MR + 福建厦门市 NAD + CZ +++ 厦门市 ×× 有限公司 'NAD + CN + Xiamen XX CO., LTD'DMS ++ 'RFF + ZZZ:装船前检验证书 'FTX + ACB +++ GB/T 4100-2006'FTX + SSR +++ 'LOC + 36 + 埃塞俄比亚 'LOC + 14 + 厦门:ZZZ'LOC + 9 + 厦门 'DTM + 11:20071115:102'PCI ++ N/M'GID ++ 2842:纸箱 'MOA + 44::USD'MOA + 44:63368.84:CNY'DTM + 179:20071110:102'PAC +++ 纸箱 'QTY + 101::'QTY + 100:2803:'UNS + D'LIN + 'IMD +++ CHN:161::抛光砖 'IMD +++ ENG:161::Poished porcelain tiles'RFF + HS:6907900000'RFF + ZZZ:'LOC + 48'PRI + INF:::INV'QTY + 101::'QTY + 100:2803:'LOC + 14 + 厦门 DTM + 94::102'RFF + BT'UNS + S'UNT + 43 + 374'UNZ + 1 + 374'

6.4 EDI 技术的应用实例

厦门电子商务中心

厦门电子商务中心股份有限公司是在厦门市政府的支持下，以市场化运作方式，整合原厦门电子商务中心有限公司、港务集团 EDI 中心的平台、技术及业务资源，由厦门港务集团有限公司等五家单位联合发起成立的股份制企业，于 2002 年 12 月挂牌成立。

该公司负有建设、营运厦门物流信息公共平台的重要使命，围绕厦门市大通关工程及建设区域性物流中心的发展战略，依托计算机网络、数据标准化和流程优化改造等现代化管理技术与手段，与口岸查验部门、运输作业单位、中介代理机构、企业、银行等联网，建设现代化物流信息公共平台，将海港、空港与临港地区的工业、商贸、物流以及城市功能紧密联系在一起，如图 6-10 所示。它通过数据传输与处理，实现物流、信息流、资金流的高效运转，以优化厦门口岸通关环境，提升区域物流业运作水平。

图 6-10　厦门电子商务中心

1. 股东构成

公司由厦门港务集团有限公司、厦门信息港建设发展股份有限公司、厦门港务物流有限公司、厦门国有资产投资公司、厦门信息投资有限公司共同发起成立，注册资金为 1 500 万元人民币。

2. 建设目标

公司的建设目标为重点建设"一个平台，三个系统"，就是将海港 EDI 平台、空港 EDI 平台、电子商务中心 EDI 平台统一整合构建一个物流信息平台，并在该平台上建设运行"运输作业数据交换联动系统""通关数据支持系统""物流公共信息服务系统"等三大应用系统。其中，"运输作业数据交换联动系统"主要实现船代、货代、码头、堆场等运输单位和中介单位的作业数据电子数据交换，如托运单、码头作业动态等，进行联动作业；"通关数据支持系统"构架海关外围数据处理中心，为海关收集处理通关所需的参考数据，如舱单、货物进出场信息等，提高通关效率；"物流公共信息服务系统"为企业提供物流公共信息发布、作业动态查询、企业黄页等信息增值服务。

到 2003 年年底，公司实现了与海关、检验检疫局、边检、海事局四家口岸监管部门和主要码头、堆场、货站、理货的联网，以及船代、货代、报关行等中介机构部分大用户的联网，基本实现了海运（集装箱）进/出口、空运进/出口业务主要环节的电子化改造，大大提高了"大通关"效率。

3. 建设进展

（1）主营业务：物流信息平台的建设及运营，包括物流信息系统开发、运营管理，作业电子数据交换、存储、加工，信息增值服务；海关申报和进出口业务流程的电子化。

（2）电子政务类应用系统的研发、技术支持；政府对企业相关业务的电子化解决方案。

（3）物流企业专业化软件产品的开发。

（4）互联网数据中心（IDC）业务：系统集成、宽带接入、主机托管、中小企业电子商务解决方案。

（5）信息技术咨询、培训。

（资料来源：根据福建电子口岸网络资料整理完成。）

复习思考题

1. 简述 EDI 的定义及特点。
2. 简述 EDI 的相关标准。
3. 简述 EDI 系统的结构。
4. 请用绘图的方法描述 EDI 系统的工作过程，并对其中的主要环节进行描述。

第 7 章 物联网技术与云计算技术

本章学习目标

掌握物联网的基础定义、物联网的体系架构；了解物联网感知技术基本特点、物联网通信及传输技术基本特点、物联网数据处理技术基本特点和物联网信息安全保障技术组成与特点；了解云计算的定义、特点、基本服务模式和基本实现技术；了解物联网和云计算平台相关应用领域。

7.1 物联网技术概述

近些年伴随着以新一代移动通信网络、射频识别（RFID）、智能传感器和大数据等为代表的新一代信息技术和设备的迅猛发展，物联网从一个概念逐渐演变为新一轮科技革命和产业变革。物联网用途广泛，遍及智能交通、工业监测、智慧城市、环境监测及人工智能等多个领域，但在产业发展的同时也面临着诸多挑战和机遇。

7.1.1 物联网的定义

物联网（Internet of Things，IoT），顾名思义，就是物物相连的互联网，是新一代信息技术的重要组成部分，也是"信息化"时代的重要发展阶段。

国际电信联盟（ITU）发布的《ITU 互联网报告 2005：物联网》，对物联网做了如下定义：通过二维码识读设备、射频识别装置、红外感应器、全球定位系统和激光扫描器等信息传感设备，按约定的协议，把任何物品与互联网相连接，进行信息交换和通信，以实现智能化识别、定位、跟踪、监控和管理的一种网络。

2009 年 9 月，欧盟委员会信息和社会媒体司根据欧盟第七框架下 RFID 和物流网研究项目组的研究报告发布欧盟对物联网的定义：物联网是一个动态的全球网络基础设施，它具有基于标准和互操作通信协议的自组织能力，其中物理的和虚拟的"物"具有身份标识、物理属性、虚拟的特性和智能的接口，并与信息网络无缝整合。物联网将与媒体互联网、服务互联网和企业互联网一道，构成未来互联网。

在我国，2010 年十一届全国人大三次会议的政府工作报告中提到：物联网是指通过信息传感设备，按照约定的协议，把任何物品与互联网连接起来，进行信息交换和通信，以实现智能化识别、定位、跟踪、监控和管理的一种网络。它是在互联网基础上延伸和扩展的网络。

针对以上物联网的定义进行比较和分析，不同领域的研究者对物联网思考所基于的出发点各异，定义的侧重点各不相同。根据对物联网主要特征的总结，物联网是主要通过信息传感设备（如 RFID，传感器，激光扫描器）获取现实世界的物体对象相关信息，采用规定的标准通信协议，通过网络实现所有能够被独立寻址的普通物理对象信息的交换、协同和处理，提供物与物、物与人之间信息服务的智能网络系统。概念上，物联网可连接大量不同的设备及装置，嵌入在各个产品中的传感器（Sensor）便会不断地收集物质世界信息并进行管理。互联网在现实的物理世界之外新建了一个虚拟世界，物联网将会把两个世界融为一体。

7.1.2 物联网的发展

1995年比尔·盖茨在《未来之路》一书中就提出物联网实现场景：人们可以佩戴一个电子饰针与房子相连，电子饰针会告诉房子你是谁你在哪儿，房子将用这些信息尽量满足你的需求。当你沿着大厅走路时，前面的光会渐渐变强，身后的光会渐渐消失，音乐也会随着你一起移动。当前，新一代通信技术迅速发展，正在全球范围内掀起新一轮产业变革。随着新技术与传统领域深度融合，M2M（机器与机器通信）、智慧物流、智能家居、智慧医疗成为全球加快发展的重点应用领域，物联网已由概念化逐步上升为国家战略，进一步带动了产业发展。

2008年以来，美国运营商以网络和服务为基础，结合新兴科技公司和系统集成企业，共同开发针对垂直行业的应用，推广M2M业务。2009年2月17日，奥巴马签署生效了《2009年美国恢复和再投资法案》，通过政府和企业进行了一系列战略布局。美国政府提出制造业复兴战略，凭借其在芯片、软件、互联网、高端应用集成等领域的技术优势，逐步将物联网的发展和重塑美国制造优势计划结合起来，逐渐打造出一个实力较强的物联网产业。

2009年欧盟委员会向欧盟议会、理事会、欧洲经济和社会委员会及地区委员会递交了《物联网——欧洲行动计划》，希望欧洲在构建新型物联网管理框架的过程中，在世界范围内起主导作用。德国联邦政府在《高技术战略2020行动计划》中明确提出了"工业4.0"理念，对物联网未来发展以及重点研究领域给出了明确的路线图。

日本将物联网列为国家重点战略，致力于构建智能化的物联网服务体系。2009年日本IT战略本部发布了"I-Japan战略2015"，目标是实现以人为本，安心且充满活力的数字化社会，并将执行目标聚焦到政府、医院和学校，希望通过公共服务的应用带动其他产业。同年10月，韩国颁布《物联网基础设施构建基本规划》，确立将物联网产业作为新的产业增长点，韩国通信委员会树立了"通过构建世界最先进的物联网基础设施，打造未来广播通信融合领域超一流ICT强国"的目标。

我国政府也对物联网产业发展给予了高度重视，各级政府部门积极推动物联网发展，物联网被正式列为国家五大战略性新兴产业之一，写入了十一届全国人大三次会议政府工作报告，物联网在我国受到了全社会极大的关注。"十二五"期间，我国政府不断加强对物联网发展的顶层设计，对于提振产业信心、推动产业发展成效显著。国务院2013年2月发布《关于推进物联网有序健康发展的指导意见》，从全局性角度出发对物联网发展进行了系统考虑，明确了发展目标和下一阶段发展思路。2017年1月，工信部发布了《物联网发展规划（2016—2020）》，在物联网产业布局、技术创新体系、标准建设、物联网的规模应用以及公共服务体系的建设上都提出了具体思路和发展目标。在组织机制方面，全国建立物联网发展部级联席会议制度，加强各部门之间的统筹协调。

7.1.3 物联网的体系架构

从硬件到软件，物联网系统涉及的内容很多，从体系构架上呈现显而易见的层次结构，这个层次结构从下往上可以分为感知层、网络层和应用层三层，物联网体系结构如图7-1所示。

第 7 章　物联网技术与云计算技术

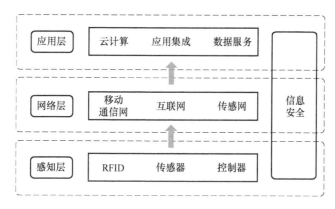

图 7-1　物联网体系结构图

1．感知层

感知层负责信息采集和物物之间的信息传输。感知层运用信息采集技术（包括传感器、条码和二维码）获得可感知数据及物理事件信息，并将进行终端的协同处理，最终由网络层转发到应用层。感知层的控制器也广泛存在，以对信息进行响应。

感知层是实现物联网全面感知的核心能力。感知层的开发内容包括各种硬件设备，如智能仪表、传感器、芯片、模块和各类控制器等，是物联网中关键技术、标准化方面、产业化方面亟待突破的部分，其关键在于具备更精确、更全面的感知能力，并实现低功耗、小型化和低成本。

2．网络层

网络层是物联网的中间环节，它利用无线和有线网络对采集的数据进行编码、认证和传输。广泛覆盖的移动通信网络是实现物联网的基础设施，是物联网三层中标准化程度最高、产业化能力最强、最为成熟的部分。由于物联网要求的连接几乎是无处不在的，一些已有的通信技术在分别朝着高速率、低（微）功耗、复杂组网等方向发展，网络层的功能开发包括通信方式的选择，通信硬件设计和实现，协议的开发，通信网络的配置和管理等内容。

3．应用层

物联网系统的应用层承载着用户业务和功能，提供丰富的基于物联网的应用，是物联网发展的根本目标。将物联网技术与行业信息化需求相结合，实现广泛智能化应用的解决方案，关键在于行业的融合、信息资源的开发利用、信息安全的保障以及有效的商业模式的开发。应用层开发包含非常多的内容，最基本的有接入管理、终端管理、数据管理和事件管理，以及在这些基本功能基础上的其他信息服务。

4．物联网信息安全保障措施

物联网是物物相连的智能网络，物理系统和信息系统的耦合关联使得物联网络面临更加复杂的安全威胁，而物联网作为当前互联网的进一步延伸，网络组成形态更加多样，因此物联网系统必须从系统角度综合考虑所面临的信息安全问题，保障信息安全。

7.2　物联网的关键技术

物联网是在互联网的基础上延伸和扩展而来的网络，物联网的关键技术从数据感知采集到数据通信传输,从数据运算处理到数据安全保护,从硬件设备到软件架构,涉及了多种新一代信息化技术。

7.2.1 物联网感知技术

采集感知系统是物联网的基础关键技术,处于物联网体系结构的感知层。物联网和传统互联网的主要区别之一就是物联网扩大了传统网络的边缘范畴,将通信的范围由人与人的通信扩大到人与物、物与物的通信,物联网正是通过物理感知层技术来解决物理世界的数据获取和入网问题的。物理感知层由感知数据采集子层和短距离协同通信子层两个部分组成。

(1) 感知数据采集子层通过各种类型的传感器获取物理世界的可感知数据及物理事件信息,如各种声音、视频、图像、物理状态的信息。

(2) 短距离协同通信子层,将感知数据采集层采集到的数据在采集现场进行终端的协同处理,降低信息冗余度。

物理感知层是物联网络中的神经末梢,伴随感知层关键技术的突破,物联网系统神经末梢管理和控制将变得更加智能和高效。本书主要介绍物联网物理感知层主要涉及的关键技术,即传感器技术和无线传感器网络。

1. 传感器技术

传感器技术作为物联网系统的感官和神经末梢,用来感知和采集应用环境中的各种数据,根据国家标准 GB/T 7665—2005《传感器通用术语》,传感器是能感受规定的被测量并按照一定的规律转换成可用输出信号的器件或装置,它通常由敏感元件和转换元件组成。简单来讲,传感器的工作原理就是将非电学量通过敏感元件和转换电路转换成电信号。传感器工作原理如图 7-2 所示。

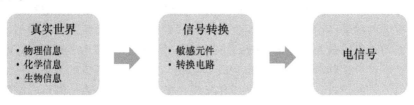

图 7-2 传感器工作原理图

传感器按照其用途可分为压力传感器、位置传感器、液面传感器、能耗传感器、速度传感器、射线辐射传感器、热敏传感器;按照其输出信号的标准分类可分为模拟传感器、数字传感器、膺数字传感器、开关传感器;按照其制造工艺分类可分为集成传感器、薄膜传感器、厚膜传感器、陶瓷传感器。

目前,关于物联网传感器的国际标准已出台了《IEEE1451.5 智能传感器接口标准》《IEEE802.11 无线局域网标准等在内的标准体系》。物联网传感器也已渗透到诸如工业生产、智能家居、宇宙开发、海洋探测、环境保护、资源调查、医学诊断、生物工程、文物保护等领域。

2. 无线传感器网络(WSN)

由信息采集层和网络层构成的物联网感知体系是物联网应用领域推进的重要方向,其中无线传感器网络(Wireless Sensor Network,WSN)系统将是物联网感知体系下一代发展的主要方向。

无线传感器网络由部署在监测区域内大量的廉价微型传感器节点组成,是通过无线通信

第 7 章 物联网技术与云计算技术

方式形成的一个多跳的自组织的网络系统,其目的是采用互相协作的方式感知、采集和处理网络覆盖区域中被感知对象的信息,并发送给观察者。无线传感器网络作为一种智能的分布式传感网络,通过无线方式通信,跟互联网进行有线或无线方式的连接。无线传感器网络能够实时监测和采集网络分布区域内的各种监测对象的信息,以实现复杂的制定范围内目标监测和跟踪,具有快速展开、抗毁性强等特点,有着广阔的应用前景。

类似于以太网络,WSN 通常可以分为五层:物理层、数据链路层、网络层、传输层、应用层。各层协议和管理器的功能如下:

(1) 物理层:物理层定义 WSN 中的接收器间的通信物理参数,如使用哪个频段,使用何种信号调制解调方式等。

(2) 数据链路层:数据链路层定义各节点的初始化,各类消息完成自身网络定义,同时定义数据帧的调试策略,避免多个收发节点间的通信冲突。

(3) 网络层:网络层完成逻辑路由信息采集,使收发的网络数据能够按照不同策略使用最优化路径到达目标节点。

(4) 传输层:传输层提供数据传输的可靠性,为应用层提供入口。

(5) 应用层:应用层最终将收集后的节点信息整合处理,满足不同应用程序的计算需要。

WSN 协议栈还应包括能量管理器、移动管理器和任务管理器。能量管理器管理传感器节点如何使用能源,在各个协议层都需要考虑节省能量;移动管理器检测并注册传感器节点的移动,维护到汇聚节点的路由,使得传感器节点能够动态跟踪其邻居的位置;任务管理器在一个给定的区域内平衡和调度监测任务。这些管理器使得传感器节点能够按照能源高效的方式协同工作,在节点移动的传感器网络中转发数据,并支持多任务和资源共享。

总体来讲,经过一段时间的发展,许多企业和行业协会已制定了许多 WSN 协议,不过大部分该类协议均针对特定应用场景进行优化,仅适用于特定范围。随着国际标准化组织参与无线传感器网络的标准定义,适用于多行业、短距离自适应的无线传感器网络将进入快速发展阶段,无线传感器网络大规模商用指日可待。

7.2.2 物联网数据通信及传输

物联网在通过感知系统感知真实世界的相关信息后,必须对获得的信息进行管理和整合。除了"物"以外,还需要"网"。庞大的网络体系才能真正对感知数据进行管理和处理。由于物联网网络是在 Internet 和移动通信网等现有网络基础之上形成的,除了已有比较成熟的有线通信技术、无线通信技术等网络技术外,为了实现"万物互联",物联网将综合使用 IPv6、NB-IoT、ZigBee 等通信技术,实现有线和无线、感知网与数据传输网的无缝结合。下面将主要对 IPv6、NB-IoT、ZigBee 等关键通信技术进行介绍。

1. IPv6

IPv6 是 Internet 协议的最新版本,互联网所用的 TCP/IP 体系结构中,路由器是基于网络层 IP 地址信息进行转发的互联设备,它可以识别 Internet 上的设备,方便随时找到它们。每个使用互联网的设备都可以通过自己的 IP 地址识别,使得互联网通信正常工作。在这方面,它就像邮寄信件时需要知道的街道地址和邮政编码一样。

物联网的核心和基础仍然是互联网,是在互联网基础上的延伸和扩展的网络。而"万物互联"的本质就是万物都有独立的 IP 运行能力,可以完成端到端的指令控制。

当前的 Internet 协议是 32 位的 IPv4,它提供的 IP 地址共有 43 亿个,十分有限,然而目前全球人口已经超过 70 亿人,这代表平均一个人分不到一个 IPv4 地址。网络地址资源有限,严重制约了物联网的应用和发展。

IPv6 的地址长度为 128 位，是 IPv4 地址长度的四倍，因此，IPv6 的提供的地址数量是 IPv4 提供的数量的 2^{96} 倍。一个简单比喻，如果地球表面（含陆地和水面）都覆盖着计算机，那么 IPv6 允许每平方米拥有 7×10^{23} 个 IP 地址，基本可以实现"IPv6 可以让地球上每一粒沙子都上网"的条件，IPv6 投入大规模商用将成为物联网技术推广的强有力的基础保障。IPv6 有以下三种表示方法：

（1）冒分十六进制表示法。其格式为 X:X:X:X:X:X:X:X，其中每个 X 表示地址中的 16b，以十六进制表示，例如：

CDEF:AB01:6789:ABCD:3572:EF01:CDEF:6789

这种表示法中，每个 X 的前导 0 是可以省略的，例如：

A001:0EF8:0000:0023:000A:0900:200B:777A → A001:EF8:0:23:A:900:200B:777A

（2）0 位压缩表示法。在某些情况下，一个 IPv6 地址中间可能包含很长的一段 0，可以把连续的一段 0 压缩为"::"。但为保证地址解析的唯一性，地址中"::"只能出现一次，例如：

AB01:0:0:0:0:0:0:7777 → AB01::7777

0:0:0:0:0:0:0:1 → ::1

0:0:0:0:0:0:0:0 → ::

（3）内嵌 IPv4 地址表示法。为了实现 IPv4—IPv6 互通，IPv4 地址会嵌入 IPv6 地址中，此时地址常表示为：X:X:X:X:X:X:d.d.d.d，前 96 位采用冒分十六进制表示，而最后 32 位地址则使用 IPv4 的点分十进制表示，例如，::192.168.1.1 与 ::FFFF:192.168.1.1 就是两个典型的例子。注意，在前 96 位中，压缩 0 位的方法依旧适用。

在现行的 IPv4 协议下，物联网整个产业只能带着枷锁跳舞，想要开启真正的万物互联的大门，一定需要 IPv6 的配合，让 IPv6 的移动性、快速响应、设备安全、端到端的 IP 链接能力成为常态，让无数物联网设备有容身空间，IPv6 对于物联网的支持不仅仅是 IP 地址，更可以在以下方面对物联网大规模的推广起到基础性的支持：

第一，IPv6 对物联网节点移动性的支持。

互联网的移动性不足造成了物联网移动能力的瓶颈。IPv4 协议在设计之初并没有充分考虑到节点移动性带来的路由问题，即当一个节点离开了它原有的网络，如何再保证这个节点访问可达性的问题。IPv6 协议设计之初就充分考虑了对移动性的支持，针对移动 IPv4 网络中的三角路由问题，移动 IPv6 提出了相应的解决方案。

IPv6 的数据流量可以直接发送到移动节点。在物联网应用中，传感器有可能密集地部署在一个移动物体上。例如为了监控地铁的运行参数，需要在地铁车厢内部署许多传感器。从整体上来看，地铁的移动就等同于一群传感器的移动，在移动过程中必然发生传感器的群体切换，在 IPv6 的网络中，通信完全由传感器和数据采集的设备之间直接进行，这样就可以使网络资源消耗的压力大大下降。

第二，精准对应，信息溯源。

IPv4 提供的 IP 地址早已捉襟见肘，运营商的常规做法是通过 NAT 提供内网地址。也就是说大部分情况下，IPv4 体系中的 IP 地址和个人用户并非直接一一对应；但在 IPv6 体系中，通过 IP 地址，直接就可以把用户的身份对应起来。

一方面，这可以为更加彻底的网络实名制打下技术基础；另一方面，这可以提高管理效率，也能为用户提供更精准的内容推送。比如，某个人需要什么服务、什么内容，直接就可

第 7 章 物联网技术与云计算技术

以向特定的 IP 地址推送，这种服务到"门牌号"的体验，或许会成为未来的常态。

第三，IPv6 对物联网安全性的支持。

IPv6 带来的另一个优点就是大幅提升的安全性。在 IPv6 的部署中，IPSec 一度是标配，这意味着在 IPv6 地址之间传输数据往往是加密的，信息不再会被轻易窃听、劫持。

物联网与 IPv6 各自的特点决定了它们之间必将产生紧密的联系，物联网构想的完全实现有赖于 IPv6 提供强大的支持；而物联网的普及必然会对 IPv6 的发展产生巨大的推动作用。

可以想象，除现在已有的一些应用外，IPv6 将来必定会首先被大量应用于新建的物联网系统中，随着物联网的不断发展壮大，IPv6 的应用范围也必将越来越广泛，最终超过 IPv4 的规模，形成对 IPv4 的相对优势，从而逐步淘汰并取代原有的 IPv4。因此，物联网的发展对于 IPv6 的发展也具有非凡的意义，二者之间存在相互促进、相互推动的关系。虽然 IPv6 还有众多的技术细节需要完善，但从整体来看，IPv6 很有希望成为物联网应用的基础网络技术。

2. NB-IoT

NB-IoT 的全称是 Narrow Band Internet of Things，即基于蜂窝网络的窄带物联网技术，是一种面向物联网低功耗的通信需求演变出来的窄带物联网通信技术，支持低功耗设备在广域网的蜂窝数据连接，因此也被称为低功率广域网（Low-Power Wide-Area Network，LPWAN）。

物联网技术随着智慧物流、智慧医疗、智能家居、可穿戴设备等物联网终端的大规模应用，越来越多的工作和生活都将通过智能终端来解决。随着大量智能终端的应用，大密度的终端连接和低成本的终端连接需求变得越来越迫切。而相比蓝牙、ZigBee 等短距离通信技术，移动蜂窝网络具备广覆盖、可移动以及大连接数等特性，能够带来更加丰富的应用场景，理应成为物联网的主要连接技术。2016 年 6 月，3GPP（3rd Generation Partnership Project，第三代合作伙伴计划）确定将 NB-IoT 作为标准化的物联网专有协议。

NB-IoT 的技术优势主要体现在以下几个方面：

（1）广覆盖。NB-IoT 技术与 GPRS 或 LTE 相比，信号穿透力很强，最大链路预算提升了 20dB，相当于提升了 100 倍。因此 NB-IoT 信号即使在地下室、电梯深井、地下管道这些普通无线信号难以到达的地方都可以完全覆盖。

（2）低功率/低功耗。NB-IoT 可以支持终端设备电池超长续航，通过减少不必要的信令、更长的寻呼周期及终端进入 PSM 状态等机制来到达超低功耗的目的，目前在一些物联网应用领域设备电池可以续航达十年以上。

（3）低成本。低功率、低功耗、低带宽可以带来终端的低复杂程度，这有效降低了终端成本，目前终端芯片价格已经低于 1 美元。同时由于 NB-IoT 基于窄带蜂窝网络，可直接部署于现有的 LTE 网络，系统部署成本大大降低。

（4）大连接。NB-IoT 基站单扇区可支持超过五万个用户与核心网连接，大大提升了现在商用的 4G 网络不到一万的连接量。

（5）安全性：基于窄带蜂窝网的 NB-IoT 具有双向鉴权和空口严格的加密机制，确保发送和接收数据时的安全。

3. ZigBee

ZigBee，其名字来源于蜂群使用的赖以生存和发展的通信方式：蜜蜂通过跳 ZigZag 形状的舞蹈来通知发现的新食物源的位置、距离和方向等信息。ZigBee 以此作为新一代近距离、低复杂度、低功耗、低速率、低成本的双向无线通信技术的名称。

ZigBee 技术可以满足小型低廉设备的无线联网要求，主要适用于自动控制和远程控制领域的技术，其采用的是低速短距离传输的无线网上协议，底层是一组基于 IEEE 批准通过的

802.15.4 无线标准研制开发的组网、安全和应用软件方面的技术标准。与其他无线标准如 802.11 或 802.16 不同,ZigBee 和 802.15.4 以 250 kbit/s 的最大传输速率承载有限的数据流量。在标准规范的制定方面,主要是 IEEE 802.15.4 小组与 ZigBee 联盟两个组织,二者分别制定硬件与软件标准,其协议框架如图 7-3 所示。

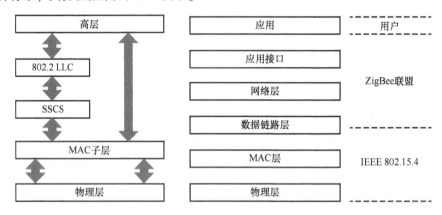

图 7-3 ZigBee 协议框架图

ZigBee 兼容的产品工作在 IEEE 802.15.4 的物理层上,其频段是免费开放的,分别为 2.4GHz(全球)、915MHz(美国)和 868MHz(欧洲)。作为一种无线通信技术,ZigBee 具有如下特点:

(1) 数据传输可调。采用 ZigBee 技术的产品可以在 2.4GHz 上提供 250kbit/s(16 个信道)、在 915MHz 提供 40kbit/s(10 个信道)和在 868MHz 上提供 20kbit/s(1 个信道)的传输速率,从能量和成本效率看,不同传输速率能为不同的应用场景提供相适应的选择。

(2) 可靠性高。ZigBee 采取了碰撞避免机制,同时为需要固定带宽的通信业务预留了专用时隙,避开了发送数据的竞争和冲突;ZigBee 的 MAC 层采用了完全确认的数据传输模式,采用的载波多路访问/冲突避免接入算法,保证了信息传输的可靠性。

(3) 低功耗。由于 ZigBee 的传输速率低,发射功率仅为 1MW,而且采用了休眠模式,功耗低,因此 ZigBee 设备非常省电。在低耗电待机模式下,ZigBee 设备仅靠两节五号电池就可以维持长达六个月至两年的使用时间,相比传统无线设备具有巨大优势。

(4) 时延短。由于对于时延敏感应用做了相应的优化,通信时延和休眠激活的时延都非常短,典型的搜索设备时延是 30ms,休眠激活的时延是 15ms,活动设备信道接入的时延为 15ms,因此 ZigBee 技术适用于对时延要求苛刻的无线控制(如工业控制场合等)应用。

(5) 网络容量大。一个星型结构的 ZigBee 网络最多可以容纳 254 个从设备和一个主设备,在网络协调器的支持下,网络最多支持 65 000 个网络节点。

(6) 成本低。ZigBee 传输速率低,协议简单,而且又是免专利费的,因此使用 ZigBee 的价格较为低廉,这也是一个关键的因素。

(7) 覆盖范围大。ZigBee 普通模式下覆盖范围在 10~75m(通过功放可实现低功耗条件 1 000m 范围通信),基本可以满足大部分近距离通信的要求。

(8) 安全性高。ZigBee 提供了基于循环冗余校验(CRC)的数据包完整性检查功能,支持鉴权和认证,采用了 AES-128 的加密算法,应用具有高保密性。

第 7 章　物联网技术与云计算技术

7.2.3　物联网数据处理服务

物联网数据处理服务是物联数字世界与真实物理世界的融合，是物联网智能特征的关键所在。高性能的物联网系统，应在高性能的数据处理能力下，将网络中大量真实物理世界的信息资源通过高效的数据处理服务整合形成一个超大规模的智能网络系统，为物联网用户及各类管理应用建立起可靠高效的数据服务平台。这些数据处理大部分依靠互联网络中提供的基础服务和技术，如海量数据存储、数据挖掘、边缘计算等技术。

1. 海量数据存储技术

物联网的各种应用服务需要建立在真实世界的数据采集上，由于万物互联，产生的数据量将会比当前的互联网数据提升几个量级，海量信息的多粒度存储、知识发现、并行处理显得尤为重要。

传统的数据存储技术基本依靠强大的磁盘数据阵列，磁盘数据阵列主要由多个硬盘接受同一个磁盘控制器的控制，由磁盘控制器统一进行多个磁盘的读写同步操作，最为经典的磁盘阵列就是独立冗余磁盘阵列（Redundant Array of Independent Disks/Redundant Array of Inexpensive Disks，RAID）。

随着 Web2.0 技术的兴起，网络数据资源的爆炸式增长以及物联网技术的深入发展，物联网的应用数据必定是进行海量信息的云存储。

云储存是指通过集群应用、网格技术或分布式文件系统等功能，将网络中大量各种不同类型的存储设备通过应用软件集合起来协同工作，共同对外提供数据存储和业务访问功能的一个系统，它能够保证数据的安全性，并节约存储空间。简单来说，云存储就是将存储资源放到云上供人存取的一种新兴方案。使用者可以在任何时间、任何地方，通过任何可联网的装置连接到云，方便地存取数据。

如同云状的广域网和互联网一样，云存储对使用者来讲，不是指某一具体的设备，而是指一个新型的云状结构的存储系统，这个存储系统由多个存储设备组成，通过集群功能、分布式文件系统或类似网格计算等功能联合起来协同工作，并通过一定的应用软件或应用接口，对用户提供一定类型的存储服务和访问服务。

当使用传统的存储设备时，我们必须非常清楚这个存储设备的型号、接口、传输协议，必须清楚存储设备和服务器之间采用什么样的连接线缆。为了保证数据安全和业务的连续性，还需要建立相应的数据备份系统。在升级成采用云存储之后，那么对使用者来讲，上面所提到的一切都不需要了。云存储系统中的所有设备对使用者来讲都是完全透明的，任何地方的任何一个经过授权的使用者都可以通过一根接入线缆与云存储连接，对云存储进行数据访问。

2. 数据挖掘

随着网络的迅速发展，当前政府部门、工商企业已积累了海量的不同形式的存储数据，从这些不同形式的数据中发现有价值的信息、规律、模式或知识，发现数据中的隐藏规则，已成为当前数据处理系统面临的一项重要任务。

数据挖掘（Data Mining）又译为资料探勘、数据采矿，较为公认的定义为：从大量的、不完全的、有噪声的、模糊的、随机的实际数据中，提取隐含其内的、人们事先所不知的、但又是有潜在价值的信息和知识的过程。简单来讲，数据挖掘一般是指从大量的数据中通过算法搜索隐藏于其中的信息的过程。可以发现数据挖掘的数据源必须是大量的、真实的、携带噪声的，发现的信息是对用户有价值的知识，发现的知识是可接受、可理解、可运用的。

数据挖掘的目标是从大量数据中，发现隐藏于其后的规律或数据间的关系，从而服务于决策，数据挖掘一般有以下几类任务：

（1）分类。分类就是通过分析样本数据库中的数据，为每个类别做出准确的定义或挖掘出分类规则，然后用这个分类规则对其他记录进行分类。

（2）聚类。聚类是把一组个体按照相似性归成若干类别，即"物以类聚"。聚类将没有分类的记录，在不知道应分成几类的情况下，按照数据内在的差异性，合理地分类，并确定相应记录的类别。

（3）关联分析。数据关联是数据库中存在的一类重要的可被分析发现的信息。若数据库中两组或者多组数据变量取值存在某种规律，该类数据则存在关联，关联分析就是找出数据中平时无法发现的数据关联性，从而服务于决策。

（4）预测。预测就是根据对象属性中过去观察值来预测该属性未来值。数据挖掘应可以自动在数据库中寻找对象属性，并根据存在信息预测未来信息。

（5）偏差检测。数据库数据常有偏离规则下的异常数据，称之为偏差。偏差数据实际含有很多潜在的未知的知识，数据挖掘应在挖掘过程中对偏差数据进行检测，其基本方法就是分析寻找观测结果和参照值之间有意义的差别，服务决策。

数据挖掘和传统的统计学有相同的出发点：发现数据中的有用信息。但数据挖掘和统计学关注的内容有很大的不同，这些不同主要体现在：

（1）统计学是确定性分析，目的在于建立一种合适的模型，从而较好地解释观测数据；数据挖掘的目的则主要是发现非预期而有价值的信息，本质是实验性质的。

（2）研究方法上，统计学建立在统计分布理论基础上，必须对应严格的统计检验；数据挖掘则基于支持度、置信度框架，没有严格的假定。

（3）数据形式上，统计分析通常将数据看成变量交叉的分类平面表，在数据量较小的情况下，可以直接读入内存；而在大部分数据挖掘问题上内存读入处理几乎不可能，大量数据基本分布在不同设备上，甚至分布于互联网，获得简单样本的机会不大。

（4）统计分析通常基于样本数据，利用样本数据得出总体特征值；数据挖掘则通常需要得到全部总体数据，挖掘分析是基于全部总体数据进行的。

在实施数据挖掘前，需要制订相应的数据挖掘计划，保障数据挖掘的正确实施，数据挖掘过程的模型步骤主要包括：

（1）信息收集。根据确定的数据分析对象抽象出在数据分析中所需要的特征信息，然后选择合适的信息收集方法，将收集到的信息存入数据库。

（2）数据集成。把不同来源、不同格式、不同特点性质的数据在逻辑上或物理上有机地集中，从而为企业提供全面的数据共享。

（3）数据规约。执行多数的数据挖掘算法时，即使在少量数据上也需要花费很长的时间，而做商业运营数据挖掘时往往数据量非常大。数据规约技术得到数据集的规约表示，它需要存储空间小得多，但仍然接近于保持原数据的完整性，并且规约后执行数据挖掘的结果与规约前的执行结果相同或几乎相同。

（4）数据清理。在数据库中的数据有一些是不完整的（有些感兴趣的属性缺少属性值），含噪声的（包含错误的属性值），并且是不一致的（同样的信息不同的表示方式），因此需要进行数据清理，将完整、正确、一致的数据信息存入数据仓库中。

（5）数据变换。数据变换是通过平滑聚集、数据概化、规范化等方式将数据转换成适用于数据挖掘的形式。对于一些实数型数据，通过概念分层和数据的离散化来转换数据也是重要的一步。

第 7 章　物联网技术与云计算技术

（6）数据挖掘过程。根据数据仓库中的数据信息，选择合适的分析工具，应用统计方法、事例推理、决策树、规则推理、模糊集、甚至神经网络、遗传算法的方法处理信息，得出有用的分析信息。

（7）模式评估。从商业角度，由行业专家来验证数据挖掘结果的正确性。

（8）知识表示。将数据挖掘所得到的分析信息以可视化的方式呈现给用户，或作为新的知识存放在知识库中，供其他应用程序使用。

数据挖掘过程是一个迭代式过程，每一个步骤如果没有达到预期目标，都需要回到前面的步骤，重新调整并执行。

数据挖掘技术实际是数据挖掘方法的集合，可将具体数据挖掘方法分为机器学习方法、统计方法、神经网络方法和数据库方法。机器学习方法可细分为归纳学习方法（决策树、规则归纳等）、基于范例学习、遗传算法等；统计方法可细分为回归分析（多元回归、自回归等）、判别分析（贝叶斯判别、费歇尔判别和非参数判别等）、聚类分析（系统聚类、动态聚类等）、探索性分析（主元分析法、相关分析法等）等；神经网络方法可细分为前向神经网络（BP算法等）、自组织神经网络（自组织特征映射、竞争学习等）等；数据库方法主要是多维数据分析或 OLAP 分析。

现代物流系统是一个庞大复杂的系统，物联网的应用是在全程物流的应用，包括运输、配送、仓储、搬运、再加工等多个流程，环节中信息量巨大，数据挖掘为快速准确地做出决策做了数支撑，数据挖掘将成为创造价值的核心，引领全球进入创新和发展的新模式。

3. 边缘计算

边缘计算是指在网络边缘节点处理、分析数据。这里，我们给出边缘节点的定义：边缘节点是指在数据产生源头和云中心之间任一具有计算资源和网络资源的节点。比如，手机是人与云中心之间的边缘节点，网关是智能家居和云中心之间的边缘节点。在理想环境中，边缘计算指的就是在数据产生源附近分析、处理数据，没有数据的流转，进而减少网络流量和响应时间的计算系统。

在传统的云计算技术架构中，主要采用全集中的方式进行云计算中心的建设和运营，资源都集中在总部，或者全球分别部署几个节点，用户通过互联网来使用云计算资源。随着云计算技术的发展和应用的普及，人们渐渐发现，这种全部集中模式的云计算未必是最优的解决方案，例如：

（1）前端采集的数据量过大，如果按照传统模式全部上传，成本高、效率低，典型场景是影像数据的采集和处理。

（2）系统需要即时交互的场景，如果数据全部上传，在中央节点处理再下发，往往传输成本高、时延长，典型场景是无人驾驶场景。

（3）在系统对业务连续性要求比较高的业务中，如果遇到网络问题或者中央节点故障，即便是短时间的云服务中断都会带来严重影响。

（4）安全信任的需求无法满足。有些用户不允许数据脱离自己的控制，更不能离开自己的系统，要让这样的系统上云，集中式的云计算中心就无法满足用户需求。

对物联网而言，边缘计算技术取得突破，意味着许多控制将通过本地设备实现而无须交由云端，处理过程将在本地边缘计算层完成。这无疑将大大提升处理效率，减轻云端的负荷。由于更加靠近用户，还可以为用户提供更快的响应，将需求在边缘端解决。边缘计算的优点显而易见：

（1）物联网系统响应时间减少。例如，在人脸识别领域，响应时间由 900ms 减少为 169ms。

（2）减少系统能耗。把部分计算任务从云端卸载到边缘之后，整个系统对能源的消耗会减少 30%～40%。

（3）减小系统数据管理负荷量。数据整合、迁移等花费的时间可降为原来的 1/20。

作为一个新兴产业，边缘计算前景广阔，它是物联网落地的前提，也是深化行业数字化转型的基础。如今边缘计算还处于迅速发展和成长的阶段，不同的应用场景中，边缘计算节点和云计算中心的分工不同，协作模式不同，边缘计算在商业应用中的主要产品拓扑如图 7-4 所示。

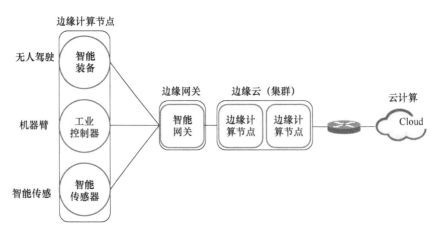

图 7-4　边缘计算产品拓扑图

边缘计算作为一个全球化的趋势，需要各个区域、各个产业领域的研究机构、产业组织、厂商和用户共同推动。边缘计算的标准化、商业化和全球化之旅已经全面开启。

7.2.4　物联网信息安全

1. 物联网信息安全问题

网络信息安全是指网络的硬件、软件和数据得到有效保护，各因素不会因为偶然或者恶意的原因遭到破坏、更改、泄露，系统能够正常可靠地持续运行，服务功能保持正常。物联网作为物物相连的智能网络，物理系统和信息系统的耦合关联使得物联网络面临更加复杂的安全威胁。同时物联网作为当前互联网的进一步延伸，网络组成形态更加多样，不同网络的异构性给网络可信度也带来了更大影响，物联网面临的安全威胁日益多样化，需要从系统角度综合考虑物联网面临的信息安全问题。物联网系统安全主要包括八个维度：读取控制、用户认证、隐私保护、不可抵赖性、通信层安全、数据完整性、数据保密性和随时可用性。信息安全针对物联网的体系结构层次也有不同层面的需求。

（1）感知节点和感知网络的安全。在无线传感网络中，大量的传感器节点通常被放置在比较偏远的地方，或者处于比较恶劣的环境中，感知节点数目庞大而且分布的范围较广，恶意攻击者可以轻易地接触到这些设备，有大量时间对传感器进行了解和破坏。同时，感知节点在物联网络中不仅要进行数据采集，还要进行数据传输，导致传感层的普通节点易被外部攻击者控制，易导致大量传感节点的标识、识别、认证和控制产生一系列的安全问题。

（2）传输网络安全。物联网概念适用于连接设备之间的通信，通信故障会导致设备无法使用。物联网的传输网络承担了物联网系统信息传输全流程，网络应具有足够的网络健壮度。

第 7 章 物联网技术与云计算技术

现在的通信网络是面向连接的工作方式，物联网的广泛应用必须解决地址空间空缺和网络安全标准等问题。此外，现有的互联通信网络的安全构建主要基于人与人的通信角度进行，"物物相连"的设备自动通信网络的安全设计、物联网络的传输安全设计，需要在原有互联网络的基础上进一步构建基于物联网设备的通信安全关系。

（3）信息服务安全。由于物联网中存在着大量无人看守的节点，面对这些节点，如何提供可靠的信息服务保证信息安全，提供数据的完整性保护，对各网络边缘感知节点的身份认证和加密数据的传输（如建立强大的安全管理平台），这将是最大限度地保障物联网络的信息服务安全所必须面对的问题。

2. 物联网通信网络安全防护策略

随着信息技术的不断发展，物联网网络接入技术不断扩展，其中包含传感器网络、窄带物联网络、无线局域网、ZigBee 网络等多种异构网络，这使得物联网在通信网络安全领域面临的问题更复杂，也对整个网络层进行安全防护提出了更高要求。物联网在未来的发展主要采取多手段的复合策略来提高安全等级：

（1）物联网接入网络节点身份认证。在物联网通信网络接入感知节点数目庞大，必须在接入网络中引入身份认证机制，利用关键网络节点对边缘感知节点的身份进行认证，从而防止和杜绝虚假节点接入到网络中，以确保通信网络节点安全。

（2）接入节点数据完整性保护。通过在物联网接入节点和通信网络设备之间建立安全通道，建立信息传输的可靠性保障机制，对各接入节点数据提供完整性保护和传输加密，在保证用户通信质量的同时，防止数据泄露、通信内容被窃听和篡改。

（3）数据传输加密技术升级。由于物联网接入节点范围较广，设备较容易接触，所以在物联网中除了应杜绝明文传输，应进一步加强数据过滤、认证等加密操作，确保传送数据的正确性。同时，还可进行设备指纹、时间戳、身份验证、消息完整性等多维度校验，最大限度保证数据传输的安全性。

（4）通信网络安全态势感知。由于物联网终端数量庞大、性能受限，无法照搬传统网络中部署传统的防火墙、杀毒软件等安全防护手段进行安全被动防护，而运营商拥有骨干网流量，具备对物联网设备进行监控的先天优势。运营商可以通过网络空间搜索引擎进行公网物联网设备的主动识别，通过流量特征进行局域网物联网设备的安全检测。网络安全管理系统可以在掌握网络中目前连接的物联网设备的基本状况后，对这些设备的流量进行分析并跟踪，对网络攻击进行实时监控，对物联网安全风险进行趋势预测，为后续的物联网安全风险治理奠定基础。

3. 物联网网络安全关键技术

物联网终端数量庞大，作为一个多网异构融合网络，不仅存在与互联网和移动通信网络同样的安全问题，同时其隐私保护和异构网络认证与访问控制问题还具有其特殊性，客观上就需要更加强有力的安全防护措施来保证数据安全。

（1）加密以及密匙管理机制。物联网数据加密主要用于防止对数据和设备的未经授权访问。物联网设备及硬件配置是各种各样的，一个完整的安全管理过程必须使用数据加密技术。数据加密就是使用数字的方法来重新组织数据，使除了合法的使用者外，非法用户恢复原先数据极为困难，从而保障数据安全。数据加密包括端对端加密和线路加密。端对端加密是使用加密算法对传输端两侧进行加密，将数据包封装后由互联网传输，加密信息到达目的端后使用相应密匙进行解密，还原可读的明文。而线路加密则是加密传输线路，不对端数据进行加密。加密技术按照密钥分类可分为对称加密和非对称加密。对称加密是指同时运用一个密钥进行加密和解密,而非对称加密技术中加密和解密所用的密钥不一样,它们是一对密钥,称为"公钥"和"私钥"。一般明文加密模型如图7-5所示。

图7-5 一般明文加密模型

物联网密匙管理是物联网这类异构融合型网络面对的极大挑战。实现统一的密匙管理可以采用两种方式:①以互联网为中心的集中式管理方式,在传感器网络接入互联网的情况下,通过统一的密匙管理中心和传感器网络的汇聚点进行交互信息,实现对节点密匙的管理;②采用密匙分布式管理,通过多跳通信的边缘节点等方法实现传感网络的密匙管理。

(2) 身份认证授权。物联网接入设备必须由所有合法用户进行身份验证。实现这种认证的方法包括静态口令、双因素身份认证、生物认证和数字证书。物联网的独特之处在于设备(例如嵌入式传感器)需要验证其他设备。

(3) 安全分析和威胁预测。物联网安全管理系统除了监视和控制与安全有关的数据,还必须预测未来的威胁。必须对传统的方法进行改进,寻找在既定策略之外的其他方案。预测需要新的算法和人工智能的应用来应对非传统攻击。

7.3 云计算

物联网作为物理世界和数字世界融合的智能网络系统,必须依靠高性能的计算存储平台,云计算(Cloud Computing)作为分布式处理(Distributed Computing)、并行处理(Parallel Computing)和网格计算的发展结果,将为物联网世界带来的一种划时代的变革。

云计算的理解众说纷纭,但现阶段较为认可的定义是美国国家标准与技术研究院(NIST)给出的定义:云计算是一种按使用量付费的模式,这种模式提供可用的、便捷的、按需的网络访问,进入可配置的计算资源共享池(资源包括网络、服务器、存储、应用软件、服务),只需投入很少的管理工作或与服务供应商进行很少的交互操作,这些资源即可被快速提供。

云计算是一种革命式的举措,能把计算分配给大量的分布式计算机,意味着计算能力也可以作为一种商品进行流通,好比电气时代下单台发电机模式向电厂集中供电模式转变后,计算能力就像煤气、水电一样,使用方便,费用低廉。

7.3.1 云计算的特点

云计算能够使计算分散在大量的分布式计算机上进行,因此可以使企业通过互联网切换到需要访问的计算机和存储资源上。云计算服务具有以下特点:

1. 超大规模计算能力

"云"分布在大量的分布式服务器上,云计算把大量计算资源集中到一个公共资源池中,用户通过租用方式共享计算资源,"云"能赋予用户前所未有的计算能力。

2. 系统数据的高可靠性

云计算使用的分布式数据中心有效保证了数据的安全,可将数据信息备份到地理分隔的

第 7 章　物联网技术与云计算技术

数据中心主机上，使用数据多副本容错、计算节点同构可互换等措施来保障服务的高可靠性。使用云计算比使用本地计算机具有更高的数据可靠性。

3. 虚拟化资源池的服务灵活性

云计算支持用户在任意位置、使用各种终端获取应用服务。云计算将各种计算及存储资源充分整合和高效利用，将系统中各种异构的硬件资源转换成灵统一的虚拟资源池。用户无须了解、也不用担心应用运行的具体位置，只需要一台笔记本计算机或者一部手机，就可以通过网络服务来得到需要的一切，甚至包括超级计算这样的任务。

4. 平台模块化的高可扩展性

云计算相应规模可以根据用户对于云计算的需求动态伸缩，满足应用和用户规模增长的需要。目前主流的云计算平台一般根据云计算的服务模式构架在集成功能各异的软硬件设备和中间件软件，形成模块化，在平台端提供通用接口，允许用户在平台扩展设备，集成计算资源，满足用户个性化的需求。

5. 按需付费降低用户使用成本

云计算平台是一个庞大的资源池，通过按需分配为用户提供应用程序、数据存储和基础设施等资源服务，在按需服务的基础上按需付费，用户可以充分享受按需付费云计算平台的低成本优势，而且可以根据企业成长的的需要扩展和取消相关的服务订购，提高企业资金利用率。

6. 多平台终端接入优势

用户可使用各种设备终端和不同操作系统（PC、智能手机和移动便携设备）随时随地通过互联网获取云计算平台的服务支持。

7.3.2　云计算的基本服务模式

云计算是一种按使用量付费的模式，云计算有以下三种基本服务形式：

1. SaaS（软件即服务）

软件即服务（Software-as-a-Service，SaaS）是通过互联网交付软件应用程序的方法（国内通常叫作软件运营服务模式，简称为软营模式）提供软件服务，比如 Office365 等。用户（通常使用手机、平板计算机或者个人计算机的 Web 浏览）通过互联网就直接能使用这个软件应用，不需要进行本地安装，能直接在云端上执行应用。此外，还免去了初期高昂的软硬件投入。SaaS 不论在什么时候，什么地点，仅需接上网络，用户就能访问。这不仅能更经济地支持庞大的用户规模，而且能提供一定的可指定性以满足用户的特殊需求。SaaS 主要面对的是普通用户。

2. PaaS（平台即服务）

平台即服务（Platform-as-a-Service，PaaS）在网上提供各种开发和分发应用的解决方案，有些领域也称为中间件。云计算的开发都可以在这一层进行，比如虚拟服务器和操作系统。这既节省了花在硬件上的费用，也让分散的工作室之间的合作变得更加容易。用户不论是在部署还是在执行无须为服务器、操作系统、网络和存储等资源管理担心，这些烦琐的工作都由 PaaS 供应商负责处理。PaaS 的基本用户是开发者，把服务器平台作为一种服务提供的商业模式。

3. IaaS（基础设施即服务）

基础设施即服务（Infrastructure-as-a-Service，IaaS），它是一种用户通过互联网能够从完好的计算机基础设施获得服务的模式。用户能够从供应商那里获得他所需要的虚拟机或者存储资源来装载相关应用。同一时候这些基础设置的烦琐管理工作将由 IaaS 供应商来处理。通过 IaaS，物联网商可以将硬件外包到 IaaS 企业，IaaS 企业会提供场外服务器、存储和网络硬件，用户可以租用，从而节省了维护成本和办公场地，企业可以在任何时候利用这些硬件来运行其应用。IaaS 能通过基础设施即服务的虚拟机支持众多的应用。IaaS 的基本用户是系统管理员。

7.3.3 云计算基本实现技术

云计算是一种新型的业务交付模式，同时也是新型的 IT 基础设施管理方法。云计算实现主要应包括以下基本实现技术：

1. 虚拟化

虚拟化是实现云计算的基础核心技术，是将物理 IT 资源转换为虚拟 IT 资源的过程。虚拟大幅度提高了组织过程中资源和应用程序的效率和可用性。虚拟化把物理资源和最终呈现给用户的资源进行了分离，在具有统一良好架构设计的物理资源上创建出多个替代资源（即虚拟资源），替代资源和物理资源具有相同的接口和功能，对用户来说虚拟资源具备与物理资源相同的使用功能，同时还可以有不同的属性，如价格、容量、可调整性等。虚拟化主要包括服务器虚拟化、客户端虚拟化、网络虚拟化、存储虚拟化以及基础结构虚拟化。通过虚拟化手段将系统中的各种异构的硬件资源转换成为灵活统一的虚拟化资源池，从而形成云计算的基础设施，为上层云计算平台和云服务提供相应的支撑。

2. 分布式文件系统

分布式存储的目标是利用云环境中多台服务器的存储资源来满足单台服务器所不能满足的存储需求。其特征是存储资源能够被抽象表示和统一管理，并且能够保证数据读写与操作的安全性、可靠性等各方面的要求。云计算催生了一些优秀的分布式文件系统和云存储服务。可伸缩的分布式文件系统利用容错和故障恢复机制，有效地克服了单节点故障导致的系统故障，实现了大规模海量级的文件存储。以 Hadoop 文件系统为例，Hadoop 文件系统（HDFS）是一个运行在普通硬件之上的分布式文件系统，虽然它和现有的分布式文件系统存在很多相似性，但也与其他分布式文件系统存在明显的区别：HDFS 是高容错性的，可以部署在低成本的硬件上，HDFS 高吞吐量对应用程序进行数据访问，它适合大数据集的应用程序，HDFS 放开一些 POSIX 的需求去实现流式地访问文件数据。

3. 分布式计算

基于云平台的最典型的分布式计算模式是 Map Reduce 编程模型。Map Reduce 将大型任务分成很多细粒度的子任务，这些子任务分布式在多个计算节点上进行调度和计算，从而在云平台上获得对海量数据的处理能力。Map（映射）操作是可以高度并行的，这对高性能要求的应用以及并行计算领域的需求非常有用。Reduce（化简）操作是指对一个列表的元素进行适当的合并。虽然它不如映射函数那么高度并行，但是因为化简总是有一个简单的答案，大规模的运算相对独立，所以化简函数在高度并行环境下也很有用。

7.4 物联网及云计算技术应用

物联网及云计算作为新生事物，其开发应用前景十分巨大，同时也将给人们的工作和生活带来许多意想不到的惊喜，本节将重点介绍物联网及云计算的应用案例，不断扩大的应用范围是物联网和云计算发展的强大推动力。

第7章　物联网技术与云计算技术

7.4.1　智慧地球

"智慧地球"是 IBM 公司于 2008 年首次提出的新概念，根据 IBM 的定义，智能技术将运用在生活的各个方面，如智慧医疗、智慧交通、智慧电力、智慧食品、智慧基础设施以及智慧城市，其目标就是让物理世界运转更加智能化，利用不断出现的新型信息技术来改变物理世界的信息交互模式，通过物联网、超级计算机和云计算，使得人类以更加精细、动态的方式生活，从而在世界范围提升"智慧水平"。

"智慧地球"包括三个维度：①能够更透彻地感应和度量世界的本质和变化；②促进世界更全面地互联互通；③在上述基础上，所有事物、流程、运行方式都将实现更深入的智能化，企业因此获得更智能的洞察。当这些智能之道更普遍、更广泛地应用到人、自然系统、社会体系、商业系统和各种组织，甚至是城市和国家中时，"智慧地球"就将成为现实。这种应用将会带来新的节省和效率——但同样重要的是，提供了新的进步机会。

物联网和云计算作为"智慧地球"的发展基石，物联网的理念和云计算技术产品已经广泛渗透到社会经济民生的各个领域，在越来越多的行业创新中发挥关键作用。

（1）物联网的应用将大大提高感知和度量世界的能力。物联网技术不是简单的传感器概念，而是随时随地获取可感知信息的系统和技术。通过这些系统和技术，从地球的地质活动到人的血压变化，任何有利于人类更美好生活的数据都将被采集分析，通过更加智能的计算分析更高速、高效地采取可靠的措施，保障人类的美好生活。

（2）物物相连的物联网将带来全面的互联互通。伴随不断出现的高速移动通信网络（第五代移动通信网络、第六代移动通信网络），将个人可穿戴设备、各类传感器、各类组织收集与存储的分散的信息将高速连接，进行更加全方位的交换和共享，从而更好地对人类所处的环境进行实时了解，对各类业务状态进行实时的监控，从全局角度分析并实时地解决问题，更加有效地为人类服务。

（3）更智能化的物联系统带来更智慧的地球。物联网收集到的数据，采用云计算人工智能等先进的分析运算工具，通过跨地域、跨行业的信息整合，可以产生更好的支持决策方案辅助人类做出更加明智的选择。智慧地球将构建一个低成本、智能和安全的动态基础设施，改善人类的生活环境，让人类的生活更加节能环保。

7.4.2　智能物流

1. 智能物流的特点

智能物流系统（Intelligent Logistics System，ILS）是在物联网广泛应用的基础上利用先进的信息管理、信息处理技术，使物流系统模仿人类智能，使整套基于物联网的物流系统具备自行解决物流中某些问题的能力。智能物流的未来发展将会体现出以下三个特点：

（1）智能物流系统以数据驱动，完成物流生态互联互通。物流系统中各物流要素实现互联互通，物流实体世界相关信息业务数字化，实现物流系统全过程透明可追溯；一切数据业务化，以"数据"驱动决策与执行，为物流生态系统赋能。

（2）物流系统的各生产要素深度协同，各执行机构高效执行。物流系统的跨集团、跨企业、跨组织之间深度协同，基于物流系统全局优化的智能算法，调度整个物流系统中各参与方高效分工协作。

（3）智能物流系统的自主决策，自助学习。智能物流在人工智能的支持下实现自主决策，推动物流系统程控化和自动化发展；通过大数据、云计算与人工智能构建物流大脑，在感知中决策，在执行中学习，在学习中优化，在物流实际运作中不断升级，学习提升。

2. 智能物流的基础功能

智能物流是利用集成智能化技术，使物流系统能模仿人的智能，具有思维、感知、学习、推理判断和自行解决物流中某些问题的能力。智能物流一般具有以下基础功能：

(1) 智能物流需要具备客观世界的识别感知功能。物流系统识别感知功能要将物品信息进行数字化处理，通过使用射频识别、卫星定位技术，快速对物流货物进行识别，获取运输、仓储、包装、装卸搬运、流通加工、配送、信息服务等各个环节的大量信息，使物流参与方根据权限能准确掌握货物、车辆和仓库等信息进而实现物流领域中生产自动化、销售自动化、流通自动化的管理，实现感知智慧。

(2) 智能物流系统应具有物流系统全过程定位、追溯和支持功能。智能物流系统通过射频识别、卫星定位技术，可实时获取交通运输装备及物流配送过程各环节的数据和信息，实时了解运送货物的位置和状态等配送信息，对物流货物进行定位和追踪管理，为客户与管理者提供实时的物流运行状态的信息反馈，反馈贯穿于智慧物流系统的每一个环节，保障对物流的各个环节都能相互联系，互通有无，共享数据，优化资源配置的系统，从而为物流各个环节提供最强大的系统支持，使得各环节协作、协调、协同，并可对物品产地等相关生产和流通信息进行追溯。

(3) 智能物流系统可根据各种不同的情况辅助和优化决策功能。将数据挖掘和信息处理技术应用于物流管理和配送系统，根据不同的情况评估运输仓储成本、物流完成时间及质量和物流服务等其他标准，通过对物流数据、客户需求、商品库存等信息和数据进行数据挖掘和分析，进行科学预测分析，辅助制定和优化决策，提出最合理有效的解决方案，使做出的决策更加的准确、科学，实现物流运输、仓储和配送决策的智能化。

7.4.3 智能交通

智能交通系统（Intelligent Traffic System，ITS）是将先进的物联网技术、数据通信技术、云计算、大数据和人工智能等有效地集成运用于交通运输管理系统，从而建立起大范围、全方位、实时性高、效率高、环境友好和节约能源的综合运输管理系统。世界上现有智能交通系统应用最为广泛的地区是日本，日本的 ITS 系统相当完备和成熟，其次美国、欧洲等地区也普遍应用。我国的智能交通系统发展迅速，在北京、上海、广州等大城市已经建设了先进的智能交通系统。未来基于物联网技术的智能交通网络与现有智能交通网络相比，对信息资源的开发利用率，信息采集的精度、覆盖度，商业模式的开发程度等，都将进一步提升。

伴随着现代城市的快速扩张，目前城市的交通管理设施和管理能力跟不上交通需求的发展速度，而智能交通系统是当前世界交通运输发展的热点和前沿，智能交通作为智慧城市的重要组成部分，将极大地满足市民出行保障和交通信息的需求。

随着物联网技术的高速发展，通过物联网感知层，各类交通参与者的信息被实时全面的获取，利用无线传输、数据融合和人工智能等技术，从而使得交通路网的状态仿真和推演成为可能，更使得交通事件从"事后处置"转化为"事前预判"，使得智能交通领域的管理方式得到深刻变革，为交通控制策略的调整以及今后交通网络的规划建设提供有效的辅助决策信息。

目前智能交通系统主要有以下三个发展方向：

(1) 城市智能交通系统。伴随着我国城市化的不断推进，城市的人均拥有汽车量不断提高，现代城市交通压力不断增加，智能交通管理系统在城市交通管理中越来越得到重视。城

第 7 章 物联网技术与云计算技术

市智能交通系统通过先进的感知层收集各种道路交通信息和各类交通参与者的参观数据,并将相关数据送到城市交通指挥中心,智能交通指挥系统则对收集的实时交通数据进行分析处理,借助交通组织优化模型进行交通控制方案的优化,生成合理的交通实时管理方案和交通服务信息,通过新一代数据通信网络将数据和信息传输到交通控制设备和交通信息发布终端上,实现对城市交通控制系统的全面优化和控制,实现智慧城市交通管理。

(2) 城际高速智能交通管理系统。我国高速公路总里程已超越美国,位居世界第一。高速公路的通信、监控和收费系统的要求也在不断提高。提高高速公路的行使安全、使用效率、舒适程度、降低能耗、减小环境污染,都成为城际智能交通管理系统需要解决的问题,应用物联网技术可全面提高交通运输行业的智能水平,发挥智能交通智能化对综合交通组织、运行和管理的支持作用。

(3) 城市轨道智能交通。城市轨道交通已成为城市公共交通系统的一个重要组成部分,对轨道交通数据进行收集、处理、发布、交换、分析和利用,将相关数据无缝链接到城市智能交通管理系统,是一个复杂系统工程。其将采用先进的数据采集手段、综合的数据处理方式、强大的信息处理平台,再结合有效的商业模式,有效地推动城市轨道交通数据与智慧城市交通系统有效融合,使整个城市公共交通系统更加高效地为城市出行者服务。

复习思考题

1. 简述物联网的定义及特点。
2. 简述物联网系统构架。
3. 简述物联网各体系的关键技术。
4. 简述云计算的定义及特点。

第8章 "互联网+"物流平台模式及发展趋势

本章学习目标

了解"互联网+"和"+互联网"的区别与联系,理解"互联网+"物流平台的概念与内涵;理解目前常见的几种"互联网+"物流平台服务模式,能区分几种模式的价值创造方式、运作模式及盈利模式;了解"互联网+"物流平台的发展趋势,理解基于云生态的物流信息平台服务模式的内涵、主体、主要功能、盈利模式;了解"互联网+"物流市场的典型应用及发展趋势。

8.1 "互联网+"物流平台的概念与内涵

2013年1月出台的《关于推进物流信息化工作的指导意见》指出在"十二五"末期初步建立起与国家现代物流体系相适应和协调发展的物流信息化体系;"互联网+"接入快递,促进快递业向前发展。2015年7月4日,国务院印发《国务院关于积极推进"互联网+"行动的指导意见》,指出在全球新一轮科技革命和产业变革中,互联网与各领域的融合发展具有广阔前景和无限潜力,已成为不可阻挡的时代潮流,正对各国经济社会发展产生着战略性和全局性的影响。积极发挥我国互联网已经形成的比较优势,把握机遇,增强信心,加快推进"互联网+"发展,有利于重塑创新体系、激发创新活力、培育新兴业态和创新公共服务模式,对于打造"大众创业、万众创新"和增加公共产品、公共服务"双引擎",主动适应和引领经济发展新常态,形成经济发展新动能,实现中国经济提质增效升级具有重要意义。"互联网+"高效物流作为重点行动之一,要加快建设跨行业、跨区域的物流信息服务平台,提高物流供需信息对接和使用效率;鼓励大数据、云计算在物流领域的应用,建设智能仓储体系,优化物流运作流程,提升物流仓储的自动化、智能化水平和运转效率,降低物流成本。2015年10月《关于促进快递业发展的若干意见》提出,到2020年建成覆盖全国、联通国际的快递服务网络,推进"互联网+"快递的发展。

8.1.1 "互联网+"的概念

《国务院关于积极推进"互联网+"行动的指导意见》指出,"互联网+"是把互联网的创新成果与经济社会各领域深度融合,推动技术进步、效率提升和组织变革,提升实体经济创新力和生产力,形成更广泛的以互联网为基础设施和创新要素的经济社会发展新形态。

"互联网+"行动的主要倡导者马化腾认为,"互联网+"就是以互联网平台为基础,利用信息通信技术与各行业的跨界融合,推动产业转型升级,并不断创造出新产品、新业务与新模式,构建连接一切的新生态。

从以上两个概念可以看出,"互联网+"并不是互联网和某个行业的简单相加,它是要利用信息技术和互联网平台,让互联网与各行业进行深度融合,进而推动技术进步、效率提升和组织变革,推动产业转型升级,不断创造出新的产品、新的模式、新的业态,形成以互联网为基础设施和创新要素的新生态体系。

在"互联网+"概念出现的同时,"+互联网"概念也被提出。相比于"互联网+"与某个行业的深度融合与创新,运用互联网思维重塑,更多的企业比较容易实现的是"+互联网"。"+互联网"是指把互联网当作一种手段,企业通过互联网的渠道和平台,实现信息化及目标的增长。在这个过程中,互联网主要起到工具式的作用,如原来线下的商店或工厂自己搭建电子商务网站,或者在某个电商互联网平台上建立网店,通过互联网销售和配送,提高为用户服务的效率和质量。

企业"+互联网"也有不同的发展程度,如在期刊行业中,有的企业只是简单地把产品数字化后搬到网络,有的企业则从信息采集、信息储存、信息加工、产品形态、传播渠道等诸多方面都实现"互联网化";如在QQ平台上加强刊物官方微博的建设,通过互动将读者变成"粉丝";在微信平台上加强公众号建设,将读者刷进"朋友圈";凭借在所属行业深耕多年的优势,开发与本行业密切相关、服务网友的App,尽可能抢占移动互联网"端口"等。有的期刊与相关专业机构合作,建设所属行业的专业数据库,将海量的"非结构化"数据转变为"结构化"数据,从而对行业发展的趋势有更科学、理性的把握,以便更好地服务相关企业和用户。

8.1.2 "互联网+"与"+互联网"的区别与联系

"互联网+"与"+互联网"有较深的联系与区别。从某种意义上讲,"+互联网"是实施"互联网+"的技术前提和基础。企业只有通过"+互联网"进行互联网转型后,才可能实施"互联网+"。下面从经营模式、价值取向、服务形式、竞争优势等九个方面来分析二者的区别:

(1)从经营模式来看,"互联网+"更彰显互联网思维的用户思维,以用户导向为主;而"+互联网"更沿袭工业化思维的资源倚重路径,以资源导向为主。

(2)从价值取向来看,"互联网+"属于重构供需;"+互联网"侧重重构效率。

(3)从服务形式来看,"互联网+"源自线上,以上门服务为主;"+互联网"立足线下,以到店服务为主。

(4)从竞争优势来看,"互联网+"主要倚仗人才;而"+互联网"主要倚仗既有的资源和市场经验。

(5)从人力资源来看,"互联网+"主要采取合伙人方式,发挥各自所长;"+互联网"稳扎稳打,主要依靠招聘和培养。

(6)从从业主体来看,"互联网+"主要是互联网产业的从业者;"+互联网"主要是践行互联网思维的传统产业实体从业者。

(7)从企业形态来看,"互联网+"以线上线下融合的大平台为主,彰显平台经济;"+互联网"以大量小而美形态的企业为主,范围经济和规模经济并存。

(8)从商业本质来看,"互联网+"更多体现商业形态的破坏性创新,关键词是重构;"+互联网"更偏重于既有商业属性的优化升级,关键词是升级。

(9)从主要特征来看,"互联网+"脱胎于互联网企业,"轻资产+服务"是其共性;"+互联网"植根于传统产业,"重资产+技术"是其共性。

8.1.3 "互联网+"物流平台的概念与内涵

随着平台经济与O2O经济形态逐步被市场认可，拉动了物流行业新需求的产生，"互联网+"物流平台顺势而生，并得到快速发展。移动互联网的广泛渗透降低了社会物流资源进入规范化市场的门槛。2019年2月28日，中国互联网络信息中心（CNNIC）在京发布第43次《中国互联网络发展状况统计报告》，报告指出，截至2018年12月，我国网民规模达8.29亿，普及率达59.6%，较2017年底提升3.8个百分点，全年新增网民5 653万。我国手机网民规模达8.17亿，网民通过手机接入互联网的比例高达98.6%。移动互联网的高渗透率使得社会化物流资源能方便地进入"互联网+"物流领域。移动互联网的广泛应用和普及，使得物流实时作业和移动办公成为可能，尤其对物流作业过程的质量控制方式产生了质变推进。GIS技术加强了物流作业的实时位置管理，使调度更为科学合理，并实现作业全局监控。大数据技术能够对需求进行预测，帮助企业高效决策物流资源配置。人工智能（AI）促进物流行业产生革命性影响，在运输调度、配送实时、仓储作业、资源配置等方面提升物流效率。

物流平台是对物流运作起承载和支持作用的、以工程和管理为主的环境、条件系统。"互联网+"物流平台是以互联网为基础设施的物流平台，是物流服务参与者依托互联网交互的媒介，为各种物流活动起承载、支持和促进作用，是由核心企业物流平台运营商和双边用户以及其他辅助主体共同组成的复合型组织。物流平台吸引并集聚与核心服务互补的物流资源，为双边客户提供成体系的物流服务，具有服务资源配置与服务运营管理功能。物流服务参与者（包括服务提供商与客户）通过物流平台所提供的支持进行产品或服务的交互、交易和协同，物流平台运营商通过平台运行规则来管理平台服务。

"互联网+"物流平台在实践中的主要体现方式是各种基于互联网的物流信息平台。物流信息平台是物流相关信息的汇聚点，实现物流信息的采集、处理、组织、存储、发布和共享，以达到整合物流信息资源、降低整体物流成本和提高整体物流效率的目的。物流信息平台是企业开展现代物流业务的基础条件，对企业的物流运作效率、质量以及客户满意度有重要影响，实践中如货车帮、运满满、卡行天下、易货嘀、陆鲸等，阿里巴巴、广西糖网、渤海交易所、日照大宗商品交易中心等各种电子商务交易平台基于日趋激烈的市场竞争和供应链一体化服务的理念，正在积极构建物流信息平台（如阿里物流宝平台、E-shipping平台等），建设物流服务体系。

8.1.4 我国"互联网+"物流的发展现状

2018年全国社会物流总费用达到13.3万亿元，同比增长9.8%，增速比上年同期提高了0.7个百分点，占GDP的比率为14.8%，比上年同期上升了0.2个百分点。近年来，国内GDP增速放缓，物流总费用占比GDP比率总体呈下降趋势，一定程度上反映出国内物流业作业效率有所改善。国内物流总费用主要来自两类物流资源所支持的物流生产活动：一种是企业级资源，是指隶属于或挂靠于物流企业品牌下的车辆、仓库、司机、递送员、库管作业人员等物流生产资源（如顺丰车队、中国邮政仓库、申通配送员）。物流企业通过自持或加盟完成资源配置，在物流生产活动中能够直接调配物流资源，其特征是能够提供有组织、有体系、有标准作业流程的服务，资源规模及服务质量相对稳定。另一种是社会化资源，是指由小型作坊型组织（个体车队）或个体经营者构成的社会闲散物流资源（如物流园区的乡族型车队，家具市场的个体车辆、众包物流的递送员），其特征是无统一组织者，缺乏信誉背书方，个体资源方直接对接货主需求方，缺少服务规范标准约束，所提供的服务水平相对不够稳定。

第8章 "互联网+"物流平台模式及发展趋势

国内主流第三方物流企业分别在资本运作市场化、设施装备智能化、运营管理大数据化方面探索变革创新。顺丰和"三通一达"等3PL企业先后成功上市,行业进入更加规范的发展阶段。顺丰于2017年开工建设第一个顺丰国际机场,申通全自动快递分拣机器人、京东无人机配送等项目标志着装备智能化。2017年6月,"丰鸟"数据之争揭开业内对物流大数据价值意义的深度认同,以及未来物流行业依托数字化驱动整体运营的趋势。

移动互联网等科技在第三方物流领域的快速应用,对物流业生产方式、资源配置方式产生影响,加速了物流业的发展。社会化物流资源依托移动互联网向平台化发展,同时利用物联网、云计算、大数据、AI等科技手段,整合了市场闲散物流资源;通过优化路由、信用担保、结算运费、车后服务等措施逐步缓解了行业中物流提供方面临的货源信息稀缺、收入无保障、缺少信用担保、成交率低、回程空驶率高、物流损耗高等痛点;通过优化服务采购、保险服务、作业监控、签收回单等措施改善了物流需求方面临的服务质量不稳定、操作过程不透明、司机信用难以评估、货运风险高等问题,实现了信息数字化、市场平台化、作业可控化和服务规范化。

通过短暂的探索期,经历过"互联网+"物流低谷的洗礼,优胜出的"互联网+"物流企业摸索出优势壁垒及发展路径,市场已进入高速发展阶段。我国"互联网+"物流的发展历程如图8-1所示。

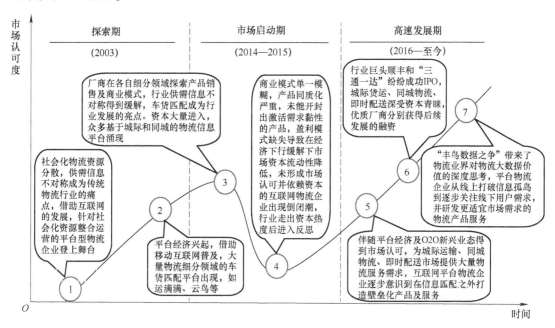

图8-1 我国"互联网+"物流的发展历程

"互联网+"渗透到社会化物流资源各类细分业态,形成了平台物流生态体系:城际整车货运领域中有运满满、货车帮、福佑卡车、路歌等平台,城际零担货运有壹米滴答、万家物流、金正物流等;同城B端物流有云鸟、货拉拉、58速运等平台,同城C端物流有58速运、货拉拉、1号货的、蓝犀牛等平台;即时配送领域有达达、蜂鸟配送、美团众包等平台;综合物流领域有货速达、维捷城配等,冷链物流领域有冷链联盟、码上配、冷链马甲等,企业级物流服务有汇通天下、车满满等。自2013年资本投向"互联网+物流"领域,至2016年融资总额达到高峰,其中城际货运、同城物流、即时配送领域更受资本青睐。

8.2 "互联网+"物流平台的服务模式

根据物流信息平台的功能不同，目前我国物流信息平台服务模式可主要归结为五种：物流信息中介平台模式、物流服务交易平台模式、物流运作管理平台模式、第三方物流服务平台模式、第四方物流服务平台模式、基于云生态的物流信息平台服务模式。

8.2.1 物流信息中介平台模式

物流信息中介平台模式是指平台通过门户网站和手机 App 提供包括供需信息、价格信息、行业资讯、政策法规、案例分析等物流相关信息服务，吸引各类物流企业和物流需求企业聚集平台，做好价值链中搜索信息的价值创造环节，进而以广告费和会员费为主的方式获取盈利的平台服务模式。典型代表如中国国际海运网、环球运费网等平台。

国内建设较早的物流信息平台大部分采用的是信息中介模式。波特教授提出的"价值链"理论认为，企业经营的核心问题就是"在价值链上定位"和"将战略建立在独特的经营活动上"。按照交易成本理论，交易过程包括搜索阶段、协商阶段、履行阶段。在该模式下，物流信息平台在交易过程"价值链上定位"是"为交易双方提供信息"，但在协商阶段和履行阶段基本未发挥任何作用。而且搜索阶段所提供的信息服务也比较粗放，由于缺少精细化管理，带来了一些虚假信息问题。这种模式平台功能较为单一，平台起的作用较小，用户黏性较差，单靠这种模式盈利困难，一般作为非主营业务而存在。目前这种模式有向物流服务交易平台拓展的趋势，如 G7-汇通天下平台，用户可以以先进信息技术建立自己的在线车库，可实时查询车辆位置信息，在线发布货运任务，公开竞价，并可建立自己的"朋友圈"，方便业务联系，提高物流整合服务的能力。

8.2.2 物流服务交易平台模式

物流服务交易平台模式是指平台通过吸引物流供需双方注册，为其提供线上物流交易席位，满足物流服务交易双方进行在线发布、搜索、比较供求信息、洽谈业务、选择物流供应商、下单、支付、订单跟踪、评价等交易全过程在线服务需求，进而以交易手续费、会员费、广告费、增值服务费获取盈利的平台服务模式。典型代表有阿里物流平台、上海航运交易平台、慧聪物流平台、罗计物流、运钢网。阿里物流平台和慧聪物流平台主要为贸易平台服务，因此不收取手续费和会员费，而是主要通过广告费和增值服务费的方式获取盈利。

这种模式在搜索、协商、履行阶段形成闭环的网上交易过程，是目前物流信息平台主流的服务模式。其价值创造方式为"价值网"，靠中介技术来联结客户，促进物流服务提供商与客户的价值互动和价值协同来为客户创造价值。但是，目前该模式大多只是将物流供需主体集中在一起，缺乏对服务主体和服务产品的管控，容易导致平台上物流服务同质低效、恶性价格竞争、虚假信息、资源利用率低等问题，"价值协同"难以实现。物流服务的无形性、交互性、同时性和不可存储性特征导致平台物流服务质量难以测量，加上缺乏服务标准和足够强的激励机制，使得平台服务质量同质低效，由此加剧了参与主体之间的恶性价格竞争和虚假信息的产生，而低价又会导致劣质服务的产生，如果不解决就会形成恶性循环。平台上每个物流服务主体都只注重构建自身的物流服务体系，导致平台上物流资源的重复建设，资源利用率较低。另外，对于优质服务资源的吸引力较小，大中型物流企业一般自建物流信息平台，对外开展物流服务。

8.2.3 物流运作管理平台模式

物流运作管理平台模式是指平台作为一个物流管理信息系统，通过对物流业务的信息化管理，达到提升物流运作效率、保证物流质量、降低物流成本的目标。该模式一般是大型企业自建平台，为自身业务管理服务，平台本身不盈利。典型代表有京东、苏宁、亚马逊、泰德煤网、金银岛等企业的物流平台。

该物流信息平台模式本质上是企业物流信息化，价值创造方式是价值链，主要是相关主体在已有物流资源的框架下，旨在通过应用信息化手段提高和改善物流的绩效。面对大规模的物流需求时，一家企业的能力难以满足，需要社会化物流齐心合力才能完成，因此，目前这类平台也有向社会开放的趋势，如京东提出的由物流信息化向信息化物流转变，希望开放平台实现规模经济，但考虑到商业机密、同业竞争等因素，其他物流企业也会谨慎选择入驻。

8.2.4 第三方物流服务平台模式

第三方物流服务平台模式是指第三方物流企业运用物流信息平台对外开展在线物流服务，提供用户在线下单、支付、订单跟踪、评价等功能的物流服务模式。平台的性质是第三方物流企业的一个网上销售渠道。根据第三方物流企业的运作模式又可分为封闭平台和开放加盟平台，封闭平台主要运用对象是大型物流企业，依靠自有物流资源直接运营，典型代表是中海 E-shipping、UPS、顺丰等；开放加盟平台主要运用对象是中小型物流企业，依靠自身资源和加盟企业的物流资源统一运营服务，加盟成员一般是规模很小的微型物流商，典型代表是中小快递企业、安能物流、卡行天下、罗宾逊。如安能物流以发展专线及加盟打造全国的运输、配送网络，以第三方物流、货代加盟、网上交易、电商导入为平台解决货源的需求。

这种模式是物流服务电商化的产物，价值创造形式是"价值商店"。价值商店经营模式是通过解决特定客户问题来为客户创造价值，也被称为问题解决模式。物流服务提供商将线下的物流服务搬到了线上，通过网上销售物流服务为客户解决物流需求问题来创造价值，提升了物流信息化水平。虽然加盟平台有对外开放的特征，但是加盟后是以单个企业运营的形式对外服务，其他企业要丧失自身品牌，因此对于优质服务资源吸引力不足，平台的双边市场特征难以体现，难以形成规模效应、聚集效应和双边市场理论的网络效应。目前这类平台也有向社会开放的趋势，但和物流运作管理平台模式一样，考虑到商业机密、同业竞争等因素，其他物流企业也会谨慎选择入驻。

8.2.5 第四方物流服务平台模式

第四方物流服务平台模式是指通过物流信息平台连接物流供应链上各环节物流服务商和需求主体，使成员在平台上交易、结算、监督、评价，并融合手机 App、金融扶持、保险理赔、培训等产品，协同各物流主体共同提供统一标准的物流服务。平台是一个供应链的集成商，不参与具体的业务运作，通常在增值服务上获取盈利。典型代表有菜鸟物流、传化公路港、海旺达—齐运网等。

这种模式是目前比较新型的物流信息平台服务模式，还处于探索实践阶段。其价值创造方式为"价值星系"，价值星系是一个企业引力集合的创造价值的系统，这个系统的各成员，包括作为"恒星"企业的经纪人公司、模块生产企业、供应商、经销商、合伙人、客户等，共同"合作创造"价值，通过"成员组合"方式进行角色与关系的重塑，经由新的角色，以新的协同关系再创价值（Reinvest Value）。该模式中"恒星"企业为依托信息平台组建的第四方物流平台企业，平台上各物流服务提供商与平台共同合作创造价值。该模式与物流交易平台模式的区别在于对参与物流业务的各物流服务主体的统一管理上，前者管理较弱，仅提供基本的准入门槛和原则性的服务标准，一般无实体交易场所；而后者通过联盟管理的方式提供统一标准化的协同物流服务，一般在线下建立城市物流节点，利用社会运力建设全国运输网络，以线下网络支持线上交易。这种模式面临的问题有资源吸引与集成问题，各物流主体的收益分配和协同运作问题，缺少合理的收益分配机制会导致平台物流服务趋向于竞争而非协同。

8.2.6　基于云生态的物流信息平台服务模式

经济全球化将市场竞争从企业与企业之间的竞争提升为供应链之间的竞争。在云经济时代，ICT 技术、移动互联网促使信息传播碎片化、海量化，推动客户使用过程中的信息资源上升为价值创造活动的引导力量，市场竞争上升到了更高的层次，即云生态系统之间的竞争。从空间角度分析，企业是"点"，供应链是"线"，云生态系统则是"网"，市场竞争经历了"点—线—网"的逐渐演化，云生态系统通过整合客户资源、服务资源和制造资源，形成综合竞争能力。云平台作为云生态系统的核心中枢企业，其服务模式创新则是云生态系统竞争的关键。

国际电信联盟提出云生态系统（Cloud Ecosystem）是由相互作用的组织组成的一个商业生态系统，活动参与者提供云服务、使用云服务。本书认为云生态系统是指以云计算技术为基础，核心企业云平台运营商为主导，与应用云计算的云端产业链上各方利益相关企业共同参与，以价值共创为核心，基于网络环境通过物流、资金流、信息流的联结传导，形成的一种共生竞合、开放、复杂、动态演化的生态系统。

1. 基于云生态的物流信息平台服务模式内涵

基于云生态的物流信息平台服务模式（见图 8-2）是指物流信息平台作为开放平台连接各物流服务提供方、各物流需求方和其他相关组织机构，实现物流服务的线上集成。物流信息平台运营方为双边（多边）市场服务，一方面，平台方和各物流服务提供方组建物流联盟，共同对物流需求方提供包括物流服务方案设计、在线交易、协同物流信息化运作与管理等"一站式"综合物流服务；另一方面，平台方通过对物流需求进行云计算和大数据分析，为各物流服务提供商提供物流需求信息匹配、在线交易、物流信息化软件租用服务。平台方的核心业务为云计算、服务质量标准的监督考核、统一结算、统一客服、信息共享，各物流服务提供方的核心业务为物流业务的精细化管理和协同运作。

与该模式比较接近的是物流交易平台模式和第四方物流服务平台模式，三者都强调开放、动态、交易、信息共享、集成的概念。与物流交易平台模式不同之处在于增加了云计算的平台服务和联盟关系管理服务，而这两项恰恰是该模式的核心，云计算带来直接网络效应，联盟关系管理保证了质量和协同运作。与第四方物流服务平台模式不同之处在于，第四方物流服务平台是供应链的集成商，平台与物流服务主体之间是垂直的整合关系，是传统的物流服务供应链思想；而该模式是生态链的协调，平台与各物流服务主体之间是平等的伙伴关系，是物流生态系统的复杂网络思想。

基于云生态的物流信息平台服务模式的目标是促使平台上物流服务主体能够以自组织形式实现资源共享、价值共创、协同运作、收益共赢、质量保障；平台上物流服务主体、物流信息平台运营方、物流服务需求者之间实现互利共生、共栖的状态；在宏观层面展现出整个平台系统稳定的、有序的、并不断发展壮大的动态平衡状态，逐步形成类似自然生态系统的

第8章 "互联网+"物流平台模式及发展趋势

开放物流信息平台服务生态圈，使社会资源更好地融合，实现功能与效益的最大化。

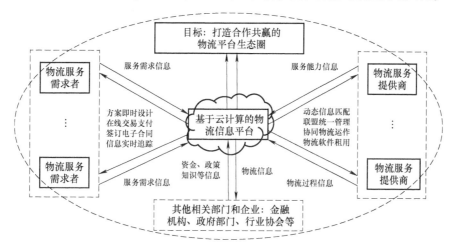

图 8-2　基于云生态的物流信息平台服务模式

2. 核心业务功能

基于云生态的物流信息平台服务模式的核心中枢是物流信息平台，其物流信息平台总体业务架构如图 8-3 所示，包括基于云计算的物流电子商务系统、基于云计算的物流业务管理系统、联盟关系管理系统、平台云应用系统和办公自动化系统等五大子系统，通过五大子系统之间及其与平台对接的第三方系统之间的交互，从而实现物流服务方案设计、物流服务产品在线交易、在线物流业务协同管理、在线投诉与理赔、在线物流金融等核心物流业务功能。在此基础上，研究开发物流信息统计分析、监测等增值服务，同时还提供企业建站、商业资讯、商群商圈等服务。

平台企业不仅是交易媒介和信息载体，它还提供核心服务，如位置查询、需求感知、吸引并整合专业化服务资源及管理平台服务的商业生态等；专业服务提供商提供与核心服务互补的增值服务。物流业务方案设计即是物流信息平台的核心服务，对于双边市场资源的吸引起主要作用。在交易前，基于云计算的物流电子商务子系统根据用户在线订单需求（可由电商平台同步或单独填写）进行订单因子分析，提取和分析订单特征，在云端根据订单特征计算供应商适应度和费用，分别输出基于成本最优、时间最短、信用最高等不同目标的物流协同运作方案供用户选择，并给出行业平均成本、平均时间的方案供用户参考，协同方案包括价格、时间、协同供应商（名称、信誉）、线路、中转节点等内容。然后用户根据自身需求直接选择系统推荐的物流方案或者修改某个方案，用户确认后系统生成电子合同要约并同步给各供应商确认，若协同物流方案中某个供应商不接单，则系统动态优化组合，推荐候选供应商，用户和所有供应商都确认后生成正式电子合同，并支付（或预支付）相关费用。

用户在线完成物流服务交易后，转入线下物流服务，并及时将线下物流服务的追踪信息反馈给物流信息平台业务管理子系统。平台对外部系统提供统一的异构云数据交换平台，支持 EDI 和 Web Service 等多种数据协议，实现与私有云上的业务系统以及其他三方信息系统之间的数据交换。对尚无信息系统的中小型物流企业，平台提供 SaaS 软件租用服务。主要引入标准的成熟物流业务系统，如 TMS、WMS 和港口物流信息系统。中小物流企业只需要支付租金而无须投入大量资金搭建和维护自己的物流管理平台，实现与平台电子商务子系统和业务管理子系统的对接。

物流信息技术与信息系统

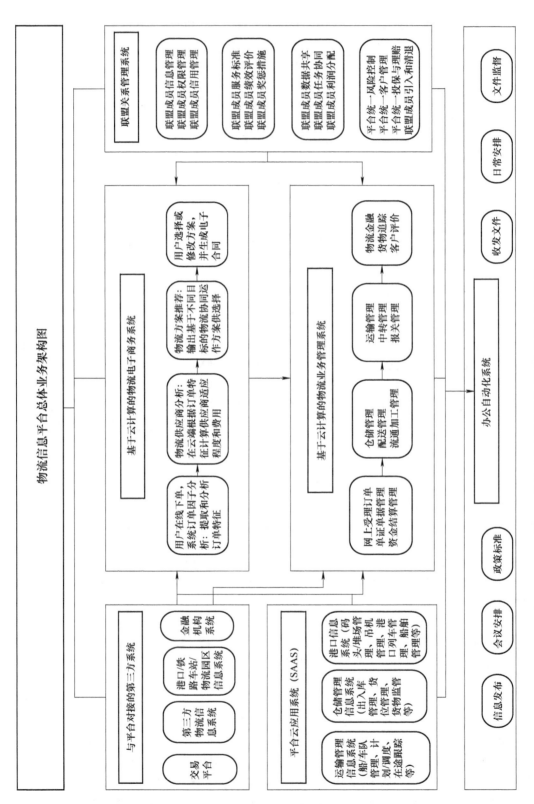

图8-3　基于云生态的物流信息平台总体业务架构图

第 8 章 "互联网+"物流平台模式及发展趋势

平台通过对联盟的管理保证物流服务质量，打造平台物流服务品牌。平台运营方通过契约、股权等形式与第三方物流企业、物流园区、港口集团、铁路运输公司等形成物流联盟，联盟成员协同对外提供服务，谋求合作共赢。联盟关系管理子系统负责联盟成员信息管理、权限管理、信用管理，协同联盟成员制定服务标准、绩效评价标准和奖惩标准，协调联盟成员之间数据共享、任务协同、利润分配，平台统一风险控制、客户管理、投保与理赔，管理联盟成员的引入与清退等业务功能，并将数据共享给物流电子商务子系统和业务管理子系统。

3. 物流信息平台价值创造

不同于以往的"价值链""价值星系""价值网"等价值创造模式，基于云生态的物流信息平台服务模式的价值创造模式是基于"共同价值"的"价值生态系统"。物流信息平台具有典型的双边市场特征：双边提供服务、双边用户需求互补、存在交叉网络外部性、需要线下实体支持、监管责任更大等。基于双边市场理论和网络效应理论，物流信息平台的价值创造是平台方与需求者、提供者、其他相关利益方一起进行的共同价值创造。

平台通过核心业务吸引用户聚集，获得直接网络效应。平台通过联盟的方式聚集少数核心物流服务商，运用云计算、大数据分析进行的物流方案即时设计作为平台的核心业务；用户基于感知有用性和感知易用性逐渐聚集平台，根据梅特卡夫法则[⊖]，这种网络价值会随着用户数量的平方的速度增长，形成多种类型的价值群落。

由于用户的增多，需求更加丰富，平台开发更丰富的业务品类为客户提供多样化的物流服务，获得间接网络效应。如平台为用户提供免费成本试算、交易、即时通信、信息获取、精神文化以及云存储等服务不断吸引用户进驻并栖息于平台。同时，用户的增多会吸引更多的物流服务提供者入驻平台，提供差异化的、与核心业务互补性的物流运作服务，吸引用户的进一步聚集，使平台获得交叉网络效应。物流服务商的数量增多，业务丰富会增加用户的物流服务体验，反过来吸引更多的用户聚集到平台，形成良性生态循环。由物流信息平台企业、平台产生的价值群落和平台上社会物流资源及其环境共同形成的新的组织形态称为价值生态系统。

平台的功能越强大，吸引的客户越多，企业越能够通过客户信息资源创造更多增值服务，以获取收益，反过来进一步强化平台的功能，因此平台与客户之间形成一种互惠互利的共生关系。构建价值生态系统的平台企业的核心作用并不是投巨资于硬件建设，直接参与物流服务运作过程，而是像神经中枢一样，通过组织、协调和数据挖掘等方式充分利用客户信息和社会资源，设计运行规则，维护系统运转，促进价值生态系统成长，寻找并拓展价值。在物流信息平台的组织下，客户可以参与甚至主导服务创新过程，平台可以通过对客户和周边环境信息的管理不断发现和创造客户的新需求，并以最快的速度寻求解决方案，从而实现服务创新。

4. 物流信息平台盈利模式

基于云生态的物流信息平台服务模式下，物流信息平台的盈利模式与传统方式也发生了改变，由以广告费、会员费、使用费（或称为佣金、分成）等盈利模式逐步向增值服务费为主、其他收费方式为辅的状态转变。

增值服务费成为主要的盈利模式。由于用户对价格比较敏感，而商家（客户）较不敏感，物流信息平台可以采用对基础服务免费、对增值服务收费、对用户免费、对商家收费的方式。

⊖ 梅特卡夫法则是指网络价值以用户数量的平方的速度增长。网络价值等于网络节点数的平方，即 $V = n^2$（V 表示网络的总价值，n 表示用户数量）。

进入云经济时代，平台企业以大量免费服务吸引用户聚集，栖息于平台的客户自发形成具有类特征的价值群落，平台通过整理挖掘的客户信息为基础开发增值业务获取收益的模式成为主要盈利模式。通过大数据分析找到用户新的需求点，进而由平台自己或者整合社会资源提供相应服务而获取新的盈利点，形成持续为客户提供增值服务的能力，并将增值服务作为收益来源。物流信息平台目前比较常见的增值服务有统一投保、团购、保价运输、物流金融、统一结算、货代等服务，未来基于大数据分析和云计算的决策支持将会成为重要的增值服务盈利点。

会员费本质上是对增值服务费进行的打包销售。对用户来讲，会员费比单独购买各项增值服务费成本低；对平台而言，虽然增值服务费单价低但扩大了销售总额，同时也增加了用户黏性和归属感，创造了隔离机制，增加用户转换成本，避免用户流失。因此，目前很多平台都实行会员费的盈利模式，而逐渐取消佣金的盈利模式。

商家服务收益分成的盈利模式目前也有很多平台采用，如 Apple 公司的 App Store 和中国移动软件应用平台，对在平台上销售的软件收入与商家按比例分成。用户获得使用价值，平台和商家分享销售收入，实现了平台生态圈的共赢。这种收费方式要注意收费尺度，防止分成比例过高造成的绕过平台私下交易。

广告费是一种传统的物流信息平台盈利模式。平台因有大量目标用户群体而天然成为优良的营销载体，通过允许广告商在平台投放广告而获取广告费收益在新模式下也适用。不过，广告是把双刃剑，要合理控制广告数量，保证用户满意度才能使平台生态系统可持续发展。

在云经济时代，信息"碎片化""去中心化"成为典型特征，信息传播的方式、信息计算的速度发生了巨大改变，大数据、物联网、云计算、移动互联等新一代技术得到迅速发展。而传统单边云服务"一对多"的服务运营模式（即一个云提供商服务多个客户），已不能满足多元化、复杂性的市场需求。现代企业面对海量信息，必须改变工业时代的企业组织模式，积极发展数据驱动的、开放平台型信息化物流，即双边市场结构运营模式，集成社会物流资源开展社会物流服务。只有通过平台化后实现规模经济才能降低单位成本，实现长尾效应，摊销成本。基于云生态的物流信息平台服务模式是未来的发展趋势，物流信息平台服务的目标是打造共同价值的平台生态系统（或生态圈），平台生态系统需要平台各方相互交互、共享、协同，才能实现共同价值创造。

8.3 "互联网+"物流市场的典型应用及发展趋势

8.3.1 "互联网+"物流市场的典型应用

随着互联网平台对社会化物流资源整合及运营优化，其对物流服务的改善作用日益突出，特别是城际运输、同城运输和即时配送尤为明显。

1. 城际运输

近年来，国内城际公路货运总量呈现良好发展态势（见图 8-4），2018 年全国公路运输货运量增长至 395.69 亿 t，同比增速达 7.32%。从公路货运空驶率来看，我国的空驶率达到 37%，而德国和美国分别为 13% 和 10%，我国的空驶率远高于发达国家水平。分析其原因：首先，主要在于司机多为个体经营，找到合适的订单的概率低；其次，国内经济发展不均衡，各地货源规模差异大；最后，司机习惯行驶固定单线，大部分司机不愿改变线路。

第 8 章 "互联网+"物流平台模式及发展趋势

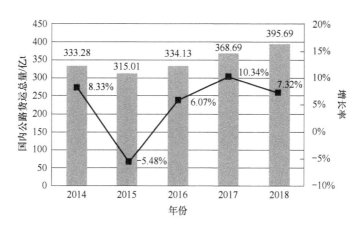

图 8-4 2014—2018 年国内城际公路货运总量

城际整车公路运输市场集中度较高,移动互联网整车运输平台用户表现活跃,其中运满满、货车帮活跃度最高。据统计,2017 年 7 月城际整车公路运输主流厂商司机端移动 App 中,运满满找货活跃用户 148.9 万人,货车帮活跃用户 98.9 万人;运满满找货启动次数 9357.2 万次,货车帮启动次数 5621.2 万次;运满满找货使用时常 439.4 万小时,货车帮使用时常 330.3 万小时。运满满利用移动互联网、大数据、云计算、人工智能技术,提供智能公路整车物流服务,已经在全国已形成网络覆盖,市场占有率方面,在华东、华南等沿海地区均占据优势。运满满智能公路整车物流服务流程如图 8-5 所示。

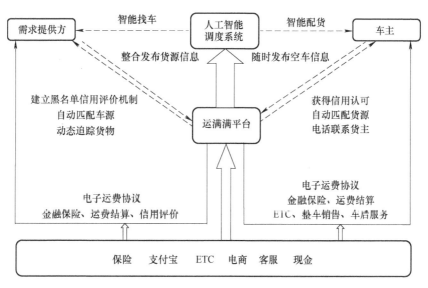

图 8-5 运满满智能公路整车物流服务流程图

2. 同城物流

随着新零售环境下连锁零售的迅速扩张,在关注用户体验的基础上,B 端企业注重产品优化,实行订单多点配,其衍生物流需求成为城配规模增长主要推手。我国同城货运市场规模从 2014 年的 8 000 亿元增至 2018 年 1.2 万亿元,年均复合增长率达 10.1%,增长十分迅速(见图 8-6)。未来,物流运营模式将弱化大型仓储模式,多点、前置仓、无人仓的涌现使仓之间、店之间货品调配大幅增长，仓到仓的物流活动增多，未来的同城物流将以多点高频次为主要需求特征。

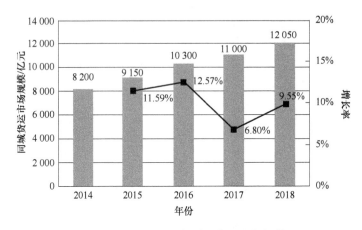

图 8-6　2014—2018 年同城货运市场规模

同城 2B 和 2C 端物流市场中，货拉拉、58 速运的用户活跃度领先。据统计，2017 年 7 月，同城物流 2B 和 2C 端主流厂商司机端移动 App 中，货拉拉司机版活跃用户 56.84 万人，58 速运司机端活跃用户 30.83 万人；货拉拉司机版启动次数 2461.32 万次，58 速运司机端启动次数 4803.50 万次；货拉拉司机版使用时长 323.52 万小时，58 速运司机端使用时长 515.50 万小时。

58 速运作为同城 2B 和 2C 端物流典型企业，以搬家、货运为切入点，提供 O2O 领域全闭环物流服务，提供 15 秒快速响应，15 分钟内上门服务；收费透明，价格统一；全程由平安产险承保，保证货物安全送达。58 速运全闭环物流服务流程如图 8-7 所示。

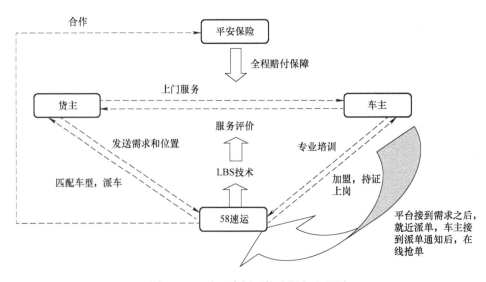

图 8-7　58 速运全闭环物流服务流程图

云鸟配送作为同城 2B 端物流典型企业，基于社会化运力，以 AI 技术应用为支撑，做供应链服务领域的领先城配，建立中国工业级城配标准，云鸟配送服务流程如图 8-8 所示。云鸟配送盈利模式主要包括以下四个方面：

（1）现场管控（SOP）。云鸟配送为有现场管控需求的企业提供专业服务，并收取一定的费用。

（2）封装项目。云鸟配送为企业提供项目封装服务，帮助企业为物流选购招投标做好前期准备，并收取相应的服务费。

（3）抽取佣金。云鸟配送作为第三方平台，佣金费也是中后期收入的一个组成部分。

（4）增值服务。云鸟配送为客户提供包括保价、温控、时效等增值服务，并从中收取服务费。

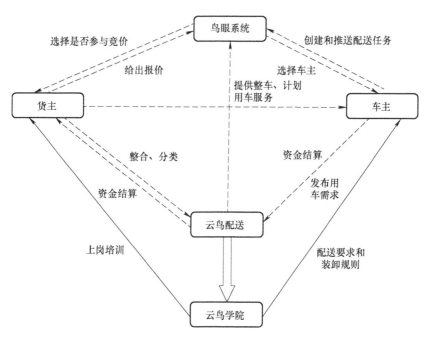

图 8-8　云鸟配送服务流程图

3. 即时配送

同城 O2O 是指在同一城市（或地区）内完成线上预订、下单和线下消费的业务，包括餐饮配送、生鲜配送、零售宅配、上门服务等，具有较强地域性。同城 O2O 服务在本地生活领域广泛渗透并发展形成稳定基础规模，将拉动即时配送市场规模增长。

即时配送主要依托同城 O2O 消费场景，其运力端移动 App 的用户行为表现活跃。据统计，2017 年 7 月即时配送市场主流厂商司机端移动 App 中，美团众包活跃用户 122.2 万人，达达活跃用户 69.5 万人，蜂鸟众包活跃用户 35.9 万人，人人快递活跃用户 6.9 万人；美团众包启动次数 31 096.4 万次，达达启动次数 15 148.1 万次，蜂鸟众包启动次数 3 390.5 万次，人人快递启动次数 33.4 万次；美团众包使用时常 1 975.0 万小时，达达使用时常 886.2 万小时，蜂鸟众包使用时常 171.2 万小时，人人快递使用时常 1 万小时。

蜂鸟配送主要是基于同城 O2O 消费需求，提供任意时间的即时配送服务。其运力主要分为自营配送和蜂鸟团队两种，自营配送主要服务中高端餐饮，蜂鸟团队主要服务大部分普通餐厅和长尾订单配送。蜂鸟配送服务流程如图 8-9 所示。

物流信息技术与信息系统

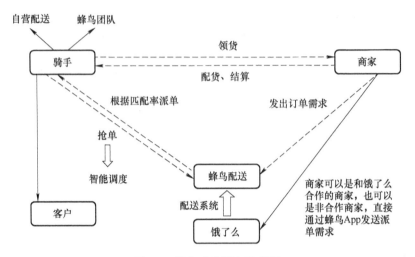

图 8-9　蜂鸟配送服务流程图

人人快送作为国内首家众包物流服务平台，以创新性的商业模式，专注同城极速送、极速买、极速帮忙等服务。其业务优势主要有同城专人直送，1 小时送达；利用 App、微信公众号、支付宝快捷窗口下单，最快 10 分钟到达；指定时间，按时取货，超时赔付等。人人快送服务流程如图 8-10 所示。

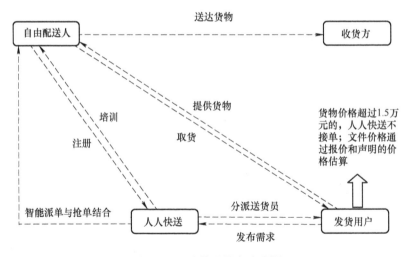

图 8-10　人人快送服务流程图

8.3.2　"互联网+"物流市场的发展趋势

"互联网+"物流市场呈现四大发展趋势：数据驱动平台实现规模化扩张、社会运力平台化加速行业作业规范化进程、综合型"互联网+"物流平台跨平台整合物流资源、"互联网+"物流平台加速跨境物流服务网络布局。

1. 数据驱动平台实现规模化扩张

数据驱动平台以数据为驱动，向市场提供有黏性的产品服务；以规模化效应提升市场集中度，通过数据积累沉淀，形成行业级物流数字化引擎。数据驱动平台实现规模化扩张示意

第8章 "互联网+"物流平台模式及发展趋势

图如图 8-11 所示。

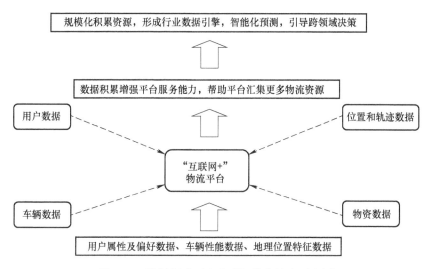

图 8-11 数据驱动平台实现规模化扩张示意图

2. 社会运力平台化加速行业作业规范化进程

社会运力参与平台车货信息匹配，达成交易，同时受平台服务规范约束，服务标准适应需求市场的普遍期望，将逐步改善社会化运力的规范化服务。社会运力平台化加速行业作业规范化进程示意图如图 8-12 所示。

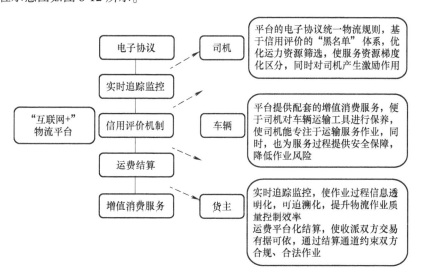

图 8-12 社会运力平台化加速行业作业规范化进程示意图

3. 综合型"互联网+"物流平台跨平台整合物流资源

社会物流资源平台化规模日益扩张，特殊细分市场陆续入场（如甩挂运输），涵盖多种细分领域及运输方式的综合型物流平台出现，逐步推进转运期间的标准化接驳，实现多式联运的"降本提效"。综合型"互联网+"物流平台跨平台整合物流资源示意图如图 8-13 所示。

4. "互联网+"物流平台加速跨境物流服务网络布局

跨境商贸物流对提升通关过程效率有很大可改善空间，跨境物流平台在对接运力的同时，

物流信息技术与信息系统

更易实现规则统一，帮助商贸物资大幅提升流通效率。互联网+物流平台加速跨境物流服务网络布局示意图如图8-14所示。

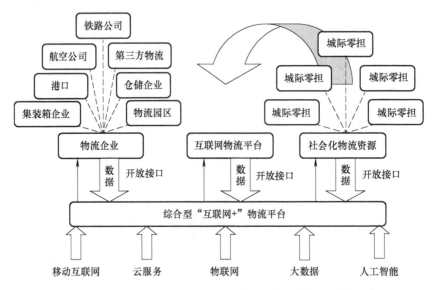

图8-13 综合型"互联网+"物流平台跨平台整合物流资源示意图

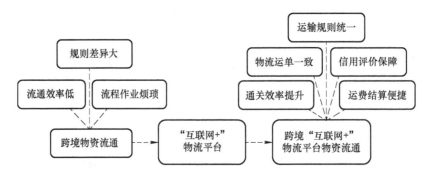

图8-14 "互联网+"物流平台加速跨境物流服务网络布局示意图

复习思考题

1. 什么是"互联网+"，什么是"+互联网"？二者之间的关系是什么？
2. 什么是物流平台？如何理解"互联网+"物流平台？
3. 简述我国"互联网+"物流的发展历程。
4. "互联网+"物流有哪些服务模式？其价值创造方式、运作模式、盈利模式分别是什么？
5. 基于云生态的物流平台服务模式的内涵是什么？
6. 我国"互联网+"物流市场有哪些典型应用？
7. "互联网+"物流市场的发展趋势有哪些？

第9章 人工智能技术及其在现代物流中的应用

本章学习目标

> 了解人工智能技术的内涵以及发展方向,从不同角度把握人工智能与人的相互关系,理解人工智能技术发展的限制性因素;了解目前人工智能技术在现代物流业中的主要应用,理解当前人工智能技术在现代物流业应用中的限制性因素,能够结合具体案例分析人工智能技术在现代物流业中应用的优势与不足;了解未来人工智能技术在现代物流业中应用的发展方向。

9.1 人工智能概述

人工智能(Artificial Intelligence)是计算机科学与技术学科领域发展的一个重要方向,主要以研究计算机系统模拟人类智能行为为目标,是一门多学科相互渗透、具有实用价值和重要战略意义的新兴边缘分支学科。自1956年诞生以来,尽管人工智能学科的发展经历了曲折的过程,但在知识表示、自动推理、认知建模、机器学习、神经计算、自然语言理解、专家系统、智能机器人、分布式人工智能等方向上开展了大量的研究工作,取得了相当大的进展和丰富的成果,对其他学科的发展也产生了积极的影响。正是由于人工智能学科的重要性和探索机器智能的艰巨性,人工智能已成为当代尖端科学工程。

9.1.1 什么是人工智能

人工智能主要研究如何解释和模拟人类智能、智能行为及其规律,用人工的方法和技术,使计算机系统能模仿、实现和扩展人类的智力行为。事实上,给人工智能下一个合适的、为人们普遍认同的定义是非常困难的。1956年夏天在美国Dartmouth(达特茅斯)大学召开的人工智能专题研讨会上,麦卡锡(J. McCarthy)等人就把人工智能定义为"研究在计算过程中阐释和仿真智能行为的领域"。但是,随着人工智能研究和应用的不断探索,人们对人工智能的理解和认识发生了深刻的变化,对人工智能的定义也出现了许多不同的说法。以下从不同的角度介绍人工智能的内涵:

(1) 里奇(Rich)和克奈特(Knight)从人工智能的目标出发,认为"人工智能是研究如何让计算机做现阶段人类才能做得更好的事情"。

(2) 布克南(B. Buchanan)和绍特里夫(E. H. Shortliffe)从实现人工智能目标的方法的角度,认为"人工智能是计算机科学的分支,它用符号的、非算法的方法进行问题的求解"。

(3) 尼尔森(N. J. Nilsson)从处理的对象出发,认为"人工智能是关于知识的科学,即怎样表示知识,怎样获取知识和怎样使用知识的科学"。

（4）巴尔（A. Barr）和费根鲍姆（E. A. Feigenbaum）从计算机科学的角度，认为"人工智能是计算机科学的一个分支，涉及设计智能计算机系统，也就是说，对照人类在自然界语言理解、学习、推理、问题求解等方面的智能行为，它所设计的系统应能显示与人类智能行为类似的特征"。

（5）清华大学的石纯一教授把人工智能定义为：人工智能是计算机科学的一个分支，是研究使用计算机完成能表现人类某些智能行为的科学，包括计算机实现智能的原理、制造类似于人脑的计算机、使计算机更聪明地实现高层次的应用。

综合学者们的研究，可以认为人工智能就是研究智能计算机及其系统，以仿真和执行人类的某些智力功能，如判断、推理、规划、设计、思考、学习、识别等，解决过去人类专家才能处理好的复杂问题。

【小知识】 人工智能的缘起——达特茅斯会议

1955年夏天，麦卡锡到IBM进行学术访问时遇见IBM第一代通用机701的主设计师罗切斯特（Nathaniel Rochester）。罗切斯特对神经网络素很有兴趣，于是两人决定第二年夏天在达特茅斯学院举办一次活动。他俩说服了香农（Claude Shannon）和当时在哈佛大学做初级研究员的明斯基（Marvin Minsky）一起给洛克菲勒基金会写了一份项目建议书，希望得到资助。

麦卡锡给这个活动起了一个当时看来别出心裁的名字：人工智能夏季研讨会（Summer Research Project on Artificial Intelligence）。普遍的误解是"人工智能"这个词是麦卡锡想出来的，其实不是。麦卡锡晚年回忆说，一直有印象"人工智能"这个词最早是从别人那里听来的。除了六位学术界人士外，还有四人也参加了为期两个月的达特茅斯会议。

9.1.2 人工智能的研究学派

随着人工智能的发展，围绕人工智能的基本理论和方法，诸如人工智能的定义、基础、核心、要素、认识过程、学科体系及人工智能与人类智能的关系，形成了几个不同的研究流派，主要的有下述三家：

（1）符号主义（Symbolicism）学派，又称逻辑主义（Logicism）学派、心理（Psychologism）学派或计算机（Computerism）学派。符号主义认为可以用一个符号系统在计算机上形式化地描述和模拟人的思维活动过程，同时认为知识是智能的基础，人工智能的核心问题是知识表示和知识推理，知识是可以用一种符号系统表示的，也可以用符号的操作进行知识推理。因此，有可能建立起基于知识的人类智能和机器智能的统一理论体系。

（2）联结主义（Connectionism）学派，又称仿生（Bionicsism）学派或生理（Physiologism）学派。联结主义利用人工神经网络模仿人类智能，认为人的智能的基本单元是神经元，由许多人工神经元连接起来的人工神经网络可以具有自主学习和自适应功能，能更好地模仿人类智能。人工神经网络并不是人脑的真实描写，只是人脑的某种抽象、简化与模拟。人工神经网络实际上是一种非线性自适应信息处理系统，学习则表现为网络各种神经元连接权的动态变化过程。

（3）行为主义（Actionism）学派，又称进化主义（Evolutionism）学派或控制论（Cyberneticsism）学派。行为主义认为智能取决于感知、表现为行动，智能行为只能在现实世界中与周围环境交互作用时表现出来，从而提出智能行为的"感知—动作"模式。

9.1.3 人工智能的主要研究和应用领域

目前，人工智能的研究更多的是结合具体应用领域进行的。这里介绍几个主要的应用研究领域：

1. 定理证明

数学领域中对臆测的定理寻求一个证明或反证，一直被认为是一项需要智能才能完成的工作。进行定理证明时，不仅需要具有根据假设进行演绎的能力，而且需要具有某些直觉的技巧。定理证明的研究在人工智能方法的发展中曾经产生过重要的影响。例如，采用谓词逻辑的演绎过程的形式化，可以帮助人们更清楚地理解演绎推理过程。许多其他领域的问题，如医疗诊断、信息检索等也可以应用定理证明的方法。因此，机器定理证明的研究在人工智能研究中具有普遍意义。

2. 专家系统

一般地说，专家系统是一个具有大量专门知识与经验的程序体系。专家系统存储有某个专门领域中经过事先总结分析并按某种模式表示的专家知识（组成知识库），以及拥有类似于领域专家解决实际问题的推理机制（构成推理机）。系统能对输入信息进行处理，并运用知识进行推理，做出决策和判断，其解决问题的水平可达到或接近专家的水平，因此，能起到专家或专家助手的作用。

开发专家系统的关键是表示和运用专家知识，即来自专家的已被证明对解决有关领域内的典型问题有用的事实和过程。目前，专家系统主要采用基于规则的知识表示和推理技术。由于领域的知识更多是不精确或者不确定的，因此不确定的知识表示与知识推理是专家系统开发与研究的重要课题。此外，专家系统开发工具的研制与发展也很迅速，这对扩大专家系统的应用范围，加快专家系统的开发过程，将起到积极的促进作用。随着计算机科学技术整体水平的提高，分布式专家系统、协同式专家系统等新一代专家系统的研究也在快速发展。在新一代专家系统中，不但采用基于规则的推理方法，而且采用诸如人工神经网络的方法。

3. 机器学习

机器学习过程本质上是把导师或专家提供的学习实例或信息转换成能被学习系统理解并应用的形式存储起来的过程。传统的机器学习倾向于使用符号表示知识而不是使用数值表示知识，使用归纳方法进行学习而不是使用演绎方法进行学习。近些年来，又发展了下述各种学习方法：基于解释的学习方法、基于事例的学习方法、基于人工神经网络的学习方法、基于遗传算法的学习方法等。

4. 自然语言理解

目前，计算机系统和人类之间的交互几乎还只能使用严格限制的各种非自然语言，因此，解决计算机系统理解自然语言的问题便是人工智能研究的一个十分重要的课题。在智能计算机的研究中，自然语言理解就是其中的重点研究课题之一。

一个独立的简单句子是比较容易理解它的含义的，但是，对于一段自然语言表示的较长的文章或对话，要准确地理解其中每个句子的含义就不能局限于这个句子本身了，而要与这个句子的上下文甚至背景知识相结合。因此，自然语言理解涉及对上下文知识的表示和根据上下文知识进行推理的方法与技术。目前，在理解有限范围的自然语言对话和小段文章方面的程序系统研制已有一些进展，但是，实现功能较强的自然语言理解系统还是一个比较艰巨的任务。显然，在实现机器翻译时，如果机器系统能准确地理解每一个句子的含义，那么就能翻译出更多准确、通畅的译文。

5. 智能检索

智能检索包括：

（1）理解自然语言，允许用户使用自然语言提出检索要求和询问。

（2）具有推理能力，能根据数据库存储的事实，推理产生用户要求和询问的答案。

（3）系统拥有一定的常识性知识，以补充数据库中学科范围的专业知识。系统根据这些常识性知识和专业知识能演绎推理出专业知识中没有包括的答案。

6. 机器人学

智能机器人的运动规划分为高层规划和低层规划两个层次。先由高层规划根据感知的环境信息和要求实现的目标规划处机器人执行动作的命令序列，然后由低层规划将每一个动作命令转换成驱动机器人各关节运动的驱动电机的角速度或角位移，各关节驱动电机的协调运动将保证实现相应的动作命令。

7. 自动程序设计

自动程序设计是指：设计一个能自动生成程序的程序系统，只需要对其输入要求生成的程序要的实现目标的高级描述，系统就能自动生成这个目标的程序。自动程序设计和以往的编译程序不同，编译程序只能把某种高级程序设计语言编写的源程序翻译成目标程序，而不能处理像自然语言一样的高级形式语言。自动程序设计所涉及的基本问题与定理证明和机器人学涉及的问题有关，要求对高级的目标描述通过规划过程生成所需的程序。

8. 组合调度问题

在大多数组合调度问题中，随着求解问题规模的增大，求解程序都面临着组合保障问题。例如在推销员旅行问题中，问题规模可用需要穿行的城市的数目来表示。随着求解问题规模的增大，问题求解程序的复杂性（用于求解程序运行所需的时间和空间或求解步数）可随问题规模按线性关系、多项式关系或指数关系增长。组合调度问题的求解方法将应用于交通运输调度、列车编组、空中交通管制和军事指挥自动化等系统。

9. 模式识别

模式识别就是识别出给定物体所模仿的标本或标识。计算机模式识别系统使一个计算机系统具有模拟人类通过感官接受外界信息、识别和理解周围环境的感知能力。模式识别是一个不断发展的学科分支，基于人工神经网络的模式识别技术在手写字符的识别、汽车牌照的识别、指纹识别、语音识别等方面已经有了很多成功的应用。

10. 机器视觉

在机器视觉方面，只要给计算机系统装上电视摄像输入装置就可以"看见"周围的东西，但是视觉是一种感知，机器视觉的感知过程包含一系列的处理过程。例如，一个看见景物由传感器编码输入，表示成一个灰度数值矩阵；图像的灰度数值由图像检测进行处理，检测器检测出图像的主要成分，如组成景物的线段、简单曲线和角度等；这些成分又被处理，以便根据景物的表面特征和形状特征来推断有关景物的特征信息；最终目标是利用某个适当的模型来表示该景物。

机器视觉可分为低层视觉和高层视觉两个层次。低层视觉主要是对视觉图像执行预处理，如边缘检测、运动目标检测、纹理分析等，另外还有立体造型、曲面色彩等，其目的是使对象凸显出来，这时还谈不上对它的理解。高层视觉主要是理解对象，显然，实现高层视觉需要掌握机器与对象相关的知识。

9.1.4 人工智能的发展及其与人的关系

人工智能是研究、开发用于模拟、延伸和扩展人的智能的理论、方法、技术及应用系统的一门新的技术科学。国际普遍认为人工智能有三类：弱人工智能、强人工智能和超级人工智能。弱人工智能就是利用现有智能化技术，来改善我们经济社会发展所需要的一些技术条件和发展功能。强人工智能阶段非常接近于人的智能，这需要脑科学的突破，国际上普遍认为这个阶段要到2050年前后才能实现。超级人工智能是脑科学和类脑智能有极大发展后，人工智能将成为一个超强的智能系统。

目前，人工智能技术包括大数据、计算机视觉、语音识别、自然语言处理、机器学习五大部分。在人工智能发展的过程中，已经经历了三个里程碑式的事件：①1997年IBM公司的"深蓝"战胜世界国际象棋棋王卡斯帕罗夫，这是基于知识规则引擎和强大计算机硬件的人工智能系统的胜利；②2011年IBM公司的问答机器人"沃森"在美国智力问答竞赛节目中大胜人类冠军，这是基于自然语言理解和知识谱图的人工智能系统的胜利；③2016年谷歌公司的AlphaGo战胜围棋世界冠军李世石，2017年初AlphaGo升级版Master横扫全球60位顶尖高手，这是基于蒙特卡洛树搜索和深度学习的人工智能系统的胜利。

在社会生产生活的多个方面可以注意到，在信息爆炸的当代社会，人们在信息、机器高度密集的环境中，容易变得被动和困惑。人工智能技术体现出了比人更大的优势，特别是在计算的精确性和计算速度上。但随着研究的深入和社会需求的不断变化，人工智能技术的发展应同时具备以下特征：

（1）以人为本。人工智能由人类设计，为人类服务，本质为计算，基础为数据。必须体现服务人类的特征，而不应该伤害人类，特别是不应该有目的地做出伤害人类的行为。

（2）环境增强。人工智能可以感知环境，能对环境产生反应，与人交互和互补。能够帮助人类做人类不擅长、不喜欢但机器能够完成的工作，而人类则适合于去做更需要创造性、洞察力、想象力的工作。

（3）学习适应。人工智能有适应特性和学习能力，有演化迭代和连接扩展。人工智能可以应对不断变化的现实环境，从而使人工智能系统在各领域产生丰富的应用。

由此可见，人工智能与人的关系是发展的、辩证的关系，简单的体力劳动已被机器取代，但脑力劳动，特别是智力尚未完全转移和扩展到机器上。信息越来越多，甚至成为垃圾，对信息的有效组织和挖掘极度匮乏，人与信息的共生环境尚未建立。需要更好地尊重、理解并满足人的各种需要，以人为本，促进人与事物时空环境的和谐发展。

9.2 人工智能在物流领域中的应用

人工智能技术的应用深入地改变了物流业态，根据国务院发布的《关于促进快递业发展的若干意见》，互联网+快递成为快递行业发展的新方向。在物流快递业中推进移动互联、物联网、大数据、云计算等技术服务，引导企业加强数据分析与应用，做掌上物流、智能物流、云物流、虚拟仓储等，增强物流快递业的信息化水平。物流快递业已从最初的劳动密集型转变为技术密集型。京东无人机、亚马逊超级仓、阿里菜鸟的自动分拣系统……随着大数据、云计算、物联网等技术在物流快递行业内不断应用，物流变得越来越高效与便捷，同时也在悄然改变着人们的生活方式。

9.2.1 典型企业

1. 顺丰速运

目前，顺丰已研发出第六代智能终端、智能手环以及机械臂来帮助快递员在完成工作的同时提高工作效率；通过采用 NLP（Natural Language Processing）技术等一些自然语言处理的技术，去分析客户对话的意图，把关键信息抽取出来，帮助系统自动辅助客服人员，或自动完成一些操作，从而提供更加个性化的服务；利用人工智能技术将多维度的内部、外部数据结合在一起，建立机器学习模型，帮助进行智慧决策。

2. 京东物流

京东比较敏锐地把握了物流快递业的发展趋势，自主研发、整合了在数据驱动、智慧供应链、科技物流三个方面的优势，创建了京东智能物流（JD Smart）。目前在全国拥有九个"亚洲一号"智能物流中心。京东的无人分拣中心场内自动化设备覆盖率达到100%，可实现自动供包并对包裹进行扫描，实现即时有效的分拣，智能路径规划、配送过程实时可视，从而大幅度提升物流效率。

3. 菜鸟联盟

菜鸟联盟致力于在现有物流业态的基础上，建立一个开放、共享、社会化的物流基础设施平台。由其打造的中国最大机器人仓库在广东惠阳已经投入使用，这一仓库内有上百台智能机器人，它们既协同合作又独立运行，代表着中国机器人仓库的最高水平。菜鸟联盟试图在未来努力打造遍布全国的开放式、社会化物流基础设施——"中国智能骨干网"，在全国范围内形成一套开放共享的社会化仓储设施网络。

4. 亚马逊物流

亚马逊在业界率先使用了大数据、人工智能和云技术进行仓储物流的管理，推出了预测性调拨、跨区域配送、跨国境配送等服务。例如在中国亚马逊运营中心，最快可以在30分钟之内完成出库，快速拣选、快速包装、分拣整个订单。此外，亚马逊还有一套基于大数据分析的技术来帮助精准分析客户的需求，当消费者浏览页面时智能系统也可以在几个毫秒内从数百个交付方案中，计算出在承诺时间送达商品的情况下哪一种发货方式最快捷、客户体验最好，从而实现动态调配不同仓库的库存，实现高效配送。

9.2.2 典型技术应用

1. 视觉识别技术

这一技术可用作确定识别到的特征是否能够代表系统已知的一类物体，基于此可对物流快递包裹进行分拣。还可帮助分拣人员从大量的快递邮件中进行检索和分类，更为便捷、有效地帮助工作人员在非受限环境里操作。图9-1所示为智能拣货机器人。

图9-1 智能拣货机器人

第 9 章 人工智能技术及其在现代物流中的应用

2. 语音识别技术

语音识别技术可以自动且准确地转录人类的语音，语音识别的主要应用包括语音书写、计算机系统声控、电话客服等。在物流行业语音识别可以进行自助下单、语音下单等，如美国 Vocollect 公司作为全球领先的移动语音解决方案提供商，最早将此技术成功应用于物流领域，Vocollect 智能解决方案支持广东话、福建话、四川话等几十种方言，可以在仓储分拣中有效提高工作效率和准确率。图 9-2 所示为 Vocollect 无线移动语音识别耳机。

图 9-2 Vocollect 无线移动语音识别耳机

3. 机器人、无人机技术

目前大型物流快递企业已经批量采用机器人、无人机、智能收发设备等。例如蒙牛乳业、可口可乐、珠江啤酒等企业借助机器人技术实现包装码垛作业的自动化；京东物流使用智能搬运机器人的全流程无人仓和无人机配送站等。无人概念随着人工智能、深度学习等技术的快速发展，从幕后逐渐走向了大众的生活。对于诸多劳动密集型产业而言，无人化、智能化将是未来的必然趋势。

（1）无人机技术。在 2013 年，亚马逊提出 Prime Air 业务，第一次将无人机与电商快递联系在了一起。随后，DHL、UPS、新加坡邮政、法国邮政等知名的物流和快递公司纷纷开始试验无人机配送业务。2015 年，圆通速递在中国实现了无人机配送的首秀。但由于技术与监管等方面的制约导致各快递物流公司很长一段时间内无人机仍处于试验阶段。随着顺丰、京东无人机计划在 2017 年 8 月取得了四川、陕西两个省份的飞行合作，无人机再一次被各大媒体推到了公众的面前。图 9-3 所示为目前三种不同类型的货运无人机。

图 9-3 不同类型的货运无人机

无人机作为人工智能无人概念的载体和智能设备的一个分支，是人类行为的一种延伸，在未来智慧城市、智慧家庭、工业 4.0 等领域，无人机将成为人类智慧发展的关键抓手。在物流领域，无人机配送不仅能大幅降低配送成本，还可提高效率，解决偏远地区的配送难题，具体表现在以下几点：

物流信息技术与信息系统

1）直线距离最短。无人机在空中飞行线路为直线，距离最短，几乎无视地形，没有传统快递配送的运输路线局限性，空中的运输限制相较传统方式，有较强的自由度。以中国邮政在浙江省安吉县试点为例，从杭垓镇到七管村以汽车送件需要 40 分钟山路，开通无人机航路后仅需要 15 分钟。因此，无人机无视地形的优势在偏远地区更为明显。

2）运营成本较低。成本相对较低，节省人力和时间成本。从中国邮政安吉县的试点来看，无人机在安吉县的应用相比传统物流方式，无人机配送时间缩短了 60%，成本降低了 60%。京东曾测算，目前无人机配送成本与普通快递员持平或略高，未来实现定型和规模化之后，配送成本将下降 40%~50%。

3）效率高、速度快。当前无人机在物流行业主流速度在每小时几十公里到上百公里不等，以 DHL 为例，多旋翼无人机 PARCELCOPTER 第三代已经达到了 70km/h。而且，无人机拓展了空间的使用效率（由平面到立体），没有堵车风险。因此，无飞机将会大幅度提升配送效率。

4）适用于小批量、高频次运输。根据亚马逊统计，85% 左右的快递件均轻于 5lb（约 2.27kg），意味着有大量的快递件可以通过无飞机完成配送。因此，小批量、高频次是快递物流的关键特征，相比其他配送方式，无人机有着得天独厚的效率与成本优势。

5）适用于偏远地区和紧急件的派送。无视地形的优势，可以充分满足偏远山区的配送需求，中国邮政在浙江安吉山村地区开通了第一条无人机配送航线，试点偏远地区配送服务。DHL 则使用无人机为居住在海岛上的客户进行了药品配送。亚马逊 Prime Air 推出的 30 分钟送到服务，也是充分发挥了无人机的速度，为客户提供更高时效的配送服务。

（2）无人车技术。相比无人机，无人车（见图 9-4）起步稍晚，2016 年以后才由部分场景下的自动驾驶逐步向全场景下的无人驾驶过渡发展。与欧美国家相比，我国无人驾驶汽车起步也较晚，但是凭借着我国企业对于无人驾驶汽车的投资偏好及国内对于汽车的需求，我国无人驾驶汽车发展迅速且前景巨大，有望成为全球最大的无人驾驶汽车市场。而在物流领域，无人驾驶技术已经受到很多电商、快递企业的青睐，无人驾驶技术正在给物流管理模式带来根本性变革。

> **小思考**
> 当前发展无人机物流配送的主要限制性因素有哪些？

图 9-4　适用于不同物流场景的无人驾驶车辆

第 9 章 人工智能技术及其在现代物流中的应用

2018年5月，京东正式发布全自主研发的L4级别无人重卡，主要功能为高速路行驶。2018年5月，苏宁物流与智加科技联合推出达到L4级别无人驾驶能力的重型卡车"行龙一号"，依托多种传感器融合与算法支持，在物流园区路段能实现自主避障、自主规划路线、自动精确泊车等功能。2018年7月底，苏宁宣布在无人配送方面计划实现10万+智能社区无人配送车常态化运营。此外，其他无人物流车，如菜鸟ET物流实验室无人配送小车系列、智行者"蜗必达"无人配送物流车、迦智科技园区无人配送车等也已经纷纷亮相。

当前，末端无人物流车主要以校园、办公楼以及园区为切入点，代替或者配合配送员进行快件派送；未来，末端无人车将具备丰富场景适应能力，实现对各类场景与道路的覆盖（包括山区与农村）。同时，无人驾驶电动卡车可以自动驾驶出入码头和堆场，直接将集装箱送至指定位置，不仅缩短了运输环节，价格也相对便宜。不仅能适应港区大范围作业，并且还能驶出港区，满足更多的"跨界"运输需求。无人驾驶技术让管理简单化，使运输的计划和调度更加科学化。

物流领域无人驾驶技术应用的两种模式为：末端物流车和干线无人驾驶货车。在道路环境较简单、不可控因素较少的货运场景中，无人驾驶技术能有效地保障物流运输的安全和降低成本；在"最后一公里"配送中，由于刚需程度高且可预期安全风险较低，无人驾驶普及应用的时机也更成熟。而相对而言，末端无人车相比无人货车，末端物流车速度更慢，对安全的要求更低，在技术层面更加容易实现，因此，当前领域对其开展测试的物流快递企业更多。

（3）无人船舶技术。无人船舶是指在无船员的情况下，直接由自动导航系统或岸基中心控制从而保持正常航行和作业的一类船舶的总称，图9-5所示为"筋斗云"无人货船的设计图。随着大数据、互联网+、人工智能及机器人等新兴技术突飞猛进，船舶自动化水平逐步提升，为无人船舶的实现提供了技术支撑，未来无人船舶的发展前景广阔。相比于人们熟悉的有人船舶，无人船舶的技术优势主要体现在以下几个方面：

小思考

"无人驾驶技术"是未来物流产业转型升级的必由之路，是物流行业共同追求的"新物流"变革的关键要素之一。但要广泛普及这一技术的应用还有一段较长的路要走，请思考怎样从政策、技术、成本三个方面促进无人驾驶技术在物流业中的应用？

图9-5 "筋斗云"无人货船设计图

物流信息技术与信息系统

1）更加安全：在与其他船只或暗礁发生碰撞危险，或遭遇到恶劣海况时，相对于船员疲劳程度而言，远程操作可能更加安全。

2）更加高效：高效能的海洋无人船平台可搭载多种测量或探测设备，如侧扫声呐、单波束声呐、多波束声呐、高精度惯导设备、磁力仪、小型潜水器、水质传感器等设备，能够自主完成海底地形测绘、资源勘探、环境监测等自动化作业。与传统有人船相比，无人船具有安全方便、精度高、成本低等优点，同时采用网络化集群控制技术，可实现多艘无人船舶相互协同作业，进一步提升工作效率。

3）更加经济：无人货船所带来的经济效益是巨大的，通过精简船员所用的生活设备，船体会轻量化，从而可运载更多的货物，不仅可以节约人力物力，还能节约相应生活必需品等附加费用。此外，无人船舶也有助于优化航行路线、节省燃油等。

随着人口红利逐渐消失，航运企业急待提升整体船员效率。我国无人船舶的研究尚在起步阶段，很多关键技术领域有待突破创新，与欧美等发达国家相比仍有一定的距离。2016 年，国家发改委、科技部、工信部、中央网信办指定的《"互联网＋"人工智能三年行动实施方案》中，无人船舶的设计研发推广工作被列为重点实施项目。近年来，随着我国在其他领域内无人产品的突飞猛进，我国无人船舶相关领域的技术研究也得到了快速发展，缩小了与世界领先水平的差距。未来，无人货运船舶在投入航运物流业之后，必将为传统的航运物流业带来一次全新的变革。

当今时代，随着物流需求和人力成本的增加以及物流服务场景的不断复杂，物流企业期待无人应用与物流行业的深度融合，无人应用也将成为推进物流行业发展的新动力。物流企业竭力以科技代替人工，提升效率的同时降低用工成本，促进物流行业结构的优化升级。除了无人机、无人车、无人船，物流企业也在纷纷扩展无人技术在其他部门的集成应用，如无人码头、无人仓库和无人超市等。

以上技术与应用创新都是人工智能技术在物流行业应用中的具体表现。显而易见，当人工智能应用与物流生产系统有机结合后，与传统物流方式相比，表现出了巨大的优势，主要体现在：

第一，对简单重复劳动的替代（减低成本）、对人工的辅助和赋能（降低成本同时提升效率），具体应用如运输环节的无人卡车、无人机，仓储（中转）环节的无人仓、自动化分拣，配送环节的智能快递柜。

第二，通过人工智能可以显著降低成本，实现整体效率的提升，如顺丰通过引入智能语音客服，2017 年客服人员数量同比减少了 27%，同时也提高了操作的准确性，又如中通快递通过引入自动化分拣设备，使分拣中心的平均人数的增长远低于业务量的增长，人均效能大幅提升。

第三，对业务流程和管理的优化，如智慧地图、智能路由规划、车货匹配提升装载率等，数据显示，如果使用菜鸟的智能分单系统，时间可从传统分单系统的 3～5s/件降低到 1～2s/件，准确率从 95% 左右提升至 98% 以上。

【小案例】 京东无人仓库

京东建成的全球首个全流程无人仓库属于上海亚洲一号整体规划中的第三期项目，从入库、存储，到包装、分拣，真真正正实现全流程、全系统的智能化和无人化。

该无人仓库坐落在上海市嘉定区的仓储楼群，建筑面积 40 000m²，主体由收货、存储、订单拣

第 9 章 人工智能技术及其在现代物流中的应用

选、包装四个作业系统组成，存储系统由八组穿梭车立库系统组成，可同时存储商品六万箱。在整个流程中，从货到人到码垛、供包、分拣，再到集包转运，应用了多种不同功能和特性的机器人，而这些机器人不仅能够依据系统指令处理订单，还可以完成自动避让、路径优化等工作。图 9-6 所示为智能拣货机器人的工作场景。

值得一提的是，京东物流在无人仓的规划中融入了低碳节能的理念，在系统中应用了包装材料的算法推荐，可以实现全自动体积适应性包装，以缓解人工打包中出现的"小商品大包装"或者"大商品小包装"造成包装过度或者纸箱破损的情况。

图 9-6　智能拣货机器人的工作场景

图 9-7　自动打包机器人

在货物入库，打包等环节，京东无人仓配备了三种不同型号的六轴机械臂，应用在入库装箱、拣货、混合码垛、分拣机器人供包四个场景下。图 9-7 所示为自动打包机器人。

在分拣场内，京东引进了三种不同型号的智能搬运机器人执行任务；在五个场景内，京东分别使用了 2D 视觉识别、3D 视觉识别、由视觉技术与红外测距组成的 2.5D 视觉技术，为这些智能机器人安装了"眼睛"，实现了机器与环境的主动交互。图 9-8 所示为自动分拣系统。

图 9-8　自动分拣系统

（资料来源：根据新浪网资料整理。）

　【小知识】　作业过程中的人工智能

当今世界瞬息万变，人工智能能够助物流业一臂之力，推动其从根本上转变运作模式：从反应式行动和预报转变为智能预测下的主动式行为。基于此进行的预测性运输网络管理可显著提高物流业务运营能力。

准时保量运输是空运业务的关键，虽然空运业务仅占全球运输总吨数的 1%，但其贸易价值占比却高达 35%。DHL 开发了一种基于机器学习的工具来预测空运延误状况，以预先采取缓解措施。通过对其内部数据的 58 个不同参数进行分析，这一机器学习模型能够提前一周对特定航线的日平均通行时间进行预测。此外，它还能确定导致运输延误的主要因素，比如是出发日之类的时间因素，或是航空公司准时率等方面的运营因素，有助于空运代理商提前进行科学计划，而不是只靠主观猜测。

DHL 全球贸易晴雨表是一个非常独特的工具，可对全球贸易当下状况和未来发展进行前期预测，即基于其应用庞大的运营物流数据、先进的统计模型和人工智能来对全球经济前景进行月度展望。预测模型采用自下而上的方法，以汇总的来自七个国家的商品空运和集装箱海运进出口数据作为基础。它对来自占全球贸易 75% 的七个国家（中国、德国、英国、印度、日本、韩国和美国）的 2.4 亿个变量进行评估，运用人工智能引擎和其他非认知分析模型，总结出一个单一的指数来表示当前贸易增长和未来两个月全球贸易的加权平均值。历史数据测试显示，DHL 全球贸易晴雨表与实际集装箱贸易量之间存在高度相关性，表明其能够对全球贸易进行为期三个月的有效预测。

预测型风险管理对于确保供应链的连续性至关重要。DHL Resilience360 平台是基于云计算的供应链风险管理解决方案，专为满足全球物流企业的需求而量身定制。对于许多行业（汽车，技术，工程和制造业等）的供应链上游企业来说，管理来自全球数千家供应商的零部件流转是家常便饭，而供应商一旦出现问题，无论是原材料短缺，不当劳动措施，还是法律调查，都可能给整个供应链带来严重干扰。

（资料来源：根据《国家邮政局发展研究》整理完成。）

9.3 人工智能技术的发展

9.3.1 人工智能面临的挑战

社会生产力和人们生活水平的不断提升，人工智能技术及产品越来越普及，给人工智能技术的发展提供了千载难逢的机遇，但同时也提出了更高的技术要求和挑战。这些挑战可以具体到社会生产生活的各个方面：

人工智能产品可分为以下几类：智能应用软件：语音识别，机器翻译，图像识别，智能交互，知识处理等；智能基础软件：智能芯片，智能插件，零部件，传感器，网络智能设备；智能自主产品：汽车，轨道交通，车联网，无人机，船，机床，机械等；虚拟实现与增强现实：艺术，玩具和教育产品。可穿戴产品：人工智能的手机，车载智能终端，智能手表，智能耳机，智能眼镜，健康检测与康复产品；家居产品：建筑智能设备，家电，家具等产品的智能化。

典型的智能应用有：

（1）智能企业：对设计、生产、管理、物流和营销等业务链的智能优化，生产线智能调度与重构，生产设备网络化、生产数据集成化、生产过程透明化、生产现场无人化、运营管理智能化等系统。

（2）智能制造：智能自主的装备与系统、制造云服务、流程智能制造系统、离散智能制造系统、网络化协同制造系统、远程智能诊断、运维和服务新模式。

（3）智能物流：智能化分拣、仓储、装卸、搬运，集成信息平台，产品质量及安全追溯，配货调度智能化。

（4）智能金融：金融大数据智能、金融产品智能设计和服务创新、智能客服、金融风险智能预警与防控系统。

（5）智能商务：市场分析与决策、产品与广告的创新设计、个性化定制服务、产品安全与信用保证等系统。

（6）智能农业：智能化装备与农田作业智能系统，智能农业信息检测网络，农业大数据分析决策系统。

（7）智能教育：个性化智能学习，交互式主动学习、智能校园、智能图书馆系统。

（8）智能医疗：城市便捷精准的智能医疗体系、智能医院、智能医疗诊断、新药辅助研发、医药智能监管、流行病智能检测和防控、健康养老大数据智能分析与服务等系统。

（9）智慧法庭：建设智慧法庭数据与知识平台，推进审判体系和审判能力的智能增强。

第 9 章　人工智能技术及其在现代物流中的应用

（10）智能城市：推进对基础设施和土、水、气等环境的深度认知，对城市规划、建设、管理、运营的智能优化。

（11）智能交通监控：研发车联自动驾驶与车路协同的技术体系、交通智能化疏导和运行协调系统，提高覆盖地、轨、空、海的综合交通智能监管和服务能力。

（12）智能化检测预警与综合应对：围绕反恐、犯罪侦查、食品安全、信息安全、自然灾害防治等公共安全，提高智能化检测预警与综合应对水平。

9.3.2　人工智能发展的限制因素

如前文所述，经过了 60 余年的发展，人工智能技术的研究已经取得了丰富的成果，在人们的生产生活中的应用也逐渐普及。在未来，人工智能的研究与应用前景仍是巨大的，但实现这一愿景所需的技术、工具和过程还没有完全实现，人工智能技术本身的发展仍存在不可避免的限制性因素：

（1）数据标签。目前大多数人工智能模型都是通过"监督学习"进行训练的，这意味着，人类必须对底层数据进行标记和分类，这可能是一个相当庞大且容易出错的任务。例如，开发自动驾驶汽车技术的公司雇用了数百人来手工标注原型车的视频输入时数以帮助培训这些系统。

（2）获取大量的训练数据集。现在已经证明了使用线性模型的简单人工智能技术在某些情况下与专家的能力相接近。然而，当前机器学习浪潮需要训练数据集，这些数据集不仅要有标记，而且要足够庞大和全面。深度学习方法需要成千上万的数据记录，才能使模型在分类任务上变得相对优秀，在某些情况下，还需要数以百万计的数据记录才能达到人类的水平。但复杂之处在于，对于许多业务用例来说，大量的数据集可能很难获得或创建。在分配的任务中，每一个微小的变化都需要另一个大数据集进行更多的训练。例如，教一辆自动驾驶汽车在天气不断变化的采矿地点进行导航将需要一个包含车辆可能遇到的不同环境状况的数据集。

（3）可解释性问题。人工智能系统的可解释性并不是一个新问题。但是，随着深度学习的成功和采用，它也在不断发展，带来了更多样化、更先进的应用，也带来了更多的不透明性。更大及更复杂的模型使我们很难用人类的语言来解释为什么会做出某种决定（而在实时做出某种决定时就更难了）。这是一些人工智能工具在可解释性有用或确实需要的应用领域的使用率仍然很低的原因之一。此外，随着人工智能应用的扩展，监管规定也可能推动对更多可解释的人工智能模型的需求。

（4）学习的普遍性。与人类的学习方式不同，人工智能模型很难将它们的经验从一种环境转移到另一种环境。实际上，模型为给定用例实现的任何东西都只适用于该用例。因此，即使用例非常相似，人类也必须反复提交资源来培训另一个模型。

（5）数据和算法中的偏差。当人类的偏好（有意识或无意识）在选择使用哪些数据点和忽视哪些数据点时，会产生潜在的破坏性的社会影响。此外，当数据收集本身的过程和频率在不同的组别观察到的行为不一致时，算法分析数据、学习和预测的方式很容易出现问题。当我们在新的领域部署机器学习和人工智能算法时，可能会有更多的实例将这些潜在偏差问题纳入数据集和算法中。这种偏差一般根深蒂固，因为识别它们并采取措施解决它们需要深入掌握数据科学技术和对现有社会力量（包括数据收集）的更深的元认识。总而言之，去偏差被证明是迄今为止最令人畏惧的障碍之一，当然也是最让社会担忧的障碍之一。

当前，物流行业已开始从劳动密集型产业逐步向技术密集型产业过度，在这个过程中人工智能技术将扮演越来越重的角色，即人们共同认知的——人工智能将是物流业的下一个风口。然而，由于人工智能技术自身发展特点和限制性因素，要确保行业人工智能化稳步推进，仍然面临一系列的考验与瓶颈，具体表现在以下方面：

（1）物流数据基础设施建设滞后。据《2017中国智慧物流大数据发展报告》数据显示，我国数据基础设施仍处于起步阶段，指数值仅为18.8。以我国物流企业信息化建设为例，企业物流信息化程度水平较低，全面实施物流信息化的企业仅占10%，大多数物流企业运用物流信息技术如RFID、EIS等较少，出现了多方信息不对称，信息交换率低、传递不及时等现象。由于我国物流企业缺乏高效的物流信息技术作为支撑，数据基础建设滞后，直接导致企业物流成本较高，严重影响了企业物流的服务质量。

（2）末端物流智能服务有待提升。2016年智能协同指数显示，智能路由分单指数均值为74.2，电子面单普及指数为72.9，但是末端协同指数仅为4.7，末端协同仍处在起步阶段。虽然，智能快递柜已成为大城市末端配送的主流形势，但是仍然存在利用不均的问题，有的智能快递柜被大量闲置，有的则无柜可用，末端智能服务能力急需提高。

（3）行业标准化与诚信体系不够完善。随着人工智能在物流行业应用的普及，物流标准化和诚信体系的缺失也成为制约因素。人工智能与物流结合的有效运转建立在共同的标准和协议基础上，然而目前数据编码、传输单据、承载单元等都存在着巨大的差异。同时，由于人工智能的运用打破了物流传统熟关系模式，维系众多陌生关系，形成常态市场交易，因此，亟待建立社会化诚信体系，促进人工智能技术在物流行业的应用发展。

（4）物流人工智能专业人才紧缺。国务院发布的《物流业发展中长期规划（2014—2020年）》报告指出，我国物流从业人员正以年均6.2%的速度增长，现有物流人才的培养数量不能满足社会需求，我国物流人才短缺的问题极为严重。另外，未来人工智能技术如无人机、机器人等的广泛应用，又将在很多物流操作方面取代人工作业。现在企业真正需要的是既懂物流业务，又熟悉物联网、云计算等先进技术的综合型物流高端人才，但是目前高校培养出来的物流人才在层次结构上与社会需求不符，人工智能物流高端人才的培养仍处在探索阶段。

（5）中小物流企业面临挑战。人工智能给物流行业带来的并不只是好处，对于不能够拥抱人工智能的传统物流企业来说，特别是数量巨大的中小企业，人工智能技术的门槛较高。不同于传统的信息化建设，没有足够的技术人才储备，会导致只能建设信息系统的企业资源浪费和失败。这对于传统物流企业而言，是机遇的同时，更是严峻的挑战。

9.3.3 人工智能与物流结合的未来

我国物流业与西方发达国家相比，智慧物流起步晚，互联网基础设施智能化规划建设不足，物流环节间的智能匹配、智能调度、自动化运作实现还处于初级阶段。还有专家指出，目前智慧物流存在的最大问题还是智慧系统和执行系统不能够有效地同步。因此，应不断努力从以下三个方面完善我国智能物流的发展基础：

（1）加快信息标准建设，实现信息互融互通。一方面，加快制定条码、RFID等物流信息采集标准，不同信息系统之间的对接、信息交换的规范等，使不同的物流技术在仓储、运输、配送等物流业务中的应用标准得到统一。另一方面，加快智慧物流标准化体系建设，形成物流作业在跨部门、跨行业、跨企业之间的标准运作，推动物流业务流程标准化管理和营运。

（2）构建智能末端体系，提升末端智能服务能力。首先，要积极鼓励电子商务、物流配送等企业共同合作，利用物联网、云计算、大数据等先进物流信息手段有效整合物流资源，借助智能物流信息化平台，通过共同配送、无人机配送等人工智能物流模式，达到末端物流

第9章 人工智能技术及其在现代物流中的应用

配送集约化目的,解决最后一公里难题。其次,通过自动化仓库、自动化分拣机、电子标签拣选系统、拣选机器人等自动化设备,实现快速存取、分拣、搬运等物流作业,提高末端物流配送效率。最后,支持物流配送企业、快递企业与连锁便利店、社区服务站、学校等单位共同合作,发展共享型的智能快递柜、智能快递站等物流末端配送设施,提高末端自动化、智能化的服务水平,使末端物流作业变得高效且低成本。

(3) 多方协同培养人才,共筑人工智能物流力量。高校、政府、企业、物流协会、社会培训机构共同协作,研究制定出适合人工智能物流发展的高端物流人才培养模式,尽快培养出社会所需的真正物流人才。政府相关部门要尽快出台政策文件,鼓励高校、物流协会、企业等多方在高端智能型物流管理人才培养上的深度融合和经费支持。通过多方的共同协作,为人工智能物流的发展提供源源不断的人才力量。

在未来,人工智能技术必将更好地应用在物流行业之中,在物流生产系统中的各个环节发挥人类自然能力无法比拟的效能:

(1) 智能设备重组物流生产要素。智能硬件设备研发将使物流行业从人工分拣向自动化、智能化方向快速发展,智能感知技术、信息传输技术,机械臂、机器人、自动化分拣带、无人机等智能硬件设备将在物流运作各个环节广泛应用。

(2) 智能计算重构物流运作流程。智能物流云平台的建设将实现对供应链、实体物流的数字化、智能化、标准化和一体化综合管理。以综合物流为出发点,应用现代人工智能技术及物流技术,使得供应链整体各环节的信息流与实体物流同步,产生优化的流程及协同作业,实现货物就近入仓、就近配送,提升产业链效能。

(3) 形成全新的物流生态系统。在人工智能的协助下,多式联运将实现更加高效的运输。通过人工智能结合云计算、大数据、物联网等技术,可实现集铁路、公路、航空、水路"四位一体"的智慧多式联运。依托铁路网络、公路网络、航空网络、水运网络及实体物流园区,充分利用人工智能、云计算、大数据、物联网等技术,为线上线下物流运输、仓储配送、商品交易、金融服务、物流诚信等业务提供一站式、全方位服务,形成覆盖线上线下的物流生态系统,积极服务经济社会发展。

复习思考题

1. 什么是人工智能技术?
2. 简述人工智能技术与人之间的辩证关系。
3. 人工智能技术在现代物流业中有哪些方面的应用?
4. 结合实际案例分析人工智能技术在物流业中应用的优势与不足。
5. 试分析人工智能技术在物流业应用中的发展方向。

第 10 章 大数据技术及其在物流供应链管理中的应用

本章学习目标

了解大数据的定义、特征及其分类；掌握大数据的处理流程及支撑；理解大数据在物流供应链管理中的应用，并能够结合具体的企业案例进行大数据技术应用分析。

10.1 大数据概述

随着时代的不断进步以及科技的飞速发展，互联网、物联网、移动通信、管理信息化、电子商务等技术不断相互渗透，并作用到政府、企业和民生的方方面面。据美国互联网数据中心的数据，互联网上的数据每年将增长 50%，每两年便将翻一番，目前世界上 90% 以上的数据都是近几年才产生的，全球已进入大数据时代。

10.1.1 大数据的定义

大数据是无法在一定时间范围内用常规软件工具进行捕捉、管理和处理的，1997 年，Michael Cox 和 David Ellsworth 提出"大数据"时就指出"数据大到内存、本地磁盘甚至远程磁盘都不能处理，这类数据可视化的问题称为大数据"。到目前为止，对于大数据仍没有统一的概念，被人们广泛接受的有"大数据之父"维克托·迈尔-舍恩伯格（Viktor Mayer-Schönberger）和两个权威机构给出的概念：

维克托·迈尔-舍恩伯格及肯尼斯·库克耶在《大数据时代》中给出定义：大数据是指不用随机分析法（抽样调查）这样捷径，而采用所有数据进行分析处理。

研究机构 Gartner 对于大数据给出如下定义：大数据是需要新处理模式才能具有更强的决策力、洞察发现力和流程优化能力来适应海量、高增长率和多样化的信息资产。

麦肯锡全球研究所给出的定义是：一种规模大到在获取、存储、管理、分析方面大大超出了传统数据库软件工具能力范围的数据集合，具有海量的数据规模、快速的数据流转、多样的数据类型和价值密度低四大特征。

我国国家标准术语《信息技术 大数据 术语》（GB/T 35295—2017）中对大数据定义如下：大数据（Big Data）是具有体量巨大、来源多样、生成极快、多变等特征，并且难以用传统数据体系机构有效处理的包含大量数据集的数据。

10.1.2 大数据的特征

1. 数据海量性（Volume）

大数据拥有大规模数据信息，可以保障企业管理决策系统正常的运行。目前，大数据的规模尚是一个不断变化的指标，数据总量将呈现指数型的爆炸式增长，根据 IDC（International

Data Corporation)的最新研究,到2020年,全球的数据总量将会增长50倍。互联网时代的到来与电子商务的普及,致使每天都有海量的信息需要处理。以谷歌每天的搜索量为例,谷歌每天有30亿次的搜索量,这个数量是美国国会图书馆纸质材料的上千倍。

2. 数据多样性(Variety)

大数据拥有多元化信息数据,不仅包括便于存储的以文本为主的结构化数据,还包括网络日志、音频、视频、图片、地理位置信息等非结构化数据和半结构化数据,这些多类型的数据对数据的处理能力提出了更高要求,如此才能满足人们对数据的需求。

大数据的来源多种多样——它可能来自射频识别传感器与零售商销售点、全球定位系统传输的地理定位信息,也可能来自设备上的振动与温度传感器,还可能来自社交媒体源(如新浪微博的"转发"功能与"点赞"功能)、产品维修记录与客户投诉。大多数智能手机安装了全球定位系统,具备追踪功能。轿车中的芯片、传感器与软件无处不在,这些设备可以在轿车保养时将其性能以数据的形式上传到生产轿车的计算机中。

3. 价值低密性(Value)

大数据中有价值的数据所占比例很小,大数据的价值性体现在从大量不相关的各种类型的数据中,挖掘出对未来趋势与模式预测分析有价值的数据。数据价值密度低是大数据关注的非结构化数据的重要属性,价值密度低,商业价值高。

大数据为了获取事物的全部细节,直接采用原始的数据,因为减少了采样和抽象,呈现所有数据和全部细节信息,可以分析更多的信息,但也引入了大量没有意义的信息,甚至是错误的信息,因此相对于特定的应用,大数据关注的非结构化数据的价值密度偏低。但是,大数据的数据价值密度低是指相对于特定的应用,有效的信息相对于数据整体是偏少的,信息有效与否也是相对的,对于某些应用是无效的信息,而对于另外一些应用则成为最关键的信息,数据的价值也是相对的。

4. 处理高速性(Velocity)

速度是大数据的时间属性。处理大数据的速度越来越快,遵循"1秒定律",实时分析而非批量式分析,这是大数据区分于传统数据挖掘的最显著特征。互联网时代到来,信息的获取和处理往往在刹那间完成,大数据的高效信息处理能力能够及时地为企业管理决策提供数据支持。速度快是指数据处理的实时性要求高,支持交互式、准实时的数据分析。传统的数据仓库、商业智能等应用对处理的时效要求不高,但在大数据分析法下,数据价值随着时间的流逝而逐步降低,因此大数据对处理数据的响应速度有更严格的要求。

10.2 大数据的分类

10.2.1 按照数据所有者分类

按照数据所有者分类,可将大数据分为:

1. 国家数据库

国家数据库包含公开的和保密的两个方面。公开的如GDP、CPI(Consumer Price Index,消费者物价指数)、固定资产投资等宏观经济数据,包括历年统计年鉴或人口普查的数据,以及地理信息数据、金融数据、房地产数据、医疗统计数据等。保密的数据有军事、航空航天、卫星监测、刑事档案等不可公开的大量数据。

2. 企业数据

企业数据包括 CRM Systems 的消费者数据，传统的 ERP 数据，库存数据以及账目数据等。如百度、阿里巴巴、腾讯、新浪微博、亚马逊、Facebook 等企业的用户消费行为数据及社交行为数据；旅游企业的酒店、交通、门票等订单数据；医院的检测数据及死亡病因数据；农业的养殖培育数据等。成千上万的数字、文本、音频、视频等数据为企业的业务和运营提供了决策依据，通过数据进行加工产生的价值为企业提供了可观的利润。

3. 个人数据

个人数据是指个人生产、保管、非公开的数据，包括个人拍摄的照片、身份信息、书画作品、录音、聊天记录、邮件、电话记录、文档等隐私数据。

10.2.2 按照生成数据来源分类

按照生成数据来源分类，可将大数据分为：

1. 交易数据

大数据平台能够获取时间跨度更大、更海量的结构化交易数据，这样就可以对更广泛的交易数据类型进行分析。交易数据不仅包括 POS 或电子商务购物数据，还包括行为交易数据，例如 Web 服务器记录的互联网点击流数据日志。

2. 人为数据

人为数据主要是指由人（而非系统）提交的数据，如电子邮件、文档、图片、音频、视频，以及通过维基及社交媒体产生的数据流。这些数据大多是非结构化数据，为使用文本分析功能进行分析提供了丰富的数据。

3. 移动数据

能够上网的智能手机和平板越来越普遍，这些移动设备上的 App 都能够追踪和沟通无数事件，从而产生交易数据（如搜索产品的记录事件）和个人信息资料数据、状态报告数据（如地点变更即报告一个新的地理编码）。

4. 机器和传感器数据

机器和传感器数据包括功能设备创建或生成的数据，例如智能电表、智能温度控制器、工厂机器和连接互联网的家用电器。这些设备可以配置为与互联网络中的通信节点，还可以自动向中央服务器传输数据。

10.2.3 按照数据结构分类

大数据包括结构化、半结构化和非结构化数据，非结构化数据越来越成为数据的主要部分。据 IDC 的调查报告显示：企业中 80% 的数据都是非结构化数据，这些数据每年都增长 60%。

1. 结构化数据

结构化数据是指可以使用关系型数据库表示和存储，表现为二维形式的数据。其一般特点是：数据以行为单位，一行数据表示一个实体的信息，每一行数据的属性是相同的。结构化的数据的存储和排列是很有规律的，这对查询和修改等操作很有帮助。但是，它的扩展性不好。

2. 半结构化数据

半结构化数据并不符合关系型数据库或其他数据表的形式关联起来的数据模型结构，但包含相关标记，用来分隔语义元素以及对记录和字段进行分层。因此，其结构也被称为自描述的结构。半结构化数据中,同一类实体可以有不同的属性,即使它们被组合在一起,这些属性的顺序也并不重要。

3. 非结构化数据

非结构化数据是数据结构不规则或不完整,没有预定义的数据模型,不方便用数据库二维逻辑表来表现的数据。它包括所有格式的办公文档、文本、图片、图像和音频/视频信息等。非结构化数据其格式非常多样,标准也是多样性的,而且在技术上非结构化数据比结构化数据更难标准化和理解。所以其存储、检索、发布以及利用需要更加智能化的 IT 技术,比如海量存储、智能检索、知识挖掘、内容保护、信息的增值开发利用等。

10.3 大数据的处理

很多事项在执行的时候都是有一定的流程的,大数据的处理也不例外。有关程序都是需要逻辑的,而大数据处理也需要逻辑,更需要相关的支持。大数据的处理流程及支持如图 10-1 所示。

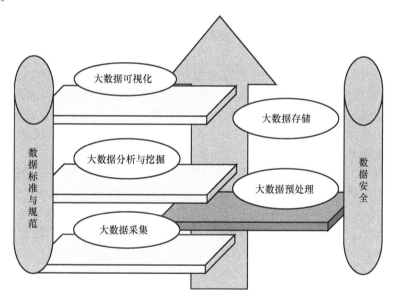

图 10-1　大数据的处理流程及支持

10.3.1　大数据采集

数据采集是大数据生命周期的第一个环节,它通过 RFID 射频数据、传感器数据、社交网络数据、移动互联网数据等方式获得各种类型的结构化、半结构化及非结构化的海量数据。由于成千上万的用户可能同时进行并发访问和操作,因此,需采用专门针对大数据的采集方法,主要包括以下三种:

1. 系统日志采集方法

很多互联网企业都有自己的海量数据采集工具,多用于系统日志采集,如 Hadoop 的 Chukwa、Cloudera 的 Flume、Facebook 的 Scribe 等,这些工具均采用分布式架构,能满足每秒数百兆的日志数据采集和传输需求。

2. 网络数据采集方法

网络数据采集是指通过网络爬虫或网站公开应用程序编程接口（Application Programming Interface，API）等方式从网站上获取数据信息。该方法可以将非结构化数据从网页中抽取出来，将其存储为统一的本地数据文件，并以结构化的方式存储。它支持图片、音频、视频等文件或附件的采集，附件与正文可以自动关联。除了网络中包含的内容之外，对网络流量的采集可以使用深度包检测（Deep Packet Inspection，DPI），或深度/动态流检测（Deep/Dynamic Flow Inspection，DFI）等带宽管理技术进行处理。

3. 其他数据采集方法

对于企业生产经营数据或学科研究数据等保密性要求较高的数据，可以通过与企业或研究机构合作，使用特定系统接口等相关方式采集数据。

10.3.2 大数据预处理

数据的世界是庞大而复杂的，想要获得高质量的分析挖掘结果，就必须在数据准备阶段提高数据的质量。大数据预处理可以对采集到的原始数据进行清洗、填补、平滑、合并、规格化以及检查一致性等，将那些杂乱无章的数据转化为相对单一且便于处理的构型，为后期的数据分析奠定基础。预处理主要包括数据清理、数据集成、数据转换以及数据规约四大部分。

（1）数据清理。数据清理主要包含遗漏值处理（缺少感兴趣的属性）、噪声数据处理（数据中存在着错误或偏离期望值的数据）、不一致数据处理。遗漏数据可用全局常量、属性均值、可能值填充或者直接忽略该数据等方法处理；噪声数据可用分箱（对原始数据进行分组，然后对每一组内的数据进行平滑处理）、聚类、计算机人工检查和回归等方法去除噪声；对于不一致数据则可进行手动更正。

（2）数据集成。数据集成是指将多个数据源中的数据合并存放到一个一致的数据存储库中。这一过程着重要解决三个问题：模式匹配、数据冗余、数据值冲突检测与处理。

（3）数据转换。数据转换就是处理抽取上来的数据中存在的不一致的过程。

（4）数据规约。数据规约是指在尽可能保持数据原貌的前提下，最大限度地精简数据量，其方法主要有数据方聚集、维规约、数据压缩、数值规约和概念分层等。

10.3.3 大数据存储

大数据存储与管理要用存储器把采集到的数据存储起来，建立相应的数据库，以便管理和调用。大数据存储技术路线最典型的有以下三种：

（1）大规模并行处理（Massively Parallel Processing，MPP）架构的新型数据库集群。采用MPP架构的新型数据库集群，重点面向行业大数据，MPP产品可以有效支撑PB级别的结构化数据分析，这是传统数据库技术无法胜任的。对于企业新一代的数据仓库和结构化数据分析，目前最佳选择是MPP数据库。

（2）基于Hadoop的技术扩展和封装。基于Hadoop的技术扩展和封装，围绕Hadoop衍生出相关的大数据技术，应对传统关系型数据库较难处理的数据和场景，例如针对非结构化数据的存储和计算等，充分利用Hadoop开源的优势。伴随相关技术的不断进步，其应用场景也在逐步扩大，目前最为典型的应用场景就是通过扩展和封装Hadoop来实现对互联网大数据存储、分析的支撑。

（3）大数据一体机。这是一种专为大数据的分析处理而设计的软硬件相结合的产品，由一组集成的服务器、存储设备、操作系统、数据库管理系统以及为数据查询、处理、分析用途而预先安装及优化的软件组成。

10.3.4 大数据分析与挖掘

大数据分析与挖掘的主要目的是把隐藏在一大批看来杂乱无章的数据中的信息集中起来，进行萃取、提炼，以找出潜在有用的信息和所研究对象的内在规律的过程。主要从可视化分析、数据挖掘算法、预测性分析、语义引擎和数据质量管理五大方面进行着重分析。

1. 可视化分析

数据可视化主要是借助于图形化手段，清晰有效地传达与沟通信息，做出完整的分析图表，简单明了、清晰直观，更易于接受。

2. 数据挖掘算法

数据挖掘算法是根据数据创建数据挖掘模型的一组试探法和计算。为了创建该模型，算法将首先分析用户提供的数据，针对特定类型的模式和趋势进行查找。并使用分析结果定义用于创建挖掘模型的最佳参数，将这些参数应用于整个数据集，以便提取可行模式和详细统计信息。

3. 预测性分析

大数据分析最重要的应用领域之一就是预测性分析，预测性分析结合了多种高级分析功能，包括特别统计分析、预测建模、数据挖掘、文本分析、实体分析、优化、实时评分、机器学习等，从而对未来或其他不确定的事件进行预测。

从纷繁的数据中挖掘出其特点，可以帮助我们了解目前状况以及确定下一步的行动方案，从依靠猜测进行决策转变为依靠预测进行决策。它可帮助分析用户的结构化和非结构化数据中的趋势、模式和关系，运用这些指标来洞察预测将来事件，并采取相应的措施。

4. 语义引擎

语义引擎是把已有的数据加上语义，可以把它想象成在现有结构化或者非结构化的数据库上的一个语义叠加层。它是语义技术最直接的应用，可以将人们从烦琐的搜索条目中解放出来，让用户更快、更准确、更全面地获得所需信息，提升用户互联网体验。

5. 数据质量管理

数据质量管理是指对数据从计划、获取、存储、共享、维护、应用、消亡生命周期的每个阶段里可能引发的各类数据质量问题，进行识别、度量、监控、预警等一系列管理活动，并通过改善和提高组织的管理水平使得数据质量获得进一步提高。

数据分析与挖掘的核心算法与软件主要掌握在大型数据库公司及高校的手中，国际上主要参与者包括 IBM、甲骨文、微软、谷歌、亚马逊、Facebook 等，国内主要参与单位包括数据库企业、高校，以及以 BAT（百度公司 Baidu、阿里巴巴集团 Alibaba、腾讯公司 Tencent）为代表的大型互联网企业等。数据分析与挖掘的能力直接决定了大数据的应用推广程度和范围，是大数据产业的核心。

10.3.5 大数据可视化

传统数据可视化集中在图表和文字展示，但如今不论在零售、物流、电力、水利、环保、还是交通领域，各行各业对于数据可视化的要求越来越高，大数据可视化可以更生动、友好地即时呈现隐藏在瞬息万变且庞杂数据背后的业务洞察。帮助业务人员发现并诊断业务问题，满足会议展览、业务监控、风险预警、地理信息分析等多种业务的展示需求。

10.3.6　数据标准与规范

大数据标准体系是开展大数据应用的前提条件,没有统一的标准体系,数据共享、分析、挖掘、决策支持将无从谈起。大数据标准包括体系结构标准、数据格式与表示标准、组织管理标准、安全标准和评测标准。在标准化建设方面,参与单位主要包括中国电子技术标准化研究院、各个数据库公司、数据拥有部门以及各个行业的标准化组织。

10.3.7　数据安全

随着海量数据的不断增加,对数据存储和访问的安全性要求越来越高,从而对数据的访问控制技术、加密保护技术以及多副本与容灾机制等提出了更高的要求。另外,由于大数据处理主要采用分布式计算方法,这必然面临着数据传输、信息交互等环节,如何在这些环节中保护数据价值不泄露、信息不丢失,保护所有站点的安全是大数据发展面临的重大挑战。

在大数据时代,传统的隐私数据内涵与外延有了巨大突破和延伸,数据的多元化与彼此的关联性进一步发展,使得对单一数据的隐私保护方法变得极其脆弱,因此需要针对多元数据提出融合的安全问题。

10.4　大数据的应用

大数据对传统信息技术带来革命性挑战,正在重构信息技术体系和产业格局。国内以阿里巴巴、百度、腾讯为代表的互联网企业、云计算和数据库厂商纷纷加大应用推广力度,在国际先进的开源大数据技术基础上,形成独自的大数据平台构建和应用服务解决方案,以支撑不同行业不同领域的专业化应用(见图10-2),金融、汽车、餐饮、电信、能源、体能和娱乐等在内的社会各行各业都已经融入了大数据的印迹,并在其中发挥着不同程度的积极作用。

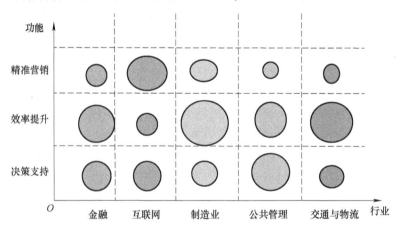

图 10-2　大数据的行业应用

10.4.1　大数据技术在供应链管理中的应用

大数据技术将用于供应链从需求产生,产品设计到采购、制造、订单、物流以及协同的各个环节,通过大数据的使用对其供应链进行翔实的掌控,更清晰地把握库存量、订单完成率、物料及产品配送情况等;通过预先进行数据分析来调节供求;利用新的策划来优化供应

第 10 章　大数据技术及其在物流供应链管理中的应用

链战略和网络，推动供应链成为企业发展的核心竞争力。具体表现在以下几个方面：

1. 预测分析

预测分析是一种统计或数据挖掘解决方案，包含可在结构化和非结构化数据中使用以确定未来结果的算法和技术。可为预测、优化、预报和模拟等许多其他用途而部署。随着现在硬件和软件解决方案的成熟，许多企业利用大数据技术来收集海量数据、训练模型、优化模型，并发布预测模型来提高业务水平或者避免风险。需求预测是整个供应链的源头，整个市场需求波动的晴雨表，销售预测的灵敏与否直接关系到库存策略、生产安排以及对终端客户的订单交付率，产品的缺货和脱销将给企业带来巨大损失。企业需要通过有效的定性和定量的预测分析手段和模型并结合历史需求数据与安全库存水平综合指定精确的需求预测计划。例如到了 iPhone X 首发的时候，很多用户可能都会迫不及待地想尽早拿到订购的手机。京东会根据小区画像（见图 10-3）事先布局，通过算法来预测消费者所处的小区对 iPhone X 的潜在需求，并提前把响应数量的产品推送到最近的配送站。消费者下单时，京东便能以最快速度送达，不仅提升运营效率，也保证了用户体验。

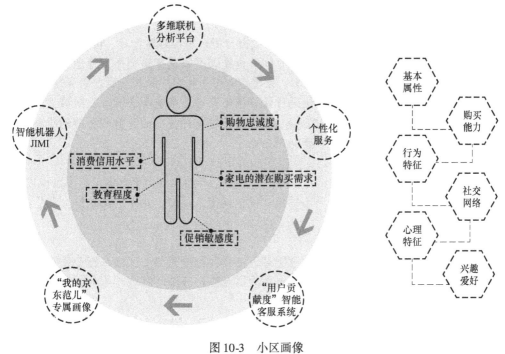

图 10-3　小区画像

2. 提高资源获取效率

当企业为开发新产品或为了优化成本而需要寻找新的供应商来满足生产需求时，通过大数据技术便可以把握市场上的真实现状，了解整个供应链上原料、零配件等生产资料、劳动力资源、运输、仓储等物流资源的实际情况，企业可进行敏捷、透明的寻源与采购。同时，通过供应商绩效评估和合同管理，使采购过程规范化、标准化、可视化、成本最优化。

3. 增强协同效率

通过大数据技术，可达到建立良好的供应商关系的目的。良好的供应商关系是消灭供应商与制造商间不信任成本的关键。双方库存与需求信息交互、建立 VMI 运作机制，降低由于缺货造成的生产损失。采购订单与生产订单对各种渠道快速、准确的反应能力在当前集团化、全球化、多组织运作的环境下尤为重要，对供应链上下游企业实现协同至关重要。

4. 供应链计划与物料、订单同步的生产计划和排程

有效的供应链计划系统集成企业所有的计划和决策业务，包括需求预测、库存计划、资源配置、设备管理、渠道优化、生产作业计划、物料需求与采购计划等。企业根据多工厂的产能情况编制生产计划与排程，保证生产过程的有序与匀速，其中包括物料供应的分解和生产订单的拆分。在这个环节中企业需要综合平衡订单、产能、调度、库存和成本间的关系，需要大量的数学模型、优化和模拟技术为复杂的生产和供应问题找到优化解决方案。

5. 库存优化

成熟的补货和库存协调机制可消除过量的库存，降低库存持有成本。通过从需求变动、安全库存水平、采购提前期、最大库存设置、采购订购批量、采购变动等方面综合考虑，监理优化的库存结构和库存水平设置。如 Amazon 的智能仓储管理技术能够实现连续动态盘点，对库存预测的精准率可达 99.99%。在业务高峰期，Amazon 通过大数据分析可以做到对库存需求的精准预测，在配货规划、运力调配，以及末端配送等方面做好准备，从而平衡了订单运营能力，大大降低了爆仓的风险。

6. 提高物流效率

建立高效的运输与配送中心管理，通过大数据分析合理的运输管理、道路运力资源管理，构建全业务流程的可视化、合理的配送中心间的货物调拨以及正确选择和管理外包承运商与自有车队，提高企业对业务风险的管控力，改善企业运作和客户服务品质。如 Amazon 的大数据物流平台的数据算法会给每个人随机地优化其拣货路径。系统会告诉员工应该去哪个货位拣货，并且可以确保全部拣选完之后的路径最少。通过这种智能的计算和智能的推荐，可以把传统作业模式的拣货行走路径减少至少 60%。

7. 网络设计与优化

对于投资和扩建，企业从供应链角度分析的成本、产能和变化更直观、更丰富也更合理。企业需要应用足够多的情景分析和动态的成本优化模型，帮助企业完成配送整合和生产线设定决策。

8. 供应链管理存在行业差异

制造业各行业管理特点突出，在供应链管理上存在行业差异，如汽车行业重点关注准时上线和分销环节、食品饮料行业关注的重点在冷链及配送环节、服装行业的供应链管理重难点在消灭链条上高库存等。

9. 风险预警

在大数据与预测性分析中，有大量的供应链机会。例如，问题预测可以在问题出现之前就准备好解决方案，避免措手不及造成经营灾难。还可以应用到质量风险控制，如上海宝钢，其生产线全部实现流水化作业，生产线上的传感器可获得大量实时数据，利用这些可以有效控制产品质量。通过采集生产线上的大量数据，来判断设备运营状况和健康状况，对设备发生故障的时间和概率进行预测。这样企业可提前安排设备维护，保证生产安全。

10.4.2 大数据技术在物流领域的应用

随着物联网、云计算、大数据等信息技术的飞速发展，企业的信息获取及管理方式也在不断发展变化，企业经营管理过程中相关信息与产品销售渠道都在发生深刻的变化。在这个大背景下，智慧物流概念的诞生及发展给物流配送系统带来了空前发展机遇。大数据在物流行业的应用，打破了低层次、低效率、高成本的运输局面，逐渐将其演变成数字化要求极高

的行业。

以下介绍大数据技术在物流领域的应用：

（1）运输环节。如美国 UPS 公司使用大数据优化送货路线，配送人员不需要自己思考配送路径是否最优。UPS 采用大数据系统可实时分析 20 万种可能路线，3 秒找出最佳路径。UPS 通过大数据分析，规定卡车不能左转，所以 UPS 的司机会宁愿绕个圈，也不往左转。根据 2010 年的数据显示，因为执行尽量避免左转的政策，UPS 货车在行驶路程减少 2.04 亿 km 的前提下，多送出了 350 000 件包裹。

（2）物流仓储和配送环节。以京东的"小区画像"移动仓库为例，通过京东全链条的数据，京东对用户和小区进行画像，可以准确获取数据并挖掘用户行为。京东创新性的在各个小区之间设立移动的仓库。一个个小车会将货物提前在各个小区准备完成，一旦用户下单完成，就通过最近的移动仓库将货物送达用户手中。据有关数据显示，京东在使用移动仓库发货时最快完成一个订单的时间仅为 12 分钟。

（3）人货匹配。通过对运力池进行大数据分析，公共运力的标准化和专业运力的个性化需求之间可以产生良好的匹配。对货主、司机和任务的精准画像，可实现智能化定价、为司机智能推荐任务和根据任务要求指派配送司机等。

（4）港口物流。港口作为物流链上的重要节点，沉淀了海量的数据资源，拥有明显的数据优势。港口大数据分析的宗旨是通过大数据的创新应用更好地服务于客户、服务于内部企业。随着大数据技术和解决方案的创新和完善，港口企业能够将港口实际生产过程中的数据进行存储、分类、加工，再借助数据挖掘技术，优化港口作业各环节，深化与客户关系，进一步提升企业的业绩。具体而言，分析港口货物运量的变动信息，可以发现一个地区或国家的经济消长态势，这比腹地货物市场所反映的信息要敏感；对港口货种结构信息的分析，可以发现一个地区或国家产业结构的变动趋势；对港口货物关联信息的深入挖掘分析，可以发现港口的经营发展趋势；对港口船舶相关信息的挖掘分析，可以为港口拥塞等问题提供解决方案，对于港口企业发现新市场，明确经营方向和制定发展战略，调整港口功能布局和建设规划，都具有重要的作用。随着港口信息化水平的不断提高，国内外众多港口，诸如国外的新加坡港、鹿特丹港，国内的上海港、宁波港、天津港、青岛港等都正在尝试将大数据技术、云计算及物联网等相关信息技术应用到港口生产中，数据应用的重心将从传统的数据收集管理转向深度数据挖掘应用。以数据资源为核心，打造港口信息枢纽，提供多层次、多元化的便捷而又精细的服务，实现信息服务产业化，优化港口各环节作业，深化与客户关系，提高港口企业的生产效率，对于为港口企业决策提供参考依据有着重要的意义。关于港口大数据应用，目前各国各个港口集团也都在摸索之中，尚未出现成熟的行业标杆性应用。

10.5 大数据在物流供应链管理中应用的问题

大数据已经渗透到物流企业的各个环节，引起物流企业普遍关注的同时已经给它们带来了高额效益。但是，面对大数据这一机遇，物流企业的高层管理者仍需给予高度的重视和支持，正视企业应用大数据时存在的问题。当前我国大数据产业具备了良好基础，面临难得的发展机遇，但仍然存在一些困难和问题：

（1）数据资源开放共享程度低。数据质量不高，数据资源流通不畅，管理能力弱，数据价值难以被有效挖掘利用。

（2）技术创新与支撑能力不强。我国在新型计算平台、分布式计算架构、大数据处理、分析和呈现方面与国外仍存在较大差距，对开源技术和相关生态系统影响力弱。

（3）大数据应用水平不高。我国发展大数据具有强劲的应用市场优势，但是目前还存在应用领域不广泛、应用程度不深、认识不到位等问题。

（4）大数据产业支撑体系尚不完善。数据所有权、隐私权等相关法律法规和信息安全、开放共享等标准规范不健全，尚未建立起兼顾安全与发展的数据开放、管理和信息安全保障体系。

（5）人才队伍建设急需加强。大数据基础研究、产品研发和业务应用等各类人才短缺，难以满足发展需要。

10.6 大数据应用案例

10.6.1 美的——产品完善、产品设计

1. 完善产品细节

产品品质对于制造行业来说是一个企业的核心生命线，每从一个生产线上产出一个产品，都要先通过内部质检，再通过各种渠道到达终端店铺及电商平台。因此，产品上市后的品质分析至关重要。产品品质可从产品销售量、质检通过率、返修率和投诉率反映出来。但每种因素都存在局限性，在某些情况下可能产生冲突。美的较好地利用大数据解决了这些问题。

美的大数据系统通过分析质检通过率以及返修率，并利用在电商平台上抓取的用户评价数据进行分析，发现数据存在问题后，通过用户回访，具体了解产品存在的问题。售后部门与产品部门配合分析产品质量层面是否存在问题。最后由数据部门和制造设计部门通过认真分析和对以往回访用户所反映出来的问题，以及还原用户在使用该产品的场景过程，最终确定产品所存在的问题。简单来说，即对问题产品进行大数据分析快速定位，多部门配合进行数据分析并明确整改方案，最终形成改善闭环。

大数据会直接发现这个原因吗？并不会。但是通过大数据（内部数据、外部各种电商平台海量数据抓取、评价反馈、文本分析、关键词定位、打标签等）可以帮助美的快速定位问题所在的那个核心爆破点。通过对业务流程的熟悉和了解就可以快速判断可能的原因，进而快速改进产品问题，继续投入市场，再通过大数据不断验证并获得成功。

所以，大数据在这个过程中所起到的作用是：发现可疑现象或者问题，分析和问题定位，尝试解决问题之后的验证。验证成功则证明判断正确，验证失败再回归到这个流程中来。

该过程的时效性和美的产品线的丰富程度，需要对外部海量结构化或者非结构化的数据进行快速处理和分析，这正是大数据所擅长的。把这种应用场景进行延伸，就意味着美的的每一项产品一旦上线，就都可以通过这种方式帮助和改进产品并完善产品细节，而这一切便是通过大数据来实现的。投诉率直线下降40%就是最好的证明，很好地实现了业务价值。

2. 精准营销，为产品设计出谋划策

美的坐拥海量数据资源基础——商品资源、用户基数、用户行为和标签属性资源等这些资源的结合。利用这些资源，美的方可进行用户画像，精准营销。

美的目前拥有近1.5亿的带手机的唯一身份用户，每天以至少12万的数据在递增。并且最重要的是，用户购买的记录、购买渠道、地域、使用偏好等信息全部标签化。一条用户记录可以打上近600个标签和多级标签属性，一个完整的360°的用户画像就被刻画出来了，基于这些用户标签再来做精准营销，商品成功推荐的概率就会非常大。

第10章 大数据技术及其在物流供应链管理中的应用

这些用户画像推荐模型会帮助服务一线导购，包括售后。这就完成了从线上线下整个立体空间对用户进行了解和定位，以前需要什么、目前在关注什么、后面可能需要什么、可能需要美的提供什么样的服务，大数据平台统统清楚。当然，实际的服务过程一定因为具体执行人（导购、售后客服）的因素有所不同和偏差，但是从整体上来看，对产品的引导和服务是具备很强的指导性的。做到全面融合内外部数据，构建用户全景视图，为产品设计出谋划策，这一切都是依靠大数据平台做到的。数据有进也有出，进去的是数据，出去的是信息，并且是有非常有价值的信息。

美的通过自己的大数据平台，收集用户数据，成功打造了属于自己的产品设计与完善体系——数据"观星台"（见图10-4）。

图 10-4　美的大数据平台产品之一——观星台

（案例来源：根据新浪网资料整理。）

10.6.2　国内外港口大数据建设介绍

随着港口信息化水平的不断提高，国内外众多港口正在尝试将大数据、云计算及物联网等相关信息技术应用到港口生产中，数据应用的重心将从传统的数据收集管理转向深度数据挖掘应用。本资料汇总了包括新加坡港、鹿特丹港、招商局、上海港、宁波港等八个国内外的港口大数据建设状况，具体如下：

1. 国外港口大数据应用现状

（1）新加坡港大数据应用现状。新加坡港的信息化程度很高，信息系统涉及了整个港口运作的方方面面，从系统功能上划分可以分为五大部分六大系统，在此基础上提出大数据治港的概念，开展基于大数据的基础建设、生产管理、客户服务、市场预测、应用创新等服务。

（2）鹿特丹港大数据应用现状。欧洲第一大港鹿特丹港的港区系统庞大而复杂，物流信息系统较为烦琐。首先，该港联合了荷兰的几个港口和运输公司共同开发了以港口为中心的国际运输信息系统（INTIS），对庞大的港口信息数据进行系统整合；其次，组织物流环节中的船东、货主、船代、货代、海事、船检、商检及陆上运输企业、商业、海关、金融服务业等加入到系统中来，协调相互间的业务关系，提高物流效率，降低成本；最后，通过因特网的开放环境面向多类用户，编制便利的软件实现信息自动化处理，达到船方、货方、代理方、港方以及海关、税务、银行等多方资源共享和高效运作。通过这一平台，港口极大地提高了

物流信息技术与信息系统

运作效率和运输管理效率，进一步增强了港口的竞争力。正是通过对数据的合理运用，鹿特丹港始终保持在欧洲第一大港的地位。

2. 国内港口大数据应用现状

（1）招商局港口大数据应用现状。招商局港口的下属企业——蛇口集装箱码头有限公司雇用埃森哲咨询方案并进行数据标准化，随后通过对各投资单位的业务、财务系统中数据实时抽取及建模，搭建实时的管理可视化平台，向各级管理者提供反映企业经营的各项 KPI 指标，如吞吐量、作业效率、资金周转率等，帮助其改善成本管理、治理能力，加强绩效管理，辅助企业战略目标的实现和运营管理决策。这对于企业在当今港口业竞争中取得成功至关重要，同时还加强了企业的成本意识，帮助其在未来实现可持续增长。

（2）上海港大数据应用现状。上海港正在推进集团数据中心建设，加大信息化、精益化、系统化建设的力度，建立跨平台的大数据云分析平台，强化分析决策功能，实现从传统的数据线下收集和线下分析，到数据线上自动即时流通和共享的转变，为企业决策提供准确及时的数据和信息。

（3）宁波港大数据应用现状。宁波港正在整合内外部码头、无水港、集装箱运输网络以及物流增值服务等相关资源，实现各个业务平台融合的港口物流一体化平台。此外，宁波航运交易所首次推出"悦龙智航"管理服务平台，通过信息交互融合和商业智能大数据应用，为政府、行业和企业提供数据分析、挖掘、统计和指数等高端服务。

（4）天津港大数据应用现状。天津港已建成天津港综合物流信息平台、天津港陆运电子交易平台和天津港物资供求信息平台三大平台，并据此构成天津港电子商务服务圈。目前，天津港在《滨海新区大数据行动方案（2013—2015）》的指导下，发力建设基于大数据的天津港经营分析系统。

（5）青岛港大数据应用现状。青岛港完善全港信息化普及使用，实现所有系统的数据集成和信息化系统应用的集成，建成了生产管理、船舶资料、财务管理、资产管理、人力资源管理、设备管理、物资管理、工程管理八大主题数据库；投资 1.2 亿元，为"一带一路"打造统一公共的信息平台提供技术支持，强化互联网创新思维，全力打造大数据信息中心港。

（6）营口港大数据应用现状。营口港正在积极推进港融大数据服务平台建设，该平台汇集口岸服务、物流服务、金融、保险服务于一体，兼具 VIP 客户定制与信用评价体系，通过与海运、陆运、空运、金融、贸易、保险等各类平台的对接集成，形成了集运销于一体的智能物流平台。物流商、贸易商、供应商、代理商等利用大数据平台，可实现从传统经营方式向路径最优、成本最低、效率最高、利润最大化的智能管理方式转变。

（资料来源：http://portbigdata.com/gk_dshjal/280.html。）

复习思考题

1. 什么是大数据技术？
2. 简述大数据技术的特征，并举例说明。
3. 大数据技术在现代物流业中有哪些方面的应用？
4. 试阐述大数据技术对现代物流业发展的重要意义。
5. 请结合实际案例，分析大数据技术在物流供应链管理应用中的优势与不足。
6. 请结合实际案例，分析大数据技术在航运业应用中的优势与劣势。
7. 试分析大数据技术在物流业应用中的未来发展方向。

第 11 章 区块链技术及其在物流供应链中的应用

本章学习目标

掌握区块链技术的基本概念；理解区块链在供应链金融、溯源服务及物流交易支付上的应用；了解区块链技术推广过程中的障碍及解决策略；掌握应用区块链解决物流问题的技能。

11.1 区块链概述

11.1.1 区块链技术的内涵

工信部指导发布的《中国区块链技术和应用发展白皮书 2016》这样解释：区块链技术是利用块链式数据结构验证与存储数据，利用分布式节点共识算法生成和更新数据，利用密码学的方式保证数据传输和访问的安全，利用由自动化脚本代码组成的智能合约编程和操作数据的一种全新的分布式基础架构与计算范式。

区块链技术形成的基础是互联网的普及和计算机运算能力的大幅度提高，这两点给区块链基于网络分布运算的"去中心化数据存储技术"提供了所需的带宽和运算能力支持。从底层通信层看，区块链是在点对点网络中通过广播在网络节点之间进行交易记录更新，而各网络节点各自完整地存储交易记录备份；从协议和应用层面上看，不同的开发者可以根据自己所需求的应用场景，自行定义交易记录所包含的内容、新区块产生的条件和加解密算法等；在最终用户来看，区块链是一个带有时间戳的账务记录系统，具有公开、透明、可信、历史记录不可更改等特点。因为具有这些特点，区块链技术非常适合作为金融交易的辅助工具，也正因为如此，比特币才被选为区块链技术的第一个正式应用并获得巨大成功。

区块链在本质上是由一系列信息区块组成的，是具有透明可信、防伪造、防篡改、可追溯等特点的数据链，是一种构建在点对点网络上的分布式存储数据库，其作用主要体现在推动传统互联网数据增值、安全可信、价值流动，重构社会在线上和线下的价值体系，释放生产力，加快推进第四次工业革命的发展步伐。因此，其被视为下一代全球信用认证和价值互联网的基础协议。

从系统架构上看，区块链分为核心层、服务层和用户层。区块链核心层提供了区块链正常运行的环境和基础组件，包括分布式账本、对等网络、密码学应用、共识机制、智能合约以及跨链技术等要素；区块链服务层通过调用核心层组件为用户层提供可靠的接入服务，并满足操作的原子性和高性能的要求；区块链用户层将不同类型的 API 封装成区块链服务，供不同的用户使用，区块链的系统架构如图 11-1 所示。

物流信息技术与信息系统

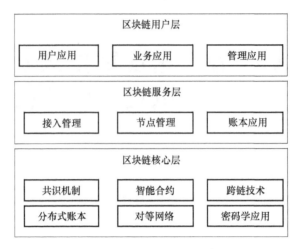

图 11-1　区块链的系统架构

学术性官方定义难以让人们直观理解区块链技术到底是什么，下面将与现存的平台技术对比进行解释，并通过虚拟例子来讲解其工作原理和特点。

11.1.2　对区块链技术的理解

简单地说，区块链就是一种去中心化的分布式账本数据库。去中心化，即与传统中心化的方式不同，这里没有中心，或者说人人都是中心；分布式账本数据库，意味着记载方式不只是将账本数据存储在每个节点，而且每个节点会同步复制共享整个账本的数据。

无论多大的系统或者多小的网站，一般在它背后都有数据库。在一般情况下，谁负责运营这个网络或者系统，那么就由谁来进行维护，例如，微信的数据库由腾讯的团队维护，淘宝的数据库由阿里的团队维护，但是区块链技术却不是这样。

如果把数据库想象成一个账本，比如支付宝，它就是很典型的账本，任何数据的改变就是记账型的。数据库的维护可以认为是很简单的记账方式。在区块链的世界也是这样，区块链系统中的每一个人都有机会参与记账。系统会在一段时间内，可能选择 10 秒钟内，也可能 10 分钟内，选出这段时间记账最快最好的人，由这个人来记账，他会把这段时间数据库的变化和账本的变化记在一个区块（Block）中，可以把这个区块想象成一页纸，系统在确认记录正确后，会把过去账本的数据指纹链接到（Chain）这页纸上，然后把这页纸发给整个系统里面其他的所有人。之后周而复始，系统会寻找下一个记账又快又好的人，而系统中的其他所有人都会获得整个账本的副本。这也就意味着这个系统每一个人都有一模一样的账本。这种技术，我们称之为区块链技术（Blockchain），也称为分布式账本技术。

由于每个人（计算机）都有一模一样的账本，并且每个人（计算机）都有着完全相等的权利，因此不会由于某个人（计算机）失去联系或宕机而导致整个系统崩溃。既然有一模一样的账本，就意味着所有的数据都是公开透明的，每一个人都可以看到每一个账户上到底有什么数字变化。它非常有趣的特性就是，其中的数据无法篡改。因为系统会自动比较，会认为相同数量最多的账本是真的账本，少部分和别人数量不一样的账本是虚假的账本。因此，任何人篡改自己的账本是没有任何意义的，除非你能够篡改整个系统里面大部分节点。然而系统有上万个甚至上十万个节点，而且还分布在互联网上的各个角落，除非某个人能控制世界上大多数的计算机，否则要篡改这样大型的区块链是不可能的。

第 11 章　区块链技术及其在物流供应链中的应用

在一个村里，A 找 B 借了钱，一般会以借条或者中介人的形式作为凭证，如果这个凭证丢了或者中介人不在了，A 可以选择赖账。而在区块链的场景里，想象有一个整体的账本，A 找 B 借了钱的事会被村里记账特快特好的村民写入这个账本，然后分发给村里的每一个人，因此村里每一个人都会知道 A 欠了 B 的钱，除非 A 收买这个村 51% 的人，但这对于 A 来说成本太高了，得不偿失……A 还了 B 钱。此后，B 找 C 借钱，C 找 D 借钱，都会以这种形式按时间顺序写入这个账本的不同页面，即不同区块，区块和区块互相链接形成了一个链条。

下面以图示方式理解区块链工作原理，如图 11-2 所示。

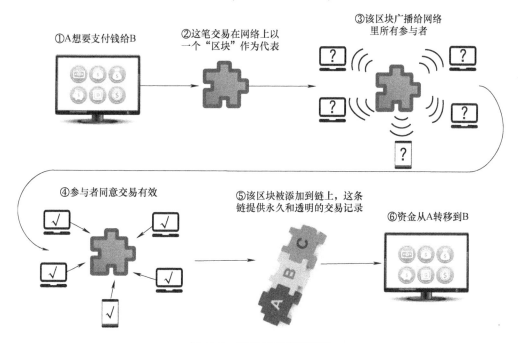

图 11-2　区块链工作原理图

11.1.3　区块链技术的特征

对于区块链的几个特征：去中心化、可靠数据、去信任化、集体维护，下面依次结合简单事例进行解释说明。

1. 去中心化，分布式存储

整个网络没有中心化的硬件或者管理机构，任意节点之间的权利和义务都是均等的，且任一节点的损坏或者失去都不会影响整个系统的运作。因此，也可以认为区块链系统具有极好的健壮性。任何交易中的各方都知道，一切都将按照议定的协议完成。随时可用且值得信赖的数据也消除了任何中介的需求。

村里每个人（每个节点）都会知道 A 借了 B 的钱，即每个节点之间的权利和义务都是均等的，保证承认的结果是过半数节点承认。由于没有一个中心账本，A 就算篡改了几个人的账本，也会被视为无效，除非控制 51% 的村民。在现实生活中，这更加不可能，因为黑客面对的是全球范围内各地的节点。

2. 可靠数据，不可伪造篡改

整个系统将通过分数据库的形式，让每个参与节点都能获得一份完整数据库的拷贝。除非能够同时控制整个系统中超过51%的节点，否则单个节点上对数据库的修改是无效的，也无法影响其他节点上的数据内容。因此参与系统中的节点越多且计算能力越强，该系统中的数据安全性越高。

村民知道A借了B的钱，也会知道A是否还了钱，这些最新情况都会被写入账本即不同区块里，形成链条，且所有村民的记录中出现的相同事件最多，即为真。

3. 去信任化，公开透明

参与整个系统中的每个节点之间进行数据交换是无须互相信任的，整个系统的运作规则是公开透明的，所有的数据内容也是公开的，因此在系统指定的规则范围和时间范围内，节点之间是不能也无法欺骗其他节点的。

B借钱给A再也不用衡量是否信任对方了，借还钱的信息数据无法删除、修改，只能新增，整个运作规则是透明的，所有数据公布给全体村民。

4. 集体维护，降低成本

系统中的数据块是由整个系统中所有具有维护功能的节点来共同维护的，而这些具有维护功能的节点是任何人都可以参与的。区块链通过消除交换资产和第三方中介机构的间接费用来降低整体交易成本和时间。

每个村民参与记录A找B借钱的同时，也在验证B找C、C找D……借还钱事件的正确性，维护效率提高，从而降低了成本。

11.1.4 区块链在物流与供应链中的优势

物流生态系统是由多个参与方组成的利益共同体。行业内有一个关于"流"的概念，从最初的"商流"开始，逐渐催生出"物流"，以及相对应的"资金流"和"信息流"的支撑。各种"流"的产生，其背后都有一个关键问题，就是商品所有权的转移。这就与区块链本身有关系，物流、资金流、信息流的匹配所形成的场景就非常适合。应用区块链技术可以显著提高支付业务的处理速度及效率，有效解决物品的追溯防伪问题，充分保证信息安全以及寄、收件人的隐私。

区块链可以提高透明度，并降低整个供应链的成本和风险。企业可以通过更加透明和准确的"端到端"跟踪改善供应链管理。通过区块链，可以对物理资产进行数字化处理，并创建一个分散的、不可变的交易记录，从而可以跟踪目前可能需要数周时间才能获得的所有相关信息。呈现通过区块链验证的数据，有助于提高公众对供应链数据的信任度。透明度的要求也可以让企业更加重视质量检查，在供应链中实施区块链解决方案的过程中需要相互合作，为所有利益相关者共享的数据建立真实性。

所以目前开发的技术包括这些显而易见的优势：提高物料供应链的可追溯性以确保达到企业标准；从假冒/灰色市场交易中减少损失；改善外包合同制造的可视性和合规性；减少文书工作和管理成本。除此之外还有一些潜在优势，如：通过提供产品所用材料的透明度来加强企业声誉；提高共享数据的可信度和公众信任度；减少供应链弊端带来的潜在公共关系风险；利益相关者参与。

11.2 区块链对供应链的升级创新

下面主要从供应链金融、物流溯源服务和物流支付交易三方面介绍区块链技术对供应链的升级创新。

11.2.1 区块链技术与供应链金融

供应链金融强调的是上、下游成员企业相互竞争与相互协作的特殊关系，谁有竞争优势谁有话语权，谁来制定交易条件与习惯。而特殊关系则是，从最初级的原物料，经过加工、制造、运送到最终消费者整个链条，形成了该行业特性。在此种情形下，金融机构了解上、下游议价能力与行业交易特性，经过风险评价，提供综合化、多样化和客制化的金融产品或服务，满足链条上成员企业金融需求的解决方案。

1. 供应链金融的演进

供应链金融 1.0 以人工授信审批为主。供应链金融的模式被笼统称为"1+N"，银行根据核心企业"1"的信用支撑，以完成对一众中小微型企业"N"的融资授信支持。供应链金融 1.0 银行授信依托核心企业的信用，来缓解银行对其上游的供应商或下游经销商授信风险，采取人工授信，一事一议，所以无法借助科技手段达到批量获客。

供应链金融 2.0 以银企直联为核心。核心企业采取自动化的 ERP 来管理供应链，以降低库存成本和及时响应客户需求，此时银行为了提高服务竞争力，遂与核心企业达成"银企直联"的协议，由于得到核心企业的配合，银行除了可以依托核心企业的信用对上游供应商与下游经销商授信外，还可以达到批量获客目的。

供应链金融 3.0 以三流合一平台为核心。供应链金融 3.0 是以平台为核心，整合商流、物流、资金流成为三流合一的信息平台，银行握有供应链条上所有成员企业的交易信息，以"互联网+"的思维模式，鼓舞了银行不断创新或改革商业模式，打破了"二八定律"，让银行更多关注 80% 的中小客层。由于有先进的互联网技术支持，可以大幅度降低银行操作与风险管控成本。

2. 供应链金融推广面临的瓶颈

从供应链金融 1.0 的"1+N"模式发展到今天的供应链金融 3.0"N+N"模式，约有十几个年头，根据 IBM 2012 年研究调查结果显示，供应链金融产品约 75% 是存货融资与预付款融资，银行仍局限于传统的抵押贷款思维；然而保理业务仅占 25%，银行仍无法回归依托自偿性贸易融资授信。简而言之，银行基于风险考虑，无法仅以买方还款作为第一还款来源进行授信。银行在供应链金融中的风险管理，是依托核心企业的信用，垂直对其上游供应商与下游经销商授信，为确保银行债权，银行推广供应链金融业务面临以下瓶颈：

（1）授信对象的局限性。由于全国征信系统尚不完备，供应链上的中小或小微企业存在信息不对称，银行无法直接对其授信，因此银行授信是依托核心企业的信用，不论是核心企业对上游供应商的最终付款责任，还是对其下游经销商的担保责任或调节销售，皆是以核心企业的信用为杠杆衍生出来的授信。银行除了需要核心企业配合外，也只能局限于核心企业的一级供应商或一级经销商（即与核心企业直接签约的供应商与经销商），至于二级以下的供应商与经销商，则因为与核心企业无直接采购或销售合约，所以银行无法满足其融资需求。

（2）科技整合的局限性。核心企业虽能够满足银行单独授信的标准，但其自身的科技系统是否能将供应链条上的上下游成员企业交易信息整合在一起，使得供应链上的采购信息与销售信息透明且可信赖尚未可知，而这直接决定了银行是否获得对称的信息而支持对上下游成员企业的授信。另外，交易信息的真伪如何验证、交易信息是否被篡改等问题也制约着供应链金融业务的推广。

（3）交易全流程的可视性。供应链金融整合了商流、物流与资金流，如果线上的商流与线下的物流无法达到信息透明且全程可视，银行对抵押品的控货权可能产生风险疑虑，也会制约供应链金融业务的发展。

3. 区块链打通供应链金融的瓶颈

基于风险管理的考虑，银行只信赖核心企业的控货能力或调解销售的能力，因此银行仅愿对核心企业有应收账款义务的上游供应商（一级供应商）提供保理业务（应收账款融资）或对其直接下游经销商（一级经销商）提供预付款融资或存货融资。反之，除了一级供应商或经销商外，银行一般不愿直接授信。另外，在实际操作中，银行非常关注应收账款债权"转让通知"的法律效力，所以都会要求一级供应商或核心企业签回"债权转让同意书"，如果一级供应商或核心企业无法签回，银行也不愿授信。

若银行在区块链技术支持下，开发一个供应链金融"智能保理"业务应用系统，提供给所有供应链上的成员企业使用，二级供应商利用"智能保理"系统将开给一级供应商的发票上记载着该应收账款已转让给某银行的编码（编码 A），发布在区块链上，一级供应商在此发票纪录上添加其他必要的编码（编码 B）之后连同原转让信息变成编码 A + B，再发布在区块链上。依《合同法》第 79 条和第 80 条规定，此智能发票已达到债权转让法律通知的效果，核心企业当货款到期时依法应直接将款项付给银行（见图 11-3）。此外，银行也可以利用"智能保理"系统追溯每个节点的交易，勾画出可视性的交易全流程图，所以区块链技术为推广供应链金融"保理"业务到核心企业的二级以下的供应商提供了良好的基础。

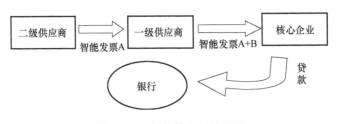

图 11-3　"智能保理"流程图

银行对中小企业或小微企业除了担心其还款能力外，也关注交易数据信息的真实性。供应链金融业务实际操作中，核心企业是以其 ERP 为中心化的模式串联上游采购信息与下游销售信息，所以银行必定调查核心企业所用的 ERP 系统的生产商。由于国际或国内大厂生产的 ERP 系统结构较为复杂，交易信息较不易被篡改，银行对其信息的信任度有所增加。尽管如此，银行仍然担心核心企业与供应商或经销商勾串篡改交易信息，所以投入人力与物力反复验证交易信息的真伪。反观区块链具有一致性、可溯性和去中心化的特点，因此可将供应链上所有的交易数据记录分散在所有节点上的数据库。且区块链上的数据都带有时间戳、不重复记录，即使能篡改某个节点的交易数据，也无法只手遮天，所以区块链消除了银行对信息被篡改的疑虑。

另外，银行在操作供应链金融的"存货融资"和"预付款融资"的贷后管理过程中，必须编列一定人数的"巡核员"，来核实抵押品是否存在和抵押品价值是否减损等工作，造成银行投入很多的人力与物力，增加银行操作成本，致使中小企业或小微企业融资成本提高。如果银行利用区块链"智能资产"来管理所有供应链上的交易抵押品，不但能够验证抵押品的真实性，同时也可以监控抵押品的转移，如此一来，银行可以减少巡核与盘点抵押品的人力投入，也可以减少操作风险和降低作业成本。

4. 区块链在供应链金融应用的实例

星辰亿链供应链金融区块链平台成功运行并向远迈信息技术有限公司旗下无车承运平台

第 11 章 区块链技术及其在物流供应链中的应用

真好运发放首笔信用贷款。该项目成为国内首个区块链+物流+供应链金融的落地应用。

此次应用落地旨在帮助解决物流行业中许多平台企业都会遇到的资金垫付问题。目前的解决方法单一，即寻找相应的金融机构合作，但金融机构的风控体系一方面会要求平台提供大量的业务数据，另一方面也会担心平台所提供数据的真实性。而平台企业也会担心所提交数据的安全性和保密性，对于轻资产的无车承运企业而言，数据就是命脉所在。

区块链技术在无车承运物流行业的应用，使得物流数据具备了资产化的特征，有助于解决上述问题。区块链技术可以将数据价值化、资产化，主要是区块链技术所记载的数据不可更改，不可伪造，固定了数据的唯一所有权，使得所有物流链条中的数据可追溯、可证伪、不可篡改，从而实现了物流数据的资产化。另外，区块链基于先进密码学技术保证了未经授权者即使能访问到数据，也无法解析。利用区块链基础平台，可帮助企业积累信用数据，更准确地评价企业的真实经营状况，也可使资金有效、快速地接入到物流行业，低成本、高效地做出放贷决策，从而改善平台的营商环境。

星辰亿链的解决方案中区块链主要起到两个作用：征信和授信资金管理。供应链金融平台由亿链业务系统、底层区块链系统与真好运无车承运人 SaaS 系统两两对接形成，通过星辰亿链提供的数据接口或者 SDK 进行对象化后，将真好运公司全流程业务数据、交易数据实时上链，以便穿透跟踪，证明业务的真实性，同时业务数据、交易数据一起用于建立风控模型，进行风控管理，杜绝虚假贸易，帮助金融机构提高运营和风控效率。区块链技术运用于供应链金融的流程如图 11-4 所示。

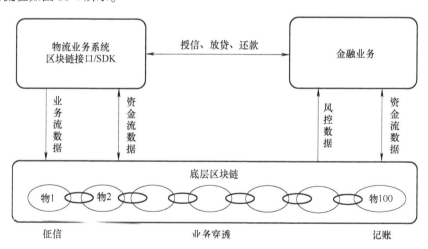

图 11-4 区块链技术运用于供应链金融的流程图

11.2.2 区块链技术与供应链溯源服务

溯源技术从 2003 年提出至今并没有得到广泛的应用，这主要是由于传统技术的溯源认证采用中心式的记账模式，溯源过程易受人为因素控制，消费者并不接受、认可和使用。而区块链的出现，让溯源成为可信任的标签。

1. 供应链溯源服务的诞生背景

假冒伪劣产品使国家、企业和消费者都蒙受了严重的损失。打假是保护国家、企业与消费者利益，是正当、有序竞争的必然要求。一个名牌的产品如果不采用有效的溯源、防伪手段，可能会受到大量伪造产品的冲击，大大破坏产品的形象。

相关调查显示，超过90%的受访消费者将食品安全透明度列为影响其购买的关键因素，并期望制造商提供必要的信息。约55%或更多的消费者将愿意支付企业因为促进社会责任的服务而产生的溢价。

随着企业经营从粗放型向集约型的转变，在分销渠道管理方面，由于技术和手段的限制，大多数企业沿用的仍是初期传统的经营和管理方式，这些方式在效率、成本以及可控性等方面的劣势日益突出。因此，市场环境的变化对企业的渠道管理方式提出了新的要求。

2. 商品溯源过程中的难点

(1) 市场不规范、监管不健全。现有的产地等追溯信息主要是由定制方自行掌握，面对良性的食品溯源机制，而乱贴溯源码，低价出售信息混乱溯源码等扰乱市场秩序的行为，使得溯源码成为万能钥匙，既让消费者深受其害，又加大了监管部门的查处难度。

商品全程可追溯的意义在于，消费者所购商品一旦出现问题，便可追溯到具体出现问题的环节，并明确涉事企业或责任人。然而对于消费者来说，生产链和供应链的复杂化，使得消费者对获取终端产品的安全信息变得越发困难，但屡出问题的背后是溯源信息存在造假或者监管不严。如今在消费者已经越来越难直接对接生产者的背景下，一条完整的溯源信息，除了有尽量详尽的环节记录外，信息的准确度更为重要，否则将无法实现其"确责"和"召回"的意义。

(2) 追溯成本压力尚难化解。在全国范围内全面推行商品可追溯体系建设并非易事。全面推行可追溯体系还需要解决成本、标准以及消费者认可度的可操作性问题。对大型企业来说，通过连年的完善以及成本摊销，压力尚可以化解；而对中小企业来说，"临时抱佛脚"式的对接追溯系统方式则意味着不小的成本。国内食品追溯的产品编码和追溯标准规范还不完善，增加了企业建设追溯体系的负担，抑制了消费者追溯的积极性，阻碍了企业间的互联互通和互解析，影响了政府部门间信息共享和社会共治。消费者对可追溯体系的接受、认可、使用，也需要进一步宣传普及。

(3) 追溯链条不统一妨碍追溯。从整个追溯链来看，目前还有分割。不同部门的追溯代码不一致，可能导致产品进入流通领域环节，存在需要重新整合的接口。例如蔬菜和水产品追溯起来难度就很大，因为这些商品以散装形式售卖，很难安装可追溯系统的"载体"。哪些信息对消费者公开，哪些对监管部门公开，企业履行义务所提高的成本是否会转嫁给消费者，都需要讨论。而不同企业发展水平和生产经营特点也不相同，现阶段也很难将所有食品及相关生产经营者纳入规定的范围，这需要一个循序渐进的过程。

3. 区块链技术溯源功能的原理

溯源和历史记载类似。历史通过文字一代一代传承下去，所以人们能够透过文字记录追溯过去。而区块链通过哈希函数的摘要将信息进行数字化的链接，使得信息能够保持完整性和可追溯性。但与历史传承又略有不同，受政治、文化影响，历史记载可能会有隐讳、虚构、夸张的部分，而区块链是通过数学和技术来保证信息传递过程不会失真。所以，区块链的透明、共享和不可篡改的特性天然适合于溯源应用场景。

区块链由于数据信息不可篡改、只能新增修改，具有交易可追溯的特性，链条上的每一个节点都能查到当时的状况及负责人。在物流与供应链中，从仓储到配送每个环节都较烦琐，涉及的人员众多。根据这个特性，物流中的各项数据能即时录入区块链，各参与方的数据同步共享，省去了大量重复性录入工作，且各参与方都能随时掌握货物动态，能实现轻松举证与追责。以肉类产品溯源为例进行说明，其流程如图11-5所示。

第 11 章　区块链技术及其在物流供应链中的应用

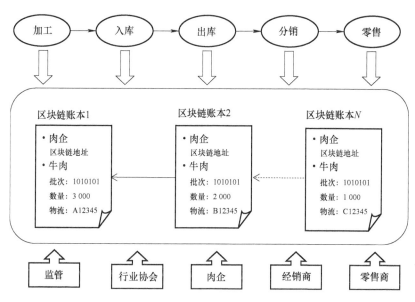

图 11-5　肉类产品溯源链结构图

4. 区块链技术在供应链溯源服务的应用实例

2017 年 9 月 28 日，由中兴能源旗下专注于区块链技术服务的互联网公司——中兴云链自主研发的我国首个基于区块链技术的有机食品溯源和防伪系统开发完成。该系统采用认证节点的联盟链模式，利用区块链数据不可篡改、数据共享等技术特点，将农场、农户、认证机构、食品加工企业、销售企业、物流仓储企业加入到联盟链上，形成了一个信息和价值的共享链条。

目前，中兴云链开发的区块链溯源系统，已经和黑龙江农垦在有机大米上进行示范合作，并推出了国内第一个手机 App 应用——"米恋"。米恋是中兴云链研发的基于 C-Ledger 区块链大数据库的手机客户端应用，用户可以在手机上对大米进行真伪验证，查询到大米从种子开始，到种植、加工、监测，一直到物流的全流程溯源数据。不仅仅是黑龙江农垦，中兴云链还与新疆建设兵团、齐齐哈尔等地的种植大户开展了区块链应用合作，涵盖各类有机、绿色农产品。

在大米之后，中兴云链又把目光瞄准了红酒。2017 年 12 月 7 日，中兴云链和内蒙古阳光田宇葡萄酿酒有限公司在北京举行红酒区块链防伪追溯签约仪式。消费者在购买红酒产品时，可通过扫描酒瓶上的 NFC 防伪标签，来验证红酒的产地真伪，查看红酒溯源的全流程信息和数据。

11.2.3　区块链技术与物流交易支付

1. 物流企业交易支付结算中主要存在的问题

（1）中小物流企业现金交易量大，不利于现金管理。中小物流企业以现金为主办理结算的比重较大，其主要原因在于：一是利用个人结算账户频繁存取现金，以达到逃税等目的、避开有关部门对其交易的监管；二是银行卡管理市场不完善。一些中小物流企业如联运公司、海运公司等，在经营过程中需要支付车辆、船舶的加油费、装卸费、过路费、挂港费等费用，由于不能使用银行卡刷卡，只能使用现金支付，从而加大了现金的交易量。

(2) 国际运费支付难。物流行业经常涉及境外运输问题，因此国内物流企业需要支付国外段的物流运输费用。境内物流企业在以外汇支付国际运费时，先是向国内银行购买外汇，然后再转汇国外运费收款人账号，这样会造成时间上的延迟和汇率上的损失等问题。

(3) 银行金融产品创新力度不够，经营观念有待转变。在金融产品创新上，由于现代物流企业的经营模式多种多样，对资金结算速度均有较高的要求，商业银行现有的结算方式与手段已很难适应现代物流业发展的要求。一些商业银行对物流企业的结算服务大多停留在收付代理等常规业务上，没有针对物流企业支付结算上的实际需求去开发新产品，没有进一步拓展业务范围。另外，在经营观念上，商业银行往往只注意大力吸引大的物流企业来银行办理开户结算业务，而忽视了小的物流企业在支付结算业务量中的重要性。

(4) 网上支付的法律风险与资金安全问题。在实际中，物流企业在通过网上银行电子支付方式进行资金结算时主要是通过第三方来实现的，即买方先将资金付给第三方平台（网上支付机构），第三方平台将此资金吸存后再将资金支付给卖方。第三方平台既有银行业金融机构，也有非银行金融机构，存在一定的法律风险。另外，在整个网上支付过程中，资金有一段时间沉淀在第三方支付机构，这容易产生资金的安全问题。

2. 数字货币的产生给物流业务带来便利

通过使用数字货币能实现对物流业务的信息流、物流、资金流三流合一的数字化管理。利用数字货币替代现实资金，且两者之间可以相互兑换，在寄送包裹时，寄（收）件人可以将部分资金兑换成数字货币，并托管于系统内，自动扣除。数字货币拥有以下几种优势：

(1) 具体真实性、去中心化，具有数字货币底层技术区块链技术的支持。

(2) 有能够交易数字货币的交易平台，与地面商家对接，具有较大的流通性，流通性才是数字货币最大的价值体现。

(3) 具有兑换性，可兑换人民币、美元、日元、欧元、英镑等货币，其实在兑换的同时就已经实现了数字货币的流通。

(4) 数字货币的支付功能，能够线上线下购买等值的商品，体现出了数字货币的可应用性。

需要说明的是，2017 年 3 月 9 日，我国央行行长周小川在记者会上表示：人民银行在三年前就开始组织关于数字货币的研讨会，随后成立了央行数字货币研究所；数字货币有技术上的必然性，但要注意整体金融稳定，防范风险，同时保护消费者。

11.3 区块链技术推广中的障碍

区块链技术作为近年来备受关注的热点技术正在全球范围内蓬勃发展，然而在该技术推广的过程中仍然存在一些问题，标准不统一、衍生市场混乱、安全威胁以及难以监管已经成为影响区块链行业健康发展的四大"痛点"。

11.3.1 尚未建立统一的标准

区块链到底是什么，目前业界尚没有一个统一的、清晰明确的概念。没有清晰、统一的概念界定，又缺少权威的机构对区块链产品进行评定，这极易造成在涉及区块链的项目谈判、实施过程中出现问题，更谈不上区块链的大规模推广和应用。市场上已有的区块链应用也是"鱼龙混杂"，无法有效评价产品质量。

区块链急需建立一套统一的标准规范来界定其内涵和外延，并说明评判的方法，从而引导市场健康发展。然而区块链技术仍在不断创新变化，应用场景也在探索之中，过早的标准化会限制区块链技术的创新和行业的发展。因此，为适应目前区块链行业的发展阶段，区块链标准化工作应从满足用户的真正需求角度出发，以测试某个区块链系统对用户需求的匹配度为原则，开展功能和性能测试的"黑盒"标准化，而不是过早地对区块链技术进行规范。

11.3.2 衍生市场混乱

处于炒作高峰期的区块链技术不仅受到社会大众的关注，而且存在着被不法分子所利用进行欺诈的情况。目前市场上出现了大量涉嫌打着数字货币旗号进行传销、诈骗、非法集资的假数字货币。这些假数字货币利用门户网站、微博、微信公众号、贴吧等渠道进行宣传和招商。甚至有些假数字货币还在虚拟货币交易平台上进行交易和炒作。这些假数字货币，除了给广大投资者带来经济损失之外，也让区块链技术不明不白地背了黑锅，阻碍了区块链行业的正常有序发展。

2017年9月4日，中国人民银行、中央网信办、工信部、工商总局、银监会、证监会和保监会联合发布了《关于防范代币发行融资风险的公告》，其中对代币发行融资活动进行了明确的定位——"本质上是一种未经批准非法公开融资的行为"。同年10月5日，国务院办公厅就推进供应链创新与应用发布指导意见，其中提到了研究利用区块链、人工智能等新兴技术，建立基于供应链的信用评价机制。政府相关部门的一系列政策，非常及时地将区块链技术和金融活动区分开来，让人们充分认识到区块链技术和代币的区别，并为区块链技术发展明确了方向。

11.3.3 不容忽视的安全问题

由于大量资本进入区块链行业，区块链技术在近期得到了快速发展。在技术快速发展的同时，技术的安全问题没有得到相应的关注。从原理上讲，区块链技术具有很高的安全性和可信性，然而在工程实现上和实际应用中，未必能达到期望的效果。

例如，在账本模式的账务类区块链系统中，私钥是用户身份的唯一凭证。而在实际业务中，尤其是面对普通消费者的业务中，需要将私钥和消费者的社会身份进行绑定，并且由区块链系统运营方来代替消费者保管私钥。这种情况下，对整个商业模式而言，密钥管理的安全已经成为一个非常重要的问题。而这个安全问题并不能通过区块链技术自身来解决，而是需要在区块链系统外部解决。

11.3.4 空前的监管难度

区块链技术采用"去中心化"的技术设计，避免了传统中心化经济系统结构中的诸多问题，但去中心化也意味着主体不明确，监管难以对主体进行有效控制。在2017年5月12日席卷全球的勒索病毒事件中，犯罪分子以比特币作为交易赎金，导致对其身份的追查格外困难。

但正是由于区块链的消息同步、易接入、共享账本等特性，能够允许监管机构作为一个节点接入网络，获得最全、最及时的监管数据，避免了传统监管方式中数据造假的问题。因此，政府对区块链应用的监管，很有可能不是采用传统的行政命令方式，而是让监管机构本身也参与到系统当中。正确地应用区块链技术，可以增强政府的监管力量。尤其是使用智能合约等进行合规性审查，能够依托区块链自身的公开透明和自动化运行，有效降低审计的成本，显著缩小监管的需求和范围。

物流信息技术与信息系统

为了加快我国区块链行业的健康发展，让我国在全球参与的区块链技术军备竞赛中处于领先的地位，政府相关部门应该尽快开展以下四方面工作：①稳步推进区块链标准化测试体系建设；②鼓励开源区块链技术的发展；③开展有效的区块链人才培养工作；④加强区块链的监管和安全技术研究与实践。

综上所述，区块链技术对供应链管理有着深远的影响，甚至将成为未来管理供应链的主流技术，然而区块链技术的发展除了依赖自身技术在实际应用中的不断完善，还要依靠国家政策的支持。目前我国对于区块链技术的监管政策还不够完善，区块链技术在某些方面的应用还处在法律的灰色地带，因此政府应当重视区块链技术的发展，支持企业利用区块链技术的优势不断缩小我国物流水平与发达国家的差距。

复习思考题

1. 区块链技术具备哪些特征？
2. 将区块链技术应用于供应链金融，主要结合了区块链技术的哪些优势？
3. 区块链技术解决了供应链溯源服务的哪些问题？
4. 区块链技术还可应用于解决物流与供应链中的哪些问题？

第12章 物流信息系统开发方法与系统规划

本章学习目标

掌握物流信息系统开发的几种主要方式，包括结构化系统开发方法、原型法、面向对象法和计算机辅助软件工程，掌握它们的特点、开发过程等；掌握自行开发、委托开发、二次开发、联合开发的优缺点和适用情况；了解物流信息系统规划的主要工作。

12.1 物流信息系统开发方法

物流信息系统的开发是一个较为复杂的系统工程，它涉及计算机处理技术、系统理论、组织结构、业务功能、管理知识、认知规律以及工程化方法等因素。开发一个计算机信息系统，不管它是MIS、配送管理系统（TMS），还是库存控制系统（WMS），其过程基本上是相同的。物流信息系统工程化开发必须需要有效的开发方法和工具的支持；在系统的不同开发阶段也应当得到相应方法的指导和约束，得到相应工具的有效支持。

从20世纪60年代开始，人们已开始注意信息系统开发的方法和工具。到了20世纪70年代，系统开发的生命周期法诞生了。它较好地给出了过程的定义，也大大地改善了开发的过程。然而，问题的累积、成本的超支、性能的缺陷，加深了系统开发的困难。20世纪80年代以后，友好的语言和自动化编程工具的出现，使得开发方法又有一些进步，但是维护费用差不多占去了70%~80%的系统开发费用。20世纪90年代，利用模块化和模块连接技术，大大降低了维护成本，提高了开发者的劳动生产率。20世纪90年代中期，由于Web技术的出现，开发方法又出现了新的机遇，许多工作可以推给用户去做，但系统工作仍然很多，需要信息部门自己完成或借用外力去完成。

12.1.1 信息系统开发项目组织的构成

信息系统开发需要一支由企业领导、系统分析员和管理岗位业务人员等组成的研制开发队伍，需要明确各类人员的具体分工及职责。

1. 组织中的高层领导

高层领导的支持是组织成功开发信息系统的关键。首先，信息系统的开发必然要涉及组织结构的变动，而组织结构的变动实际上就是对权利和职责的再分配，这个过程必须得到高层领导的支持才能顺利进行；其次，信息系统是组织的神经中枢，必须要和企业的战略目标一致，否则系统建立后也是废弃不用，而战略目标与信息系统的结合也只有最高领导才能把握。因此，系统的开发小组领导必须是组织的高层领导，并且在把握大方向时切实投入时间和精力。

2. 系统分析员

系统分析员是实际系统开发的业务领导者和组织者，系统分析员要主持整个系统开发、确定工作目标及实现目标的具体方案。系统分析员不仅应当具备计算机软、硬件知识，懂得企业管理的业务，了解现代化管理方法及经济数学模型在企业管理中的应用，还要善于处理人际关系，能与各类人员建立良好的合作关系，善于与不同背景的人员进行讨论，交流思想，应有较强的组织能力。

3. 系统设计员

系统设计员负责系统的设计工作，参与系统开发的总体设计、模块设计及各种具体的物理设计，应当具有熟练的计算机专业知识，掌握建立管理信息系统的技术基础，熟悉系统实施与转换的一般技术方法。

4. 程序员

程序员的主要任务是按照程序设计说明书编制程序、调试程序、修改程序，直到新系统投入运行。在系统交付使用以后，本企业的程序员还要担负系统的运行维护工作，负责程序的改进工作。程序员要有较强的逻辑思维能力，要掌握计算机软件的基本知识，熟练掌握数据库及程序设计语言。

5. 企业管理人员

企业管理人员在此代表用户。在系统开发的前期他们要把自己的需求非常准确、全面地提供给系统分析员，在与计算机工作人员进行沟通时，要把业务流程和系统功能阐述透彻。在系统开发的后期，当系统的雏形出来之后，他们要能够根据系统的功能对系统进行客观的评价，提出改进意见。因此，参与系统开发的管理人员必须是业务骨干，要了解自己部门工作的关键点和难点。更重要的是能够对未来信息系统的构成和添加哪些新功能有自己的想法。

6. 操作员及其他人员

操作员负责系统正常运行期间对系统功能的执行。其他人员包括网络系统管理、设备维护、文档资料管理的专职或兼职人员等。

总之，系统的计算机开发人员和各级管理人员必须发挥各自的专业特长，注重实际经验，注重沟通，进行合理的分工与合作，取长补短，明确各自的责任，保证开发工作的顺利进行。

目前常用的系统开发方法有：结构化系统开发方法、原型法、面向对象法、计算机辅助软件工程等。

12.1.2 结构化系统开发方法

20世纪70年代，西方发达国家在不断的摸索中，吸取了以前系统开发的经验教训，总结出了系统结构化分析与设计的方法即结构化系统开发方法（Structured System Development Methodology）。它是自顶向下的结构化方法、工程化的系统开发方法和生命周期方法的结合，又叫结构化生命周期法、生命周期法，是迄今为止开发方法中最传统、应用最广泛的一种开发方法。

1. 结构化系统开发方法的基本思想

结构化概念最早是用来描述程序设计方法的。结构化方法不仅提高了编程效率和编程质量，而且大大提高了程序的可读性、可测试性、可修改性和可维护性。"结构化"的含义是"严格的、可重复的、可度量的"。后来，这种思想被引入MIS开发领域，逐步形成结构化系统分析与设计方法。其基本思想是将结构与控制加入到项目中，以便使活动在预定的时间和预算内完成。用系统工程的思想和工程化的方法，按用户至上的原则，结构化、模块化、自顶向下地对系统进行分析与设计，自底向上地组织实施。

具体地说，就是先将整个管理信息系统的开发划分成若干个相对比较独立的阶段，如系

第12章 物流信息系统开发方法与系统规划

统规划、系统分析、系统设计、系统实施、系统运行维护等。在前三个阶段采用自顶向下的方法对系统进行结构化划分,即从组织管理金字塔结构的最顶层入手,层层分解逐步深入至最基层。先考虑系统整体的优化,然后再考虑局部的优化。在系统实施阶段,采用自底向上的方法逐步实施,即按照前三个阶段设计的模块,组织人员从最基层的模块做起(编程),然后按照系统设计的结构,将模块一个个拼接到一起进行调试,自底向上,逐渐地构成整体系统。

2. 结构化系统开发方法的五大阶段

结构化系统开发方法将整个开发过程划分成五个首尾相连的阶段,称为结构化系统开发的生命周期,主要包括系统规划、系统分析、系统设计、系统实施、系统运行维护五个阶段。各个阶段的主要投入人员和得出的文案报告如图12-1所示,各阶段的详细过程如图12-2所示。

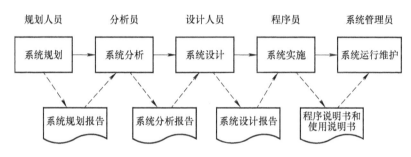

图12-1 结构化系统开发方法的生命周期各阶段投入人员和得出的文案报告

(1)系统规划阶段。首先,根据用户的系统开发请求,对企业的环境、目标、现行系统的状况进行初步调查。然后,依据企业目标和发展战略,确定信息系统的发展战略,对建设新系统的需求做出分析和预测,明确所受到的各种约束条件,研究建设新系统的必要性和可能性。最后,进行可行性分析。如果可行性分析的结果为不可行,则取消项目;如果可行性分析报告审议通过,则将新系统建设方案及实施计划编成系统规划报告,进入下一个阶段。

(2)系统分析阶段。根据系统规划报告中所确定的范围,对现行系统进行详细调查,描述现行系统业务流程,分析数据与数据流程、功能与数据之间的关系,确定新系统的基本目标和逻辑功能,即提出新系统逻辑模型,并把最后成果形成书面材料——系统分析报告。

(3)系统设计阶段。根据新系统的逻辑模型,具体设计实现逻辑模型的技术方案,即提出新系统的物理模型,进行总体结构设计、代码设计、数据库/文件设计、输入输出设计、模块结构与功能设计,同时对系统的硬件设备配置进行设计,最终给出设计方案。若方案不满意,则反馈、修改这个过程;若满意,则进入下一个阶段。

(4)系统实施阶段。根据系统设计说明书,进行软件编程、调试和验错(由程序员执行)、硬件设备的购入和安装、数据的准备(由业务人员执行)、人员的培训(由系统分析设计人员培训业务人员和操作员执行)和系统试运行。如果有问题,则修改程序;如果满意,则进入下一个阶段。

(5)系统运行维护阶段。进行系统的日常运行管理、评价和修改维护三部分工作。如果运行结果良好,则送管理部门指导组织生产经营活动;如果存在一些小问题,则对系统进行修改、维护或是局部调整等;若存在重大问题(这种情况一般是运行若干年之后,系统运行的环境已经发生了根本的改变时才可能出现),则用户将会进一步提出开发新系统的要求,这标志着旧系统生命的结束，新系统的诞生。

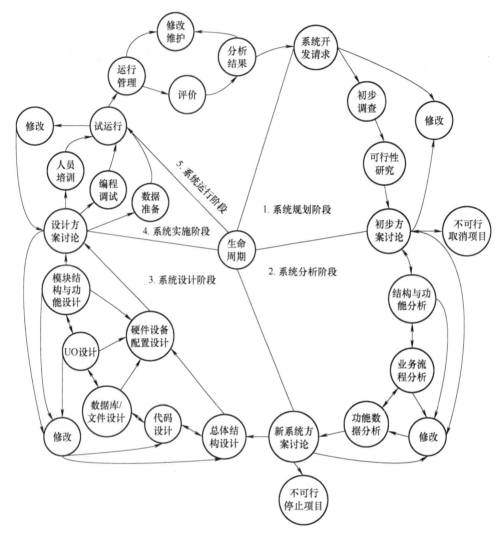

图 12-2　结构化系统开发方法的生命周期详细过程

3. 结构化系统开发方法的特点

结构化系统开发方法是将制造业中的工程化设计制造方法移植到软件行业的结果。其主要特点有：

（1）强调面向用户的观点。这种方法一般尽量吸收用户单位的人员参与开发的全过程，这将加强系统开发人员与用户的联系，及时交流信息，提高系统质量，减少系统开发的盲目性和失败的可能性。

（2）自顶向下的分析与设计和自底向上的系统实施。

（3）严格按阶段进行。整个开发过程划分为若干个工作阶段，每个阶段都有明确的任务和目标，各个阶段又可分为若干工作和步骤，逐一完成任务，从而实现预期目标。这种有条不紊的开发方法，便于计划和控制，基础扎实，不易返工。

（4）注重加强调查研究和系统分析。为了使系统更加满足用户要求，要对现行系统进行详细的调查研究，尽可能弄清现行系统业务处理的每一个细节，做好总体规划和系统分析，从而描述出符合用户实际需求或潜在需求的新系统逻辑模型。

（5）先逻辑设计后物理设计。在进行充分的系统调查和分析论证的基础上，弄清用户要"做什么"，并将其抽象为系统的逻辑模型，然后进入系统的物理设计与实施阶段，解决"怎么做"的问题。这种做法符合人们的认识规律，从而保证系统开发工作的质量和效率。

（6）工作文档资料规范化和标准化。根据系统工程的思想，管理信息系统的各个阶段性的成果必须文档化，只有这样才能更好地实现用户与系统开发人员的交流，才能确保各个阶段的无缝连接。因此必须充分重视文档资料的规范化、标准化工作，充分发挥文档资料的作用，为提高信息系统的适应性提供可靠保证。

4. 结构化系统开发方法的优缺点

结构化系统开发方法强调将系统开发项目划分成不同的阶段，每个阶段都有明确的起始和完成的进度安排，对开发周期的各个阶段进行管理控制。在每个阶段的末期，要对该阶段的工作做出常规评价。对当前阶段的任务是否有需要修改和返工的部分，任务完成符合要求后是否进入下一阶段继续开发等问题要及时做出决策。开发过程要及时建立诸如数据流程图、实体关系图以及编程技术要求等各种文档。这些文档对系统投入运行后的系统维护工作十分重要。由于它及时对各阶段的工作进行评价，从而能对各阶段的工作任务符合系统需求和符合组织标准提供有力的保证措施。总之，采用这种方法有利于系统结构的优化，设计出的系统比较容易实现而且具有较好的可维护性，因而得到了广泛的应用。

但是，这种方法也有一定的局限性，其开发过程过于烦琐，周期过长，工作量太大。在系统开发未结束前，用户不能使用系统，却要求系统开发人员在调查中充分掌握用户需求、管理状况以及预见未来可能发生的变化，导致系统开发的风险较大。另外，这种方法对用户需求改变的反映也不灵活。尽管有这些局限性，结构化系统开发法（生命周期法）还是广泛应用于大型、复杂的影响企业整体运作的企业事务处理系统（TPS）和管理信息系统（MIS）的开发项目中。

5. 结构化系统开发方法各阶段工作量的估算

一般用甘特图来记载和描述各阶段工作量，如时间、进度、投入和工作顺序之间的关系。甘特图（Gantt Chart）又叫横道图、条状图（Bar Chart）。它是以图示的方式通过活动列表和时间刻度形象地表示出任何特定项目的活动顺序与持续时间。横轴表示时间，纵轴表示要安排的活动，线条表示在整个期间上计划的和实际的活动完成情况。甘特图直观地表明任务计划在什么时候进行，以及实际进展与计划要求的对比。它是在第一次世界大战时期发明的，以亨利·L·甘特先生的名字命名，他制定了一个完整地用条形图表示进度的标志系统。由于甘特图形象简单，在简单、短期的项目中，甘特图都得到了最广泛的运用。甘特图是对简单项目进行计划与排序的一种常用工具。用于解决负荷和排序问题时较为直观，它能使管理者先为项目各项活动做好进度安排，然后再随着时间的推移，对比计划进度与实际进度，进行监控工作。调整注意力到最需要加快速度的地方，使整个项目按期完成。

例如，系统开发人力投入估算如图 12-3 所示。其中，横坐标表示系统开发各个阶段，纵坐标表示人员的工作投入，图中阴影部分表示工作计划所跨越的阶段和拟投入的人力。

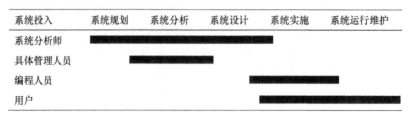

图 12-3 系统开发人力投入估算

12.1.3 原型法

原型法（Prototyping Approach）是 20 世纪 80 年代随着计算机技术的发展，特别是在关系数据库（RDBS）和各种系统开发生成环境产生的基础之上，提出的一种新的系统开发方法。与结构化系统开发方法相比，原型法放弃了对现行系统的全面、系统的详细调查与分析，而是根据系统开发人员对用户需求的理解，在强有力的软件环境支持下，快速开发出一个实实在在的系统原型，并提供给用户，与用户一起反复协商修改，直到形成实际系统。

1. 原型法的基本思想

原型法的基本思想是假定系统的使用者缺乏计算机技术知识背景，于是开发者与使用者在讨论系统的构成等问题时存在许多障碍。因此在软件生产中，引进工业生产中在设计阶段和生产阶段中的试制样品的方法，以解决需求规格确立困难的问题。首先，系统开发人员在初步了解用户需求的基础上，迅速而廉价地开发出一个原始模型，使用户及早运行和看到模型的概貌与使用效果；然后，将其交给用户使用，通过使用，启发用户提出进一步的需求，并根据用户的意见对原型进行修改，用户使用修改后对系统提出新的需求。这样不断反复修改，用户和开发人员共同探讨、改进完善，直至最后，完成一个满足用户需求的系统。

从原型法的基本思想可以看出，这种方法使用户需求日益明确，从原型到模型的形成，周期短、见效快、对环境变化的适应能力较强。

2. 原型法开发的步骤

原型法开发信息系统可以视为一个五个阶段的开发过程，具体如下：

（1）确定用户的基本需求。系统开发人员对组织进行初步调查，与用户进行交流，收集各种信息，进行可行性分析，从而发现和确定用户的基本需求。用户的基本需求包括：系统的功能、菜单和屏幕界面、输入和输出要求、数据库基本结构、保密要求、应用范围、运行环境等。基本不涉及编程规则、安全问题。

（2）开发一个初始原型。系统开发人员根据用户的基本需求，迅速开发一个只有少量界面和数据的初始原型，以便进行讨论，在它的基础上反复修改。通常，初始原型只包括用户界面，如数据输入界面和报表，但初始原型的质量对生成新的管理信息系统至关重要。如果一个初始原型存在明显缺陷，就会导致需要重新构造一个新的原型。

（3）使用和评价系统原型。用户通过对原型的操作、检查、测试和运行，获得对系统最直接的感受，不断发现原型中存在的问题，并对功能、界面（屏幕、报告）等方面进行评价，并提出修改意见。

（4）修改原型和完善原型。根据上一阶段所发现的问题，系统开发人员和用户共同修正、改进原型，得到新的原型系统。第三阶段和第四阶段需要多次反复，直至用户满意为止。用户的各项需求如果已经最终实现，则进入整理原型提供文档阶段，否则继续修改。

（5）整理原型、提供文档。整理原型、提供文档是把原型进行整理和编号，并将其写入系统开发文档资料中，以便为下一步的运行、开发服务。其中包括用户的需求说明、新系统的逻辑方案、系统设计说明、数据字典、系统使用说明书等。所开发出的系统和相应的文档资料必须得到用户的检验和认可。

3. 原型法的优缺点

由于原型法不需要对系统的需求进行完整的定义，而是根据用户的基本需求快速开发出系统原型，开发人员在与用户对原型的不断"使用—评价—修改"中，逐步完善对系统需求的认识和系统的设计，因而，它具有如下优点：

（1）原型法符合人类认识事物的规律，更容易使人接受。人们认识任何事物都不可能一次完全了解，认识和学习过程都需循序渐进，人们总是在环境的启发下不断完善对事物的描述。

（2）改进了开发人员与用户的信息交流方式。由于用户的直接参与，能及时发现问题，并进行修改，便清除了歧义，改善了信息的沟通状况。它能提供良好的文档、项目说明和示范，增强了用户和开发人员的兴趣，从而可大大减少设计错误，降低开发风险。

（3）开发周期短、费用低。原型法充分利用了最新的软件工具，丢弃了手工方法，使系统开发的时间、费用大大减少，效率和技术等大大提高。

（4）应变能力强。原型法开发周期短，使用灵活，对于管理体制和组织结构不稳定、总变化的系统比较适合。由于原型法需要快速形成原型和不断修改演进，因此系统的可变性好，易于修改。

（5）用户满意程度提高。由于原型法以用户为中心来开发系统，加强了用户的参与和决策，向用户和开发人员提供了一个活灵活现的原型系统，实现了早期的人机结合测试，能在系统开发早期发现错误和遗漏，并及时予以修改，从而提高了用户的满意程度。

尽管原型法有上述优点，但是它的使用仍有一定的适用范围和局限性，主要表现在：

（1）不适合开发大型管理信息系统。对于大型系统，如果不经过系统分析来进行整体性划分，很难直接构造一个原始模型供人评价。

（2）原型法建立的基础是最初的解决方案，以后的循环和重复都在以前的原型基础上进行，如果最初的原型不适合，则系统开发会遇到较大的困难。

（3）对于原基础管理不善，信息处理过程混乱的组织，构造原型有一定的困难。而且没有科学合理的方法可依，系统开发容易造成机械地模拟原来的手工系统。

（4）没有正规的分阶段评价，因而对原型的功能范围的掌握有一定的困难。由于用户的需求总在改变，系统开发可能迟迟不能结束，难以对系统开发的过程控制和管理。

12.1.4　面向对象法

面向对象法产生于20世纪60年代，在20世纪80年代后获得广泛应用。面向对象法（Object Oriented，简称OO方法）认为，客观世界是由各种各样的对象组成的，每种对象都有各自的内部状态和运动规律，不同的对象之间的相互作用和联系就构成了各种不同的系统。设计系统时，在满足需求的条件下，把系统设计成由一些不可变的（相对固定）部分（即对象）组成的最小集合。这样就把握了事物的本质，因而不会再被周围环境的变化以及用户没完没了的变化需求所左右。OO方法是当前的主流开发方法，拥有很多不同的分支体系，主要包括OMT（Object Model Technology，对象建模技术）方法、Coad/Yourdon方法、OOSE（Object-Oriented Software Engineering，面向对象的软件工程）方法和Booch方法等，而OMT、

物流信息技术与信息系统

OOSE 和 Booch 已经统一成为 UML（United Model Language，统一建模语言）。这种方法以类（由特殊到一般的归纳形式）、继承（从一般到特殊的演绎手段）等概念描述客观事物及其联系，为管理信息系统的开发提供了全新思路。

1. 面向对象法的含义

面向对象法的基本思想是从现实世界中客观存在的事物（即对象）出发，尽可能地运用人类的自然思维方式来构造软件系统。它更加强调运用人类在日常的逻辑思维中经常采用的思想方法与原则，例如抽象、分类、继承、聚合、封装等，使开发者以现实世界中的事物为中心来思考和认识问题，并以人易于理解的方式表达出来。

面向对象法的基本观点如下：

（1）客观世界是由对象组成的，任何客观的事物或实体都是对象，复杂的对象可以由简单的对象组成。

（2）具有相同数据和相同操作的对象可以归并为一个类，对象是对象类的一个实例。

（3）类可以派生出子类，子类继承父类的全部特性（数据和操作），又可以有自己的新特性。子类与父类形成类的层次结构。

（4）对象之间通过消息传递相互联系。类具有封装性，其数据和操作等对外界是不可见的，外界只能通过消息请求进行某些操作，提供所需要的服务。

2. 面向对象的基本概念

（1）对象。一般意义来讲，对象是现实世界中存在的一个事物。既可以是物理的，如一个家具或桌子，也可以是概念上的，如一个开发项目。对象是构成现实世界的一个独立的单位，具有自己的静态特征（用属性描述）和动态特征（服务）。例如，人的静态特征：姓名、性别、年龄等，人的动态特征：衣、食、住、行等。

对象可以划分为以下几种类型：

1）外部实体：与该系统交换信息的外部设备、相关子系统、操作员或用户等。

2）信息结构：问题信息域中的概念实体，如信号、报表、显示信息等。

3）需要记忆的事件：在系统运行过程中可能产生并需要系统记忆的事件，如单击鼠标左键、击打键盘"！"键等。

4）角色：与软件系统交互的人员所扮演的角色，如经理、部长、技术支持等。

5）组织机构：有关机构，如单位、小组等。

6）位置：作为系统环境或问题上下文的场所、位置，如客户地址、收件人。

7）操作规程：如操作菜单、某种数据输入过程等。

（2）类和实例。类是具有相同属性和服务的一组对象的集合，它为属于该类的全部对象提供了统一的抽象描述，其内部包括属性和服务两个主要部分。

类好比是一个对象模板，用它可以产生多个对象。类所代表的是一个抽象的概念或事物，在客观世界中实际存在的是类的实例，即对象。如图 12-4 所示，从"李雷""刘学"和"张静"等对象可得到类"学生"，而这些对象就称为该类的实例。

把众多的事物归纳并划分成一些类是人类在认识客观世界时经常采用的思维方法，分类的原则是抽象，从那些与当前目标有关的本质特征中找出事物的共性，并将具有共同性质的事物划分成一类，得出一个抽象的概念。例如，人、房屋、树木等都是一些抽象的概念，它们是一些具有共同特征的事物的集合，称为类。类的概念使我们能对属于该类的全部个体事物进行统一的描述："树木具有树根、树干、树枝和树叶，它能进行光合作用"。这个描述适合所有树，而不必对每一棵具体的树木进行描述。

第 12 章　物流信息系统开发方法与系统规划

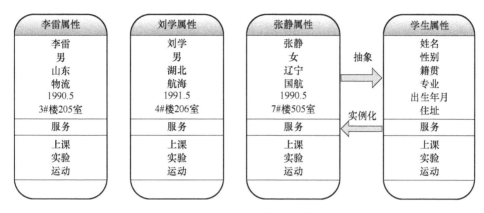

图 12-4　对象、类与实例

(3) 封装。封装是把对象的属性和服务结合成一个独立的系统单位，并尽可能隐藏对象的内部细节。

封装是面向对象法的一个重要原则，系统中把对象看成是属性和对象的结合体，使对象能够集中而完整地描述一个具体事物。封装的信息隐蔽作用反映了事物的相对独立性，当我们从外部观察对象时，只需要了解对象所呈现的外部行为（即做什么），而不必关心它的内部细节（即怎么做）。

例如，电视机包括外形尺寸、分辨率、电压、电流等属性，具有打开、关闭、调谐频道、转换频道、设置图像等服务，封装意味着将这些属性和服务结合成一个不可分的整体，它对外有一个显示屏、插头和一些按钮等接口，用户通过这些接口使用电视机，而不关心其内部的实现细节。

在软件上，封装要求对象以外的部分不能随意存取对象的内部数据（属性），从而有效地避免了外部错误对它的"交叉感染"，使软件错误能够局部化，大大减少了查错和排错的难度。另外，当对象内部需要修改时，由于它只通过少量的服务接口对外提供服务，便大大减少了内部修改对外部的影响，即减少了修改引起的"波动效应"。

(4) 继承。如果某几个类之间具有共性的东西（信息结构和行为），抽取出来放在一个一般类中，而将各个类的特有的东西放在特殊类中分别描述，则可建立起特殊类对一般类的继承。各个特殊类可以从一般类中继承共性，这样就避免了重复。

建立继承结构的好处有：

1) 易编程、易理解、代码短，结构清晰。
2) 易修改：共同部分只要在一处修改即可。

使用继承设计一个新类，可以视为描述一个新的对象集合，它是既存类所描述对象集合的子集合。这个新的子集合可以认为是既存类的一个特殊化。例如，图 12-5 中的小轿车类是汽车类的一个特殊化。一个小轿车是限制为车体为厢式、有四个或两个座位的可载人的汽车。新类的界面还可以被看作既存类界面的一个扩充界面。例如，从一个既存的汽车类派生出的四轮驱动车类，不仅是汽车类子集合定义的特殊化，而且还可以在新类的界面中引入新的能力。

如果一个类需要用到多个既存类的特征，可以从多个类中继承，称为多继承。例如，图 12-6 中退休教师是继承退休者和教师这两个类的某些特征或行为而得到的一个新类。

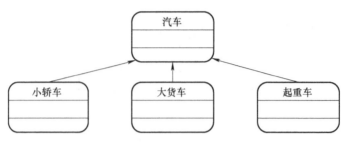

图 12-5　特殊类对一般类的继承关系

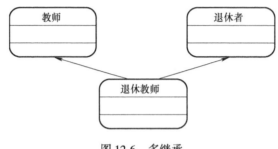

图 12-6　多继承

（5）消息。消息是对象发出的服务请求，一般包含提供服务的对象标识、服务标识、输入信息和应答信息等信息。

通常，一个对象向另一个对象发出消息请求某项服务，接收消息的对象响应该消息，激发所要求的服务操作，并将操作结果返回给请求服务的对象。例如，使用电视机时，用户通过按钮或遥控器发出转换频道的消息，电视机变换对电视台的接收信号频率，并将结果显示给用户。在这里，用户发出的信息包括：接受者——电视机；要求的服务——转换频道；输入信息——转换后的频道序号；应答信息——转换后频道的节目。

面向对象法的封装机制使对象各自独立，各司其职，消息通信则为它们提供了唯一合法的动态联系途径，使它们的行为能够相互配合，构成一个有机的运动系统。

（6）多态性。多态性是指在父类中定义的属性或服务被子类继承后，可以具有不同的数据类型或表现出不同的行为。

在体现一般与特殊关系的一个类层次结构中，不同层次的类可以共享一个操作，但却有各自不同的实现。当一个对象接收到一个请求时，它根据其所属的类，动态地选用在该类中定义的操作。例如，在父类"几何图形"中定义了一个服务"绘图"，但并不确定执行时要绘制一个什么图形。子类"椭圆"和"多边形"都继承了几何图形类的绘图服务，但其功能却不相同：一个是画椭圆，一个是画多边形。当系统的其他部分请求绘制一个几何图形时，消息中的服务都是"绘图"，但椭圆和多边形接收到该消息时却各自执行不同的绘图算法。

3. 面向对象法的开发过程

与结构化系统开发方法类似，OO 方法也划分阶段，涉及从面向对象的分析（OOA）、面向对象的设计（OOD）、面向对象的编程（OOP）、面向对象的测试（OOT）到面向对象的软件维护（OOSM）的全过程。但其中的系统分析、系统设计和系统实现三个阶段之间已经没有"缝隙"。也就是说，这三个阶段的界限变得不明确，某项工作既可以在前一个阶段完成，也可以在后一个阶段完成；若前一个阶段工作做得不够细，在后一个阶段可以补充。

第 12 章　物流信息系统开发方法与系统规划

（1）面向对象的分析。面向对象的分析就是运用面向对象法进行需求分析，其主要任务是分析和理解问题域，找出描述问题域和系统责任所需的类及对象，分析它们的内部构成和外部关系，建立 OOA 模型。

（2）面向对象的设计。面向对象的设计就是根据已建立的分析模型，运用面向对象技术进行系统软件设计。它将 OOA 模型直接变成 OOD 模型，并且补充一些与实现有关的部分，如人机界面、数据存储、任务管理等。

（3）面向对象的编程。面向对象的编程就是用一种面向对象的编程语言将 OOD 模型中的各个成分编写成程序，从 OOA—OOD—OOP 的无缝连接和平滑过渡，提高开发工作的效率和质量。

（4）面向对象的测试。面向对象的测试是指对于运用 OO 技术开发的软件，在测试过程中继续运用 OO 技术进行以对象概念为中心的软件测试。它以类作为基本测试单位，集中检查在类定义之内的属性、服务和有限的对外接口，大大减少错误的影响范围。

（5）面向对象的软件维护。软件维护的最大难点在于人们对软件的理解过程中所遇到的障碍，在面向对象法中，各阶段采用的表示是一致的，从而大大降低了理解的难度。无论是从程序中的错误追溯到问题域，还是需求的变化需要从问题域追溯到程序，整个过程都是平坦的。另外，对象的封装性使得一个对象的修改对其他对象的影响很小，不至于牵一发而动全身。

4. 面向对象法的分析与设计

下面我们重点看一下 OOA 和 OOD、OOP 所包含的具体内容和关系：

OOA 强调直接针对问题域中客观存在的各项事物设立 OOA 模型中的对象。用对象的属性和服务分别描述事物的静态特征和行为。问题域有哪些值得考虑的事物，模型中就有哪些对象。而且对象及其服务的命名都强调与客观事物一致。另外，OOA 模型也保留了问题域中事物之间关系的原貌。这包括：把具有相同属性和相同服务的对象归结为类；用一般—特殊结构描述一般类与特殊类之间的关系（即继承关系）；用整体—部分结构描述事物间的组成关系；用实例连接和消息传递表示事物之间的静态联系和动态联系。可以看到，无论是对问题域中的单个事物，还是对各个事物之间的关系，OOA 模型都保留着它们的原貌，没有加以转换、扭曲，也没有打破原有的界限而进行重新组合。所以，OOA 模型能够很好地映射问题域。

OOA 与 OOD 的职责划分是：OOA 针对问题域运用 OO 方法，建立一个反映问题域的 OOA 模型，不考虑与系统的具体实现有关的因素，从而使 OOA 模型独立于具体的实现。运用 OOD 方法包括两方面的工作：一是把 OOA 模型直接搬到 OOD，作为 OOD 的一个部分；二是针对具体实现中的人机界面、数据存储、任务管理等因素补充一些与实现有关的部分，这些部分与 OOA 采用相同的表示法和模型结构。

OOA 与 OOD 采用一致的表示法是面向对象的分析与设计优于传统的软件工程方法的重要因素之一。这使得它们之间不存在转换，只有局部的修改或调整，并增加几个与实现有关的独立部分。因此 OOA 与 OOD 之间不存在传统方法中分析与设计之间的鸿沟，二者能够紧密衔接，大大降低了从 OOA 过渡到 OOD 的难度、工作量和出错率。

OOP 是面向对象的软件开发最终落实的重要阶段。OOP 的工作就是用一种面向对象的编程语言，把 OOD 模型中的每个成分书写出来。OOP 阶段产生的程序能够紧密地对应 OOD 模型，OOD 模型中的一部分对象类对应 OOA 模型，其余部分的对象类对应与实现有关的因素；OOA 模型全部类及对象都对应问题域中的事物。

采用面向对象的分析方法，首先需要发现系统中的对象，建立对象类。发现对象、定义对象类的主要途径就是研究问题域。用对象域映射问题域中的事物，并不意味着对分析员见到的任何东西都在系统中设立相应的对象。OOA 需要正确地运用抽象的原则，舍弃那些与系统责任无关的事物，然后对于抽象出来的对象，定义其属性与服务。按照问题域的实际情况，以系统责任为目标进行正确的抽象，从而找出每一类对象应有的属性。根据对象的状态转换图，定义类对象应有的服务。最后，分析和认识对象之间的关系，建立 OOA 基本模型的关系层。

5. 面向对象法的优点

面向对象法与传统的软件开发方法相比，具有许多显著的优点，其主要优点如下：

（1）按照人类的自然思维方式，面对客观世界建立软件系统模型，有利于对问题域和系统责任的理解，有利于人员交流。

（2）在整个开发过程中采用统一的概念和模型表示，填平了语言之间的鸿沟，使得开发活动之间平滑过渡。在传统的结构化方法中，自然语言与编程语言之间存在差距，开发人员需要将自然语言表示的分析结果转换成计算机的编程语言，工作量巨大且容易出错。在面向对象法中，OOD 和 OOP 采用统一的表示方法，因此不存在这样的鸿沟。

（3）对象所具有的封装性和信息隐蔽等特性，使其容易实现软件复用。对象类可以派生出新类，类可以产生实例对象，从而实现了对象类的数据结构和操作代码的软构件的复用。另外，面向对象程序设计语言的开发环境一般预定义了系统动态连接库，提供了大量公用程序代码，避免重复编写，提高了开发效率和质量。

（4）在面向对象的方法中，系统由对象构成，对象是一个包含属性和操作两方面的独立单元，对象之间通过消息联系。这样的系统一旦出错，容易定位和修改，系统的可维护性好。

12.1.5 计算机辅助软件工程

计算机辅助软件工程（Computer Aided Software Engineering，CASE）是在 20 世纪 80 年代产生并发展起来的。严格地来看，计算机辅助开发并不是一门真正独立意义上的方法，但目前就工具的发展和它对整个开发过程所支持的角度看，又不失为一种实用的系统开发方法。CASE 方法集图形处理技术、程序生成技术、关系数据库技术和各类开发工具于一身，其重要性在于对信息系统的开发方法和开发过程起支持作用。

1. CASE 方法的基本思路

在前面所介绍的任何一种系统开发方法中，如果从对象系统调查后，系统开发过程中的每一步都可以在一定程度上形成对应关系的话，那么就完全可以借助于专门研制的软件工具来实现上述一个个的系统开发过程。这些系统开发过程中的对应关系包括：结构化系统开发方法的业务流程分析—数据流程分析—功能模块设计—程序实现；业务功能一览表、数据分析、指标体系、数据/过程分析、数据分布和数据库设计数据库系统等；OO 方法中的问题抽象、属性、结构和方法定义、对象分类、确定范式、程序实现等。

另外，由于在实际开发过程中上述几个过程很可能在一定程度上对应（不是绝对的一一对应），故这种专门研制的软件工具暂时还不能一次"映射"出最终结果，还必须实现其中间过程，即对于不完全一致的地方由系统开发人员再做具体修改。上述 CASE 的基本思路决定了 CASE 环境的特点：

（1）在实际开发一个系统时，CASE 环境的应用必须依赖于一种具体的开发方法，如结构化系统开发方法、原型法、OO 方法等，而一套大型完备的 CASE 产品，能为用户提供支持上述各种方法的开发环境。

（2）CASE 只是一种辅助的开发方法。这种辅助主要体现在它能帮助开发者方便、快捷地产生出系统开发过程中各类图表、程序和说明性文档。

(3) 由于环境的出现从根本上改变了我们开发系统的物质基础,从而使得利用 CASE 开发一个系统时,在考虑问题的角度、开发过程的做法以及实现系统的措施等方面都与传统方法有所不同,故常有人将它称之为 CASE 方法。

2. CASE 方法的特点

CASE 方法与其他方法相比,一般来说有如下几方面的特点:

(1) 解决了从客观对象到软件系统的直接映射问题,强有力地支持软件/信息系统开发的全过程。
(2) 使结构化方法更加实用。
(3) 自动检测的方法大大地提高了软件的质量。
(4) 使原型法和 OO 方法付诸实施。
(5) 简化了软件的管理和维护。
(6) 加速了系统的开发过程。
(7) 使开发者从繁重的分析设计图表和程序编写工作中解放出来。
(8) 使软件的各部分能重复使用。
(9) 产生出统一的标准化的系统文档。
(10) 使软件开发的速度加快而且功能进一步完善。

以上分别介绍了结构化系统开发方法、原型法、面向对象法和计算机辅助软件工程等方法。这几种方法在实际开发过程中往往不是相互独立的,而是多种方法综合运用,比如运用结构化系统开发方法和面向对象法与计算机辅助软件工程方法的结合,原型法和面向对象法与计算机辅助软件工程方法的结合等。本书以结构化系统开发方法为主来介绍系统规划、系统分析、系统设计、系统实施和系统运行维护各个阶段,其中系统规划和系统分析有时候没有细分,而统一归为系统分析阶段。

12.2 物流信息系统开发方式

合理选择信息系统开发方式是建设信息系统的首要任务。每种开发方式各有特点,对企业来说各有利弊,每个企业必须认真分析自身的实际情况,以确定对本企业最有利的开发方式。物流信息系统主要有自行开发、委托开发、购买应用软件与二次开发、联合开发四种开发方式。

12.2.1 自行开发

自行开发是指完全靠企业内部的力量或者借助少量的外界专业技术人员的帮助来开发信息系统。

1. 优点

(1) 信息需求明确,信息分析中不会产生误解,沟通较容易。
(2) 自己参与开发的系统,易于接受。
(3) 多采用原型法开发,建立一个实验系统,边使用边修改,易满足变化的需要。
(4) 系统的用户对系统的建立和维护负一定的责任,提高了专业技术人员的效率。

2. 缺点

(1) 系统缺乏整体的评审和分析,开发不规范。

(2) 往往容易缺乏适当的控制，系统标准和质量不易保证。
(3) 数据冗余，没有统一的管理标准。
(4) 用户能建立自己私用的信息系统，可能对组织或其他成员隐藏一些信息。

12.2.2 委托开发

委托开发是指企业将信息系统开发项目完整地承包出去，由专业性公司或科研机构负责开发，并负责安装实施，企业直接用"成品"。

1. 优点

(1) 企业无须为系统的开发专门招聘和配备人员，无须支付高昂成本来维持庞大的内部信息开发部门。
(2) 对于复杂的系统，可以为企业省去不少的麻烦。

2. 缺点

(1) 由于沟通障碍，开发单位对用户的需求理解不透，开发的系统不能完全满足企业的需要。
(2) 系统的运行和维护存在一些问题。
(3) 在开发单位责任心不强，用户缺乏监督的情况下，最终结果可能不佳，易造成严重的浪费。

12.2.3 购买应用软件与二次开发

有些软件开发商具有已经编制好的应用程序，如仓储管理、财务管理、运输管理等子系统。由于许多企业有共同的信息需求和操作标准，软件开发商做了大量的研究工作，编制的软件通用性较强。对企业而言，如果有合适的软件可以购买，省去自己编写程序的工作，便可减少系统设计、测试、安装和维护的工作量。

1. 优点

直接购买的成本低、周期短。软件程序以及设计说明书、数据库结构和处理逻辑等文档由开发商提供，降低了设计成本。开发商的软件上市之前，已经过充分的测试，软件的功能有保证。开发商一般会提供软件的安装、调试，还可按用户要求进行修改，提供对系统的长期维护、版本升级等支持。

2. 缺点

现成软件的功能单一，一般适用于企业的某一部门，实际中需要和其他功能的软件缝制在一起，组成企业的信息系统。购买多功能、技术完善的软件，为适合本企业的实际应用，二次开发的困难不可低估。

因此，购买软件前企业要对软件进行认真的调查和评估。评估标准包括：功能、灵活性、操作难度、软、硬件资源、数据库和文件特征、系统维护和文档资料、开发商的信誉和开发费用等。

12.2.4 联合开发

联合开发是指企业与其他专业性的、有实力的技术开发单位协作，共同完成开发任务。一般由用户企业负责系统投资，由双方联合组成开发小组。其优点是可以利用企业业务优势与开发单位信息技术互补的有利条件，开发出适用性强、技术水平较高的应用系统。其缺点是合适的开发单位难找。

12.3 物流信息系统规划

12.3.1 物流信息系统规划概述

信息系统规划通常又称信息系统的战略计划,是对组织总的信息系统目标、战略、信息系统资源和开发工作的一种综合性计划,属于组织对信息系统最高层次管理的范畴。在信息化建设之初,应该对这些因素进行全面、宏观的分析,根据组织发展的战略目标,考虑企业管理环境和信息技术水平,对企业信息资源开发工作进行合理安排,确定信息系统在组织中的地位以及结构关系,并制定出分阶段的发展目标、发展重点、实现目标的途径与措施。

1. 信息系统规划的内容

信息系统规划一般既包含3~5年或更长的长期规划,也包含一年的短期规划。长期规划部分指明了总的发展方向,而短期规划部分则为确定作业和资金工作的具体责任提供依据。制定信息系统战略规划的主要目的是定义和确定信息系统投资的优先级别,在资源有限和系统互相约束的前提下,达到最佳的应用组合,获得期望收益,并实现最终预期的组织变革。一般来说,信息系统规划包括以下两方面的主要内容:

(1) 确定信息系统的总体目标和发展战略。首先应根据组织的战略目标和内外约束条件(如地域因素、行业因素等),确定系统的总体目标和总体结构。其中信息系统的总体目标规定了系统的发展方向,而系统的总体结构则规定了主要的子系统构成,为系统开发提供了框架。发展战略提出具体的步骤和每步应达到的子目标,同时还应给出衡量具体工作完成的标准,确定开发方法和开发方式。

(2) 具体的实施方案。实施方案是对战略规划的具体落实。实施方案类似于一个从起点到目标的导航图,在战略规划适用的几年中,应对即将到来的一段时期做出具体的安排,主要包括硬件设备的采购时间表、应用项目的开发时间表、软件维护与转换工作时间表、人力资源的需求计划、人员培训时间安排以及资金需求等。

2. 信息系统规划的过程

信息系统规划是在企业战略的指导下,针对不同的业务特点和目标要求,规划出系统的实现目标与功能要求,系统的技术路线,系统设施和服务的选择与评估标准,项目的实施计划等内容。信息系统规划的过程包括以下几个方面:

(1) 目标设定。对于信息系统的规划来说,目标设定就是根据组织或企业的具体情况和信息化的一般原则设定和明确地表达本企业在IT应用方面、在比较长的一段时间内要达到的目标与要求。例如,对于一个选定以开拓市场为主战略的企业,信息系统的建设自然以市场信息、客户信息的收集与利用为主攻方向;而对于以高新技术开发为主攻方向的企业,则应对于技术信息、专利信息的收集给予更多的关注。正确地设定目标是规划的核心任务,只有知道了要做什么,才谈得上如何去做。一个科学、实事求是、切实可行的信息系统建设目标是组织信息化建设成功有效的必要前提。

(2) 环境分析。环境分析包括技术环境、管理环境及社会环境的分析。

技术环境是指信息系统规划必然要受到当前和未来信息技术发展的影响。针对企业战略所需要的信息和信息处理功能,现有的信息技术是否能够支持,可以从精度、效率、成本、可用性等方面来评价对实际应用的支持程度,以提高技术选型和产品选型的正确性。

管理环境是指信息系统是为管理服务的,管理的体制和习惯决定着信息系统能否真正地发挥作用。因此，需要认真研究信息系统所引起的变更对于管理流程、部门职责、人员素质等方面的影响。

一般来说，社会环境是信息系统建设的约束条件，它不是组织自己可以左右的，因此只能在它提供的条件之内进行规划。

（3）战略选择。战略选择包括两个主要方面：首先是确定建设的基本策略，例如，是全面展开还是重点突破；是以自主开发为主，还是以委托开发为主；是用生命周期法进行开发，还是用原型法进行开发等，这些战略问题都应由高层领导和专家，根据企业自身的人、财、物加以确定。其次是确定步骤，特别是要明确从何做起。作为一个长期任务，需要合理地划分阶段，有计划、有步骤地达到长远的目标。

3. 信息系统规划的特点

（1）系统规划是面向全局、面向长远的关键问题，具有较强的不确定性，结构化程度较低。

（2）系统规划是高层次的系统分析，高层管理人员是工作的主体。

（3）系统规划不宜过细，其目的是为整个系统确定发展战略、总体结构和资源计划，而不是解决系统开发中的具体问题。它要给后续工作以指导，而不是代替后续工作。在规划阶段，系统结构着眼于子系统的划分，对数据的描述在于划分"数据类"，进一步的细化是后续的工作任务。

（4）系统规划是组织规划的一部分，并随着环境的发展而变化。系统规划既是一个管理决策的过程，又是管理与技术结合的过程。规划人员对管理和技术发展的见识、创新精神、务实态度是系统规划成功的关键因素。

12.3.2 信息系统规划的方法

信息系统规划的方法有两大类，一类是重点突破法，典型代表是关键成功因素法（Critical Success Factors，CSF）；另一类是全面调查法，典型代表是企业系统规划法（Business System Planning，BSP）。

1. 企业系统规划法

企业系统规划法是 IBM 在 20 世纪 70 年代提出的一种对企业 MIS 进行战略规划的结构化方法，可以帮助规划人员依据企业目标制定出信息系统的战略规划，用以支持企业短期的和长期的信息化建设的需求。

企业系统规划法是通过全面的调查，分析企业信息需求，制定信息系统总体方案的一种方法，其主要工作步骤如下：

（1）确定管理目标。为了确定拟建的信息系统的目标，需要调查了解企业的目标和为了达到这个目标所采取的经营方针以及实现目标的约束条件。目标分析应从两方面考虑——业务处理角度和管理角度。

（2）准备工作及调研。成立由最高管理层牵头的委员会，下设一个规划研究组。准备工作阶段的主要工作是制订工作计划，包括研究计划、调查日程、采访对象、复查时间安排、调查提纲、规划报告大纲以及必要的经费等。规划组成员通过查阅资料，深入各级管理部门了解组织有关决策过程、组织职能和主要活动及存在的主要问题。

（3）定义企业过程。企业过程是指企业管理中必要且逻辑上相关的、为了完成某种管理功能的一组活动，如产品预测、库存控制等业务处理活动或决策活动。企业过程将作为定义系统总体结构、识别数据类以及随后许多工作的基础。管理人员通过管理过程支持管理目标。

第 12 章 物流信息系统开发方法与系统规划

识别企业过程是 BSP 的核心。识别企业过程可对企业如何完成其目标有深刻的了解，并且有助于定义系统的功能和信息的流程。识别企业过程要依靠现有材料进行分析研究，但更重要的是要和有经验的管理人员讨论商议，因为只有他们对企业的活动了解得最深刻。在企业过程定义的基础上，找出哪些过程是正确的；哪些过程是低效的，需要在信息技术支持下进行优化处理；还有哪些过程不适合计算机信息处理的特点，应当取消。

（4）定义数据类。数据类是指支持企业过程所必需的逻辑上相关的数据。定义数据类是在识别企业过程的基础上，分析每一个过程利用什么数据，产生什么数据，或者说分析每一过程的输入和输出数据是什么，然后将所有的数据分成若干类。识别数据类的目的在于了解企业目前的数据状况和数据要求，查明数据共享的关系，建立过程/数据类矩阵（也称 U/C 矩阵），为定义系统的总体结构提供依据。

（5）定义系统的总体结构。即刻画未来管理信息系统的框架和相应的数据类，主要工作是划分子系统，具体实现可利用 U/C 矩阵来完成。

（6）确定总体结构中的优先顺序。即对信息系统总体结构中的子系统按先后顺序排出开发计划。

（7）提交规划成果报告。完成 BSP 研究报告，提出建议书和开发计划。

2. U/C 矩阵的应用

BSP 将过程和数据类两者作为定义信息系统总体结构的基础，通过 U/C 矩阵的建立和分析实现子系统的划分。

（1）建立 U/C 矩阵。U/C 矩阵是用来表达过程与数据类两者之间的关系的一张表格。矩阵中的第 1 行表示数据类，第 1 列表示过程，中间以字母 U（Use）和 C（Create）来表示过程对数据类的使用和产生。将过程按发生的先后顺序排列，作为行变量，将数据类按列排放，作为列变量，交叉处放 C 或 U。定义过程与数据类后，根据过程与数据类的关系建立 U/C 矩阵，如表 12-1 所示。

表 12-1 U/C 矩阵

数据类 功能	客户	订货	产品	工艺流程	材料表	成本	零件规格	材料库存	成品库存	职工	销售区域	财务计划	计划	设备负荷	物资供应	任务单
经营计划		U				U						U	C			
财务规划						U				U		C	U			
资产规模												U				
产品预测	U		U								U					
产品设计开发	U		C	C			C					U				
产品工艺			U	U	U		U									
库存控制								C	C						U	U
调度			U	U						U				U		C
生产能力计划				U										C	U	
材料需求			U		U		U								C	
操作顺序				C										U	U	U
销售管理	C	U	U						U		U	U				
市场分析	U	U	U								C	U				

物流信息技术与信息系统

(续)

数据类\功能	客户	订货	产品	工艺流程	材料表	成本	零件规格	材料库存	成品库存	职工	销售区域	财务计划	计划	设备负荷	物资供应	任务单
订货服务	U	C	U						U		U					
发运		U	U						U		U	U				
财务会计	U	U	U						U	U		U	U			
成本会计	U	U				C						U	U			
用人计划										C						
业绩考评										U						

（2）对 U/C 矩阵进行正确性检验。U/C 矩阵的正确性，可以通过以下三个方面进行检验：

1）完备性检验。它是指每一个数据类必须有一个产生者（即 C）和至少一个使用者（即 U）；每个过程必须产生或者使用数据类，否则这个 U/C 矩阵是不完备的。

2）一致性检验。它是指每一个数据类仅有一个产生者，即在矩阵中每个数据类只有一个 C。如果有多个产生者的情况出现，则会产生数据不一致的现象。

3）无冗余性检验。它是指每一行或每一列必须有 U 或 C，即不允许有空行空列。若存在空行空列，则说明该过程或数据类的划分是没有必要的、冗余的。

（3）调整矩阵元素。它是指将过程这一列按过程组排列，每一个过程组内按过程发生的先后次序排列。过程组是指同类过程的集合，如经营计划、财务规划属于计划类型，归入"经营计划"过程组。调整表中数据类顺序，使得"C"元素尽量地朝对角线靠近，如表 12-2 所示。

表 12-2 调整后的 U/C 矩阵

数据类\功能	计划	财务计划	产品	零件规格	材料表	材料库存	成品库存	任务单	设备负荷	物资供应	工艺流程	客户	销售区域	订货	成本	职工
经营计划	C	U												U	U	
财务规划	U	C												U		U
资产规模		U														
产品预测			U									U	U			
产品设计开发	U		C	C	C							U				
产品工艺			U	U	U						C					
库存控制						C	C	U		U						
调度				U				U		U						
生产能力计划									C	U	U					
材料需求				U	U	U				C						
操作顺序								U	U	U	C					
销售管理			U				U					C	U	U		
市场分析			U	U								U	C	U		

第 12 章　物流信息系统开发方法与系统规划

(续)

功能＼数据类	计划	财务计划	产品	零件规格	材料表	材料库存	成品库存	任务单	设备负荷	物资供应	工艺流程	客户	销售区域	订货	成本	职工
订货服务			U				U					U	U	C		
发运		U	U				U							U	U	
财务会计	U	U	U				U					U		U		U
成本会计	U	U	U											U	C	
用人计划																C
业绩考评																U

(4) 划分子系统。以"C"元素为标准，将业务流程和数据类依据其管理的资源而划分成若干组，并用方框框起来。每个框是一个子系统，它确定了信息系统的基本功能，也确定了这些子系统对相关数据类的产生、控制和使用。在方框以内所产生和使用的数据，今后则主要放在本系统的计算机设备上处理；而在小方块以外的"U"则表示了各子系统之间的数据联系，如表 12-3 所示。

表 12-3　子系统划分

	功能＼数据类	计划	财务计划	产品	零件规格	材料表	材料库存	成品库存	工作令	机器负荷	材料供应	工艺流程	客户	销售区域	订货	成本	职工
经营计划	经营计划	C	U												U	U	
	财务规划	U	C												U	U	
	资产规模		U														
技术准备	产品预测			U									U	U			
	产品设计开发	U		C	C	C							U				
	产品工艺			U	U	U						U					
生产制造	库存控制						C	C	U		U						
	调度			U				U	C	U	U						
	生产能力计划								C	U	U						
	材料需求				U	U	U				C						
	操作顺序								U	U	U						
销售	销售管理		U	U				U					C	U	U		
	市场分析												U	C	U		
	订货服务			U				U					U	U	C		
	发运																
财会	财务会计	U	U					U					U		U		U
	成本会计	U													U	C	
人事	人员计划																C
	人员招聘/考评																U

(5) 确定子系统实施顺序。由于资源的限制，系统的开发必须要有先后顺序。划分子系

统之后,可以根据企业目标和技术约束确定子系统实现的优先顺序,确定系统实施顺序的原则如下:

1)系统需求程度与潜在效益评估。通过对管理人员、决策者的调查访问进行定性评估,根据评估准则(如潜在效益、对企业的影响和迫切性等)针对每个子系统的得分作为考虑优先顺序的参考。

2)技术约束分析。对子系统之间的关联,可用表进行分析。利用该表可以看出每个子系统产生的数据有多少被其他子系统共享。有较多子系统共享的数据应尽早实现。当然也要考虑数据的重要性及关联的紧密程度等。

3. 关键成功因素法

(1)关键成功因素的概念。关键成功因素是指对组织成功起关键作用的因素。成功解决这些关键因素,就能使组织的目标得以较好地实现。关键成功因素与企业战略密切相关。企业战略规划主要描述企业期望的目标,关键成功因素则提供了达到目标的关键,决策的信息需求往往来自于这些关键成功因素。

(2)关键成功因素法的步骤。通过分析找出企业成功的关键因素,然后围绕这些关键成功因素来确定系统的需求,并进行规划:

1)确定组织和信息系统的战略目标。信息系统的优劣,不在于它的设备是否先进,而在于它是否符合企业目标,是否能解决企业需要解决的问题。为了确定拟建系统的目标,需要调查了解组织的管理目标和为了达到这个目标所采取的经营方针以及实现目标的约束条件。组织目标应根据组织内外的客观环境条件来制定,保证其切实可达。目标分析的过程是:首先调查、采访各级关联部门,从组织的管理行为、管理制度、工作职责等方面提炼、归纳、汇总出各种目标;其次分析目标之间的因果关系、关联关系、层次关系,绘制目标树;然后分析、归纳、调整目标树,使之更加合理,并减少冲突;最后根据企业的管理目标,确定支持企业管理的信息系统的目标。

2)识别关键成功因素。不同组织的关键成功因素不同,不同时期关键成功因素也不相同。当一个时期内的关键成功因素解决后,新的识别关键成功因素便又开始了。识别关键成功因素所用工具是树枝因果图。

3)明确各关键成功因素的性能指标与标准。在战略层次上许多因素往往是定性的,比较笼统的。因此,需要尽量对这些因素进行分析,使之具体化。在确定了性能指标之后还需要确定期望的标准。例如,基础设施的水平应当达到什么程度,人员的培训工作应当到达什么水平等。指出和消除这些标准与组织的现状之间的差距,就是规划中将明确提出的信息系统建设的任务。

4)针对关键成功因素确定信息系统建设的方向和策略。关键成功因素的性能指标可以用来确定信息系统的需求,当这些需求建立起来以后,可以通过分析现有的信息系统以确定提供所需信息的报表是否已经存在或是否能够由现有的数据库生成。如果现有系统不能提供所需的报表,管理者就可以明确这一新的信息需求,并通过开发的系统来满足。

关键成功因素法的优点是能够使所开发的系统具有强烈的针对性,能够较快地取得收益。但是这种方法依赖规划者的理念与经验,主观性较强;而且面对变化的环境,关键成功因素是不断变化的,需要经常进行重新识别。所以关键成功因素法适用于在较短时间内,针对紧迫问题提出战略与对策的情况。关键成功因素法一般在高层应用效果好,因为每一个高层领导人员日常总在考虑什么是关键因素,一般不适合中层领导。

12.3.3 物流信息系统初步调查和可行性分析

1. 初步调查

信息系统的开发是从用户提出要求开始的，但是这种要求是否具有可行性，以及原有信息系统是否真正到了生命周期结束的时间等，都需要我们在系统开发前认真考虑。为使开发工作更有效，有经验的开发者往往将系统调查分为两步，第一步是初步调查，第二步是详细调查。初步调查是指先投入少量人力对系统进行大致的了解，然后再看有无开发的可行性，其内容主要包括以下几方面：

（1）用户需求分析。调查用户提出新系统开发的缘由，从用户对新系统的要求入手，考察用户对新系统的需求，预期新系要达到的目的。调查时需要了解的内容包括：用户对新系统开发的需求状况、新系统的期望目标；用户参与和配合系统开发的决心，在新系统改革涉及用户业务范围和习惯用法时，用户是否有根据系统分析和整体优化的要求调整自己职权范围和工作习惯的心理准备；最高层管理者有无参与开发工作，协调下一级管理部门业务和职能关系的愿望等。

（2）现有企业的基本状况。这部分内容包括：企业的性质、组织结构、物流生产的总体过程、企业的布局状况（为以后处理各种模型之间的关系和网络分布以及分布式数据库所准备）、上级主管部门、横向协作部门、下设直属部门等（了解系统的对外信息流通渠道）。这些都与系统开发可行性研究、系统开发初步方案以及下一步详细调查直接相关，在初步调查时要弄清楚。另外，还需调查企业近期预计变化发生的可能性，比如企业兼并、产品转向、厂址迁移、周围环境的变化等。

（3）管理方式和基础数据管理状况。对管理方式的调查包括：企业整体管理状况的评估、组织职能机构与管理功能、重点职能部门的大致管理方式，以及这些管理方式今后用计算机系统来辅助人的管理的可行性，可以预见的将要更改的管理方法以及这些新方法将会对新系统以及实现管理问题所带来的影响和新要求等。基础数据调查包括：基础数据管理工作是否完善，相应的管理指标体系是否健全，统计手段方法和程序是否合理，用户对于新系统的期望值有无实际的数据支持。如果没有的话，让企业增设这些管理数据指标和统计方法是否具有可行性。基础数据管理工作是实现信息系统和各种定量化管理方法的基础，如果不牢靠，后续开发工作就无从做起。

（4）现有信息系统的运行状况。信息系统是一个人机结合的开发系统，在决定开发新系统之前一定要了解一下现有系统的运行状况、特点、所存在的问题、可利用的信息资源、可利用的技术力量以及可利用的信息处理设备等。这部分调查是提出新系统开发设想方案以及论证这个方案在技术上是否具有可行性的原始资料。

2. 可行性分析

可行性是指根据系统环境、资源等条件，判断系统的开发工作是否具有可能性和必要性。可能性取决于实现应用系统的资源和条件。必要性取决于用户对系统开发的迫切性，如果领导和各级管理人员对系统的需求不迫切，则系统不具有可行性。可行性分析是为了保证资源的合理利用，避免不必要的浪费。

（1）可行性分析的内容

1）技术可行性：主要分析现有的技术条件对实现信息系统的可能性。技术条件包括专业技术力量和软、硬件技术水平。组织拥有自己的专业技术队伍非常重要，因为自己的专业人员比较熟悉管理业务，更容易开发出满足实际要求的信息系统，而且给将来的运行和维护带来了方便。如果组织缺乏足够的技术力量,可以采用委托开发或联合开发的方式,也可以直接购买现成的软件包,但可能会给将来的系统维护带来困难。所以,对技术力量薄弱的单位应该引进人才或内部调剂培训。软、硬件技术水平是指现有的硬件设备、软件水平以及为满足用户需求可以获得的软、硬件技术,另外还包括管理模型和定量分析方法的获得。

2)管理可行性:主要分析管理人员的态度和现有的管理基础。如果企业的主管领导态度不坚决或不支持,项目肯定不可行;如果与项目有关的管理人员有误解或抵触情绪,也说明条件不成熟。现有的管理基础是指管理方法是否科学,基础数据是否完备,规章制度是否齐全等。

3)经济可行性:主要是进行投资预算和经济效益评价,从组织的人力、财力、物力三方面来考察系统开发的可行性。投资包括开发费用和运行费用,其中有计算机设备、网络设备、人员培训费、开发费用和日常维护费用等。经济效益应从两部分综合考虑:一部分是可以用货币衡量的效益,比如现实地降低的成本等;还有一部分是间接效益,很难用量化指标衡量,如提高管理水平、提高信誉、提高服务质量等。

(2) 可行性分析报告的主要内容

可行性分析的结果应形成书面报告即可行性分析报告。可行性分析报告的主要内容如下:

1)引言:系统摘要,说明系统的名称、目标和功能;系统开发的背景,说明系统建设的承担者、用户及本系统与其他系统或机构的联系。

2)现行系统分析:组织机构及管理体制;现行系统的状况;可供利用的资源及约束条件;存在的主要问题及薄弱环节。

3)新系统方案:新系统的目标;新系统的功能;新系统的结构;计算机的配置;新系统开发的进度计划。

4)可行性研究:技术可行性、经济可行性、管理可行性。

5)结论。得出的结论可以是以下几种之一:

① 可立即开始进行。
② 需要增加资源才能开始进行(如增加投资、增加人力、延长时间等)。
③ 需要推迟到某些条件具备后才开始进行(如管理工作的改进、组织机构的调整等)。
④ 需要对目标进行某些修改才能进行。
⑤ 没有必要进行(如经济上不合算、技术条件不成熟等)。

可行性分析报告应提交到正式会议上讨论,除了用户的领导、管理人员、系统开发人员之外,还应该尽可能地邀请一些有经验的局外人员参加,充分估计各种可能出现的问题,集思广益,切实做出符合实际的判断。

复习思考题

1. 物流信息系统开发的系统分析阶段需要完成哪些工作?
2. 系统开发方法主要有哪几种?各有什么特点?
3. 企业应如何根据自身情况选择开发方式?

第13章 物流信息系统分析

本章学习目标

掌握物流信息系统分析阶段的主要内容，企业组织结构图、业务功能图、组织/业务关系图、业务流程图、数据流程图的画法，系统分析报告的内容；理解信息系统开发项目组织的构成、详细调查的内容和方法、业务流程重组的思想、数据字典的组成；了解数据收集、数据调查、数据流程分析。

13.1 系统分析概述

系统分析要搞清楚五个 W，即 What、Why、Who、Where 和 When——要做什么、为什么做、由谁来做、在什么地方做和什么时候做。其中 What（识别问题）是最重要的事情。要识别的问题首先是管理上的问题，如企业战略优势下滑、产品滞销、成本过高、生产周期过长、资产短缺、机构臃肿、人浮于事、行政效率低下等。然后是信息技术问题，如数据混乱、处理速度慢、设备老化等。识别上述问题以后，还要了解这些需求的程度。现代的系统分析已经由"满足用户需求"转变为"使用户满意"。

系统分析也称逻辑设计，其任务就是建立新系统的逻辑模型，规定新系统的总体逻辑功能和基本目标，为系统物理设计提供依据，该过程不涉及新系统具体的物理实现。物流信息系统分析的主要任务就是定义物流信息系统用户的需求，搞清用户要求新系统"做什么"。系统分析工作由系统分析员完成。系统分析是系统开发的第一步，系统分析有多种方法，比较常用的包括结构化分析方法、原型化方法等。其中最实用、最简单的就是结构化分析（Structured Analysis，SA）方法。这种方法是面向数据流的，比较适合企业物流信息系统的分析。结构化分析方法主要使用数据流程图、数据字典、数据存储规范化等图形表达工具进行系统分析，采用"自顶向下"逐步分解的方法，将复杂的物流信息系统分解成若干独立的子系统、模块和子模块，以便用户对系统结构有整体的了解。

物流信息系统分析阶段首先要对现行物流系统进行初步调查，分析开发新系统的必要性和可能性，再从技术、经济、营运的角度进行可行性研究，并形成可行性研究报告。经过初步调查后，还需对现行系统的组织结构、业务流程、目标和功能、资源等方面进行详细的调查，同时结合新系统的用户需求（包括明确表达的需求和潜在的需求），利用数据流程图和数据字典等工具建立新系统的逻辑模型。

13.2 物流信息系统的详细调查

可行性研究报告批准之后，正式进入系统分析阶段，系统分析的首要任务就是详细调查，详细调查也称为功能数据调查。

13.2.1 调查的内容

详细调查的对象是现行系统，目的在于掌握现行系统的现状，发现存在的问题和薄弱环节，收集资料，为下一步的系统分析和提出新系统的逻辑模型做好准备。详细调查的内容包括：

（1）组织机构与功能调查。
（2）组织目标和发展战略调查。
（3）工艺流程和产品构成调查。
（4）业务流程调查。
（5）数据与数据流程调查。
（6）管理方式和具体业务的管理方法调查。
（7）决策方法调查。
（8）可用资源和限制条件调查。
（9）薄弱环节调查。

其中工作量较大的部分是业务流程调查和数据与数据流程调查。在对现行系统进行详细调查的过程中要特别注意对薄弱环节的调查，薄弱环节是系统的瓶颈，也正是新系统在设计时要解决的主要问题，薄弱环节的解决可极大地提高新系统的效益。在总体规划中，薄弱环节也是新系统目标的重要组成部分。决策方法调查和薄弱环节调查可通过座谈访问、书面调查、分析资料和直接参加业务实践来实现。

组织机构与功能调查是详细调查的首要环节，对一个企业进行调查时，首先要了解其组织机构状况，即一个企业内部职能的划分及相互关系，将企业内部的部门划分及相互关系用图形表示出来。为了实现系统目标，系统必须具有各种功能。功能调查就是要详细调查各部门的管理功能，将来子系统的划分就是以此为依据的。调查结果可以用功能层次图来描述。

13.2.2 调查的方法

（1）收集资料。主要收集各部门日常业务中常用的计划、原始凭据、单据和报表等的格式或样本。

（2）开座谈会。这是一种集中征询意见的方法，适合于对系统的定性调查。

（3）重点访问。开调查会有助于大家的见解互相补充，以便形成较为完善的印象。但是由于时间的限制以及人们普遍具有服从权威人士意见的倾向，并不能完全反映出每个与会者的意见，因此往往在会后根据具体需要再进行个别访问。

（4）书面调查。根据系统特点设计调查表，通过调查表向有关单位和个人征求意见和收集数据，适用于较复杂的系统。调查表可以是电子版的，通过电子邮件发送到各个单位和个人，并规定在约定的时间内回复，这种方法可以大大节省时间、人力、物力和财力。

（5）参加业务实践。如果条件允许，亲自参加业务实践是了解现行系统的最好方法。实践同时还增加了开发人员和用户的思想交流与友谊，有利于下一步工作的开展。

13.3 物流组织

在详细调查中，需要清楚地了解物流组织内部各级机构，这样可以使系统分析人员进一步明确调查对象和方向。企业组织结构是指企业内部根据分工协作关系和领导隶属关系有序结合的总体，各个企业的组织结构因组织的历史、规模和领导的个性等因素不同而有所不同。

13.3.1 物流组织的结构

组织的结构一般用组织结构图来描述。组织结构图具有反映组织内机构设置情况，反映组织机构内各机构之间的关系的功能。组织结构图的类型由组织的结构类型所决定。组织结构常见的有直线制、直线职能制、事业部制、矩阵制和混合式编组等几种形式。大多时候中小物流公司采用的是直线职能制，大型物流公司采用事业部制和矩阵制。直线职能制组织结构图采用层次模块的形式绘制，图的结构为分层树形，如图 13-1 所示。

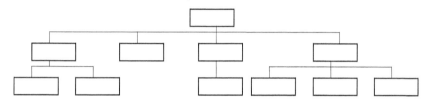

图 13-1 直线职能制组织结构图的形式

在图 13-1 中，矩形块表示机构的名称，一个矩形块代表一个机构；最高层只有一个矩形块，用来表示组织最高层的管理机构；同级别的机构在图中处于同一层次上，不同层次上的各管理机构通过连线来表明隶属关系。如图 13-2 所示的是某物流企业的组织结构图，图 13-3 描述的是一个中小型企业物流部门的组织结构图。

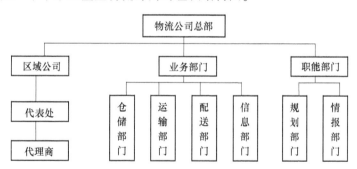

图 13-2 某物流企业的组织结构图

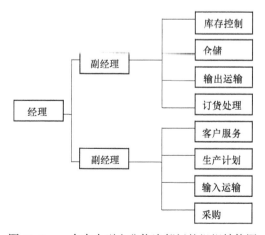

图 13-3 一个中小型企业物流部门的组织结构图

13.3.2 物流组织的功能

物流组织的功能可以用业务功能图来表示。业务功能图与组织结构图类似，只不过它是用来反映组织内业务关系的图。业务功能图全面、概括和明确的描述，对信息系统分析和设计工作、对划分子系统、对系统的改善都起重要作用。图13-4所示为某企业的业务功能图。

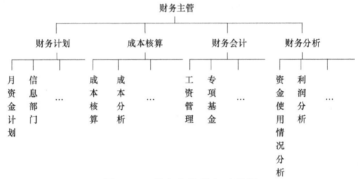

图 13-4 某企业的业务功能图

13.3.3 组织/业务关系图

组织结构图和业务关系图都不能反映组织中的主要业务和业务所承担的部门、机构之间的关系，不能反映承担业务部门在业务上的作用和重要程度。组织/业务关系图是将组织和业务联系起来，进一步反映组织内部各机构与业务的关系。图13-5所示为某企业的组织/业务关系图。

组织 业务	上级公司	计划科	财务科	生产科	供应科		
					计划管理	采购管理	仓库管理
用户计划任务书		*			√		
计划物资分析					√		o
计划供需平衡表					√	o	o
单据审批					√		
采购计划			o		√	o	
合同管理					√	√	o
合同分析					√		
在途物资管理					√		
到货验收						o	√
库存统计			*	o			
出库统计			*				√
入库统计			*			o	√
用户统计			*	o			
发货统计			√				
库存收支分析				o			√
备品管理				√			
统计报表	*						

注："*"表示对应组织的主要业务；"o"表示业务协调单位；"√"表示业务相关单位；"空格"表示组织与业务无关。

图 13-5 某企业的组织/业务关系图

13.4 物流信息系统业务流程分析

组织的物流部门与其他部门之间有多种相互关系，归纳起来主要表现为上下级关系、物资流动关系、资金流动关系、信息资料（文件、报表、账单等）传递关系等。脱去这些关系的实体外衣，抽象出来的就是存在于一个组织中的物流、资金流和信息流，这些才是系统分析员要捕捉的对象。

一个系统的流程分析主要分为业务流程分析和数据流程分析。其中，业务流程分析主要是分析原系统中存在的问题，是为了在新系统建设中予以克服或改进这些问题。系统中存在的问题可能是管理思想和方法的落后、业务流程不尽合理，也可能是因为计算机信息系统的建设为优化原来业务提供了新的可行性，这时，就需要在对现有业务流程进行分析的基础上进行业务流程重组、产生新的更为合理的业务流程。

13.4.1 业务流程分析的过程

业务流程分析是在业务功能的基础上将其细化、利用系统调查的资料将业务处理过程中的每一个步骤用一个完整的图形将其串起来。在绘制业务流程图的过程中发现问题、分析不足，优化业务处理过程。业务流程的分析过程包括以下内容：

（1）原有流程的分析。分析原有业务流程中的各个处理过程是否具有存在价值，哪些过程可以删除或合并，分析原有业务流程中哪些过程不尽合理，可以进行改进和优化。

（2）业务流程的优化。按照计算机信息处理的要求，分析哪些过程存在冗余信息处理、哪些活动可以变串行处理为并行处理，变事后监督为事前或事中控制，产生更为合理的业务流程。

（3）确定新的业务流程。画出新系统的业务流程图。

（4）新系统的人机界面。新的业务流程中人与机器的分工，即哪些工作可以由计算机自动完成，哪些工作必须有人的参与。

13.4.2 业务流程图

业务流程图（Transaction Flow Diagram，TFD），就是用一些规定的符号及连线来表示某个具体业务处理过程。业务流程图基本上按照业务的实际处理步骤和过程绘制，换句话说，就是一本用图形方式来反映实际业务处理过程的"流水账"。业务流程图用一种尽可能少、尽可能简单的方法来描述业务处理过程。绘制业务流程图可以帮助系统分析员整理和汇总调查结果，找出业务流程中的不合理流向。另外，通过业务流程图，系统分析员可以更好地与管理人员进行交流，启发他们总结和说明管理业务的规律。业务流程图的符号如图13-6所示。

图13-7所示为某公司销售部门的业务流程。具体描述为：客户发出订单给销售部门；销售部门经过订单检查，把不合格的订单反馈给客户；对于合格的订单，通过核对库存记录，缺货订单通过缺货统计，向采购部门发出缺货通知，并登记缺货记录；对于可供货订单，登记客户档案，填写出库单，通过仓库准备货物。同时进行订单存底，并进行销售统计。

图13-8所示为某公司成品销售及库存子系统的管理业务流程图。具体流程为：销售员与客户订立销售合同，销售部计划员将合同登记入合同台账。计划员对合同台账和库存台账进行查询后决定发货对象和数量，填写发货通知交成品库。对于确实无法执行的合同要向客户发出取消合同通知。每隔一段时间，计划员要根据合同执行情况做出销售统计表，交本业务

部门负责人审查后，送销售经理办公室。发货员按发货通知出库并发货，填写出库单交成品库保管员。保管员按出库单和从车间来的入库单登记库存台账。出库单的另两联分别送销售部和财务部。销售计划员按出库单将合同执行情况登记入合同台账。销售部负责人定期将合同、合同执行情况及库存情况汇总后向生产部提交有关需求预测报告，作为制订生产计划和作业计划的参考。

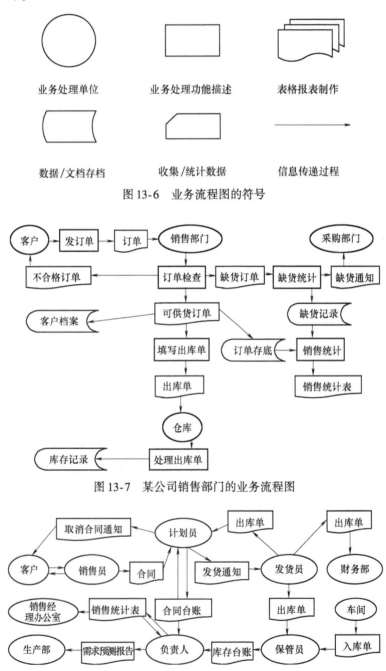

图 13-6　业务流程图的符号

图 13-7　某公司销售部门的业务流程图

图 13-8　某公司成品销售及库存子系统的管理业务流程图

13.4.3 物流业务流程重组

业务流程重组又称为企业流程再造（Business Process Reengineering，BPR），是对企业业务流程进行根本性的再思考和彻底性的再设计，从而获得在成本、质量、服务和速度等方面的显著改善，使其最大限度地适应以竞争和变化为特征的现代企业经营环境。BPR 最早由美国的 Michael Hammer 和 Jame Champy 提出，该管理思想在 20 世纪 90 年代已经在一些大型公司广泛使用。

BPR 的核心思想是流程管理，它要求打破部门间的界限，从流程的角度而不是从职能部门的角度来看问题。物流业务流程重组是对企业物流业务流程进行全面的功能和效率分析，判断业务流程中是否存在问题。主要从以下方面分析现行业务流程的问题：寻找现有流程中增加管理成本的主要原因，组织结构设计中不合理的环节，分析现存业务流程的功能、制约因素以及表现的关键问题；根据市场和技术变化的特点及企业的现实情况，分清问题的轻重缓急，找出业务流程重组的切入点；根据市场的发展趋势以及客户对产品、服务需求的变化，对业务流程中的关键环节以及各环节的重要性重新进行定位和排序。

13.5 物流信息系统数据流程分析

业务流程调查中所用的业务流程图和组织/业务关系图等虽然形象地表达了管理活动中信息的流动和存储过程，但仍没有完全脱离一些物质要素（如货物、资金等）。数据是信息的载体，是组织运行过程的反映，也是信息系统处理的主要对象。信息系统是为信息管理服务的，所以为了描述系统中数据流的变化过程，要根据业务流程调查的结果，抛开具体组织机构、信息载体、处理工具、物质等，单从数据流动过程来考察实际业务中的数据处理模式，绘制出原系统的数据流程图，为下一步分析做好准备。数据流程分析包括对数据的收集、传递、处理和存储等的分析。

13.5.1 数据收集和数据调查

数据与数据流程调查过程中收集的资料包括：
（1）原系统全部输入单据（如入库单、收据、凭证）、输出报表和数据存储介质（如账本、清单）的典型格式。
（2）各环节上的方法和计算方法。
（3）上述各种单据、报表、账本的制作单位、报送单位、存放地点、发生频度、发生的高峰时间及发生数量等。
（4）上述各种单据、报表、账本上所包含数据的类型长度、取值范围。

13.5.2 数据流程分析

数据流程分析把数据在组织中的流动过程抽象出来，专门考虑业务处理中的数据处理模式，目的在于发现和解决数据处理中的问题。数据流程分析包括以下内容：

1. 围绕系统目标进行分析

从业务处理角度上看，为满足正常的业务处理运行，应当分析需要哪些信息，哪些信息是冗余的，哪些信息暂缺有待于进一步收集。

从管理角度上看，为满足科学管理的需要，应当分析信息的精度如何，能否满足管理的需要；信息的及时性如何，信息处理的抽象层次如何，能否满足在生产过程中及时进行处理的要求；对于一些定量的分析（如预测、控制等）能否提供信息支持等。

2. 信息环境分析

信息环境分析是指弄清信息是从现有组织结构中哪个部门来的，目前用途如何，受周围哪些环境影响较大（如有的信息受具体统计人员的计算方法影响较大；有的信息受检测手段的影响较大；有的信息受外界条件影响起伏变化较大），它的上一级（或称层次）信息结构是什么，下一级的信息结构是什么等。

3. 围绕现行业务流程进行分析

（1）分析现有报表的数据是否全面，是否满足管理需要，是否正确、全面地反映业务的物质流动过程。

（2）分析现有的业务流程有哪些弊病，需要做出哪些改进；根据这些改进的需要，信息和信息流应该相应做出什么样的改进；对信息的采集、加工、处理有哪些新要求等。

（3）根据业务流程，分析哪些信息是实际采集的初始信息，哪些信息是由系统内部产生的，哪些是临时数据，哪些需要长期保存等。

4. 数据的逻辑分析

逻辑分析主要是为了对各种各样的信息梳理出不同的层次，从而根据需要提出相应的处理方法和存储结构，以便于计算机进行信息处理。

5. 数据汇总分析

在系统调查中获得的各种数据涉及企业的各个过程，且形式多样，来源和目的不明确，为了建立合理的数据流程，必须对这些数据进行汇总分析，通过归纳和筛选，确定每个流程中实际数据流的内容。为此，在分析中要把通过调查研究获得的资料，按业务过程分类编码，按处理过程的顺序进行整理。弄清各环节上每一栏数据的处理方法和计算方法，把原始数据和最终处理结果单独列出。

6. 数据特征分析

数据特征分析的内容包括：分析各种单据、报表、账本的制作单位、报送单位、存放地点、发生频度，每个数据的类型、长度、取值范围等；整个业务流程的业务量以及与之相应的数据流量、时间要求、安全要求等。按照数据的来源、管理的职能与层次、共享程度、数据处理层次等特征进行分类。数据的分析不能与数据的调查分开，在分析过程中，还需要不断调查、补充完善。

总之，数据流程分析就是要发现和解决数据流程中存在的问题，包括：数据流程不畅、前后数据不匹配、数据处理过程不合理等。这些问题可能是由于原系统管理混乱、数据处理流程本身有问题，也可能是由于调查分析有误。通过数据流程分析，建立畅通高效的数据处理过程，这是新系统设计的基础。现有的数据流程分析多是通过分层的数据流程图来实现的。

13.5.3 数据流程图

1. 数据流程图的概念

数据流程图（Data Flow Diagram, DFD）是描述信息系统逻辑模型的主要工具，它可以用少数几种符号综合地反映出信息在系统中的流动、处理和存储情况，便于用户理解，是系统分析员与用户之间非常好的通信工具，也是系统设计的出发点。根据业务流程图描述的业务流程顺序，结合调查中获得的数据处理过程，可绘制成一套完整的数据流程图。

第13章 物流信息系统分析

2. 数据流程图的基本符号

数据流程图由外部实体、数据流、数据存储和数据处理四种基本符号组成。

（1）外部实体。外部实体是指系统以外与系统有联系的人或事物。它表达出了该系统数据的外部来源和去处，如客户、员工、供应商等。外部实体也可以是另外一个信息系统。

（2）数据处理。数据处理是指对数据的逻辑处理，也就是对数据的变换。它可以是人工处理，也可以是计算机处理。

（3）数据流。数据流是指处理功能的输入或输出，用一个水平箭头或垂直箭头表示。箭头指出数据的流动方向。一般对每个数据流都要加以简单描述，使用户和系统设计员能够理解一个数据流的含义。

（4）数据存储。数据存储是表示数据保存的地方。这里的"地方"不是指保存数据的物理地点或物理介质，而是指数据存储的逻辑描述。

以上四种数据流程图的基本符号如图13-9所示。

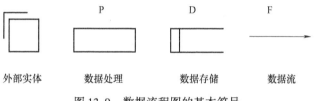

图13-9 数据流程图的基本符号

3. 数据流程图的绘制步骤

数据流程图一般分为多个层次，绘制数据流程图的基本思想是：自顶向下、由外向里、逐层分解，即按照业务流程图理出的业务流程顺序，将数据处理过程绘制成数据流程图。对于每一个具体业务，再进一步进行细化，通过更详细的数据流程图描绘更具体的数据处理过程。

（1）绘制顶层数据流程图。顶层数据流程图只有一张，它说明系统总的处理功能、输入和输出。它根据系统的范围、目标和用户的需求，划定系统的界面。界面内作为分析的系统，界面外与系统有数据联系的人或事物，则认为是外部实体。

（2）逐层分解，绘制低层次数据流程图。对顶层数据流程图中的处理过程进行逐步分解，可得到不同层次的数据流程图。数据流程图分多少层次、每层分解中一个功能分解为多少个低层次的功能，要根据实际情况而定。系统越复杂、包含范围越大，划分的层次就越多。

（3）合并数据流程图。把每一个分解后的最底层数据流程图进行合并，得到系统完整的数据流程图。

4. 绘制数据流程图的原则和方法

（1）原则。绘制数据流程图的原则包括：

1）确定系统的外部实体，也就是确定系统与外部环境的分界线。因此，系统分析人员首先要识别不能受系统控制但却影响系统运行的外部因素有哪些。系统的数据输入来源与输出对象是什么。一旦把系统的外部实体确定下来了，人工和自动化处理的界面也就基本确定了。

2）确定系统在正常运行时的输入和输出（数据流），对于错误和例外条件的输入和输出，一般仅在低层数据流程图上反映。这样在较高层的数据流程图中只反映主要的、正常的逻辑功能，使人能一目了然，便于了解总体情况。

3）数据存储在系统中应起到"邮政信箱"的作用，数据处理与数据处理之间应尽可能避免有直接的数据流联系，而是通过数据存储产生联系。这样可以提高每个数据处理的独立性，减少系统复杂性。

4）确定对系统的查询要求，这些查询中应该包括要求立即回答的查询。因此，要定义两种数据流，一种是外界向系统发送查询要求的数据流，另一种是系统响应后给出回答的数据流。

5）设计数据流程图时，先从左侧开始，标志外部实体。左侧的外部实体，通常是系统主要的数据输入来源。然后画出该外部实体产生的数据流和相应的数据处理过程，如果需要将数据进行保存，则标志数据存储。接收系统数据的外部实体一般画在数据流程图的右侧。

6）反复修改或检查是否有遗漏或不符。在修改过程中要和物流系统的管理人员详细讨论，直到取得一致意见为止。

7）尽量避免线条的交叉，必要的时候可以使用重复的外部实体符号和重复的数据存储符号。数据流程图中各种符号不仅要合理、整齐和清楚，而且分布要比较均匀。

8）根据第一张数据流程图，对其中每个数据处理，逐层向下扩展出详细的数据流程图，每一层数据流程图中的数据处理一般不超过八个，上下层的数据流程要相互对应。

（2）基本方法。绘制数据流程图的基本方法包括：

1）数据流符号。数据流符号表示数据信息传输。符号中箭头表示传输方向，数字表示数据流标号。在数据流程图中，数据流符号必须有箭头，也就是说必须指出数据信息的传输方向。通常情况下不要在数据流符号中画双向箭头，因为在特定数据流动时，在时间、方向确定的情况下，同一个数据不会双向流动。

2）数据处理符号。对数据处理符号来说，它也有入有出。因为没有入就没有处理对象，处理就不存在，同样，没有出则处理没有意义。当箭头方向指向数据处理符号时表示"入"，否则表示"出"。数据处理符号通常用"P"来标识。

3）数据存储符号。数据存储符号代表数据存储的地点。在数据流程图中，数据在通常情况下是有来源和去向的，即从哪里来，又要去哪里。所以，数据存储符号都应该有入有出。当箭头方向指向存储符号时表示"入"，否则表示"出"。数据存储符号通常用"D"来标识。

4）外部实体符号。外部实体符号就是指管理者、操作员和用户。对于管理者、操作员和用户来说，他们可以是信息的发出者，也可以是信息的接受者，还可以同时兼任。

5）符号之间的关系。对于外部实体、数据流、数据存储和数据处理四种符号来说，各种符号之间的联系都必须通过数据处理符号来表示。因为不经过处理，信息不可能从一个外部实体或数据存储中自动被传递到另外的外部实体或数据存储中。

当数据流程图中出现下述逻辑连接关系式时，数据流程图就会出现错误，如图 13-10 所示。

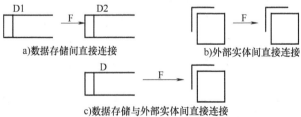

图 13-10　数据流程图中的逻辑连接错误

5. 数据流程图的绘制示例

某物料采购供应管理系统的数据流程分析如下：

（1）首先，把物料采购供应管理作为顶层数据处理，银行、上级部门、生产科、工艺科、维修车间和财务科等作为外部实体，可得到顶层数据流程图，如图 13-11 所示。

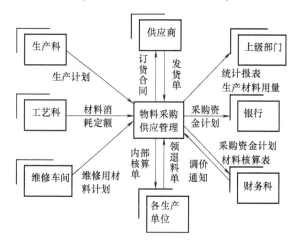

图 13-11　物料采购供应管理系统的顶层数据流程图

（2）其次，对图 13-11 中的物料采购供应管理进行功能分解，分解为物料采购供应计划管理、合同管理、库存管理等逻辑功能，绘制后得到如图 13-12 所示的第二层次的数据流程图。在第二层数据流程图基础上，可以进一步将功能进行分解，可以得到更详细、更低层的数据流程图。

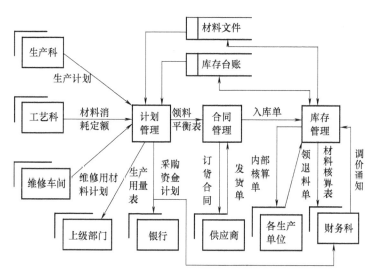

图 13-12　物料采购供应管理系统的第二层数据流程图

（3）最后，对"物料采购供应管理系统"的第二层数据流程图进行细化，计划管理子系统可以精化为如图 13-13 所示的数据流程图。当然其他两个子系统也需要细化。

业务流程图和数据流程图都是描述企业业务数据处理过程的图形工具，只是二者着眼点不同。从使用者的角度来看，应用业务流程图描述企业各项业务的数据处理过程更容易与用户进行交流。数据流程图比业务流程图抽象，描述的是企业业务数据处理过程的本质（业务数据的流动、处理及存储），只反映数据流向、数据加工和逻辑意义上的数据存储，不反映任何数据处理的技术问题。数据流程图的绘制过程，就是系统逻辑模型的形成过程，必须始终与用户进行密切接触，详细讨论，不断修改。

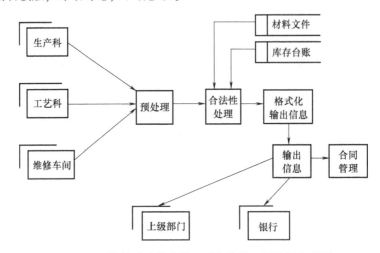

图 13-13　物料采购供应管理系统的第三层数据流程图

一般情况下，在描述现有系统的业务处理过程时，业务流程图和数据流程图二者兼用，而在系统设计阶段描述新系统的数据处理过程时，只用数据流程图。

13.5.4　数据字典

数据流程图反映了系统业务和功能之间的关系，反映了外部实体、数据处理、数据存储和数据流动四方面的关系，通过数据流程图能系统、全面地了解业务、功能的实现过程。但是数据流程图反映不出数据本身的特性，反映不出数据结构的具体情况；另外，数据流程图中描述的功能和数据是否匹配、是否存在问题、有无遗漏，也无法通过数据流程图本身来检验。数据分析就是要弥补数据流程图的这些缺陷。

数据分析的工具是数据字典。建立数据字典的目的是为了保证全局数据的一致性和准确性。数据字典和数据流程图共同构成对系统逻辑模型的准确、完整的描述。

1. 数据字典的定义

数据字典是一种表格，它把数据的最小单位看成是数据项，若干个数据项可以组成一个数据结构。数据结构的成分也可以是数据结构。数据字典通过数据项和数据结构来描述数据流和数据存储的属性。它们之间的关系是：数据项组成数据结构，数据结构组成数据流和数据存储。

数据字典是关于数据流程图的补充说明，数据字典一旦建立起来，并按编号排序之后，它就是一本可供人们查询的字典。编制和维护数据字典是一项十分繁重的任务，不但工作量大，而且相当烦琐。但这是一项必不可少的工作，不仅在系统分析阶段，而且在整个系统开发过程中以及在今后的系统运行维护中都要使用它。

2. 数据字典的组成

数据字典有六类条目：数据项、数据结构、数据流、数据处理、数据存储和外部实体。

（1）数据项。数据项又称为数据元素，是数据的最小单位，也就是不可再分的数据单位，

第 13 章 物流信息系统分析

如学号、姓名等。对数据项的描述一般包括：数据项的编号、名称、别名和简述，数据项的类型、长度和取值范围等。例如，对商品编号这个数据项的描述如图 13-14 所示。

```
数据项编号：I 01-01
数据项名称：商品编号
别名：商品编码
简述：某种商品的代码
类型及字宽：数字型，4 位
取值范围：0001-9999
相关数据结构：商品标识、入库情况、出库情况
```

图 13-14　数据项描述

（2）数据结构。数据结构描述了数据项之间的关系，由数据项或数据结构组成。一个简单的数据结构由数据项组成，而复杂的数据结构则包含了其他数据结构。在数据字典中，需要详细列出每个数据结构所包含的数据项。对数据结构的描述包括：数据结构的编号、名称、简述以及数据结构的组成等。例如，对商品标识这个数据结构的描述如图 13-15 所示。

```
数据结构编号：DS 02-01
数据结构名称：商品标识
简述：某种商品
组成：商品编号
      商品名称
      规格
      型号
      颜色
      单价
      生产单位
      生产日期
相关数据流：商品入库单、商品出库单、商品采购单
相关数据处理：商品入库管理、商品出库管理、商品采购管理
```

图 13-15　数据结构描述

（3）数据流。数据流用来描述数据的流动过程，由一个或成组固定的数据项组成。数据流可以是一个已定义的数据结构，也可以由若干数据项组成。在对数据流的描述中，不仅要说明数据的名称、组成，还要说明数据的来源、去向和数据流量等。例如，对入库单这个数据流的描述如图 13-16 所示。

```
数据流编号：F 03-02
数据流名称：入库单
简述：车间开出入库单，凭此去仓库进行入库
数据流来源：车间
数据流去向：入库管理模块
数据流组成：商品编号、商品名称、规格、型号、数量
           入库日期、入库单位、入库员等
数据流量：10 份/小时
高峰流量：20 份/小时
```

图 13-16　数据流描述

（4）数据处理。数据处理定义数据流程图中数据项的处理方式，包括数据处理的编号、名称、功能的简要说明和有关的输入、输出。对功能进行描述，主要是让人知道这一数据处理的主要功能，至于更详细的功能介绍需要用"数据处理逻辑说明"来描述。例如，对统计这个数据处理的描述如图 13-17 所示。

```
数据处理编号：P 04-09
数据处理名称：统计
简述：每个月的月底要统计当月的商品流通情况，包括进货、出货、
      存储等
处理：根据每月的入库数据和出库数据修改仓库存储数据，并列出
      每月的货物流通情况
输入数据流：入库单、出库单、仓库清单
输出数据流：数据流统计表，去向是外部实体"经理"
处理频率：每月一次
```

图 13-17　数据处理描述

（5）数据存储。数据字典中只描述数据的逻辑存储结构，而不涉及它的物理存储，主要描述它所表示的数据结构、有关数据流和查询要求。例如，对商品库存这个数据存储的描述如图 13-18 所示。

```
数据存储编号：D 05-08
数据存储名称：商品库存
简述：存储商品的库存量和单价等信息
数据存储组成：商品编号、商品名称、单价、库存量、备注等
关键字：商品编号
数据流来源：P 02-01
数据流去向：P 03-05
有无立即查询：有
```

图 13-18　数据存储描述

（6）外部实体。外部实体描述了数据流入、流出和处理的实际发生地点和有关的主体。对外部实体的描述包括：实体编号、名称、简述、输入和输出数据流。例如，对客户这个外部实体的描述如图 13-19 所示。

```
外部实体编号：S 06-01
外部实体名称：客户
简述：购置本单位商品的用户
输入数据流：无
输出数据流：F 03-07
```

图 13-19　外部实体描述

13.6　新信息系统逻辑模型的建立

新信息系统逻辑方案是经过分析和优化后拟采用的管理模型和信息处理方法。因它不同于计算机配置方案和软件结构模型方案等实体结构方案，故称为逻辑方案。新系统逻辑方案

标志着系统分析阶段的最终成功，也是今后进行系统设计和系统实施的依据。新系统逻辑方案包括以下内容：

（1）新系统的业务流程。这是业务流程分析和业务流程优化重组后的结果，包括原系统业务流程的不足及优化过程、新系统的业务流程、新系统业务流程中的人机界面划分。

（2）新系统的数据流程。这是数据流程分析的结果，包括原数据流程的不合理之处及优化过程、新系统数据流程和新数据流程中的人机界面划分。

（3）新系统的逻辑结构。这是新系统中的子系统划分。

（4）新系统中数据资源的分布。这是指确定数据资源如何分布在服务器或主机中。

（5）新系统中的管理模型。这是指确定在某一具体管理业务中采用的管理模型和处理方法。

另外，在系统分析阶段对原有系统进行了大量的分析和优化，这些分析和优化的内容包括：

（1）确定合理的业务流程。在绘出业务流程图之后需要对业务处理流程进行必要的分析，具体包括：

1）除去不必要的、多余的业务环节。

2）对重复的环节进行合并。

3）对缺少的必需环节进行增补。

4）确定计算机系统要处理的环节。

（2）确定合理的数据流程。将数据流程和业务流程结合起来分析，更容易发现其中存在的问题，并合理解决。具体包括：

1）确认最终的数据指标和数据字典。

2）确定最终删除、合并或增加的数据处理过程。

3）确定数据处理过程的优化、改动、增补及原因。

4）给出最后确定的数据流程图。

5）确定数据流程图中新系统可完成的部分。

（3）确定数据项/类和必要的功能。对数据和功能业务进行分类整理，以及通过U/C矩阵进行的正确性检验等来确定数据项/类及其必要的功能。U/C矩阵是一张表格，被用来表达过程与数据两者之间的关系。矩阵中的行表示数据类，列表示过程，并以字母U(Use)和C(Create)来表示过程对数据类的使用和产生，表中在各功能与数据类的交叉处填写功能与数据类的关系。

（4）从管理角度进行系统划分。信息系统子系统的划分还要考虑计算机系统的配置情况和处理技术。

13.7 系统分析报告

系统分析报告也称为系统说明书，它反映了系统调查与分析阶段的全部情况，是系统分析阶段工作的全面总结。用户领导通过系统分析报告来决策是否进行下一阶段的工作；用户通过系统分析报告来论证和认可新系统的开发策略及开发方法。系统开发人员将系统分析报告作为评价项目成功与否的标准。

13.7.1 系统分析报告的内容

1. 组织情况概述

（1）对分析对象的基本情况做概括性描述，包括：组织的结构、组织的目标、组织的工作过程以及性质和业务功能。

（2）系统与外部实体（如其他系统和机构）间有哪些物质和信息交换关系。

（3）参考资料和专业术语说明。

2. 现行系统的概括

现行系统的概括是指现行系统现状调查说明。可通过现行系统的组织结构图、业务流程图和数据流程图等工具，说明现行系统的目标、规模、主要功能、组织结构、业务流程、数据存储和数据流、数据处理方式、现有的技术手段以及存在的薄弱环节。

3. 系统需求说明

这是指在了解现行系统情况的基础上，针对系统存在的问题，全面了解组织中各层面的用户针对新系统对信息的各种需求。

4. 新系统逻辑方案

新系统逻辑方案是系统分析报告的主体，具体包括：

（1）新系统拟定的业务流程和业务处理方式，提出明确的功能目标，并与现行系统进行比较分析，突出其优越性。

（2）新系统拟定的数据指标体系和分析优化后的数据流程，各个层次的数据流程图、数据字典和加工说明，以及计算机系统将完成的工作部分。

（3）新系统在各个业务处理环节拟采用的管理方法、算法和模型。

（4）与新系统相配套的管理制度和运行体制的建立。

（5）出错处理要求。

（6）其他特性要求如系统的输入/输出格式、启动和退出等。

（7）遗留问题。根据目前的条件，暂时不能满足的一些用户要求或设想，并提出今后解决的措施和途径。

5. 系统设计与实施的初步计划

（1）工作任务的分解，即根据资源和其他条件确定各子系统开发的先后顺序，在此基础上分解工作任务，落实到具体组织或个人。

（2）根据系统开发资源与时间进度估计，制订时间进度安排计划。

（3）预算，即对开发费用的进一步估计。

需要说明的是：在系统分析报告中，数据流程图、数据字典和加工说明这三部分是主体，是系统分析报告中必不可少的组成部分，而其他部分可根据所开发目标系统的规模、性质等具体情况选用，无须面面俱到。

13.7.2 系统分析报告的论证

系统分析报告是进行下一步系统设计的依据，也是整个系统的基本蓝图，如果其中存在重大问题，整个系统开发应用就不可能成功。为了减少错误，避免返工，应尽可能在早期发现问题，即在系统分析报告形成后，必须组织各方面的人员（包括组织的领导、管理人员、技术人员、系统分析人员等）一起对已经形成的逻辑方案进行论证，尽早发现可能存在的疏漏和问题。

第13章 物流信息系统分析

论证可从以下几方面考虑：

（1）一致性。这里是指系统需求与系统目标的一致。

（2）完整性。这里是指用户需求是否完整。

（3）现实性。这里是指指定需求用现有的硬件、软件技术是否可以实现。

（4）有效性。这里是指系统分析报告提出的解决方案是否正确有效，能否解决用户面临的问题。

对于存在的问题和疏漏要及时纠正，对于有争议的问题要重新核查原始调查资料做进一步的分析和调查研究，对于重大的问题可能需要调整或修改系统目标，重新进行系统分析。系统分析报告一旦被批准，就将成为新系统开发中的权威性文件，既是系统设计的主要依据，也是将来评价和验收系统的依据。

在系统分析报告的论证中，应有外请专家参加，他们一方面协助审查研制人员对系统的了解是否全面、准确，另一方面审查提出的方案，特别是对系统实施后给企业的运行带来的影响做出估计，这种估计需要借助他们的经验。

复习思考题

1. 物流信息系统开发的系统分析阶段需要完成哪些工作？
2. 什么是业务流程重组？
3. 详细调查主要调查哪些方面的内容？
4. 试针对一家物流企业画出其组织结构图、业务流程图和数据流程图。

第14章 物流信息系统设计

本章学习目标

掌握物流信息系统设计的内容和方法,系统平台设计的内容,数据处理模式设计、代码设计的方法,数据库设计过程、数据库概念设计工具E-R图、数据库规范化设计,以及功能模块处理过程设计中的程序流程图、过程描述语言、决策树和判断表等描述工具;理解系统划分的原则、模块化设计相关概念、代码设计的目的与原则、数据库逻辑设计、数据库物理设计、输入输出设计和界面设计以及系统设计报告的内容与形式;了解模块结构图的画法。

14.1 系统设计概述

系统设计是开发物流信息系统的重要阶段,也是整个开发工作的核心。它将实现系统分析阶段所提出的逻辑模型并确定新系统的结构。系统分析阶段是解决信息系统"干什么"的问题,而系统设计阶段则是解决信息系统"怎么干"的问题。系统分析阶段最终给出了系统分析报告,建立了物流信息系统的逻辑模型;而系统设计阶段最终则是要给出系统设计说明书,建立系统的物理模型。系统分析是从用户和现行系统入手,进行详细的调查和研究,把物理因素逐一抽去,是从具体到抽象;而系统设计则是从管理信息系统的逻辑模型出发,以系统分析报告为依据,逐步地加入物理内容,从抽象又回到具体。

14.1.1 系统设计的内容

系统设计的主要任务是进行总体设计、详细设计和编写系统设计说明书。

1. 总体设计

总体设计包括系统模块结构设计和系统物理配置方案设计。

(1) 系统模块结构设计。该设计任务是划分子系统,然后确定子系统的模块结构,并画出模块结构图。在这个过程中必须考虑以下几个问题:

1) 如何将一个系统划分成多个子系统。
2) 每个子系统如何划分成多个模块。
3) 如何确定子系统之间、模块之间传送的数据及其调用关系。
4) 如何评价并改进模块结构的质量。

(2) 系统物理配置方案设计。在进行总体设计时,还要进行系统物理配置方案的具体设计,即要解决计算机软件和硬件系统的配置、通信网络系统的配置、机房设备的配置等问题。系统物理配置方案要经过用户单位和领导部门的同意才可实施。

从我国的实际情况来看,不少单位是先买计算机然后决定开发。这种不科学的、盲目的做法是不可取的，它会造成极大浪费。因为计算机的更新换代是非常快的，如在开发初期和在开发的中后期系统实施阶段分别购买计算机设备，价格差别就会很大。因此，系统物理配置方案的设计虽然在系统设计的总体设计阶段进行，但是设备购置的具体实施可适当推后。

2. 详细设计

在总体设计的基础上，第二步进行的是详细设计，主要包括处理过程设计，以确定每个模块内部的详细执行过程，包括局部数据组织、控制流、每一步的具体加工要求等。一般来说，处理过程模块详细设计的难度已不太大，关键是要用一种合适的方式来描述每个模块的执行过程，常用的有程序流程图、N-S 图、PAD 图和 IPO 图等。除了处理过程设计，还有代码设计、界面设计、数据库设计和输入/输出设计等。

3. 编写系统设计说明书

系统设计阶段产生的结果是系统设计说明书，它主要由计算机系统配置报告、子系统模块结构图、模块说明书和其他详细设计的内容组成。

14.1.2 系统设计的方法

系统设计一般采用结构化系统设计方法。

（1）结构化系统设计的特点。在系统设计中，采用结构化系统设计主要是将一个复杂的系统，用分解的方法自顶向下予以简化，采用图形表达工具、一些基本的设计原则与方法、一组评价标准和质量优化技术。它的基本思想就是自顶向下地将整个系统划分为若干个子系统，子系统再划分子系统（或模块），层层划分，然后再自上而下地逐步设计。

（2）结构化系统设计的主要内容。在系统设计中，结构化系统设计的内容主要包括合理地进行模块分解和定义以及有效地将模块组织成一个整体。

（3）结构化系统设计的原理。在系统设计中所涉及和使用的结构化系统设计原理主要有层次化、模块化原理，信息隐蔽原理等。层次化、模块化原理是将系统根据实际结构关系分解成不同的层次，在不同的层次上再划分成多个相对独立的模块。信息隐蔽原理是指在一定规模和条件的限制下，把功能相关度大的模块划分在一个模块内，减少信息交换量，同时便于模块功能的更新。

14.2 物流信息系统总体结构设计

14.2.1 系统划分

物流信息系统设计多采用结构化系统设计方法。从物流管理的角度划分子系统的方法，是划分子系统的基础。但在实际工作中，往往还要根据用户的要求、地理位置的分布、设备的配置情况等重新进行划分。系统划分的一般原则是：

1. 子系统要具有相对独立性

子系统的划分必须使得子系统的内部功能、信息等各方面的凝聚性较好。在实际中我们都希望每个子系统或模块相对独立，尽量减少各种不必要的数据、调用和控制联系，接口简单、明确，并将联系比较密切、功能近似的模块相对集中地划入子系统内部，使子系统之间数据的依赖性尽量小，这样对于以后的搜索、查询、调试和调用、维护都比较方便。

2. 子系统划分的结果应使数据冗余最小

如果忽视这个问题，则可能引起相关的功能数据分布在各个不同的子系统中，大量的原始数据需要调用，大量的中间结果需要保存和传递，大量的计算工作将要重复进行，从而使得程序结构紊乱。数据冗余，不但给软件编制工作带来很大的困难，而且也大大降低了系统的工作效率。

3. 子系统的设置应考虑今后管理发展的需要

为了适应现代管理的发展，对于原系统的某些缺陷，在新系统的研制过程中应设法将它补充上。只有这样才能使系统实现以后不但能够更准确、更合理地完成现存系统的业务，而且可以支持更高层次、更深一步的管理决策。

4. 子系统的划分应便于系统分阶段实现

系统的开发是一项较大的工程，它的实现一般都要分期分步进行。所以子系统的划分应该考虑到这种要求，适应这种分期分步的实施。另外，子系统的划分还必须兼顾组织机构的要求，以便系统实现后能够符合实际情况和人们的习惯，能够更好地运行。

14.2.2 模块化设计

1. 模块化的概念

把一个信息系统设计成若干模块的过程称为模块化。模块化的基本思想是将系统设计成由相对独立、功能单一的多个模块组成的结构，从而简化研制工作，防止错误蔓延，提高系统的可靠性。模块化设计使用的描述方式是模块结构图，在模块结构图中，模块之间的调用关系非常明确、简单。每个模块可以单独被理解、编写、调试、查错与修改。模块结构整体上具有较高的正确性、可理解性与可维护性。

2. 模块结构图

模块结构图是用于描述系统模块结构的图形工具，它不仅描述了系统的子系统结构与分层的模块结构，还清楚地表示了每个模块的功能，而且直观地反映了块内联系和块间联系等特性。

模块结构图的基本符号如图 14-1 所示。

（1）模块。模块是组成目标系统逻辑模型和物理模型的基本单位，它的特点是可以组合、分解和更换。系统中任何一个处理功能都可以看成一个模块。根据模块功能具体化程度的不同，可以分为逻辑模块和物理模块。在系统逻辑模型中定义的处理功能可视为逻辑模块。物理模块是逻辑模块的具体化，可以是一个计算机程序、子程序或若干程序语句，也可以是人工过程的某项具体工作。

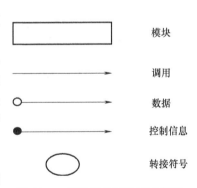

图 14-1　模块结构图的基本符号

每一个模块应具备以下四个要素：

1）输入和输出。模块的输入来源和输出去向都是同一个调用者，即一个模块从调用者那里取得输入，进行加工后再把输出返回给调用者。

2）处理功能。处理功能是指模块把输入转换成输出所做的工作。

3）内部数据。内部数据是指仅供该模块本身引用的数据。

4）程序代码。程序代码是指用来实现模块功能的程序。

前两个要素是模块的外部特性，反映了模块的外貌。后两个要素是模块的内部特性。在结构化系统设计中，主要考虑的是模块的外部特性，其内部特性只做必要了解，具体的实现将在系统实施阶段完成。

(2) 调用。在模块结构图中,用连接两个模块的箭头表示调用。箭头总是由调用模块指向被调用模块,但是应该理解成被调用模块执行后又返回到调用模块。

一个模块是否调用一个从属模块,决定于调用模块内部的判断条件,则该调用称为模块间的判断调用,用菱形符号表示。如果一个模块通过其内部的循环功能循环调用一个或多个从属模块,则该调用称为循环调用,用弧形箭头表示。模块间的调用关系如图14-2所示。

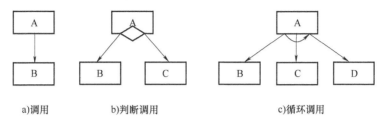

图14-2 模块间的调用关系

(3) 数据。当一个模块调用另一个模块时,调用模块可以把数据传送到被调用模块处理,而被调用模块又可以将处理的结果送回调用模块处。在模块之间传送的数据,用与调用箭头平行的带空心圆的箭头表示,并在旁边标上数据名。

例如,图14-3a表示模块A调用B,是A将数据X、Y传送给B,B将处理结果数据Z返回给A。

(4) 控制信息。为了指导程序下一步的执行,模块间有时还必须传送某些控制信息,如数据输入完成后给出的结束标志,文件读到末尾产生的文件结束标志等。控制信息与数据的主要区别是前者只反映数据的某种状态,不必进行处理。在模块结构图中,用带实心圆的箭头表示控制信息。

例如,图14-3b表示送来的职工号有误的控制信息。

(5) 转接符号。当模块结构图在一张图上画不下,需要转接到另外一张纸上,或者为了避免图上线条交叉时,都可以使用转接符号,如图14-3c所示的工资计算程序模块结构图中,①即为转接符号。

在画模块结构图时,通常将输入、输出模块分别画在左右两边,计算或其他模块放中间。为了便于理解系统的整个结构,尽量将整个模块结构图画在一张纸上。

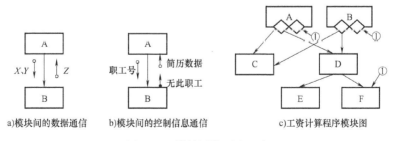

图14-3 模块图的画法示意

一个软件系统具有过程性(处理动作的顺序)和层次性(系统各组成部分的管辖范围)特征。模块结构图描述的是系统的层次性,而通常的"框图"描述的则是系统的过程性。在系统设计阶段,人们关心的是系统的层次结构;只有到了具体编程时,才考虑系统的过程性。

例如,图14-4描述了一个计算工资的模块结构图。

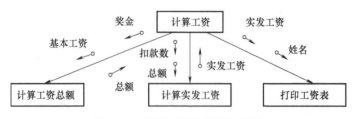

图 14-4　计算工资的模块结构图

14.2.3　系统平台设计

物流管理信息系统是以计算机信息技术为基础的人机系统。物流管理信息平台是信息系统开发与应用的基础。物流信息系统平台设计包括计算机处理方式的选择、网络结构设计、网络操作系统的选型、数据库管理系统的选型等软、硬件选择与设计工作等。

1. 按管理信息系统的目标选择系统平台

管理信息系统平台一般有以下几种：

1）单项业务系统——一般采用各类 PC 和小型数据库管理系统作为平台。

2）综合业务管理系统——以计算机网络系统，如网络和关系型数据库管理系统作为平台。

3）集成管理系统——由 MIS、WMS、TMS、OA、ERP、CRM 等综合而成的一个有机整体，综合性更强、规模更大、系统平台也更复杂，涉及异型机、异种网络、异种库之间的信息传递和交换。

2. 计算机处理方式的选择和设计

计算机处理方式可以根据系统功能、业务处理特点和性能价格比等因素，选择批处理、联机实时处理、联机成批处理、分布式处理等方式。在一个管理信息系统中，也可以混合使用各种方式。

在信息处理模式上常采用客户/服务器（Client/Server）模式或浏览器/服务器（Brower/Server）模式。

3. 计算机网络系统的设计

计算机网络系统的设计主要包括：中、小型机方案与计算机网络方案的选取，网络互联结构及通信介质的选择，局域网拓扑结构的设计，网络应用模式及网络操作系统的选型，网络协议的选择，网络管理和远程用户等工作。

4. 数据库管理系统的选择

数据库管理系统选择的原则是：支持先进的处理模式，具有分布处理数据、多线索查询、优化查询数据和联机事物处理功能；具有高性能的数据处理能力；具有良好图形界面的开发工具包；具有较高的性能价格比；具有良好的技术支持与培训。普通的数据库管理系统有 Foxpro、Clipper 和 Paradox 等。大型数据库系统有 Microsoft SQL Server、Oracle Server、Sybase SQL Server 和 Informix Server 等。

5. 软、硬件的选择

根据系统的需要和资源的约束，进行计算机软、硬件的选择。计算机软、硬件的选择，对于管理信息系统的功能有很大影响。大型管理信息系统软、硬件的采购可以采用招标等方式进行。

(1) 硬件的选择原则。硬件的选择原则包括：

1）技术上成熟、可靠、标准。

2）处理速度快。
3）数据存储容量大。
4）具有良好的兼容性、可扩充性与可维护性；有良好的性能价格比。
5）厂家或供应商的技术服务与售后服务好。
6）操作方便。
7）在一定时间内可保持一定的先进性。

（2）软件的选择原则。软件选择是指操作系统、网络管理软件、数据库管理系统、程序设计语言和各种应用软件包等的选择。软件选择的好坏对系统开发的成功与否十分重要。

14.2.4 数据处理模式设计

信息系统数据处理模式是指处理数据和信息的方式。物流信息系统存在多种数据处理模式，这是因为系统在硬件、软件的组成上不同，系统中用户数量不同，系统中各用户所处的地理位置不同，系统中不同用户的需求不同。下面介绍其中最典型的几种模式：

1. 集中处理数据模式

（1）单微机系统数据处理方式。在管理信息系统数据处理方式中，最基本、最简单的方式就是利用一台微型计算机进行数据处理。单微机系统是单用户单任务或多任务数据处理方式，单微机系统通常用于解决某一个或某几个具体的、规模小的数据处理问题。

单微机系统的特点是：系统简单、规模小，一台完整的计算机，配备有相应的操作系统、系统软件和应用软件即可。

（2）联机系统数据处理方式。联机系统是指利用联机多用户计算机系统进行数据处理的系统，联机系统是典型的集中数据处理方式。由于联机系统用于处理数据的计算机通常是大型、中型或小型计算机，这些计算机由一台主计算机和多个用户输入/输出终端组成，数据处理和数据信息的存储都集中在主计算机上，所以，联机系统能同时为多个用户提供信息服务，多个用户同时共享主计算机 CPU 资源和数据存储资源。

例如，一个企业的物流管理信息系统包括人事系统、财务系统、计划系统、销售系统、库存系统和生产系统六个子系统。采用联机系统的结果是：所有子系统应用程序都运行在主计算机上，数据都集中存储在一起，多个用户终端被安排在不同的科室。但这需要一个前提，就是各科室所处的地理位置与主计算机非常近，否则所有用户终端只能摆放在被称为计算中心的房间里，用户要到计算中心去使用计算机。其系统的逻辑结构如图 14-5 所示。

2. 分散处理数据模式

计算机网络系统数据处理方式是典型的分散数据处理方式。这种数据处理方式，管理信息系统中的各子系统通常被分别放在互联在一起的各计算机内，各子系统在数据处理方面互不干扰，相互独立，但通过网络，各子系统之间可以相互传递数据、信息和软件等，实现整个系统之间的资源共享。基于计算机网络的信息系统结构如图 14-6 所示。

在图 14-6 中，服务器专门用于对整个网络进行管理，它不属于任何一个子系统，也不进行数据处理工作。一个工作站含有一个子系统，每个子系统的数据处理工作由其所属的工作站完成。在系统中，如果其中的一个子系统需要另一个子系统中的数据或信息时，必须通过服务器才能得到所需要的数据或信息。

基于计算机网络的这种分散数据处理方式，弥补了联机系统数据处理方式的不足，主要表现在：由于各子系统由不同的计算机单独进行处理，各工作站可不受限制地放置在用户使用最方便的地方，所以系统的适应性和灵活性强；网络系统能够将需要使用大型机、中型机或小型机处理的系统用计算机完成，极大地降低了投资和系统使用、维护成本，并且使用计算机进行操作易学、易用、易于掌握，也易于维护。

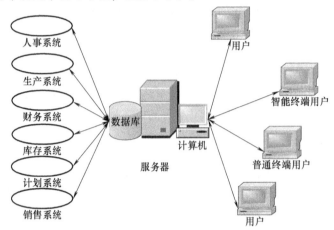

图 14-5　采用联机系统方式的信息系统逻辑结构

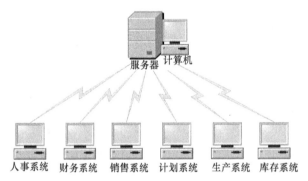

图 14-6　基于计算机网络的信息系统结构

虽然计算机网络系统中的分散式数据处理方式具有许多优点，但它也存在以下缺点：

（1）分散数据处理系统中，由于服务器专门用于对整个网络进行管理，它不属于任何一个子系统，也不进行数据处理工作，而服务器通常又是由高性能的计算机来担当，所以不能充分发挥服务器的作用，浪费了资源。

（2）在分散数据处理方式中，信息系统中的各子系统通常被分别放在互联在一起的各计算机中，各子系统在数据处理方面互不干扰，相互独立，但问题是各系统之间不是相互孤立的，它们之间存在着资源共享和数据综合处理的问题。这样，系统中就会出现通信量大，系统通信负担过重，系统中综合性强的数据处理工作无法安排的问题，这些问题的出现还可能引起系统不均衡等一系列其他问题，如系统之间的衔接问题、数据一致性问题和数据安全性问题。

3. 分散与集中处理数据模式

客户机/服务器（C/S）系统数据处理方式是典型的分散与集中处理数据的方式。

从系统的物理组成上看，客户机/服务器系统也是计算机网络结构。但它的数据处理方式是典型的分散与集中式的数据处理方式。它是管理信息系统中使用最广泛、最典型的数据处理方式。

第14章 物流信息系统设计

在客户机/服务器数据处理方式下，应用被分为前端（客户机部分）和后端（服务器部分）。客户机运行在微机或工作站上，而服务器部分可以运行在从微机到大型机等各种计算机上，客户机和服务器工作在不同的逻辑实体中，协同工作。在通信时，客户机发出服务请求，依赖服务器执行客户方不能完成（如大型数据库管理）或不能有效完成（如很费时的复杂运算）的工作。服务器根据客户请求完成预定的操作，然后把结果返回给客户。

客户机/服务器数据处理方式最大的技术特点是，系统使用了客户机和服务器两方的智能、资源和计算机能力来执行一个特定的任务，即负载由客户机和服务器双方共同承担。客户机/服务器模式下的物流信息硬件结构如图14-7所示。

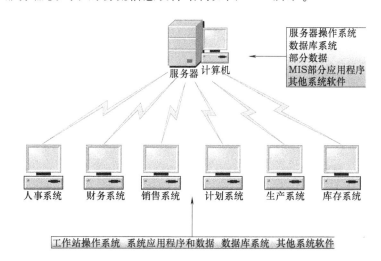

图14-7 客户机/服务器模式下的物流信息硬件结构

总之，从整体上看，客户机/服务器数据处理方式可以充分利用客户机（如微型计算机）和服务器双方的能力，组成一个分布式应用环境，把客户机和服务器这两方面的优点结合起来，充分发挥双方的特点，完成用户指定的任务。它与传统联机系统集中数据处理方式和基于网络的分散数据处理方式相比有以下几方面的优点：

（1）客户机/服务器数据处理方式能够最优化地共享服务器资源，如CPU资源、数据存储能力，客户机可以请求服务器完成大型计算（如图像处理）或运行大型应用程序（如数据库管理系统），然后直接把结果返回客户机。

（2）客户机/服务器数据处理方式有很高的网络利用率。因为客户机只把请求的内容传给服务器，服务器也只是返回最终结果，系统中没有必要传输整个数据文件的内容。

（3）客户机/服务器数据处理方式在底层操作系统和通信系统之上提供了抽象的层次，使应用程序有较好的可维护性和可移植性。

（4）客户机/服务器数据处理方式减少了网络的流量。使用客户机/服务器结构，客户计算机和服务器计算机相互协调工作，只传输必要的信息。如果需要更新数据库，则只传送要更新的内容。由于主要处理数据的程序和数据是放在一起的，数据库的内容不必传来传去。相比之下，资源共享模式通常要传输大量的数据。

（5）客户机/服务器应用通常能带来较短的响应时间，这是因为网络的流量减少了，同时，相当多的运输、数据处理是在比客户机功能更强大的服务器上完成的，这比在客户机上完成要有效得多。另外，客户机/服务器结构允许在本地留下远地数据库的副本，因此在数据查询时，性能会得到很大的提高。

虽然客户机/服务器数据处理方式具有许多优点，但它也有一些无法克服的缺点：开放性不够，它是一种封闭式的单项单系统，不同系统无法交流；用户界面风格难以统一，使用复杂，不利于推广使用；系统开发、维护和移植比较困难，升级麻烦；重复投资比较严重，无法包容已有的系统；扩展性较差，不易接纳新技术以及缺乏系统性和具有前瞻性的结构框架等。

4. 浏览器/服务器系统数据处理模式

（1）浏览器/服务器系统的基本结构。浏览器/服务器系统是以互联网技术为基础建立起来的网络系统，它以 Web 为中心，采用 TCP/IP 传输协议，客户端通过浏览器浏览访问 Web 以及与 Web 相连的后台数据库，是一种三层 C/S 结构网。这种结构网与传统的单层 C/S 结构网的区别在于：

传统的单层 C/S 结构网，其网络服务是以服务器为中心进行的，客户机与服务器是密切联系在一起的，其构成的服务模式是客户机/服务器模式。三层 C/S 结构网使服务器从 LAN 中脱离出来，而把服务器移到更大的网上。这种网络提供的服务是通过分布在网络上的多台服务器为客户提供服务的，这些服务器与客户机的距离无关，其所构成的服务是客户/网络（Client/Network）服务模式。

传统的单层 C/S 结构与三层 C/S 结构的比较如图 14-8 所示。

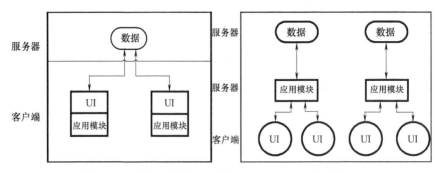

图 14-8　传统的单层 C/S 结构与三层 C/S 结构的比较

三层 C/S 结构的第一层是表示层，用于完成与用户的接口（UI）；第二层为中间层，利用服务器完成用户的一些应用逻辑与功能；第三层是数据层，实现用户的请求，服务器独立地进行的各种处理。

（2）浏览器/服务器系统的基本特点。与传统的客户机/服务器结构相比，浏览器/服务器结构有以下几方面的优点：

1）由于浏览器/服务器结构系统的用户仅需使用浏览器软件即可访问文本、图像、声音、电影及数据库等信息，所以浏览器/服务器结构系统的用户界面简单易用。

2）由于浏览器/服务器结构采用标准的 TCP/IP、HTTP 协议，系统可直接接入因特网，它能够与遵循这些标准协议的信息系统及其网络很好地结合在一起。所以，浏览器/服务器结构具有良好的开发性、扩展型和网络适应性。

3）由于浏览器/服务器结构用户接口、应用程序和数据部分相对独立，系统客户端无须专用的软件，所以，浏览器/服务器结构系统的维护和升级工作简单。

4）由于浏览器/服务器结构系统采用的是目前信息系统均支持的一种开放的标准数据格式（HTML 数据格式），同时，浏览器软件通常都能够访问多种格式的文件，所以，浏览器/

服务器结构系统信息共享度高。

5）由于浏览器/服务器结构系统采用 TCP/IP、HTTP 的标准，系统可直接接入因特网，并且能适应 PSTN、DDN、帧中继、X.25、ISDN、CATV、ADSL 等各种环境，所以，浏览器/服务器结构系统具有良好的扩展性和网络适应性。

6）在安全性方面，浏览器/服务器结构系统能够充分利用联网的各种安全技术，如防火墙技术等，使系统在安全上有保障。

（3）浏览器/服务器结构系统的基本物理组成。浏览器/服务器结构系统主要由网络平台、服务平台、开发平台和用户平台四部分组成。

1）网络平台。网络平台是浏览器/服务器结构系统运行的基础，它的结构设计、设备选型、网络性能等将直接影响信息系统的使用效率。对网络平台来说，不合理的设计将使网络出现延迟、瓶颈，甚至网络故障等现象，网络的服务质量及效率将大大降低。浏览器/服务器结构系统中，网络平台涉及的主要问题包括：

① 带宽问题。带宽反映了网络设备的处理能力和网络设备之间的端口交换能力。系统带宽的选择要综合系统主要数据吞吐能力、数据交换能力、系统端口地址与设备处理能力、系统设备之间的交换能力、网络拓扑结构以及虚拟网管理能力等各因素。带宽的选择与设计还要根据网络的规模及使用情况（如网络节点个数、节点分布情况、应用程序的选择、数据流量等）来决定。

② 虚拟网组网和管理问题。虚拟网组网和管理的水平对网络的带宽和网络的服务质量有直接影响（通过虚拟网可以使系统的不同用户分布在不同的网段，也可以使一个用户从属于多个网段，如一些特殊的用户、领导、系统管理员等），系统管理员可以根据组网机构管理要求对网络进行设定，使不同虚拟网之间可以相互通信。

在网络平台中，高质量、高水平的虚拟网组网与管理可以达到帮助网络有效地利用带宽、降低网络开销、简化管理程序、提高网络的安全保密性能的目的。在浏览器/服务器结构系统中，网络平台的可靠性和可扩展性也是系统要重点考虑的问题。

2）服务平台。服务平台是为系统提供各种服务的部分。浏览器/服务器结构系统中，服务平台主要包括文件服务、应用服务和数据服务等。在浏览器/服务器结构系统中，服务平台不仅能够提供传统的文件服务、打印服务、传真等服务，还能够提供如电子邮件服务、FTP 服务、WWW 服务等完整的互联网服务以及数据库服务等。

3）开发平台。开发平台是指开发系统的软件部分。浏览器/服务器结构系统的开发可选用的软件系统和工具种类繁多。例如，建设一些较为固定又比较复杂的应用系统，可选择 Oracle、Sybase、SQL Server 等专用数据库系统，也可以选择基于数据库的开发工具，如 VB、VC++、VJ++、VFP 等，对于简单开发可采用 Frontpage 等。

4）用户平台。用户平台是指用户和系统进行对话交互的部分。用户平台是直接面对普通用户的，所以，要求其界面具有简单、易用、单一的特点，目前主要是采用可视化界面设计。

5. 分布式处理数据模式

分布式处理数据系统是指在分布式计算机操作系统的支持下，进行分布式数据库处理和各计算机之间的并行计算。就是说，在系统中，各互联的计算机可以互相协调工作，共同完成一项任务，一个大型程序也可以分布在多台计算机上并行运行。

分布式处理的计算机系统在计算机硬件连接、系统拓扑结构和通信控制等方面与分散处理数据模式的计算机网络系统基本是一样的，它们之间最重要的区别是在数据处理方式上。

14.2.5 基于 Web 的物流信息系统

基于 Web 的物流信息系统的体系结构有两层结构、三层结构、四层/多层结构等。体系结构是指信息系统的硬件、软件、数据等信息资源在空间的分布结构。以下分别介绍这几种基于 Web 的物流信息系统结构：

1. 两层结构

基于 Web 的物流信息系统的两层结构如图 14-9 所示。在两层结构中，只有 Web 浏览器和 Web 服务器，Web 浏览器发送信息请求到 Web 服务器，Web 服务器对请求进行响应，并将请求处理结果返回给 Web 浏览器。这是基于 Web 的信息系统体系结构最简单的一种情况。

图 14-9 基于 Web 的物流信息系统的两层结构

在 Web 系统中，提出请求的一端称为客户端，而响应请求的一端则称为服务器端。在两层结构中，Web 浏览器是客户端，承担了与用户进行界面交互的职责，负责向服务器端提出请求、解析客户端脚本，并向用户展示处理结果；而 Web 服务器作为服务器端，只与浏览器进行交互，负责响应用户请求，解析服务器端脚本，最终按照应用需要向客户端发送信息。

两层结构的主要特点如下：

（1）结构清晰、简单，技术难度低，易于维护。
（2）能够实现的功能有限，主要集中在一些静态信息的显示和简单的流程控制上。
（3）适合于简单的信息发布，在系统数据量大、功能逻辑复杂时难以应用。

两层结构的 Web 系统充分利用了因特网和 WWW 服务的优势，以一种简单的方式达到了系统跨平台展示信息的目的。系统的实现主要以 HTML 技术为主，同时辅以一些动态脚本语言（如 Javascript、ASP 等）来对系统的执行流程进行简单控制。两层结构系统的执行流程如图 14-10 所示。

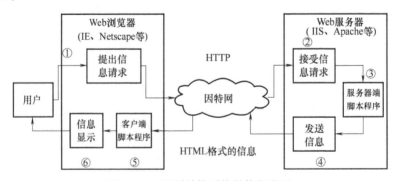

图 14-10 两层结构系统的执行流程

两层结构系统的执行流程为：

（1）用户通过 Web 浏览器向服务器发出 HTTP 请求。
（2）Web 服务器接收到客户端请求后，提取对应的页面文件。
（3）如果需要，则执行页面文件中的服务器端脚本程序（如 ASP、JSP）。
（4）将执行的结构以 HTML 文件的格式发送到客户端。
（5）如果需要，Web 浏览器将执行返回的 HTML 文件中的客户端脚本程序（JavaScript）。

（6）对 HTML 文件进行解析，向用户显示请求的处理结果。

2. 三层结构

两层结构虽然能够根据应用需要进行静态和动态信息的显示，但是它的处理能力还非常有限，尤其是在企业需要处理大量的各类业务和管理数据时，两层结构就更显得力不从心。因此，需要在两层结构中独立出一个部分用于进行专门的数据处理，负责企业和组织的数据管理工作。基于 Web 的物流信息系统的三层结构（见图 14-11）解决了数据处理的问题，它包括 Web 浏览器、Web 服务器和数据库服务器。

与两层结构相比，三层结构在 Web 服务器后增加了数据库服务器层，用来进行数据的存储和管理。因此，三层结构可以充分利用数据库服务器在数据处理上的优势，为客户端提供更为丰富和宽泛的数据和信息服务。通过 Web 浏览器、Web 服务器和数据库服务器之间的功能协作和服务调用，用户的数据请求和功能操作可以得到响应和执行。

图 14-11　基于 Web 的物流信息系统的三层结构

在三层结构中，Web 浏览器作为客户端，仍然承担了与用户进行界面交互的职责，负责向服务器提出请求、解析客户端脚本，并向用户展示处理结果。而 Web 服务器作为第一层服务器，除了负责响应用户请求，向客户端发送处理结果外，还要向数据库服务器提出数据请求，并把数据请求的处理结果向客户端转发。因此，Web 服务器既是 Web 浏览器的服务器端，又是向数据库服务器提出数据请求的客户端，它承担了响应浏览器的请求和提出数据请求的两项职责。而数据库服务器作为数据请求的响应者，只与 Web 服务器进行交互，根据数据请求进行数据库操作，并将结果返回给 Web 服务器。

数据库服务器可以是关系型数据库、层次数据库、面向对象的数据库，也可以是基于 XML 的数据库。数据库服务器的加入满足了企业数据需要进行维护、显示、更新的需求，使 Web 系统真正成为一个有价值、能帮助企业提高管理水平、实现企业现代化管理的应用系统。

三层结构的主要特点包括：

（1）结构清晰，有一定的技术难度。

（2）能够实现综合、复杂的数据处理功能，可向用户显示静态信息和复杂的动态信息。

（3）充分发挥了数据库服务器在数据处理上的优势，实现了功能和数据之间的隔离，提高了系统的可维护性和可重用性。

（4）具有良好的层次结构，将系统的业务逻辑和处理逻辑封装在 Web 服务器内，将数据处理集中在数据库服务器上，而数据库服务器置于 Web 服务器的后台，这既向用户隐藏了实现细节，又保证了数据的安全。

（5）三层结构虽然保证了功能和数据间的分离，但是当数据处理量庞大、业务逻辑复杂、功能处理逻辑动态性较强时，系统将因为其复杂性过高导致可维护性急剧下降，从而变得不再适用。

三层结构的 Web 系统充分利用了 Web 服务器和数据库服务器的优势，实现了数据处理和功能逻辑的分离，为最终用户和开发人员提供了良好的系统视图，在一定程度上保证了系统的可维护性和可复用性。与两层结构系统不同，三层结构系统在实现上除了在 Web 浏览器和 Web 服务器之间使用 HTML 和动态脚本语言进行通信外，在 Web 服务器和数据库服务器之间还要进行数据连接和数据操作。三层结构系统的执行流程如图 14-12 所示。

物流信息技术与信息系统

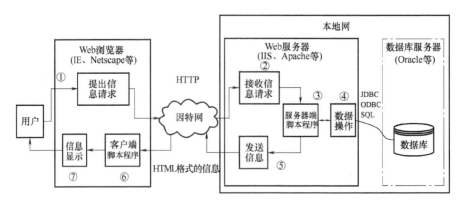

图 14-12　三层结构系统的执行流程

三层结构系统的执行流程为：
（1）用户通过 Web 浏览器向服务器发出 HTTP 请求。
（2）Web 服务器接收到客户端请求后，提取对应的页面文件。
（3）如果需要，则执行页面文件中的服务器端脚本程序。
（4）如果需要，建立与数据库服务器的连接（JDBC、ODBC），利用相关数据库语言向数据库服务器提交数据操作请求。
（5）将执行的结构以 HTML 文件的格式发送到客户端。
（6）如果需要，Web 浏览器将执行返回的 HTML 文件中的客户端脚本程序。
（7）对 HTML 文件进行解析，向用户显示请求的处理结果。

从图 14-12 中可以看出，与两层结构相比，三层结构在系统执行中增加了对数据库服务器进行操作的一个环节，使得三层结构能够进行企业数据的各种操作，也正是这一特性使三层结构在众多的 Web 信息系统中得到了广泛的应用。此外，由于 Web 服务器和数据库服务器处于同一个本地网络之中，因此能够保证对企业数据操作的安全性，防止在互联网上泄露关于数据连接和数据操作的任何信息。

3. 四层/多层结构

随着企业竞争全球化的加剧，企业的规模在不断扩大，企业管理体制和业务流程的变革和调整频率也在不断加快，企业信息系统也必须适应企业环境，支持企业的变革和发展。因此，企业系统的业务逻辑和功能处理逻辑会更加复杂和灵活。

业务逻辑是企业管理流程和业务流程中的业务规则在信息系统中的实现，是企业对各种不同业务和不同信息的处理规则。业务逻辑代表了系统的最核心单元，具有一定的稳定性，但是随着企业的发展，业务逻辑会变得更为复杂，并且有可能随着企业流程的创新而发生巨大的变化。例如，一个游戏网站规定只有 20 岁以上的人才能进行注册，这就是企业的一种业务规则，该规则在信息系统中将以业务逻辑组件的方式来实现。

功能处理逻辑一般是指系统对信息的一些初级处理功能，是为企业的业务逻辑处理做准备的，这些处理功能的方式与企业并不是密切相关的，而是比较通用的，在一定程度上能够在不同的企业系统中进行重用，如对页面的解析、对接收到的信息进行解析和简单处理等。

虽然三层结构支持复杂系统的开发，并通过 Web 服务器和数据库服务器的分离降低了功能和数据间的耦合性，但是当系统的业务逻辑复杂、功能处理逻辑动态性较强时，系统 Web 服务器层将会承担过多的职责和负载，从而导致效率的降低。此外，Web 服务器将系统的业务逻辑和功能处理逻辑封装在一起，两者之间是一种紧耦合的关系，这使得当企业的业务逻

第 14 章 物流信息系统设计

辑发生变化时,对系统的修改将非常困难,对业务逻辑的修改很可能会导致对功能处理逻辑的修改,而这与实际是不符的。企业的业务逻辑很可能会根据市场、政策、行业等因素发生变化,但是系统的功能处理逻辑、对页面的解析、对数据的正确性判断等可能是不需要根据业务逻辑的改变而发生改变的。因此,随着企业变革的频度不断提高,三层结构已经很难适应企业变革提出的技术要求。在这种情况下,出现了 Web 系统的四层结构。

基于 Web 的信息系统的四层结构(见图 14-13)包括 Web 浏览器、Web 服务器、应用服务器和数据库服务器。与三层结构相比,四层结构在 Web 服务器和数据库服务器之间增加了应用服务器。

通过增加应用服务器,可以减轻 Web 服务器的负荷,提高系统的运行效率,并使系统的整体结构更加清晰明了。更重要的是,通过增加应用服务器,系统的业务逻辑处理、数据管理、功能处理逻辑和页面解析能够实现完全的分离,这种分离使系统各部分之间形成一种松耦合的关系,从而大大提高系统的可维护性和可重用性。

图 14-13 基于 Web 的信息系统的四层结构

在四层结构系统中,每一层的职责都非常清晰:Web 浏览器负责与用户的交互;Web 服务器负责响应用户请求,并将请求转发到应用服务器,同时,Web 服务器还要将请求处理结果以浏览器能够解析的方式返回客户端;应用服务器是真正能够处理各种用户请求的地方,在应用服务器中包含了代表企业各种业务逻辑的组件,这些组件负责如何来响应用户请求,并根据需要访问数据库服务器;数据库服务器则进行数据的存储和管理。

随着企业数据量的快速增长和业务处理的日益复杂,在四层结构之上又逐渐形成了多层结构。所谓多层结构,即系统在每个层次上的服务器数量没有限制。这样,根据企业的实际情况需要,企业可以搭建任意数目的 Web 服务器、应用服务器和数据库服务器。多层结构是在四层结构的基础上将系统进一步细分,以提高系统的处理效率。

相比三层结构,四层/多层结构中增加了应用服务器层。应用服务器提供了应用开发、动态发布、性能调整、数据库连接、事务管理、系统测试等众多功能,为开发人员提供了应用开发和测试的平台。除此之外,应用服务器还集成了各种整合技术,开发人员可以利用应用服务器来集成各类异构的信息系统。在多层结构中,应用服务器是一个用于创建、部署、运行、集成和维护分布式企业应用的系统平台,它响应用户请求,为业务逻辑提供运行环境,并负责连接数据库、管理系统事物和目录等各项系统资源。

应用服务器作为多层企业级应用中的一个重要环境,得到了越来越多的重视,不少厂商都提供了应用服务器产品。同时,应用服务器的发展又出现了一个新的趋势,即许多应用服务器产品同时集成了 Web 服务器的功能,这样,同一服务器产品既是 Web 服务器,又是应用服务器。例如,Websphere、Weblogic 等,它们既有 Web 服务器的功能(能够响应 Web 浏览器的 HTTP 请求),又有应用服务器的功能(能够实现业务逻辑组件的开发、发布以及其他各项资源的管理)。

四层/多层结构的主要特点包括:
(1)结构清晰,技术难度高。
(2)能够实现综合、复杂的数据处理功能。
(3)实现了业务逻辑、功能处理逻辑和数据处理的分离,降低了各部分之间的耦合性,提高了系统的可维护性和可重用性。

（4）系统结构层次清晰，具有良好的可扩展性。

（5）应用服务器的加入为系统实现跨平台和集成异构系统提供了有力的支持。

四层结构的 Web 系统在各层之间进行了很好的职责划分，实现了界面显示、功能处理逻辑、业务逻辑和数据处理的分离，较好地保证了系统的可维护性和可复用性。四层结构系统的执行过程如图 14-14 所示，与三层结构系统相比，两者最大的区别在于四层结构系统中所有与系统业务有关的功能都集中在应用服务器上来完成，而 Web 服务器仅完成一些功能处理逻辑，如接收用户请求、数据的输入检验等。

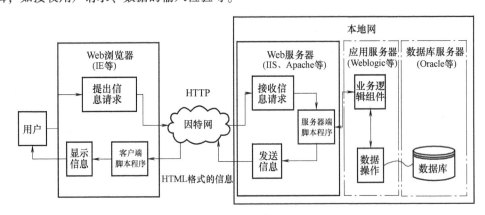

图 14-14　四层结构系统的执行流程

14.2.6　网络设计与通信协议约定

网络设计是指利用网络技术构造信息系统，把信息系统的各子系统合理地分配、安置和连接起来，以及解决好系统和外部的连接问题。网络设计需要考虑和解决的主要问题有以下四个方面：

（1）网络结构和物理分布。网络结构是指网络的物理连接方式，如局域网普遍使用的结构为总线型、星形、环形、树形等。确定网络的物理结构后要确定设备和子系统的安排和分布，包括每个子系统都安排在什么位置上、子系统如何分布、设备放在什么地方等。

（2）选择网络协议，配置网络软件。网络协议与网络结构、功能有密切的关系，一个信息系统通常要根据功能的需要在不同的部分选配不同的协议，也就是说信息系统可以是由多种协议结合起来的集合体。所以，哪里需要配置什么协议，如何合理配置协议是系统网络设计的关键问题。网络常用的协议有 CCITT 的 X 系列（国际电报电话咨询委员会制定的公用数据通信网建议）、IEEE802 标准（美国电气和电子工程师协会为局域网制定的标准）、ANSI X3T9.5 标准（美国国家标准协会制定的光纤数字环网的标准）及 TCP/IP 协议等。

除选择网络协议外，在网络环境上还需要各种网络软件来支持信息系统的运行，如网络操作系统等。因此，还要根据系统的实际应用需求情况，配置相应的各种网络软件。

（3）网络硬件的选择与配置。网络硬件与网络的规模、网络的类型有关。对于局域网主要考虑的硬件包括服务器、工作站、网卡和传输媒体等。对与互联网相连接构成的企业内部网这样的系统，规模不同则需求也不同，所需硬件设备也不同。以有一定规模、需要建立网络中心的系统为例，硬件设备要考虑如何配置各种服务器，如通信服务器、数据库服务器、网络管理服务器、备份服务器、WWW 服务器、FTP 服务器、电子邮件服务器、提供各种服务的专用服务器

第14章 物流信息系统设计

等。另外,还有主干通信媒体、底层通信媒体的选择问题、路由器、网关、用户终端连接设备的选择问题,以及各种辅助设备,如接口设备、多媒体设备的选择和配置问题。

(4) 通信与服务。通信方面主要包括的问题有传输的范围(局部、广域)、频带的选择(基带、宽带)、使用范围(公用、专用)、通信方式(广播式、点对点式)和访问规则等。如果系统需要接入因特网还要考虑接入方式,如采用 ISDN 接入或其他接入方式。

14.3 物流信息系统代码设计

1. 代码设计的目的

物流管理离不开物流信息的编码,编码与代码是两个既有联系又有区别的概念,代码是指有一定信息概念的具体符号表示,而编码则是指由某一种符号系统表示的信息转换为另一种表示信息的符号系统的过程。信息编码使客观存在的事物对象或属性变成便于计算机识别和处理的统一代码。简言之,编码就是代码的编制过程。

一般来讲,编码工作应尽可能从上而下地统筹进行,否则很容易出现矛盾,从而失去代码的优越性。在一个企业中,可以有企业的标准代码,称为企业内码。内码在信息系统的建设中起着十分重要的作用,是企业内部进行信息交换的标识。在编好内码的同时,又必须留有国家统一代码的数据项,以便在对外进行数据交换时使用。

在任何信息系统中,信息的表示方法都是系统的基础,任何信息都是通过一定的编码方式,以代码的形式输入并存储在计算机中的。一个信息系统如果有比较科学的、严谨的代码体系,可以使系统的质量得到很大的提高。

2. 代码设计的原则

代码的结构是否合理是决定信息处理系统有无生命力的重要因素之一。代码设计一般应遵循以下一些基本原则:

(1) 可扩充性。在设计代码时应当考虑留有适当的后备编码,以备将来扩充时使用。

(2) 代码应系统化、标准化,便于同其他代码的连接,适应系统多方面的使用需要,即代码应尽量适应组织的全部功能。例如,由于订货,会引起库存、销售、应收账号、采购、发运等多个方面的变化,因此,与此有关的代码应尽量做到协调一致。

(3) 不使用字形相近、易于混淆的字符,以免引起误解。例如,字母 O、Z、I、S 易与数字 0、2、1、5 相混。小写字母 i 易与数字 1 相混。另外,不用空格符作代码。

(4) 代码设计要等长。例如,用 001~200,而不是使用 1~200。

(5) 在字母码中应尽量避免使用元音(A、E、I、O、U),以防在某些场合(如下文将要讲述的助忆码)形成不易辨认的英文字。

(6) 不能出现与程序系统中语言命令相同的代码。

3. 代码设计的方法

(1) 顺序码。顺序码是按照实体的某种顺序,如名字的字母顺序、事件发生的时间顺序、数量大小顺序等,利用数字或字母的有序性,将某一范围的序号依次连续地赋予实体的编码结构,如1代表总经理,2代表经理,3代表职员等。

顺序码的优点是位数少,简单明了,便于按顺序进行定位和查找,易于管理。但这种码没有逻辑含义作基础,缺乏分类特征,故通常与其他形式的分类编码结合在一起使用,作为某种分类下细分的一种补充手段。

(2) 区间码。区间码是把数据项分成若干组,每一区间代表一组,码中数字的值和位置都具有一定意义，最典型的例子就是邮政编码，先给每一个省市分配一个区间，省市内则按地段连续编码。

区间码的优点是：信息处理比较可靠，排序、分类、检索等操作易于进行。但这种码的长度与其他分类属性的数量有关，有时可能会造成长度很长的码；在许多情况下，码有多余的数；这种码的维修也比较困难。区间码又可以分为以下几种类型：

1）层次码。按实体类别的从属层次关系，将代码分成若干组，一般码的左端组表示最高层次类别，右端组表示最低层次类别，即右端组为左端组的子分类，组内仍然按顺序编码。用这种方法编制的区间码称为层次码。例如，某仓库货架的货位编号为五位数，最左边一位代表库区位，然后是库房位，再接着是货架从里到外的位置号（用两位数表示），最后一位是货位所处的层位，仓库货区层次编码图如图14-15所示。

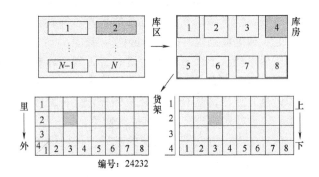

图14-15　仓库货区层次编码图

不难看出，层次码的优点是能够充分反映实体的属性及其层次关系，使用灵活，容易添加，便于计算机进行处理，缺点是编码比较长。

2）十进制码。当编码实体的数量不能预先估计时，十进制编码是一种较为合适的结构模式。这是因为十进制编码在区间码的前提下采用层次码的原理，同时可以采用小数点符号，在小数点后添加新的数位可以不断增加新的子分类。因此，十进制码常用于图书、文摘、设备零部件的分类编码。例如，用十进制码表示的汽车零件属性为：631——汽车零件；631.1——小汽车零件；631.11——国产小汽车零件；631.12——进口小汽车零件。

十进制码可以无限地扩充，容易添加新的分类，但位数比较多，且长短不一，不便于计算机处理。

3）特征码。特征码和层次码的区别仅在于各类之间没有层次隶属关系，代码的某个位或某几个位表示编码对象的某种特征。例如，为了表示钢材的各种特性，规定各特征的取值如表14-1所示。

表14-1　特征码示例

产地来源	加工方式	种　类	规　格
1——国产	1——热轧	1——角铁	00——1.5mm×6 000mm
2——进口	2——冷轧	2——平板	01——3mm×6 000mm
	3——铸造	3——铁丝	02——6mm×6 000mm
		4——钢管	03——12mm×6 000mm
		5——铁条	04——18mm×6 000mm

因此,代码为 21401 的钢材就是一种规格为 3mm×6 000mm 的进口热轧钢管。

(3) 助记码。助记码用文字、数字或文字数字组合来描述,它可通过联想帮助记忆。例如,TV-B-12 表示 12 寸黑白电视机,TV-C-29 表示 29 寸彩色电视机。助记码适用于数据项数目较少的情况,否则可能会引起联想出错。此外,太长的助记码占用计算机容量太大,也不宜采用。

(4) 缩写码。缩写码是助记码的特例,常用编码对象名称中的几个关键字母作为序码。例如,Amt 表示总额(Amount),Cont 表示合同(Contract),Inv. No 表示发票号(Invoice Number)等。

4. 代码设计的步骤

(1) 确定代码对象。
(2) 考察是否已有标准代码。
(3) 根据代码的使用范围、使用时间和实际情况选择代码的种类与类型。
(4) 考虑检错功能。
(5) 编写代码表。

14.4 物流信息系统数据库设计

14.4.1 数据库设计过程

数据库设计是在现有数据库管理系统(DBMS)的基础上建立数据库的过程,是把现实世界中一定范围内存在的数据及其应用处理的关系,抽象成一个数据库具体结构的工作过程。数据库设计过程分成需求分析与数据分析、概念设计、逻辑设计和物理设计四个阶段,如图 14-16 所示。

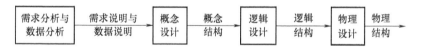

图 14-16 数据库设计过程

1. 需求分析与数据分析

需求分析与数据分析的主要任务是从用户那里获得数据库所需要的信息,了解对数据库的使用和处理要求。

(1) 使用要求。使用要求是指用户及管理人员要从所建立的数据库中获得什么样的信息,并由此得到数据长度、数据类型、数据量以及对数据的可靠性、保密性和安全性方面的要求。

(2) 处理要求。处理要求是指用户要求的处理功能,包括:由最高管理人员提出的战略管理要求,由中级管理人员提出的控制要求,由终端用户提出的操作要求。并由此确定处理方式,进行如对数据使用情况、处理顺序、处理量、处理频率及数据流程等的详细描述。

需求分析与数据分析应在系统分析阶段完成,在详细调查时,应收集用户对数据库的要求。

2. 概念设计(数据存储分析)

这项工作应在系统分析阶段进行。其主要任务是对用户信息需求进行分析,从而建立数据库的概念数据模型。数据库概念设计涉及整个系统的信息结构,包括实体与实体之间的关系,其有力的工具是 E-R 图,即实体联系模型,主要由以下部分组成:

(1) 实体是在现实世界中存在的客观事物,在物流管理系统中,订单、缺货单等都为实体。在 E-R 图中,实体用方框表示,实体写在方框中。

(2) 联系是实体之间存在的联系。在 E-R 图中,联系用菱形框表示。联系与实体间用线段连接,其类型有 1:1,即一对一联系,如 1 个物流部对应 1 个物流部经理;1:n,即一对多联系,如 1 个客户有 n 份订货单;$m:n$,多对多联系,如 1 位司机可以驾驶 n 辆物流配送车,而 1 辆物流配送车则可在不同时间由不同司机驾驶。E-R 图联系表示如图 14-17 所示。

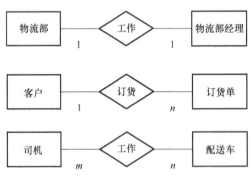

图 14-17 E-R 图联系表示

(3) 属性是实体或联系的性质,如订货单有货物名称、数量、订货人名称等属性。E-R 图用圆圈和连线表示属性,属性名写在圆圈内,如图 14-18 所示。

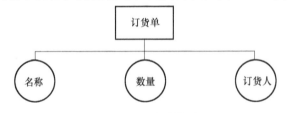

图 14-18 E-R 图属性表示

3. 逻辑设计

逻辑设计的主要目标是把概念设计中建立的概念模型,转换为与选定的数据库管理系统所支持的数据模型相符合的模式。该模式要满足用户对数据库数据目前的应用和将来发展的要求。逻辑设计还要解决数据的完整性、一致性、安全性和有效性问题。E-R 图向关系模型转换,主要是将实体和实体集间的联系进行转换。

(1) 实体的转换规则。将 E-R 图中的一个实体转换为关系模型中的一个关系,实体的属性就是关系的属性,实体的关键字就是关系的关键字。

(2) 实体集间的联系转换规则。规则包括:

1) 在一对一转换中,联系可以与任意一端的实体集所对应的关系合并,在被合并关系中增加属性,这个新增的属性为联系本身的属性和与联系相关的另一个实体集的关键字。1:1 联系转换如图 14-19 所示。

2) 一对多的转换方法,可以在 n 端实体中增加新属性,新属性由联系对应的 1 端实体中的关键字和联系本身的属性构成,新增属性后原来关系的关键字不变,1:n 联系转换如图 14-20 所示。

第14章 物流信息系统设计

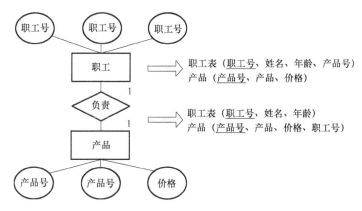

图 14-19　1:1 联系转换

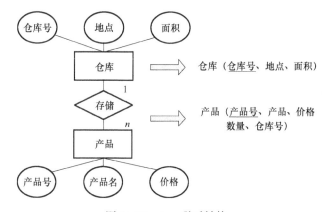

图 14-20　1:n 联系转换

3）在多对多联系的转换中，与该联系相连的各实体集的关键字以及联系本身的属性均转换成新关系的属性，新关系的关键字由两个相连的实体关键字的组成。

4. 物理设计

物理设计要确定数据库的物理结构，包括数据库在物理设备上的存储结构和存取方法，数据表示和数据存储分配等，并得到一个具体的数据库管理系统可接受的物理结构。不同的数据库管理系统所提供的物理环境、存储结构、存取方法是不同的。只有深入了解数据库管理系统的功能、了解应用环境、了解输入输出设备的特性等，才能进行物理设计。

14.4.2　数据库的规范化设计

规范化是数据库设计的步骤之一，规范理论研究的核心问题是用分解关系模式的方法来消除关系模式中的数据冗余。在规范化的数据表达式中，一般将一组相互关联的数据称为一个关系（Relation），而在这个关系下的每个数据项称为数据元素（Data element），这种关系落实到数据库上就是基本表，数据元素就是基本表中的一个字段（Field）。规范化表达还规定在每一个基本表中必须定义一个数据元素为关键字（Key），它可以唯一地标识出该表中其他相关的数据元素。

规范化的关系模式即范式可按照属性间依赖情况，区分关系规范化的程度为第一范式、第二范式、第三范式、第四范式和第五范式等五种。一般只用前三种，后几种都满足"向上兼容"，即满足第三种范式的数据结构自动满足第一、第二范式。

1. 第一范式

第一范式（First Normal Form，1NF）是指在一个关系中没有重复出现的数据组项，即关系中的每一个属性都是不可分的数据项，例如，表14-2不满足第一范式，但是可以转化为第一范式（见表14-3）。

表14-2　不满足第一范式

导师	专业	研究生	
		第一个研究生	第二个研究生

表14-3　满足第一范式

导师	专业	第一个研究生	第二个研究生

几乎所有的商用关系数据库管理系统都要求关系为第一范式，现在流行的关系数据库语言如SQL等，也都只支持第一范式。如果关系仅仅满足第一范式的条件是不够的，可能还会存在更新异常的情况。为了消除这些异常，需要进行关系的规范化。

下面是满足第一范式的（不好的）关系模式的例子（见表14-4）。例如，设有一关系模式R（S#，C#，G，TN，D），其中S#为学号，C#为课程号，G为成绩，TN为任课教师姓名，D为教师所在系名，这些数据具有下列语义：

（1）学号是一个学生的标识，课程号是一门课程的标识。
（2）一位学生所修的每门课程都有一个成绩。
（3）每门课程只有一位任课教师，但一位教师可以教多门课。
（4）教师中没有重名，每位教师只属于一个系。

表14-4　满足第一范式的（不好的）关系模式

学号 S#	课程号 C#	成绩 G	教师 TN	系名 D
s1	c1	g1	t1	d1
s1	c2	g2	t2	d2
s2	c1	g3	t1	d1
s2	c2	g4	t2	d2
s3	c2	g5	t2	d2
s3	c3	g6	t2	d2

虽然上述的关系模式只有四个属性，但它不是一个好的关系模式，因为该模式在使用过程中有以下问题：

（1）数据冗余。例如，教师所在系的系名对选该教师所开课的所有学生都重复输入一次。
（2）插入异常。由于关系的主键｛S#，C#｝不能为空值，如果一个教师不教课，则这位教师的姓名及所属系的系名就不能插入表中。
（3）删除异常。如果所有学生都退选某一门课，则有关该门课的其他数据（任课教师名及所在系系名）也将被删除。
（4）修改异常。如果改变一门课的任课教师，则需要修改表中选修该门课程的多行记录，

第14章 物流信息系统设计

如果部分修改，部分不修改，则会导致数据的不一致。

上述关系模式之所以是一个不好的关系模式，是因为模式中存在部分函数依赖和传递函数依赖。消除这些部分函数依赖和传递函数依赖，就可以得到一个比较好的关系模式。

根据上述示例说明的语义，找出下面的函数依赖集合 F：

$$F = \{\{S\#,C\#\} \to G, C\# \to TN, TN \to D\}$$

针对函数依赖集合，运用关系数据库设计理论，可以对上述关系进行分解，得到三个关系模式如下：

$$SCG(S\#, C\#, G)$$
$$CTN(C\#, TN)$$
$$TND(TN, D)$$

上述三个关系可以消除数据冗余、插入异常、删除异常和修改异常等现象，是一个比较好的关系模式。它把原来一个关系表的数据分解为三个关系表存放。具体的关系实例的数据如表14-5~表14-7所示。

表14-5　满足第一范式的（好的）关系模式（对表14-4的分解之一）

S#	C#	G
s1	c1	g1
s1	c2	g2
s2	c1	g3
s2	c2	g4
s3	c2	g5
s3	c3	g6

表14-6　满足第一范式的（好的）关系模式（对表14-4分解之二）

C#	TN
c1	t1
c2	t2
c3	t3

表14-7　满足第一范式的（好的）关系模式（对表14-4分解之三）

TN	D
t1	d1
t2	d2

2. 第二范式

第二范式（Second Normal Form，简写为2NF）是指每个表中必须有一个而且仅有一个数据元素为主关键字（Primary Key），其他数据元素与主关键字一一对应。如果在一个满足第一范式的表中，所有非关键字数据元素都完全依赖于整个关键字，则称这个表为第二范式。例如，在学校里把学生学号定义为主关键字，而非姓名，因为姓名有可能重名，故姓名不能作为主关键字。

假定选课关系表为 SelectCourse（学号，姓名，年龄，课程名称，成绩，学分），关键字为组合关键字（学号，课程名称），它们之间存在如下决定关系：

（学号，课程名称）→（姓名，年龄，成绩，学分）

这个数据库表不满足第二范式，因为存在如下决定关系：

（课程名称）→（学分）

（学号）→（姓名，年龄）

即存在组合关键字中的字段决定非关键字的情况。

由于不符合第二范式，这个选课关系表会存在如下问题：

（1）数据冗余。同一门课程有 n 个学生选修，"学分"就重复 $n-1$ 次；同一个学生选修了 m 门课程，姓名和年龄就重复了 $m-1$ 次。

（2）更新异常。若调整了某门课程的学分，数据表中所有行的"学分"值都要更新，否则会出现同一门课程学分不同的情况。

（3）插入异常。假设要开设一门新的课程，暂时还没有人选修。这样，由于还没有"学号"关键字，课程名称和学分也就无法记录入数据库中。

（4）删除异常。假设一批学生已经完成课程的选修，这些选修记录就应该从数据库表中删除。但是，与此同时，课程名称和学分信息也被删除了。很显然，这也会导致插入异常。

把选课关系表 SelectCourse 改为如下三个表：

学生：Student（学号，姓名，年龄）。

课程：Course（课程名称，学分）。

选课关系：SelectCourse（学号，课程名称，成绩）。

这样的数据库表是符合第二范式的，消除了数据冗余、更新异常、插入异常和删除异常。另外，所有单关键字的数据库表都符合第二范式，因为不可能存在组合关键字。

3. 第三范式

第三范式（Third Normal Form，简写为 3NF）是指表中的所有数据元素不但要能够唯一地被主关键字所标识，而且它们之间还必须相互独立，不存在其他函数关系。即在一个满足第二范式的数据结构中，有可能存在某些数据元素依赖于其他非关键字数据元素的现象，这种现象必须加以消除。

假定学生关系表为 Student（学号，姓名，年龄，所在学院，学院地点，学院电话），关键字为单一关键字"学号"，它们之间存在如下决定关系：

（学号）→（姓名，年龄，所在学院，学院地点，学院电话）

这个数据库是符合第二范式的，但是不符合第三范式，因为存在如下决定关系：

（学号）→（所在学院）→（学院地点，学院电话）

即存在非关键字段"学院地点""学院电话"对关键字段"学号"的传递函数依赖。

该表也会存在数据冗余、更新异常、插入异常和删除异常的情况。

把学生关系表分为如下两个表：

学生：（学号，姓名，年龄，所在学院）。

学院：（学院，地点，电话）。

这样的数据库表是符合第三范式的，消除了数据冗余、更新异常、插入异常和删除异常。

14.5 输入输出设计

14.5.1 输入设计

1. 输入设计的原则

（1）最小值：在保证满足处理要求的前提下使输入量最小。因为输入量越小，出错机会就越少，花费时间越少，数据一致性也就越好。

（2）简单性：输入准备、输入过程应尽量容易，以减少错误的发生。

（3）早检验：对输入数据的检验应尽量接近原数据发生点，使错误能及时得到改正。

（4）少转换：输入数据应尽量用其输入所需形式记录，以免在数据转换介质时发生错误。

2. 输入设计的基本内容

（1）确定输入数据的内容：包括确定输入数据项名称、数据内容、精度、数值范围等。

（2）确定数据的输入方式：数据的输入方式与数据产生地点、发生时间、处理的紧急程度有关。如果产生地点远离计算机房，产生时间是随机的，又要求立即得到处理，则应采用联机终端输入。对于数据产生后不必立即进行处理的，可采用脱机输入。

（3）确定输入数据的记录格式：记录格式对输入的准确性、效率、效验等都有重要的影响。所以输入数据的记录格式必须简单、符合习惯、清楚。

（4）输入数据的正确性校验：对输入的数据进行必要的校验，是保证输入正确、减少差错的重要工作。

（5）确定输入设备：数据的类型和数据输入所处的环境，以及应用要求是不同的，所以输入设备的确定要根据所输入数据的特点、数据输入所处的环境以及应用要求，并根据设备本身的特性来确定输入设备。

3. 输入数据的校验方法

（1）重复校验：由多名录入人员录入相同的数据文件并进行比较。

（2）视觉校验：对输入的数据，在屏幕上进行校验之后再做处理。

（3）分批汇总校验：对重要数据进行分批汇总校验。

（4）控制总数校验：对所有数据项的值求和进行校验。

（5）数据类型校验：考察所输入的数据是否为正确的数据类型。

（6）格式校验：校验数据项位数和位置是否符合定义。

（7）逻辑校验：检查数据项的值是否合乎逻辑。

（8）界限校验：检查数据是否在规定的范围内。

（9）记录统计校验：统计记录个数，检查数据的记录有无遗漏和重复。

（10）代码自身校验：利用校验码本身特性校验。

上述方法可以根据实际需要综合运用。至于错误的纠正，原则上是一旦发现立即改正，尽可能使差错在进入数据处理之前就得到纠正。

14.5.2 输出设计

1. 输出设计的内容

输出设计在系统设计中占有重要的地位，因为输出是向用户提供信息处理结果的唯一手段，也是评价一个信息系统的重要依据之一。

物流信息技术与信息系统

确定输出内容首先应确定输出信息在使用方面的要求，包括使用者的名称、使用目的或用途、输出频率、份数、有效期与保存方法等。其次要确定输出信息内容设计，包括输出项目、位数及数据形式（文字、数字）等。

确定输出内容的原则是首先要满足上级部门的要求，凡是上级需要的输出文件和报表，应优先给予保证。对于本单位管理需要的输出，应根据不同管理层次和业务性质，提供详细程度不同、内容有别的报表数据。所有输出必须给予说明，目的是让用户了解系统是如何满足他们的信息要求的，同时也让系统开发人员了解如何实现这些要求以及为了实现这些输出，需要怎样的输入。

2. 选择输出方式

选择输出方式是指实现输出要采用哪些设备和介质。目前可供选择的输出设备和介质主要有终端显示器、打印机、磁盘机、绘图仪、磁带机等。输出方式的选择应根据信息的用途和信息量的大小、软硬件资源的能力和用户的要求来考虑。例如，需要上报和保存的报表应该用打印输出，而一些内容不多又不必保存的信息，就可以采用显示输出的方式。对于信息处理过程中产生的中间输出，就可以采用磁盘或磁带输出等方式。

3. 输出格式设计

不同的输出方式其格式也不同。下面仅列举在显示输出和打印输出中两种常用格式的设计。

（1）简单组列式。把若干组有关的输出数据，按一定的顺序要求，在进行简单的组织之后，显示在屏幕或打印纸上。这种输出格式的输出程序设计简单，输出内容直观、排列简单紧凑，非常适合于数据项不多，而数据量又比较大的场合采用，即作为核对、查阅用的输出格式。例如，在显示或打印库存数据的输出中，库存数据单就可以设计成如表14-8所示的样式。

表14-8　简单组列式输出格式示例——库存数据单

货物编号	入库时间	数目	经手人
000365	09/09/2011	3 000	李明
000879	15/12/2011	3 600	王强
⋮	⋮	⋮	⋮

（2）表格式。表格式是指按上级机关规定或自选设计格式的传统图文表格，可以用做屏幕或打印输出，是目前用得最多的输出格式之一。用作屏幕和打印输出的表格，可能会由于输出内容的多少或受到屏幕大小的限制在格式上有所不同。但表格的结构总的来说是有规律可循的，它可以分为表头、表体和表尾三个部分。表格式输出格式示例——客户资料管理如表14-9所示。

表14-9　表格式输出格式示例——客户资料管理

客户编号	客户名称	地址	联系部门	联系人	职务	账号	电话

表尾　　第　　页（共　　页）　　制表人：　　　　　时间：

其中，表头由标题、表头线和栏目构成，表体由若干行间线与行构成，而表尾则由表底线和表尾说明构成。设计时，必须根据输出数据项目的属性确定每个栏目的长度和每页的行数，同时考虑版面的效果，这样才能设计出美观实用的表格。

14.5.3 界面设计

用户界面是人和计算机联系的重要途径，操作者可以通过屏幕窗口与计算机进行对话、向计算机输入有关数据、控制计算机的处理过程并将计算机的处理结果反映给用户。因此，用户界面设计必须从用户操作方便的角度来考虑，与用户共同协商界面应反映的内容和格式。用户界面主要有以下几种形式：

1. 菜单式

通过屏幕显示出可选择的功能代码，由操作者根据需要进行选择，将菜单设计成层次结构，通过层层调用，可以引导用户使用系统的每一个功能。随着软件技术的发展，菜单设计也更加趋于美观、方便和实用。菜单设计方法也有多种，如下拉菜单和快捷菜单等。

2. 填表式

填表式一般用于通过终端向系统输入数据，系统将要输入的项目显示在屏幕上，然后由用户逐项填入有关数据。另外，填表式也用于系统的输出。如果要查询系统中的某些数据，可以将数据的名称按一定的方式排列在屏幕上，然后由计算机将数据的内容自动填写在相应的位置上。由于这种方法简便易读，并且不容易出错，所以它是通过屏幕进行输入/输出的主要形式。

3. 选择性问答式

当系统运行到某一阶段时，可以通过屏幕向用户提问，系统根据用户选择的结果决定下一步执行什么操作。

4. 按钮式

在界面上用不同的按钮表示系统的执行功能，单击按钮即可执行该操作。

14.6 物流信息系统功能模块处理过程设计

在系统的详细设计阶段，功能模块处理过程的设计和描述可以采用程序流程图（Program Flow Chart，PFC）、过程描述语言（Procedure Description Language，PDL）、决策树和判断表等描述工具实现。

1. 程序流程图

程序流程图即框图，又称控制流程图，是使用最广泛的算法描述工具之一。PFC 包括三个基本部分：处理（用矩形框表示）、判断（用菱形框表示）和控制流（用箭头表示）。

PFC 的优点是清晰易懂，便于初学者掌握；缺点是不适合于结构化程序设计，特别是箭头的使用不当，将使程序的算法难以理解。为消除这一缺点，人们对 PFC 使用的符号做了规定，限制使用指定符号。另外，为了使 PFC 能表达结构化程序，规定 PFC 只能由三种基本结构或由这三种基本结构的嵌套组成，如图 14-21 所示。

2. N-S 图

N-S 图又称为盒图（Block Diagram）。它是结构化程序设计出现之后，为支持这种设计方法而产生的一种描述工具。用如图 14-22 所示的基本结构，分别支持结构化程序设计方法的几种标准控制结构。

物流信息技术与信息系统

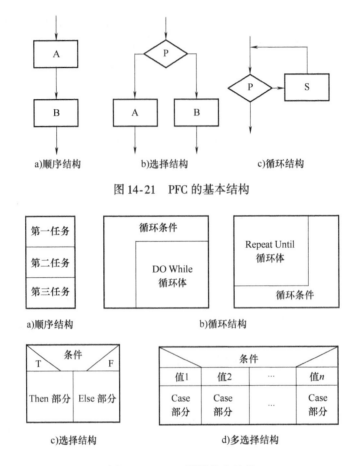

图 14-21　PFC 的基本结构

图 14-22　N-S 图的基本结构

在 N-S 图中，每个处理步骤用一个盒子表示。盒子可以嵌套。盒子只能从上面进入，从下面走出，除此之外别无其他出入口，所以 N-S 图限制了随意的控制转移，保证了程序的良好结构。

与程序流程图相比，N-S 图的优点有：①它强制设计人员按结构化程序设计方法进行思考并描述其方案；②图像直观，容易理解设计意图，为编程、复查、测试、维护带来方便；③简单易学。

3. PAD 图

PAD 图又称问题分析图（Problem Analysis Diagram），是一种支持结构化程序设计的又一种图形工具。与程序流程图、N-S 图相比，程序流程图和 N-S 图都是采用自上而下的顺序描述，而 PAD 图除了自上而下外，还有从左向右的展开。它使用二维树形结构图表示程序的控制流，将这种图转换为程序代码比较容易。PAD 图只支持三种基本结构（顺序结构、选择结构和循环结构），这正好与结构化程序设计相对应。PAD 图的基本符号如图 14-23 所示。

PAD 图具有以下优点：
（1）使用表示结构优化控制结构的 PAD 符号所设计出来的程序必然是程序化程序。
（2）PAD 图所描述的程序结构十分清晰，可见性好，结构唯一，易于编制、检查和修改。

图中最左边的竖线是程序的主线,即第一层控制结构。随着程序层次的增加,PAD 图逐渐向右延伸,每增加一个层次,图形向右扩展一条竖线。PAD 图中竖线的总条数就是程序的层次数。

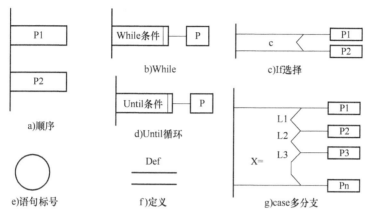

图 14-23　PAD 图的基本符号

(3) 用 PAD 图表现程序逻辑,易读、易懂、易记。PAD 图是二维树形结构的图形,程序从图中最左边上端的节点开始执行,自上而下,从左到右顺序执行。

(4) PAD 图是面向高级程序设计语言的,为 FORTRAN、COBOL 和 Pascal 等每种常用的高级程序设计语言都提供了一整套相应的图形符号。PAD 图转换成高级程序语言源程序很容易,这种转换可由软件工具自动完成,从而省去人工编码的工作,有利于提高软件可靠性和软件生产率。

(5) PAD 图既可用于表示程序逻辑,又可用于描述数据结构。

(6) PAD 图的符号支持自顶向下、逐步求精方法的使用。

4. IPO 图

IPO 是指结构化设计中变换型结构的输入(Input)、加工(Processing)和输出(Output)。IPO 图是对每个模块进行详细设计的工具,它是输入加工输出(Input Process Output)图的简称,是由美国 IBM 公司发起并完善起来的一种工具。在系统的模块结构图形成过程中,产生了大量的模块,在进行详细设计时开发者应为每一个模块写一份说明。IPO 图就是用来说明每个模块的输入、输出数据和数据加工的重要工具。

IPO 图的主体是算法说明部分,该部分可采用结构化语言、判定表、判定树,也可用 N-S 图、问题分析图和过程设计语言等工具进行描述,要准确而简明地描述模块执行的细节。

在 IPO 图中,输入、输出数据来源于数据字典。局部数据项是指个别模块内部使用的数据,与系统的其他部分无关,仅由本模块定义、存储和使用。注释是对本模块有关问题作必要的说明。

开发人员不仅可以利用 IPO 图进行模块设计,而且还可以利用它评价总体设计。用户和管理人员可利用 IPO 图编写、修改和维护程序。因而,IPO 图是系统设计阶段的一种重要的文档资料。

常用的 IPO 图的基本结构如图 14-24 所示。

物流信息技术与信息系统

IPO 图	
系统名	制图者
模块名称	日期
有下列模块调用	调用下列模块
输入信息	输出信息
加工处理算法	

图 14-24 IPO 图的基本结构

仓储管理系统日常处理模块的 IPO 图如图 14-25 所示。

IPO 图	
系统名：仓储管理系统	制图者：张三
模块名称：日常处理	日期：2010.10
有下列模块调用	调用下列模块
仓储信息查询	辅助处理
输入信息	输出信息
入库单、出库单、客户信息、货物信息、仓库信息、仓位信息	入库数据、出库数据、货物占用仓位信息
加工处理算法	
进行入库、出库处理，调用辅助处理	

图 14-25 日常处理模块的 IPO 图

5. PDL 语言

PDL 语言是介于计算机结构化程序设计语言和自然语言之间的一种描述性语言，也称为结构化的英语或伪码，该描述语言的关键字及语法规则包括：PROCEDURE 模块名（指明模块名称）；IF-ELSE-ENDIF（简单分支结构）；DO CASE-ENDCASE（多重分支结构）；DO WHILE-ENDDO（条件循环结构）。

利用上述语法结构及自然语言，可灵活地描述每一个功能模块的处理过程。下面以订货折扣方案制订的例子来说明，如图 14-26 所示。

6. 决策树

每个决策或事件（即自然状态）都可能引出两个或多个事件，从而导致不同的结果，把这种决策分支画成图形很像一棵树的枝干，故称决策树。如图 14-27 所示的是某公司订货折扣方案

```
IF  购货金额在5万元以上
THEN IF  最近3月无欠款
        THEN  折扣率为15%
        ELSE IF  与公司交易20年以上
                THEN  折扣率为10%
                ELSE  折扣率为5%
ELSE  无折扣
```

图 14-26 订货折扣方案的 PDL 语言

制订的决策树,其简单明了、直观,容易理解。

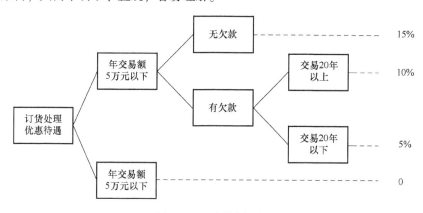

图 14-27 决策树示例

7. 判断表

如果判断的条件较多,各个条件又相互结合,相应的决策方案比较多,在这种情况下用决策树表示,树的结构会比较复杂,图中各项注释也比较烦琐。这时可以考虑使用判断表。

判断表又称决策表,它可以在复杂的情况下直观地表达具体条件、决策规则和应当采取的行动策略之间的逻辑关系。还是以订货折扣方案制订的例子来说明,如表 14-10 所示。

表 14-10 判断表示例

	条件及行动	1	2	3	4	5	6	7	8
条件组合	C1:交易额 5 万元以上	Y	Y	Y	Y	N	N	N	N
	C2:无欠款	Y	Y	N	N	Y	Y	N	N
	C3:交易 20 年以上	Y	N	Y	N	Y	N	Y	N
行动	A1:折扣率 15%	√	√						
	A2:折扣率 10%			√					
	A3:折扣率 5%				√				
	A4:折扣率 0					√	√	√	√

14.7 物流信息系统设计报告

系统设计阶段的主要成果是把设计过程中形成的各种设计文档整理成系统设计报告,它是下一步系统实施的基础。系统设计报告的主要内容如下:
(1)系统硬件结构图及设备技术参数和报价表。
(2)系统软件结构及其报价表。
(3)系统模块结构图和各个模块的 IPO 图。
(4)新系统的数据流程图及数据字典。
(5)数据库设计及共享编码设计结果。
(6)每一个功能模块的处理流程描述及输入、输出描述。
(7)附录。该部分可以包含补充数据、算法描述、可替换的过程、表格数据、其他文档的摘要和其他相关信息。

复习思考题

1. 物流信息系统设计的方法主要有哪几种？
2. 物流信息系统开发的系统设计阶段需要完成哪些工作？
3. 代码设计的方法有哪几种？
4. 试比较信息系统几种数据处理模式的优缺点。
5. 数据库规范化设计方式有哪几种？为何一般用前三种即可？
6. 试比较功能模块处理过程设计的几种描述工具，并举例应用。

第15章 物流信息系统实施

本章学习目标

掌握物流信息系统实施过程中黑盒测试和白盒测试的方法、系统转换的方式和内容、系统评价的内容与指标；理解系统调试的类型和方法、系统测试的分类、系统运行管理的内容、系统维护的分类；了解程序设计的方法和常用的开发工具。

15.1 物流信息系统的程序设计与系统测试

程序设计的主要依据是系统设计阶段的 IPO 图以及数据库结构和代码设计。程序设计可以从系统的可维护性、可靠性、可理解性和效率几个方面进行评价。系统测试的目的是为了及时发现程序和系统中的错误并予以纠正。

15.1.1 程序设计

1. 程序设计的方法

程序设计的方法大多是按照结构化系统开发方法、原型法和面向对象法进行。而且最好是利用现有软件工具的方法，因为这样做不但可以减轻开发的工作量，而且还可以使系统开发过程规范功能性强，使系统易于维护和修改。

结构化程序设计方法按照 HIPO 图的要求，用结构化的方法来分解内容和设计程序。在结构化程序设计方法的内部强调的是自顶向下地分析和设计，而在外部又强调自底向上地实现整个系统，是当今程序设计的主流方法。结构化程序设计方法主要强调以下几个观点：①程序的各部分要自顶向下地进行结构化划分；②各程序部分应按功能进行组合；③程序之间的联系要使用调用程序的方式。

速成原型式的程序开发方法在程序设计阶段的具体实施方法是，首先将图中类似带有普遍性的功能模块集中，如菜单模块、报表模块、查询模块、统计分析和图形模块等，这些模块几乎是每个子系统都必不可少的。然后再去寻找有无相应、可用的软件工具，如果没有则可以考虑开发一个能够适合各子系统情况的通用模块，用这些工具生成这些程序模型原型。

面向对象的程序设计方法一般应与面向对象设计（OOD）所设计的内容相适应。它是一个简单直接的映射过程。面向对象的设计方法与人类习惯的思维方法一致、稳定性好、能较好地适应需求变化、可重用性及可维护性好，目前得到了广泛的应用。

2. 常用的开发工具

目前比较流行的编程工具可分为六类：常用编程语言类、数据库类、程序生成工具类、系统开发工具类、客户/服务器（C/S）工具类以及面向对象编程工具类等。每类工具的划分在许多具体的工具软件上又都是有交叉的。

物流信息技术与信息系统

（1）常用编程语言类。它是指由传统编程工具发展而来的一类程序设计语言。如 C 语言、C++语言、COBOL 语言、PROLOG 语言和 OPS 语言等。

这些语言一般不具有很强的针对性，只是提供了一般程序设计命令的基本集合，因而适用范围很广，原则上任何模块都可以用它们来编写。但是这些语言也存在一些缺点：其适用范围广是以用户编程的复杂程度为代价的，程序设计的工作量很大。

（2）数据库类。它是信息系统中数据存放的中心和整个系统数据传递和交换的枢纽。此类编程工具在目前市场上主要有两类：xBASE 系统（以微型计算机关系数据库为基础）和大型数据库系统。

xBASE 系统是指以计算机为基础所形成的关系数据库及其程序开发语言。最为典型的产品有 SQL、Access 等各种版本。

大型数据库系统是指规模较大、功能较齐全的大型数据库系统。目前较为典型的系统有 Oracle 系统、Sybase 系统、Ingres 系统、Informax 系统和 DB2 系统等。这类系统的最大特点是功能齐全，容量巨大，适合于大型综合类数据库系统的开发。这类系统在使用时配有专门的接口语言，可以允许各类常用的程序语言（称为主语言）任意地访问数据库内的数据。

（3）程序生成工具类。它是一种常用的数据处理功能和程序之间有对应关系的自动编程工具。较为典型的产品有应用系统建造工具（Application Builder，AB）、屏幕生成工具、报表生成工具以及综合程序生成工具，如 FoxPro、Visual Basic、Visual C++、CASE 和 Power Builder 等。

（4）系统开发工具类。它是在程序生成工具的基础上进一步发展起来的，不但具有第四代语言的各种功能，而且更加综合化、图形化，使用起来更加方便。目前主要有两类：专用开发工具类和综合开发工具类。

专用开发工具类是指对某应用领域和待开发功能针对性都较强的一类系统开发工具。如专门用于开发查询模块的 SQL，专门用于开发数据处理模块的 SDK（Structured Development Kits），专门用于人工智能和符号处理的 Prolog for Windows，专门用于开发产生式规则知识处理系统的 OPS（Operation Process System）等。

综合开发工具类是指适用于一般应用系统和数据处理功能的一类系统开发工具。常见的开发工具有：Visual Studio、FoxPro、Visual Basic、Visual C++、Delphi 和 Team Enterprise Developer 等。

（5）客户/服务器（C/S）工具类。它是在原有开发工具的基础上，将原有工具改变为一个个既可被其他工具调用的，又可以调用其他工具的"公共模块"。在整个系统结构方面，这类工具采用了传统分布式系统的思想，分别在前台和后台进行作业，减轻了网络的压力，提高了系统运行的效率。

常用的 C/S 工具有：FoxPro、Visual Basic、Visual C++、Excel、Powerpoint、Word、Delphi C/S、Power Builder Enterprise 和 Team Enterprise Developer 等。

这类工具的特点是它们之间具有相互调用的随意性。例如，在 FoxPro 中通过动态数据交换（Dynamic Data Exchange，DDE）或对象的链接和嵌入（Object Linking and Embedding，OLE）或者直接调用 Excel，这时 FoxPro 应用程序模块是用户，Excel 应用程序模块是服务器。

（6）面向对象编程工具类。它主要是指与面向对象法（OO）相对应的编程工具。目前，面向对象编程工具主要有 C++、Visual C++和 Smalltalk 等。这是一类针对性较强，并且很有潜力的系统开发工具，其特点是必须与整个面向对象法相结合。

15.1.2 系统测试

系统测试是在假定系统中有错误的前提下进行的,是为了发现错误而执行程序的过程。具体是指根据系统开发各阶段的需求、设计等文档或程序的内部结构精心设计测试用例(即输入数据和预期的输出结果),并利用这些测试用例来运行程序,以便发现错误的过程。

系统测试包括硬件测试、网络测试和软件测试。硬件测试、网络测试可以根据具体性能指标来进行,而信息系统的开发工作主要集中在软件上。所以我们所说的测试则更多是指软件测试。软件测试就是在软件投入运行前,对软件的需求分析、设计、实现编码进行最终审查。从表面上看,软件工程的其他阶段都是建设性的,而软件测试则是摧毁性的。但是,软件测试是保障最终建立一个可靠性高的软件系统的一部分。

1. 软件测试

软件测试的工作量大,技术要求高。软件测试包括三个层次的任务:模块调试(单调)、子系统调试(分调)和系统调试(总调)。软件测试的层次如图 15-1 所示。

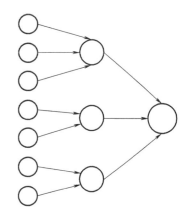

图 15-1 系统调试的层次

模块调试:模块调试是为了发现程序中的语法错误和逻辑错误。为了尽可能多地发现程序中的错误,对于测试数据的选择非常重要。测试数据除采用正常数据外,还应包括一些异常数据和错误数据。

子系统调试:在单个程序模块调试完成以后,进行子系统内部调试,即将一个子系统内部所有程序模块按次序串联起来进行调试。这种调试的目的是要保证各程序模块之间具有正确的控制关系,即重点调试子系统内各模块的接口,同时可以测试模块的运行效率。

系统调试:在子系统调试的基础上,对整个系统的功能进行调试,包括子系统之间的数据通信及数据共享等问题。

软件测试的方法主要有两大类:人工测试和机器测试。

(1) 人工测试。人工测试又称代码复审,是指通过阅读程序查找错误。其内容包括:检查代码和设计是否一致,检查代码的逻辑表达是否正确和完整,检查代码结构是否合理等,主要有以下三种方法:

1) 个人复查。由程序员本人对程序进行检查。由于心理上的原因和思维上的习惯性,程序员对自己的错误一般不太容易发现。因此这种方法主要针对小规模程序,且效率不高。

2) 走查。通常由 3~5 人组成测试小组,测试人员应该是没有参加该项目开发的有经验的程序开发人员。在走查之前,应先阅读相关的软件资料和源程序,然后由测试人员扮演计算机的角色,将一批有代表性的测试数据沿程序的逻辑走一遍,监视程序的执行情况,随时记录程序的踪迹,以发现程度中的错误。由于人工检测程序很慢,因此只能选择少量简单的用例来进行,通过"走"的进程来不断地发现程序中的错误。

3) 会审。会审的测试人员构成与走查类似,要求测试人员在会审前充分阅读有关资料,根据经验列出尽可能多的典型错误,然后将它们制成表格。根据这些错误清单(也叫检查表），提出一些问题，供会审时使用。会审时，编程人员逐句讲解程序，测试人员逐个审查、提问，讨论可能出现的错误。实践证明，编程人员在讲解、讨论的过程中能发现自己以前没有发现的错误，使问题暴露出来。例如，在讨论某个小问题的修改方法时，可能会发现涉及模块间接口等问题，从而提高软件质量。会审后要将发现的错误进行登记、分析、归类，一份交给程序员，另一份留存并妥善保管，以供再次组织会审时用。

(2) 机器测试。机器测试是指在计算机上直接用测试用例运行被测度程序，以发现程序中的错误。机器测试可分为黑盒测试和白盒测试两种。

黑盒测试也称为功能测试或数据驱动测试，是将软件看成黑盒子，在完全不考虑软件内部结构和特性的情况下，测试软件的外部特性。根据系统分析说明书设计测试用例，通过输入和输出的特性检测被测程序是否满足指定的功能。所以该测试只作用于程序的接口处。进行黑盒测试主要是为了发现以下几类错误：

1) 是否有错误的功能或遗漏的功能？
2) 界面是否有误？输入是否能够正确接受？输出是否正确？
3) 是否有数据结构或外部数据库访问错误？
4) 性能是否能够接受？
5) 是否有初始化或终止性错误？

白盒测试也称为结构测试或逻辑驱动测试，是将软件看成可视的白盒，根据程序的内部结构和逻辑来设计测试用例，对程序的路径和过程进行测试，检查程序是否满足设计的需要。其原则是：

1) 程序模块中的所有独立路径至少执行一次。
2) 在所有的逻辑判断中，取"真"和取"假"的两种情况至少都能执行一次。
3) 每个循环都应在边界条件和一般条件下各执行一次。
4) 测试程序内部数据结构的有效性等。

无论是黑盒测试还是白盒测试，都不能将程序中的所有错误全部检查出来。因为黑盒测试不可能将所有的输入情况都测试一遍，白盒测试也不能将所有的路径都测试到。

2. 硬件测试

在进行信息系统的开发中，通常需要根据项目的情况选购硬件设备。在设备到货后，应在各个相关厂商的配合下进行初验测试，在初验通过后与软件、网络等一起进行系统测试。在初验测试时所做的工作主要有：

(1) 配置检测。配置检测是指检测是否按合同提供了相应的配置，如系统软件、硬盘、内存、CPU等的配置情况。

(2) 硬件设备的外观检查。它包括检查所有设备及配件开箱后外观有无明显划痕和损伤。

(3) 硬件测试。首先进行加电检测，看运行状态是否正常，有无报警、屏幕有无乱码提示和死机现象，是否能进入正常提示状态；然后进行操作检测，用一些常用的命令来检测机器是否能执行命令，结果是否正常。

通过以上测试，要求形成相应的硬件测试报告，在测试报告中应包含测试步骤、测试过程和测试的结论等。

3. 网络测试

信息系统一般需要在局域网或者广域网中运行，因此需要选购网络设备，并与其他软硬件一起进行系统测试。网络测试包括检查网络设备的外观有无损伤、工作状态是否正常和网络是否连通。可以用Ping、Telnet、FTP等命令来检查。通过以上测试，要求形成相应的网络测试报告，在测试报告中应包含测试步骤、测试过程和测试的结论等。

系统测试完成后，在交付用户使用之前，还需要进行实况测试。用户在测试过程中起着重要的作用。他们最熟悉系统所要求的数据和处理的条件，程序员一般只了解程序处理的条件，由他们指定的测试数据通常是非常有限的。用户能够区别哪些是经常性的事务，哪些是罕见情况，哪些是最常见的错误。所以，系统测试时应该尽量吸收用户来参加。

15.2 物流信息系统转换

系统转换是指在系统开发完成之后新旧系统之间的转换，即终止旧系统的使用，将新系统交付使用，把新系统的控制权交给最终用户。

15.2.1 系统转换的方式

（1）直接转换法。直接转换就是在确定新系统运行准确无误时，立刻启用新系统，停止旧系统的运行。这种方法很节省人员、设备费用。这种方法虽简单，但风险大，万一新系统运行不起来，就会造成工作混乱。这种方法只在系统小且不重要或时间要求不高的情况下采用。

（2）平行转换法。这种方法在新系统投入运行时，旧系统并不停止运行，而是与新系统同时运行一段时间，对照两者的输出，利用旧系统对新系统进行检验。这是一种无风险的转换方式，一旦新系统发生错误，旧系统仍然可以作为后备系统予以支持。这种转换方法可靠性高，但缺点就是费用大。在银行、财务和一些企业核心系统中，这是一种经常用的转换方式。

（3）分阶段转换法。这种转换法是指新旧系统的转换按子系统或功能逐个进行。这种方法可以防止由直接转换而产生的危险，也不会增加额外的支出，但是，各子系统转换的先后次序和相互之间的接口较难处理。当新旧系统差别太大时，不宜采用这种方法。

15.2.2 系统转换的工作内容

系统转换主要包括三方面的工作内容：完成新系统基础数据的准备，完成必要的旧系统文件到新系统文件的转换；将系统有关资料转交给用户，移交系统的控制权；协助用户切实使用新系统。

新系统的数据准备包括数据的整理和数据的录入。数据的整理是指数据的分类和编码、数据的标准化和规范化、历史数据的格式转换、数据统计方法和统计口径的统一等；数据的录入是指进行系统的初始化、输入初始数据记录、将整理好的数据输入计算机。数据准备的工作量很大，而且对数据准确性的要求很高，应该给予高度的重视。

15.2.3 人员培训

对系统使用人员和系统维护人员进行培训是系统投入应用的重要前提。需要进行培训的系统使用人员包括系统操作人员、硬件及软件系统维护人员、管理人员、归档人员等。对于尚未掌握计算机基本知识的人员，还要进行计算机基本知识方面的培训。需要对不同工作岗位上的人员进行培训，人员培训安排如表15-1所示。

物流信息技术与信息系统

表 15-1　人员培训安排

培训内容	操作人员	维护人员	管理人员	归档人员
系统的总体方案	√	√	√	√
系统网络的操作与使用		√		
系统的功能结构		√	√	
计算机的基本操作与使用	√		√	
数据库、开发工具等系统软件		√		
系统事务性功能的操作和使用	√	√		
系统统计分析型功能的操作和使用		√	√	
系统维护型功能的操作和使用		√		
系统的参数设置		√		
系统初始数据输入功能的操作和使用	√	√		
可能出现的问题及解决方法		√		
系统的使用权限与责任	√	√	√	
系统的文档管理规范		√		√

维护人员应该具有丰富的计算机知识，否则他们将不能胜任系统维护的工作。管理人员的主要工作是分析决策，制定未来的发展战略，他们一般不需要进行具体业务的操作，他们关心的是综合性的统计信息。因此，管理人员除了要了解系统的业务功能结构，还要重点掌握统计分析功能的操作和使用方法。

15.3　物流信息系统的运行管理与系统维护

15.3.1　信息系统运行管理

信息系统运行管理包括三个方面的工作：日常运行管理、系统文档管理和系统的安全与保密。

1. 日常运行管理

信息系统日常运行管理主要是指根据信息系统管理制度（如机房管理制度、技术档案管理制度、信息系统的维护制度、信息系统运行操作规程、信息系统修改规程和运作日志等）对信息系统的运行进行监视控制、数据准备、机房管理并运用信息系统提供信息服务，记录系统运行状态。从每天进入应用系统、功能选择与执行，到下班前的数据备份、存档、关机等，都要就系统软硬件及数据等的运作情况做记录。运行情况包括正常、不正常与无法运行等，对于后两种情况，应将现象、发生时间和可能的原因做详细记录。这些记录会对分析与解决问题有重要的参考价值。由于这些工作比较烦琐，在实际工作中往往会流于形式，因此一般应在系统中设置自动记录功能。但是作为一种责任与制度，对一些重要的运行情况及所遇到的问题，仍应做书面记录。应事先制定严格的规章制度来保证对系统运行情况做记录，具体工作由使用人员完成。无论是自动记录还是由人工进行记录，都应作为基本的系统文档做长期保管，以备在系统维护时做参考。

2. 系统文档管理

文档（Documentation）是以书面形式记录人们的思维活动及其工作结果的文字资料。信息系统实际上由系统实体及与此相应的文档两大部分组成，系统开发要以文档描述为依据，系统实体运行与维护更需要文档来支持。

系统文档不是事先一次性形成的，它是在系统开发、运行与维护过程中不断地按阶段逐步编写、修改、完善与积累而形成的。如果没有规范的系统文档，信息系统的开发、运行与维护会处于混乱状态，严重影响系统的质量，甚至会导致系统失败。当系统开发人员发生变动时，问题尤为突出。因此有专家认为：系统文档是信息系统的生命线，没有文档就没有信息系统。

文档管理是有序地、规范地开发与运行信息系统所必须要做好的工作。目前我国对于信息系统的文档内容与要求基本上有了统一规定。系统文档主要分为技术文档、管理文档及记录文档等类型。当系统变化较大时，系统文档将以新的版本提出。系统文档管理工作主要包括：①制定文档标准与规范。②指导文档编写。③收存、保管文档与办理借用手续等。

所有系统文档都要收集齐全、统一保管，由专人负责并形成制度。

3. 系统的安全与保密

信息系统的各种软硬件是企业的重要资产，在系统运行过程中产生和积累的大量信息也是企业的重要资源，无论是系统软硬件的损坏，还是数据与信息的泄露，都会给企业带来不可估量的损失，甚至危及企业的生存与发展。因此，信息系统的安全与保密是一项极其重要的系统管理工作。

信息系统的安全与保密是两个不同的概念，信息系统的安全是为防止破坏系统软硬件及信息资源行为的发生所采取的措施。信息系统的保密是为了防止有意窃取信息资源行为的发生而采取的措施。

信息系统的安全性问题主要由以下几方面的原因所造成：①自然现象或意外原因引起的软硬件损坏与数据的丢失和破坏，如电源出故障或丢失笔记本式计算机等。②操作失误导致的数据丢失和破坏。③病毒侵扰导致的软件与数据的破坏。④人为因素对系统软硬件及数据所造成的破坏。例如，某些员工心怀不满，恶意破坏数据。

信息系统安全性的目标是：①控制资产流失；②保证数据的完整性和可靠性；③提高信息系统的应用效率。

15.3.2 信息系统的维护

1. 硬件、软件及数据的维护

信息系统维护主要包括三方面的内容：硬件系统的维护、软件系统的维护和数据的维护。

（1）硬件系统的维护。硬件系统的维护应该由专门的硬件维护人员负责，而且一般需要与合同硬件厂商合作来共同完成系统维护工作。硬件系统的维护主要有两种类型：一种是进行硬件系统的更新；另一种是故障维修。

硬件系统更新时会影响系统的正常使用，进而影响企业内部使用该系统的各业务部门的工作。因此在更新前需制订更新计划，并与硬件供应商、企业内部有关业务部门及其他相关机构进行协调，做好充分的准备工作。另外，硬件系统更新的时间不能过长，否则会耽误系统的正常运行。

在维修故障时也不应拖延过长时间。系统硬件故障往往是突发性的，不可预见，为了防止由于硬件系统故障而引起的系统应用中断，应该配有足够的备用设备，在系统出现故障时使用。对于非常重要的应用系统，一般都采用并行服务器结构，避免在系统出现故障时造成应用中断或数据损失。

(2) 软件系统的维护。在软件开发过程中,始终强调系统的可维护性的原因在于,一个应用系统由于需求和环境的变化及自身暴露的问题,在交付用户使用后,对它进行维护是不可避免的,许多大型开发公司为维护已有系统软件耗费大量人力、财力。因此,必须建立一套评估、控制和实施系统维护的机制。

系统维护是信息系统生存周期的最后一个阶段,所有活动都发生在系统交付并投入运行之后。软件系统维护活动根据起因可分为纠错性维护、适应性维护、改善性维护和预防性维护四类。

纠错性维护是为诊断和改正系统中潜藏的错误而进行的活动。系统测试不可能排除系统中所有的错误,系统交付之后,用户将成为新的测试人员,在使用过程中,一旦发现错误,他们会向开发人员报告并要求维护。

适应性维护是为适应环境的变化而修改系统软件的活动。一般应用系统软件的使用寿命很容易超过 10 年,但其运行环境却更新很快,硬件基本上是一年半更换一代,操作系统不断地推出新版本,外部设备和其他系统元素也频繁地升级和发生变化,因此适应性维护是十分必要且经常发生的。

改善性维护是根据用户在使用过程中提出的一些建设性意见而进行的维护活动。在一个应用系统软件成功运行期间,用户也可能请求增加新功能、建议修改已有功能或提出某些改进功能。改善性维护通常占所有系统维护工作量的一半以上。

预防性维护是为了进一步改善系统软件的可维护性和可靠性,并为以后的改进奠定基础。这类维护活动包括逆向工程(Reverse Engineering)和重构工程(Reengineering)。

由此可见,软件系统维护不仅不局限于改错,而且还涉及整个系统配置的各个配置项,特别是进行适应性和改善性维护时,需要重新遍历系统开发的全过程(即首先确定新的需求,然后设计、编码并测试)。

(3) 数据的维护。数据维护工作一般由数据库管理员来负责,管理员主要负责数据库的安全性和完整性以及对其进行并发性控制。用户在向数据库管理员提出数据操作请求时,数据库管理员要负责审核用户身份,定义其操作权限,并负责监督用户的各项操作。同时,数据库管理员还要负责维护数据库中的数据,当数据库中的数据类型、长度等发生变化时,或者需要添加某个数据项、数据库时要负责修改相关的数据库、数据字典,并通知有关人员。另外,数据库管理员还要负责定期出版数据字典文件及一些其他的数据管理文件,以保留系统开发和运行的轨迹,当系统出现硬件故障并得到排除后要负责数据库的恢复工作。

2. 系统维护按系统维护目的分类

系统维护根据其目的可分为日常维护与适应性维护。

(1) 系统的日常维护。日常维护是指定时定内容地重复进行的有关数据与硬件的维护,以及对突发事件的处理等。在数据或信息方面,日常维护的内容有备份、存档、整理及初始化等。大部分日常维护由软件来处理,但处理功能的选择与控制还是由使用人员来完成。为安全起见,在每天操作完毕后,都要对新增加的或更改过的数据作备份。除正本数据外,至少要求有两个以上的备份,数据正本与备份应分别存于不同的磁盘上或其他存储介质上。数据存档或归档是当工作数据积累到一定数量或经过一定时间间隔后转入档案数据库的处理,作为历史数据存档。为防万一,档案数据也应有两份以上。数据整理是对数据文件或数据表的索引、记录顺序等的调整,可以使数据的查询更为快捷,对保持数据的完整性也很有好处。在系统正常运行后,数据的初始化主要是指以月度或年度为时间单位的数据文件或数据表的切换与结转数等的预置。

在硬件方面，日常维护主要有各种设备的保养与安全管理、简易故障的诊断与排除、易耗品的更换与安装等。这些工作应由专人负责。

信息系统运行中的突发事件一般是由于操作不当、计算机病毒、突然停电等引起的。突发事件的发生，轻则影响系统运行，重则破坏数据，甚至导致系统瘫痪。突发事件应由企业信息管理专业人员负责处理，有时要系统开发人员或软硬件供应商来解决。对发生的现象、造成的损失、引起的原因及解决的方法等，也要做详细的记录。

（2）系统的适应性维护。为适应环境的变化及克服本身存在的不足对系统做调整、修改与扩充即为系统的适应性维护。企业处于不断变化的环境之中，为了适应环境，企业必然要做相应的变革，作为支持企业实现战略目标的企业信息系统自然地也要做不断的改进。此外，一个信息系统难免会存在一些缺陷与错误，而且会在运行过程中逐渐暴露出来。

实践证明，系统维护与系统运行始终并存，系统维护所付出的代价往往要超过系统开发的代价，系统维护的好坏将显著地影响系统的运行质量、系统的适应性及系统的生命期。我国许多企业的信息系统开发完成后，不能很好地投入运行或难以维持运行，这在很大程度上就是由重开发而轻维护所造成的。

系统的适应性维护以系统运行情况记录与日常维护记录为基础，其内容有：
1）系统发展规划的继续研究与调整。
2）系统缺陷的记录、分析与解决方案的设计。
3）系统结构与功能的调整、更新与扩充。
4）数据结构的调整与扩充。
5）系统硬件的维修、更新与添置。

15.4 物流信息系统评价

15.4.1 系统评价的内容

系统评价的内容主要包括以下四个方面：

1. 系统运行的一般情况

系统运行的一般情况是从系统建立的目标及其用户接口方面来考查系统的。具体内容包括：

（1）作为建立系统的目标而涉及的各项业务，是否按所要求的质量与速度完成。
（2）完成上述各项任务，用户需要使用的资源是否控制在预定的界限之内。
（3）从系统运行的记录来分析系统各项资源的利用率如何。
（4）询问最终用户，了解他们对系统工作情况是否满意，或满意程度如何。

2. 系统的性能

系统性能是指从技术上对系统进行考查，具体内容包括：

（1）信息系统的总体技术水平。它主要包括系统的总体结构与规模、地域，所采用技术的先进性与实用性，系统的开放性与集成程度等。
（2）系统功能的范围与层次。它主要包括功能的难易程度和对应管理层次的高低等。
（3）信息资源开发与利用的范围和深度。它主要是指通过信息集成和功能集成实现业务流程优化，提高人、财、物等制造资源合理使用的程度。
（4）系统的质量。它主要包括系统的可使用性、可扩展性、通用性、正确性和可维护性等。

(5) 系统的安全与保密性。它主要是指业务数据是否会被破坏或修改，数据使用权限是否能够得到保证。

(6) 系统文档的完备性。

3. 系统的使用效果

系统的使用效果是指从提供信息服务的有效性方面来考查系统。具体内容包括以下几点：

(1) 系统对各个管理层次各业务部门业务处理的支持程度以及满足用户要求的程度。

(2) 提供信息的有效性，以及信息的利用率。

(3) 提供信息的及时性。

(4) 提供信息的准确性和完整性，以及数据管理的规范程度。

4. 经济上的评价

在经济上的评价主要是指系统的效果和效益，包括直接评价与间接评价两个方面。

(1) 直接评价。直接评价的内容有：系统的投资额；系统运行费用和维护费用；系统运行所带来的新增效益；投资回收期。

(2) 间接评价。间接评价的内容有：对企业形象的改善、员工素质的提高及因此带来的效益；对企业的组织机构与体制的改革、业务重组及管理流程的优化作用；基础数据的规范及效果的提高所带来的效益；对企业各部门间、人员间协作精神的加强所起的作用。

15.4.2 系统评价指标

一个信息系统投入运行以后，应分析其工作质量、投入产出比、信息资源的利用程度、对组织内各部分的影响等，这些都要借助于评价指标体系来进行。

1. 信息系统质量评价的特征和指标

质量评价的关键是要定出评定质量的指标以及评定优劣的标准。评价的特征和指标具体如下：

(1) 系统对用户和业务需求的相对满足程度。

(2) 系统的开发过程是否规范，包括系统开发各个阶段的工作过程以及文档资料是否规范等。

(3) 系统的性能、成本、效益综合比集中地反映了一个信息系统质量的好坏，是综合衡量系统质量的首选指标，主要包括系统的可使用性、可扩展性、通用性、正确性和可维护性等。

(4) 系统的安全与保密性，主要包括业务数据是否会被破坏或修改，数据使用权限是否能够得到保证。

(5) 系统功能的先进性、有效性和完备性也是衡量信息系统质量的关键评价指标。

(6) 系统运行结果的有效性、可行性和完整性。

(7) 信息资源的利用率。

(8) 提供信息的质量如何，即考查系统所提供信息（分析结果）的准确程度、精确程度、响应速度及其推理、推断、分析的质量。

(9) 系统的实用性。

2. 系统运行评价指标

系统在投入运行后，要不断地对其运行状况进行分析评价，并以此作为系统维护、更新以及进一步开发的依据。系统运行评价指标一般有：

(1) 预定的系统开发目标的完成情况。它包括：
1) 对照系统目标和组织目标，检查系统建成后的实际完成情况。
2) 是否满足了科学管理的要求，各级管理人员的满意程度如何，有无改进的意见和建议。
3) 为完成预定任务，用户所付出的成本（人、财、物）是否限制在规定范围以内。
4) 开发工作和开发过程是否规范，各阶段文档是否齐备。
5) 功能与成本比是否在预定的范围内。
6) 系统的可维护性、可扩展性、可移植性如何。
7) 系统内部各种资源的利用情况。

(2) 系统运行实用性评价。它包括：
1) 系统运行是否稳定可靠。
2) 系统的安全与保密性能如何。
3) 用户对系统操作、管理、运行状况的满意程度如何。
4) 系统的误操作保护和故障恢复的性能如何。
5) 系统功能的实用性和有效性如何。
6) 系统运行结果对组织各部门的生产、经营、管理、决策和提高工作效率等的支持程度如何。
7) 对系统的分析、预测、控制的建议有效性如何，实际被采纳了多少，这些被采纳建议的实际效果如何。
8) 系统运行结果的科学性和实用性。

(3) 设备运行效率的评价。它包括：
1) 数据传送、输入、输出与其加工处理的速度是否匹配。
2) 各类设备资源的负荷是否平衡，利用率如何。

总之，物流管理信息系统的评价是多目标的评价过程，在评价过程中需要结合具体的应用领域、环境条件、历史和用户条件等多方面因素进行综合评价。

复习思考题

1. 系统测试阶段中的黑盒测试和白盒测试的基本思想是什么？
2. 试比较系统转换的几种方式。
3. 简述信息系统几种数据处理方式的优缺点。
4. 系统评价的内容有哪几方面？具体评价指标有哪几项？
5. 常用的系统开发工具有哪几种？

第16章 物流信息系统实训
——现代物流综合信息系统

本章学习目标

> 通过学习国内一家大型物流企业使用的物流信息系统，采用实验实训的方式了解第三方物流中的仓储、配送、客户管理作业等基本功能和运作过程，从而将实训软件中涉及物流仓储、配送、客户管理基础原理与物流信息系统对物流业务的操作和控制结合起来，同时掌握第三方物流综合管理信息系统中的出入库管理、配送管理、调拨管理等物流相关功能，提高理论实践相结合的能力和对物流信息系统的理解和操作能力。

16.1 第三方物流软件管理体系概述

第三方物流为客户提供以合同为约束、以产业结盟为基础的系列化、个性化、信息化的物流代理服务，其订单管理、仓储管理、运输管理和决策管理过程都大量地依靠计算机网络及信息系统来实现。第三方物流信息系统的开发使用，是针对第三方物流企业所涉及的各个环节，分别建立子系统进行信息的采集、输入、整理、加工和输出，以实现物流业务流程作业、供应链环节管理控制和物流企业管理决策支持等功能。

一个比较完整的第三方物流管理系统包括订单管理系统、仓储管理系统、运输管理系统、智能调度系统几个主要子系统，如图 16-1 所示。本节将依次介绍订单管理系统、仓储管理系统、运输管理系统和智能调度系统的具体应用。

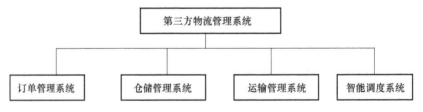

图 16-1 第三方物流信息系统管理体系结构图

16.1.1 订单管理系统

订单管理是对商户下达的各种指令进行管理、查询、修改、打印等，同时将业务部门的处理信息反馈至商户。订单管理主要包括订单生成、订单分配、订单确认、订单打印、订单跟踪和查询等的管理。

其系统功能如下：

(1) 订单生成。将商户发来的指令生成各子系统对应的订单，类型包括：接货订单、出库订单、运输配送订单、流通加工订单、退货入库订单、退厂出库订单等。

(2) 订单分配。对业务订单进行汇总分配和管理,同时下达任务单给相应的业务部门子系统。

(3) 订单处理调度。将订单调度为具体业务的作业单据。

(4) 订单确认。对已完成的订单做最终确认,确认内容包括订单数量、实收实发数量、业务部门完成确认、商户确认等,以便能更准确地对每笔业务进行费用结算。

(5) 订单打印。根据客户需要设计不同的打印单据进行打印。

(6) 订单跟踪和查询。可按日期、订单号、订单类型、业务部门、消费者信息、配送区域等条件对订单进行查询,并可对未确认的订单进行修改。订单跟踪可反馈订单所在的作业环节。

16.1.2 仓储管理系统

仓储管理系统的功能模块如图16-2所示。

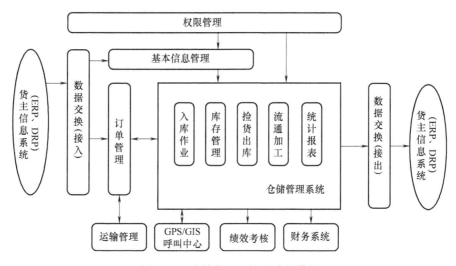

图16-2 仓储管理系统的功能模块

功能模块描述如下:

(1) 权限管理。它是指可按组或按类控制用户访问系统的权限和内容。

(2) 系统管理。它是指可对仓储管理系统相关子数据库进行整理维护。

(3) 基本信息。它是指记录仓储管理系统所需的基本业务信息,如客户资料、客户供应商资料、客户商品资料、仓储位置资料等。

(4) 入库管理。它是指处理信息中心发来的各种客户指令,并进行相应入库处理,主要包括入库单管理、货物验收、收货单打印、库位分配、期初信息管理等功能。

(5) 出库管理。它是指对货物的出货进行管理,主要有出库单管理、货物调配、检货单打印、检货配货处理、出库确认、单据打印等功能。

(6) 库存管理。它是指对库存货物进行内部操作处理,主要包括库位调整处理、盘点处理、退货处理、调换处理、包装处理、报废处理等功能。

(7) 调拨作业。它是指对不同库区的货物进行必要的调整补充,以满足不同库位的商户需求。

(8) 其他功能。如各类报表的查询管理和条码、射频识别的使用。其中条码技术和无线通信设备为备选选项。该选项可以参照国外先进的物流管理系统，在系统中使用射频识别技术和激光条码识别技术，库位和货物的识别条码化，使仓库货物的进库、出库、装车，库存盘点，货物的库位调整，现场库位商品查询等数据实现实时双向传送，做到快速、准确、无纸化，大大提高效率，将人为的出错率降到最低，从而降低仓储的成本费用。

16.1.3 运输管理系统

运输管理系统的功能模块如图 16-3 所示。

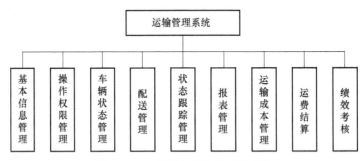

图 16-3 运输管理系统的功能模块

功能模块描述如下：

（1）基本信息管理。它包括运输组织资料、相关人员资料、车辆种类和规格等相关信息的管理。若有自有车辆和外部车辆，还应包括相应运力信息、配送区域划分、配送商品基本信息（此信息可由仓储管理系统商品基本信息导入）等的管理。

（2）操作权限管理。可按组或按类控制用户访问系统的权限和内容。

（3）车辆状态管理。通过停车场的信息采集设备，记录车辆在场（空闲）和不在场（占用）信息，以及安排指定日期的配送车次计划。

（4）配送管理。该模块是运输管理系统中的重要模块之一，主要包括配送单的生成或接收、确认，安排配车计划和配货计划（若商品由仓库出货，可由仓储出库单转入生成配货计划），车辆调度、路线安排、中途换车和回单确认等。

（5）状态跟踪管理。车辆跟踪记录信息包括单据信息、时间、方向、状态、所处地区和物流中心、位置、是否故障、故障级别、故障起始时间和故障排除时间等。若有 GPS 支持，可将 GPS 信息导入状态跟踪模块，实现对在途车辆的实时跟踪查询。

（6）运输成本管理。它包括成本类型、成本模式、成本设定账期、车辆和人员设定、车辆动态和静态成本，以及成本指标的定义、输入和调整等。

（7）运费结算。它是指对运输子系统中产生的相关业务进行物流费用的结算记录，并将和费用信息转至财务结算系统中的物流业务核算。

（8）绩效考核。该模块用于对运输人员和组织（包括自有车辆和外部车辆）进行指标考核以提高客户满意度，包括车辆出车信息、客户投诉反馈信息、商品损坏赔偿率、人员出勤、配送准点率、客户满意度等。

16.1.4 智能调度系统

智能调度系统（IDS）是一个以优化算法理论为核心，以 GIS（地理信息系统）技术、GPS（全球定位系统）技术和 GSM/GPRS 技术为基础，集计算机网络等技术于一体的服务于

第 16 章 物流信息系统实训——现代物流综合信息系统

物流配送部门的车辆调度业务的决策支持系统（以下简称智能调度系统）。该系统是一套实现了各种信息的输入、存储、检索、处理、综合分析、配送方案（车辆调度计划）结果输出以及服务质量保证等功能的车辆调度工具软件。

对该系统的描述如下：
（1）智能调度系统是一套解决配送中运输线路和时间安排的辅助决策系统。
（2）智能调度系统是解决密集分销的商业智能软件。
（3）该系统以现有的配送物流运作模式为基础，通过对业务流程的改造和优化，提高物流配送的运作效率和服务质量，最终达到提升企业业务运作水平和降低物流成本的目的。
（4）该系统完善了传统配送模式，可解决包括操作难度大、运力资源浪费、成本核算困难、核心竞争力不强等问题。
（5）该系统具体解决的是：把每天接收到的大量销售订单，以最优化（最低成本、最高服务质量）为目标，采取动态的配送路线进行装车配送。
（6）该系统采用短消息或其他通信方式将到达各配送点的时间计划进行通知，保证准时交接货物，提高服务质量。
（7）该系统在送货作业过程中采用行车路线指引方式进行送货指导，保证送货人员送货的准确、准时，在提高工作效率的同时也保证了服务质量。

该系统的关注点是以降低配送成本和提高服务质量为核心目标，在满足若干配送任务要求、运输条件的前提下，把配送任务与运力资源做完美优化组合，建立理想的调度方案及送货实施方案。

该系统在调度方案的建立过程中，把服务质量这个定性的指标转化为定量的成本指标。例如，当不能按客户要求完成配送任务时，可根据该客户的重要性设置违约的单位时间费用，最后转化为调度方案成本的一个组成部分。

同理，当车辆提前到达客户位置却还不能与客户进行交接时，把车辆的等待时间也按等待单位时间费用进行计算，最后转化为调度方案成本的另一个组成部分。

最后把以上两项成本与车辆行驶在途的成本、服务成本、车辆其他成本进行累加，获得全部的成本，以成本最小为目标输出调度方案。

16.2 第三方物流管理软件业务流程分析

16.2.1 第三方物流管理软件实训系统概述

本章实训所使用的现代物流综合信息系统是国内一家大型物流企业正在使用的第三方物流信息系统，在国内具有很强的代表性。该物流企业实行了一种"1+3"的物流模式，即为企业内部提供"第一方"物流服务和为客户提供第三方物流服务。从大物流概念上来说，现在的第三方物流企业的优势是具有专业性，拥有专业的运输车队及仓库和相应的管理手段，致力于为客户提供全方位、一站式的服务。经过一系列的作业流程后，直接面向最终客户的是仓储配送环节。

一次完整的配送活动，从接受并处理订单，通过集货和送货过程，使相对处于静态的物品完成一次短暂的、有目的的流动过程，这当中包含了相关的物流功能的参与。从某种意义上说，仓储配送功能是物流体系的一个缩影。该物流企业坚持以"仓储+配送业务"为主要发展方向，凭借丰富经验和先进的信息管理系统，为客户提供专业化一站式的物流服务，服务网络遍布全国。

该物流信息系统解决方案，正是基于这样的一个理论，从仓储配送环节入手，对物流的各个环节进行有机整合，从而实现使第三方物流信息系统面向客户对象的最佳管理。物流客户可以通过互联网下达仓库作业指令、配送指令，跟踪货物状态等；物流企业可以实现多仓库、多客户、跨地域管理，运用复杂的仓位控制、安全存量设置、条码技术、自动补货警示等先进的管理方法，实现对第三方物流业务科学、有效的管理。第三方物流信息系统是第三方物流企业和客户企业进行现代物流业务电子化管理和操作的平台和系统。该系统采用 B/S 架构，其网络拓扑结构如图 16-4 所示。

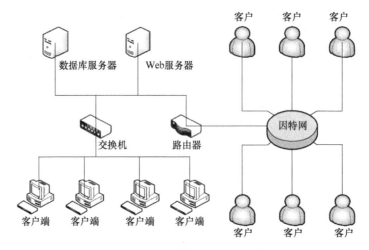

图 16-4　第三方物流信息系统的网络拓扑结构

16.2.2　第三方物流管理软件流程分析

第三方物流综合信息管理系统，契合第三方物流企业的业务现状及发展需要，倡导第三方物流中心的概念，实现以仓储配送为核心，同时可挂接车队管理、货物跟踪、货代等其他管理模块的第三方物流综合管理。基于仓储配送的第三方物流中心业务流程如图 16-5 所示。

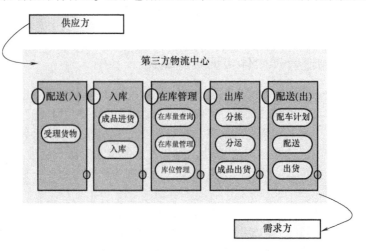

图 16-5　基于仓储配送的第三方物流中心业务流程

第 16 章　物流信息系统实训——现代物流综合信息系统

第三方物流信息管理系统以客户提供物料流向为驱动指令，目标是实现零库存，把物料提供给物流公司托管。第三方物流信息管理系统仓储配送系统流程如图 16-6 所示。

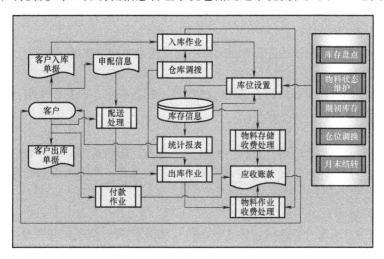

图 16-6　第三方物流信息管理仓储配送系统流程

16.3　功能模块分析

第三方物流管理信息系统的主要功能模块如图 16-7 所示。

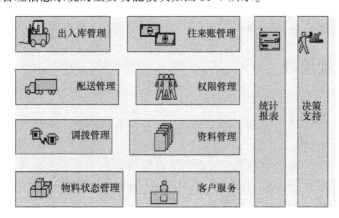

图 16-7　第三方物流管理信息系统的主要功能模块

第三方物流信息管理系统主要模块主要实现如下功能：

1. 出入库管理

出入库管理模块帮助仓库管理人员对库存物料的入库、出库、盘点等日常工作进行全面的控制和管理。通过期初余额管理功能，完成库存物料的初始化，并完成一般出/入库单的输入、审核等各项管理功能，以达到降低库存、避免物品积压及短缺的目的。

2. 配送管理

该模块完成从客户申配受理、配送作业生成，一直到实际配送出库的一系列管理功能，满足配送业务的需要，保障配送业务有序、高效地进行。

3. 调拨管理

该模块完成对库存物料进行仓位之间的调换以及仓库之间的调拨，以实现仓库最优存放的目的。

4. 物料状态管理

该模块完成物料状态维护作业，实现对库存物料状态的专门管理。

5. 往来账管理

该模块完成各种费用项目设置，与出入库模块、配送模块、调拨模块等无缝衔接，根据定制的计费策略，计算各种往来费用。

6. 资料管理

该模块完成对仓库和库位信息管理、物料信息管理、部门信息管理、客户信息管理和员工信息管理，包括对各种信息资料的初始设置、修改及维护。在物料信息管理中还包括对安全存量的设置。

7. 权限管理

该模块完成用户及用户组授权，通过对每个用户/用户组的权限设置和模块权限设置，支持授权用户依照其权限对系统进行访问，以保证整个系统安全、有序地运行。

8. 统计报表

统计报表这一功能模块包括仓位库存查询、费用汇总查询、库存汇总查询、月进出仓查询、库存流水表查询等功能，并可打印输出查询结果；可生成库存汇总报表、仓库周报表等一系列报表。统计报表模块与出入库模块、配送模块、调拨模块等充分进行衔接，以实现数据的一致性和共享性。

9. 客户服务

该模块直接为客户提供基于 Web 模式的在线申配单录入、库存状况查询等服务功能。

16.4 软件实训流程

16.4.1 基础信息管理

1. 部门信息管理

（1）新增仓库。进入基础信息当中的部门信息管理，为了便于学生对自己的仓库进行操作，要求学生以系统管理员身份在仓储部下建立一个自己的仓库，以"学生学号+仓库"命名，以便对自己的仓库进行出入库的操作。

（2）新增仓位。学生单击刚才建立好的"学生学号+仓库"，在仓库中新增两个仓位，例如，A0101 表示第一区第一列，A0102 表示第一区第二列。

（3）新建部门开账设置。新建部门需开账才能使用，单击刚才建立好的"学生学号+仓库"，进行开账，格式包括：2020/11；2020/11/01；2020/11/30。

2. 客户信息管理

进入客户信息管理模块，在"学生学号+仓库"中建立一个自己的客户，填写客户详细信息，例如：

客户编码："学号"（10 位）

客户名称："学号+客户"

客户简称："学号"（3 位）

3. 员工信息管理

进入员工信息模块，在仓储部下学生可以加入自己的信息，成为公司的员工，以后用自己的账号登录，对自己的客户和仓库及物料进行操作。

4. 物料信息管理

进入物料信息模块，对于各类物料填写更详细的名称、尺寸等。

（1）新建物料类别。进入物料类别建档，找到前面建立的学生的客户"学号+客户"，针对该客户进行物料类别建档，例如，01 配件类；02 成品类。

（2）新建物料明细。进入物料明细建档，学生选择"学号+客户"客户——配件类，新建物料明细，例如，0101 表示键盘；0102 表示显示器。

16.4.2 权限管理

使用"系统管理员"登录系统（只有使用"系统管理员"登录才能进行权限管理），进入系统设置权限管理。

1. 用户模块权限设置

学生可选择自己的用户查看权限，为了便于学生掌握实训系统的全部功能，要求学生设置赋予学生本人用户全部权限。

2. 用户客户权限设置

进入用户客户权限设置，学生选择自身用户，找到学生自己在客户管理中定义的客户，即"学号+客户"这个客户，选择该客户保存以便以后对该客户进行操作。

16.4.3 库存管理流程

1. 期初

（1）期初余额录入。期初录入用于仓库库存初始化，在系统投入使用时需要将仓库中已有的库存数据录入系统中，将鼠标指针移到菜单的"库存管理"，选中"期初余额录入"，进入"期初余额录入"输入界面，输入相关期初信息。

（2）期初余额修改。将鼠标移到菜单的"库存管理"，选中"期初余额修改"，进入"期初余额修改"的查询界面，修改相应期初信息。

（3）期初余额审核、废除。将鼠标指针移到菜单的"库存管理"，选中"期初余额审核"，进入"期初余额审核"的单据列表界面，通过该列表界面，找出要审核的单据，单击相应的单据号，进入"期初余额明细"界面。该界面显示该单据的内容，如果确认无误，可按"审核"按钮进行审核，如果想将该单据作废，可按"废除"按钮。

2. 入库流程

（1）入库单录入。将鼠标移到菜单的"库存管理"，选中"入库单录入"，进入"入库单录入"输入界面，该输入界面分为两部分：单据头和单据内容。

单据头的内容包括：

1）客户：从客户列表中选择指定的客户，若改变客户，则单据数据将清空。
2）仓库：从仓库列表中选择指定的仓库，若改变仓库，则单据数据将清空。
3）制单日期：选择实际的制单日期，默认情况下为当前日期。
4）单据状态：无须输入。
5）内部单号：输入。
6）客户单号：输入。

7）制单人：无须输入。

8）备注：用来说明该单据的用途以及其他需要说明的地方。

单据内容可输入多达 10 条记录，输入时应逐行地输入（例如，输完第一行后，再输入第二行）。

(2) 入库单修改。将鼠标指针移到菜单的"库存管理"，选中"入库单修改"，进入"入库单修改"的查询界面，系统自动显示当天的单据。通过该查询界面，找出要修改的单据，单击相应的单据号，进入"入库单修改"界面。

(3) 入库单审核、废除。将鼠标指针移到菜单的"库存管理"，选中"入库单审核"，进入"入库单审核"的单据列表界面，通过该列表界面，找出要审核的单据，单击相应的单据号，进入"入库单明细"界面。该界面显示该单据的内容，如果确认无误，可按"审核"按钮进行审核，如果想将该单据作废，可按"废除"按钮。

3. 物料状态维护

(1) 状态作业录入。将鼠标指针移到菜单的"状态维护"，选中"状态作业录入"，进入"状态作业录入"的单据列表界面。该查询界面分三部分：查询条件、查询条件显示和单据列表。填好查询条件后，按"查询"按钮，选出同时满足所有条件的单据，并在"物料状态维护"界面中显示出来。

(2) 状态作业修改。修改单据，可以直接在"新状态"栏内进行修改，修改完后，单击"保存"，系统将显示"保存成功"，并在"物料状态维护"界面内显示出所有修改过的单据列表。

4. 出库流程

(1) 出库单录入。将鼠标指针移到菜单的"库存管理"，选中"出库单录入"，进入"出库单录入"输入界面，进行仓位选择，并填写出库数量。填好相应数据后，如果确认无误，可按"保存"按钮保存单据数据。如果想重填单据，可按"清空"按钮。

(2) 出库单修改。将鼠标指针移到菜单的"库存管理"，选中"出库单修改"，进入"出库单修改"的查询界面，找出要修改的单据，单击相应的单据号，进入"出库单修改"界面，"出库单修改"的输入方法同"出库单录入"。

(3) 出库单审核、废除。将鼠标指针移到菜单的"库存管理"，选中"出库单审核"，进入"出库单审核"的单据列表界面，找出要审核的单据，单击相应的单据号，进入"入库单明细"界面。该界面显示该单据的内容，如果确认无误，可按"审核"按钮进行审核，如果想将该单据作废，可按"废除"按钮。

5. 退货入库流程

(1) 退货入库单录入。将鼠标指针移到菜单的"库存管理"，选中"退货入库单录入"，进入"退货入库单录入"界面，该界面对应满足某一查询条件的出库单据。该查询界面分两部分：查询条件和单据列表。

查询条件包括：

1）开始日期：查询"制单日期"在该日期之后的单据。

2）终止日期：查询"制单日期"在该日期之前的单据。

3）单据性质：查询相应性质的单据，不填时表示所有状态的单据。

4）客户：可以选择客户（选中客户名称），也可以不选择客户（选中"请选择客户"），不选择客户时表示所有的客户。

5）仓库：可以选择仓库（选中仓库名），也可以不选择仓库（选中"请选择仓库"），不选择仓库时表示已选择所有的仓库。

6）单据编号：可以不填，不填时表示所有的单据。

先输入相应的查询条件，然后按下"查询"按钮，若有符合条件的单据，则在单据列表中会将相应单据列出，单击某一单据号，即可浏览该单据的明细内容，把刚才的出库单显示出来。

（2）退货入库单修改。将鼠标指针移到菜单的"库存管理"，选中"退货入库单修改"，进入"退货入库单修改"的界面，系统自动将当天的退货入库单据列出，在界面中找出要修改的单据，单击相应的单据号，进入"退货入库单修改"界面，"退货入库单修改"的录入方法同"退货入库单录入"的方法。

（3）退货入库单审核、废除。将鼠标指针移到菜单的"库存管理"，选中"退货入库单审核"，进入"退货入库单列表"界面，通过该列表界面，找出要审核的单据，单击相应的单据号，进入"退货入库单明细"界面。该界面显示该单据的内容，如果确认无误，可按"审核"按钮进行审核，如果想将该单据作废，可按"废除"按钮。

6. 库存盘点

（1）盘点管理录入。将鼠标指针移到菜单的"库存盘点"，选中"盘点管理录入"，进入"盘点管理录入"输入界面，计量数量、计件数量不能直接输入。单击位于该行的"仓位"按钮，弹出"仓位信息输入"窗口，进行相应信息的录入。仓位信息输入完成后，在录入界面第10行的下面会显示相应行的仓位信息，同时在"计量数量""计件数量"输入框中显示所有仓位数量的合计。

填好相应数据后，如果确认无误，可按"保存"按钮保存单据数据。如果想取消某行（如第三行）记录，只需将该行的计量数量、计件数量变为零即可。计量数量、计件数量变为零后，该行记录将不保存。如果想重填单据，可按"清空"按钮，然后再输入（改变仓库或者客户的结果相同）。

（2）盘点作业修改。将鼠标指针移到菜单的"盘点管理"，选中"盘点作业修改"，进入"盘点作业修改"的查询界面，"盘点作业修改"的输入方法同"盘点管理录入"。

（3）盘点管理审核及单据废除。将鼠标指针移到菜单的"盘点管理"，选中"盘点管理审核"，进入"盘点管理审核"的单据列表界面，通过该列表界面，找出要审核或废除的单据，单击相应的单据号，进入"盘点管理明细"界面。该界面显示该单据的内容，如果确认无误，可按"审核"按钮进行审核，如果想将该单据作废，可按"废除"按钮。

16.4.4 配送管理业务流程

1. 配送单生成

（1）配送单录入。此功能是主动配送，即与客户约定好时间进行定期配送。具体包括：

1）配出仓库：从仓库列表中选择指定的仓库，若改变仓库，则单据数据将被清空。

2）客户：从客户列表中选择指定的客户，若改变客户，则单据数据将被清空。

3）单据状态：无须输入，显示当前单据的状态。

4）制单日期：选择实际的制单日期，默认情况下为当前日期。

5）内部单号：可以不输入，用来记录本部门定义的单据编号。

6）申配部门：选择客户的申配部门。

7）送达日期：要求物料送达的日期。

8）制单人：无须输入，默认为当前登录的操作人员。

9）配送地址：物料要配送到的地址。

填好相应数据后，如果确认无误，可按"保存"按钮保存单据数据。如果想取消某行（如第三行）记录，只需将该行的计量数量、计件数量变为零即可。计量数量、计件数量变为零后，该行记录将不保存。如果想重填单据，可按"清空"按钮，然后再输入（改变仓库或者客户的结果相同）。数据若保存成功，系统会提示保存成功信息，同时显示单据的内容。

（2）配送单修改。将鼠标指针移到菜单的"配送管理"，选中"配送单修改"，进入"配送单修改"的查询界面，通过该查询界面，找出要修改的单据，单击相应的单据号，进入"配送单修改"界面（注意，这里不要选择仓库名称，选择客户名称即可），单据内容的输入方法同"配送单录入"。输入结束后，按"保存"按钮，则系统会显示"保存成功"。

（3）配送单审核、废除。将鼠标指针移到菜单的"配送管理"，选中"配送单审核"，进入"配送单审核"的单据列表界面，通过该列表界面，找出要审核或废除的单据，单击相应的单据号，进入"配送单明细"界面。该界面显示该单据的内容，如果确认无误，可按"审核"按钮进行审核，如果想将该单据作废，可按"废除"按钮。

2. 配送出库

（1）配送出库录入。将鼠标指针移到菜单的"配送管理"，选中"配送出库录入"，进入"配送出库录入"的"选择配送单"界面，输入查询条件后，系统显示满足该条件的所有配送单（已经审核通过的配送单）。

（2）配送出库修改。将鼠标指针移到菜单的"配送管理"，选中"配送出库修改"，进入"配送出库单修改"的查询界面，通过该查询界面，找出要修改的单据，单击相应的单据号，进入"配送出库单修改"界面，"配送出库单修改"的输入方法同"配送出库录入"。

（3）配送出库单审核、废除。将鼠标指针移到菜单的"配送管理"，选中"配送出库审核"，进入"配送出库审核"的单据列表界面，通过该列表界面，找出要审核或废除的单据，单击相应的单据号，进入"出库（配送）审核"界面。该界面显示该单据的内容，如果确认无误，可按"审核"按钮进行审核，如果想将该单据作废，可按"废除"按钮。

3. 收货确认

收货确认是当客户收到配送的货物后，对出库单进行的一个确认动作。

将鼠标移到菜单的"配送管理"，选中"收货确认"，进入"收货确认"的单据列表界面，通过该列表界面，找出要确认的单据，单击相应的单据号，进入"收货确认"界面。该界面显示该单据的内容，进行确认前应先选择收货日期，默认为当前日期，如果确认无误，可按"确认"按钮进行确认。

16.4.5 调拨管理业务流程

1. 仓库调拨

仓库调拨用于不同的仓库之间物料的调拨。

（1）仓库调拨录入。将鼠标指针移到菜单的"调拨管理"，选中"仓库调拨录入"，进入"调拨单录入"输入界面，填好相应数据后，如果确认无误，可按"保存"按钮保存单据数据。如果想取消某行（如第三行）记录，只需将该行的计量数量、计件数量变为零即可，计量数量、计件数量变为零后，该行记录将不保存。如果想重填单据，可按"清空"按钮。

（2）仓库调拨修改。将鼠标指针移到菜单的"调拨管理"，选中"仓库调拨修改"，进入"仓库调拨修改"的查询界面，"仓库调拨修改"的输入方法同"仓库调拨录入"。

（3）仓库调拨审核及单据废除。将鼠标指针移到菜单的"仓库调拨"，选中"仓库调拨

第 16 章 物流信息系统实训——现代物流综合信息系统

审核",进入"仓库调拨审核"的单据列表界面,通过该列表界面,找出要审核的单据,单击相应的单据号,进入"仓库调拨明细"界面。该界面显示该单据的内容,如果确认无误,可按"审核"按钮进行审核,如果想将该单据作废,可按"废除"按钮。

2. 调拨出库

(1) 调拨出库录入。将鼠标指针移到菜单的"调拨管理",选中"调拨出库录入",进入"调拨出库录入"的输入界面,输入好查询条件后,单击"查询",则系统会显示出所有满足当前查询条件的单据列表,找出要进行调拨出库的单据,单击相应的单据号,进入"调拨出库单据录入"界面,单击"仓位"按钮,系统弹出"仓位信息输入"窗口,此时输入相关仓位信息。输入完仓位信息后,在录入界面第 10 行的下面会显示相应行的仓位信息。同时在"计量数量""计件数量"输入框中录入调拨出库的实际数量。

(2) 调拨出库修改。将鼠标指针移到菜单的"调拨管理",选中"调拨出库修改",进入"调拨出库修改"的查询界面,找出要修改的单据,单击相应的单据号,进入"调拨出库单据修改"界面,"调拨出库单据修改"的输入方法同"调拨出库录入"。

(3) 调拨出库审核及单据废除。将鼠标指针移到菜单的"调拨管理",选中"调拨出库审核",进入"出库(调拨)审核"的单据列表界面,通过该界面,找出要审核的单据,单击相应的单据号,进入"调拨出库单据"界面,如果确认无误,可按"审核"按钮进行审核,如果想将该单据作废,可按"废除"按钮。

3. 调拨入库

只有完成出库单审核的物料才能办理调拨入库(这里最好再增加一个仓库,避免调入的仓库不在月结期内,无法入库)。

(1) 调拨入库录入。将鼠标指针移到菜单的"调拨管理",选中"调拨入库录入",进入"调拨入库录入"输入界面,输入好查询条件后,单击"查询",则系统会显示出所有满足当前查询条件的单据列表。

(2) 调拨入库修改。将鼠标指针移到菜单的"调拨管理",选中"调拨入库修改",进入"未审核的调拨入库单查询"界面,系统自动显示当天的调拨入库单据,"调拨入库修改"的输入方法同"调拨入库录入"。

(3) 调拨入库审核、废除。调拨入库审核、废除同调拨出库。

4. 仓位调拨

仓位调拨的作用为使物料可以在同一仓库的不同仓位间转移。

(1) 仓位调拨录入。单击菜单后,出现"仓位调拨录入"界面,填好相应数据后,如果确认无误,可按"保存"按钮保存单据数据。如果想取消某行(如第三行)记录,只需将该行的物料编号删除即可,物料编号为空后,该行记录将不保存。如果想重填单据,可按"清空"按钮。数据若保存成功,系统会提示保存成功信息,同时显示单据的内容。

(2) 仓位调拨修改。单击菜单后,出现"仓位调拨修改"查询界面,通过该查询界面,找出要修改的单据,单击相应的单据号,进入"仓位调拨单据修改"界面,"仓位调拨单据修改"的输入方法同"仓位调拨录入"。

(3) 仓位调拨单据审核、废除。单击菜单后,出现库内所有已经生成但未审核的仓位调拨单据,在详细信息页面底端,有审核、废除和返回三个选项,单击"返回"则进入前一页面,单击"废除"则此单据被废除,单击"审核"则此单据被审核通过。数据若保存成功,系统会提示保存成功信息,同时显示单据的内容。

16.4.6 信息查询

1. 库存汇总查询

将鼠标指针移到菜单的"信息查询",选中"库存汇总查询",进入"库存查询条件设置"界面,输入查询条件后,单击"查询",则系统显示满足所有查询条件的信息。

2. 物料库存查询表

将鼠标指针移到菜单的"信息查询",选中"物料库存查询表",进入"物料库存查询表"界面,输入查询条件后,单击"查询",则系统显示所有满足查询条件的信息。

3. 库存汇总报表

将鼠标指针移到菜单的"信息查询",选中"库存汇总报表",进入"库存汇总报表"界面,输入查询条件后,单击"查询",则系统显示所有满足查询条件的信息。

4. 每月进出仓查询

将鼠标指针移到菜单的"信息查询",选中"每月进出仓查询",进入"每月进出仓查询"界面,输入查询条件后,单击"查询",则系统会把满足查询条件的"每月进出仓周转"的数据显示出来。

5. 仓库周报表

将鼠标指针移到菜单的"信息查询",选中"仓库周报表查询",进入"仓库周报表查询"界面,输入查询条件后,单击"查询",则系统会把满足查询条件的"每月进出仓周转"显示出来。

6. 库存流水表查询

将鼠标指针移到菜单的"信息查询",选中"库存流水表查询",进入"库存流水表查询"界面,可以输入多条件查询条件,并可以定义各查询条件之间的"与""或"关系。

复习思考题

1. 针对相应客户对指定仓库完成物料的期初余额录入、审核,入库单录入、审核,状态作业录入、修改,出库单录入、审核,退货入库单录入、审核等系列流程操作。

2. 针对相应客户完成配送单录入、审核,配送出库录入、审核,收货确认等系列流程操作。

3. 针对相应客户完成物料在仓库与仓库之间的仓库调拨录入、审核,调拨出库录入、审核,调拨入库录入、审核等系列流程操作。

4. 针对相应客户完成物料在同一仓库之间仓位调拨录入、审核的流程操作。

参考文献

[1] 中国物品编码中心. 物流领域条码技术应用指南 [M]. 北京：中国计量出版社，2008.
[2] 李波，王谦. 物流信息系统 [M]. 北京：清华大学出版社，2008.
[3] 楼伯良. 物流信息系统基础 [M]. 北京：人民交通出版社，2005.
[4] 邵举平. 物流管理信息系统 [M]. 北京：清华大学出版社，北京交通大学出版社，2005.
[5] 方光罗. 物流信息管理 [M]. 大连：东北财经大学出版社，2009.
[6] 王丽亚. 物流信息系统与应用案例 [M]. 北京：科学出版社，2007.
[7] 蔡淑琴，夏火松，梁静，等. 物流信息系统 [M]. 北京：中国物资出版社，2005.
[8] 牛东来. 现代物流信息系统 [M]. 北京：清华大学出版社，2004.
[9] 李苏剑，游战清，郑利强，等. 物流管理信息系统理论与案例 [M]. 北京：电子工业出版社，2005.
[10] 孙红. 物流信息系统 [M]. 武汉：武汉理工大学出版社，2005.
[11] 蔡淑琴，夏火松. 物流信息与信息系统 [M]. 北京：电子工业出版社，2005.
[12] 黄梯云，李一军. 管理信息系统 [M]. 北京：高等教育出版社，2000.
[13] 申金升. 现代物流信息化及其实施 [M]. 北京：电子工业出版社，2006.
[14] 张旭梅. 物流信息管理 [M]. 重庆：重庆大学出版社，2008.
[15] 程国全. 物流信息系统规划 [M]. 北京：中国物资出版社，2004.
[16] 张铎，柯新生. 现代物流信息系统建设 [M]. 北京：首都经济贸易大学出版社，2004.
[17] 刘小卉. 物流管理信息系统 [M]. 上海：复旦大学出版社，2006.
[18] 初良勇. 现代物流学 [M]. 上海：上海交通大学出版社，2008.
[19] 白丽君，彭扬. 物流信息系统分析与设计 [M]. 北京：中国物资出版社，2009.
[20] 史红霞. 物流信息系统分析与设计 [M]. 杭州：浙江科学技术出版社，2007.
[21] 林自葵. 物流信息系统 [M]. 北京：北京交通大学出版社，清华大学出版社，2004.
[22] 琚春华，蒋长兵，彭扬，等. 现代物流信息系统 [M]. 北京：科学出版社，2005.
[23] 彭扬，傅培华，陈杰. 信息技术与物流管理 [M]. 北京：中国物资出版社，2009.
[24] 国务院. 国务院关于积极推进"互联网+"行动的指导意见 [EB/OL]. http://www.gov.cn/zhengce/content/2015-07/04/content_10002.htm.
[25] 马化腾. 关于以"互联网+"为驱动推进我国经济社会创新发展的建议 [J]. 中国科技产业，2016（3）：38-39.
[26] 严利华，喻发胜. "+互联网"与"互联网+"：行业性期刊转型策略探究 [J]. 出版发行研究，2015（10）：53-57.
[27] 易观. 平台经济下崛起的物流新业态——中国"互联网+物流"市场专题分析2017 [R]. Analysis 易观，2017.
[28] 王之泰. 物流平台研究：发展专用物流平台 [J]. 中国流通经济，2010（11）：24-27.
[29] 邢大宁. 双边市场视角下物流平台运营机制分析 [D]. 北京：北京交通大学，2019.
[30] 邢大宁，赵启兰，宋志刚. 基于云生态的物流信息平台服务模式创新研究 [J]. 商业经济与管理，2016（8）：5-15.
[31] 李陶深. 人工智能 [M]. 重庆：重庆大学出版社，2002.
[32] 尹朝庆. 人工智能方法与应用 [M]. 武汉：华中科技大学出版社，2007.

[33] 维克托·迈尔-舍恩伯格,肯尼思·库克耶. 大数据时代 [M]. 杭州:浙江人民出版社,2013.
[34] 周苏. 大数据时代物流供应链管理 [M]. 北京:中国铁道出版社,2017.
[35] 谢邦昌,李扬,匡宏波. 从数据采集到数据挖掘 [M]. 北京:中国统计出版社,2009.
[36] 张孝荣. 腾讯区块链白皮书 [R]. 腾讯研究院. (2017-07).
[37] 中国区块链技术和产业发展论坛. 中国区块链技术和应用发展白皮书2016 [R]:工信部,(2016-10).